Edition KWV

Die „Edition KWV" beinhaltet hochwertige Werke aus dem Bereich der Wirtschaftswissenschaften. Alle Werke in der Reihe erschienen ursprünglich im Kölner Wissenschaftsverlag, dessen Programm Springer Gabler 2018 übernommen hat.

Weitere Bände in der Reihe http://www.springer.com/series/16033

Anne-Christine Baller

Zur Bedeutung von Vertrauen für den Wissenstransfer in Unternehmen

Eine Studie

Anne-Christine Baller
Wiesbaden, Deutschland

Bis 2018 erschien der Titel im Kölner Wissenschaftsverlag, Köln
Dissertation Technische Universität Carolo-Wilhelmina zu Braunschweig, 2011

Edition KWV
ISBN 978-3-658-23882-7   ISBN 978-3-658-23883-4   (eBook)
https://doi.org/10.1007/978-3-658-23883-4

Die Deutsche Nationalbibliothek verzeichnet diese Publikation in der Deutschen Nationalbibliografie; detaillierte bibliografische Daten sind im Internet über http://dnb.d-nb.de abrufbar.

Springer Gabler
© Springer Fachmedien Wiesbaden GmbH, ein Teil von Springer Nature 2012, Nachdruck 2019
Ursprünglich erschienen bei Kölner Wissenschaftsverlag, Köln, 2012

Springer Gabler ist ein Imprint der eingetragenen Gesellschaft Springer Fachmedien Wiesbaden GmbH und ist ein Teil von Springer Nature
Die Anschrift der Gesellschaft ist: Abraham-Lincoln-Str. 46, 65189 Wiesbaden, Germany

Inhalt

1. Einleitung

Der „intelligente" Umgang mit der Ressource „Wissen" gilt als eine der Anforderungen an Unternehmen in einem Land, dessen Gesellschaft sich zur Wissensgesellschaft entwickelt. Der Wandel zur Wissensgesellschaft verlangt von den handelnden Akteuren in Unternehmen, dass sie fortan den Menschen mit seinen Fähigkeiten und Werten in den Mittelpunkt rücken, da die zu erstellenden Produkte – seien es Dienstleistungen, Konsumgüter oder Industriegüter – erheblich durch Wissen geprägt sind. In Unternehmen ist die Verfügbarkeit von Wissen in allen Funktionsbereichen Voraussetzung für Leistungserbringung und Erfolg, so dass Wissensmanagement als Faktor zu bewerten ist, der die Profitabilität eines Unternehmens beeinflusst.

Parallel zum gesellschaftlichen Wandel hat sich die Rolle des Mitarbeiters hin zu einem Wissensarbeiter verändert. Wissensarbeit erfordert Willke (1998b: 161) folgend, „dass das relevante Wissen (1) kontinuierlich revidiert, (2) permanent als verbesserungsfähig angesehen, (3) prinzipiell nicht als Wahrheit, sondern als Ressource betrachtet wird und (4) untrennbar mit Nichtwissen gekoppelt ist, so dass mit Wissensarbeit spezifische Risiken verbunden sind". Wissensarbeiter produzieren nicht notwendigerweise ihr Wissen selbst, sondern sie übernehmen es, tragen es zusammen, eignen es sich an, systematisieren es, vermitteln es, transformieren es und wenden es an. Dies bedeutet für Unternehmen, die diese Veränderungen anerkennen, dass seitens des Managements die entsprechend notwendigen Rahmenbedingungen geschaffen werden sollten bzw. müssten. Denn das Öffnen der persönlichen Wissensbasis und die damit parallel einhergehende Aufgabe von persönlichen Machtpositionen verlangt von Individuen eine riskante Vorleistung in Form von Teilungsbereitschaft. Dieser Prozess lässt sich als ein Vertrauensvorschuss ohne Nutzengarantie interpretieren.

Vertrauensvolles Agieren findet seine Basis in der Ausgestaltung der Unternehmenskultur, die wiederum als einer der wichtigen Einflussfaktoren für ein gelingendes Wissensmanagement in der Literatur benannt wird. Perspektivisch sollte sich eine solche Unternehmenskultur in Richtung einer Vertrauenskultur entwickeln. Eine besondere Rolle kommt bei diesem Transformationsprozess, hin zu einem lernenden und Wissen teilenden Unternehmen, der Vorbildfunktion des Managements zu. Erst wenn Führungskräfte eine entsprechende Grundhaltung „vorleben", können Hemmnisse nachhaltig abgebaut, Fehler offen zugelassen und ein Wissensmanagement etabliert werden. Eine Perspektive, die in der Literatur bisher nur am Rande Beachtung findet (Ausnahmen sind z.B. Beckert 2002;

© Springer Fachmedien Wiesbaden GmbH, ein Teil von Springer Nature 2012
A.-C. Baller, *Zur Bedeutung von Vertrauen für den Wissenstransfer in Unternehmen*, Edition KWV, https://doi.org/10.1007/978-3-658-23883-4_1

Sydow/Windeler 1994), ist das bereits angedeutete „Vertrauen" als ubiquitäres Phänomen – im Idealfall einhergehend mit einer Vertrauenskultur in einem Unternehmen. Vertrauen kann als kritischer Erfolgsfaktor jeglicher Reorganisationsprozesse verstanden werden, da diese von der Motivation und der Veränderungsbereitschaft der Mitarbeiter abhängen. Vertrauen bedeutet außerdem die Entwicklung von erweiterten Handlungsspielräumen der Individuen bei gleichzeitiger Reduktion von Kontrollinstanzen.

Aufgrund der vorangegangenen Ausführungen erscheint es verwunderlich, dass sich in der wissenschaftlichen Literatur weitgehend pauschalierende, normative Aussagen zur Notwendigkeit einer Vertrauensbasis für gelingendes Wissensmanagement finden. Ein Grund für die unzureichende Analyse des Wirkungszusammenhangs zwischen Vertrauen und Wissensmanagement mag das diffuse und schwer greifbare Konstrukt Vertrauen sein. Dies wird durch eine Vielfalt an Definitionen und widersprüchlichen Verwendungen des Begriffs bestätigt. Zu den begrifflichen Unklarheiten kommt hinzu, dass unterschiedliche wissenschaftliche Disziplinen verschiedene Modelle und Ansätze zur Erklärung des Konstrukts diskutieren – hierzu zählen beispielsweise die Psychologie, die Soziologie und die Wirtschaftswissenschaften. Das Fehlen eines einheitlichen Erklärungsansatzes führt dazu, dass die einzelnen Diskurse weitestgehend isoliert geführt werden, was wiederum eine Übertragbarkeit auf praxisrelevante Fragestellungen erschwert. Dennoch ist allen Ansätzen gemeinsam, dass Vertrauen das Handeln von Individuen leitet und sich damit auf das Miteinander, z.B. in Unternehmen, auswirkt. Eine Definition, die aufgrund ihrer allgemeinen Formulierung Aspekte verschiedener Begriffsbestimmungen beinhaltet, haben Mayer, Davis und Schoorman (1995: 712) in der Definition „Vertrauen ist der Wille, sich verletzlich zu zeigen" formuliert.

In der empirischen Forschung beschränkt man sich hauptsächlich darauf, Vertrauen als einen unter mehreren Erfolgsfaktoren zu erfassen und in eine Rangfolge mit weiteren Promotoren zu bringen. Aus diesem Defizit der bisherigen Forschungsbeiträge erwächst die Notwendigkeit, einen theoretischen und empirischen Rahmen zu entwickeln, der es erlaubt, konkrete empirische Erkenntnisse zu diesem weitestgehend unerforschten Wirkungszusammenhang zu diskutieren. Die Frage nach dem „Vertrauen im Wissensmanagement" ist in einer solchen empirischen Untersuchung eine Neuheit. In einzelnen Beiträgen wird zwar auf die mögliche Beziehung verwiesen; eine theoriegeleitete Entwicklung und systematische

Untersuchung von Vertrauen und Wissenstransfer auf horizontaler, vertikaler und organisationaler Ebene gibt es jedoch noch nicht. Um diese bisherige Forschungslücke zu schließen und die hypothetisch formulierten Zusammenhänge zwischen Wissensmanagement und Vertrauen konkret zu identifizieren, gilt für diese Arbeit die nachfolgend formulierte Ausgangsthese, die als zu erklärendes Phänomen zum Gegenstand der weitergehenden Untersuchungen wird:

Ein vertrauensvoller Umgang bildet die Basis für Wissensmanagement – ohne Vertrauen bleibt es innerhalb von Unternehmen nahezu wirkungslos.

Ausgehend von einer Literaturrecherche und einer Verdichtung der beiden Theoriebereiche „Wissensmanagement" und „Vertrauen", sollen die wesentlichen Problemdimensionen und Wechselwirkungsbeziehungen eines potenziellen Einflussfaktors Vertrauen auf ein (gelingendes) Wissensmanagement in Unternehmen herausgearbeitet werden, um den Erkenntnisbeitrag der vorliegenden empirischen Untersuchung zu verorten. Dazu werden in *Kapitel 2* die zentralen Begrifflichkeiten für das Wissensmanagement definiert und abgegrenzt sowie Modelle für Wissensmanagement in Unternehmen dargestellt. An die Einführung und Analyse der Modelle von Probst, Raub und Romhardt (Bausteinmodell), Nonaka und Takeuchi (Wissensspirale) sowie Davenport und Prusak (Wissensmarkt-Konzept) – immer bezogen auf das vorliegende Forschungsinteresse – schließt sich die Präsentation gängiger Wissensmanagement-Instrumente an, durch die eine Realisierung von Wissensmanagement in Unternehmen praktisch ermöglicht wird. Die Auswahl der aufgeführten Instrumente erfolgt im Hinblick auf eine Fragestellung in der sich anschließenden empirischen Untersuchung. Ein Fragenkomplex erfasst dort die in den Unternehmen der Untersuchungsteilnehmer eingesetzten Instrumente und verlangt deren Bewertung nach Sinn und Nutzen für die Organisationsmitglieder. Die Auswahl der Instrumente dürfte in der betrieblichen Praxis weitestgehend intuitiv erfolgen, da es an theoretischen Ansätzen zur spezifischen Auswahl fehlt. Umso wichtiger scheint die Diskussion von Gestaltungselementen und Barrieren für eine Realisierung von Wissensmanagement zu sein. Die Verdichtung erfolgt anhand der drei Leitfragestellungen „Wer" (Zielgruppe), „Was" (Zieldefinition) und „Wie" (Erfolgsfaktoren, Probleme und Hemmnisse) und führt zu der Erkenntnis, dass in der wissenschaftlichen Literatur in diesem Zusammenhang der Stellenwert von Vertrauen sichtbar wird, so dass erste Überlegungen zur Zusammenführung der beiden Bereiche erfolgen können.

In *Kapitel 3* sollen – anknüpfend an die Überlegungen zum Wissensmanagement und die durch den Wandel zur Wissensgesellschaft veränderten Rahmenbedingungen für Gesellschaft und Wirtschaft – die Notwendigkeit von Vertrauen und das wissenschaftliche Verständnis dieses Konstrukts präzisiert werden. Um die bereits erwähnten Probleme in Bezug auf das diffuse Begriffsverständnis zu verringern (es sei darauf verwiesen, dass Wissenschaftlergenerationen von Simmel bis Luhmann eigene Vertrauensdefinitionen formuliert haben) und um eine Abgrenzung zur Alltagsverwendung vorzunehmen, erfolgt eingangs eine Begriffsbestimmung für diese Arbeit und die nachfolgenden Argumentationsstränge. Zur Klärung der Zusammenhänge zwischen Wissensmanagement und Vertrauen sollen Modelle aus Psychologie, Soziologie und Ökonomie beitragen. Für die Zusammenführung des Konstrukts Vertrauen mit dem praxisorientierten Forschungsfeld Wissensmanagement wird Vertrauen dahingehend operationalisiert, dass sich innerhalb von Unternehmen personale, organisationale und gesellschaftliche Vertrauensfaktoren identifizieren lassen. Einfluss auf die Genese von Vertrauen nehmen indessen die konkreten Vertrauensbeziehungen in einem Unternehmen und die Gestaltung der vertrauensförderlichen respektive -hemmenden Rahmenbedingungen (z.B. die Rolle der Führungskraft und die installierten Kontrollmechanismen). Mit der Einführung des Begriffs „vertrauensbewusstes Wissensmanagement" werden die beiden Theorieteile zusammengeführt und es bleibt nach Sprenger (2002: 40) festzuhalten: „Ohne horizontales Vertrauen kein Wissenstransfer. Ohne vertikales Vertrauen keine Risikobereitschaft."

Den Kern der Arbeit stellt die empirische Untersuchung möglicher Zusammenhänge von Wissensmanagement und Vertrauen dar. In dieser explorativen und quantitativen Untersuchung werden Vertrauen und Wissensmanagement durch einen neu zusammengestellten Fragebogen erhoben. Verwendung finden in der Fachliteratur dokumentierte und in anderen Forschungsbereichen bereits eingesetzte und damit überprüfte standardisierte Messinstrumente (Skalen), so dass die Entwicklung eines gänzlich neuen Erhebungsinstruments nicht notwendig ist. Da Vertrauen auf unterschiedlichen Ebenen operationalisierbar ist, orientiert sich die Differenzierung in der vorliegenden Untersuchung an der generellen Vertrauensdisposition einer Person sowie am Vertrauen in das eigene Unternehmen, in die Vorgesetzten (vertikales Vertrauen) und die Kollegen (horizontales Vertrauen). In Abgrenzung zu anderen Studien zum Wissensmanagement in Unternehmen wird die Umsetzung von Wissensmanagement in dieser Arbeit durch eine Analyse des Wissenstransfers der befragten Personen innerhalb ihrer Unternehmen konkretisiert und messbar gemacht. Zielgruppe der empirischen Untersuchung sind ehemalige Stipendiatinnen und Stipendiaten von Begabtenförderungswerken. Hochqualifizierte Arbeitskräfte gelten als Voraussetzung für die Wettbewerbsfähigkeit in der Wissensgesellschaft, da sie in besonderem Maße ihre Qualifikationen in die Wertschöpfung eines Unternehmens einbringen. Es ist daher davon auszugehen, dass in wissensintensiven Bereichen (z.B. in der Forschung und Entwicklung) die Zielgruppe der „High Potentials" bevorzugt eingesetzt wird. Diese Annahme deckt sich mit empirischen Daten des Bundesinstituts für Berufsbildung (BIBB/BAuA-Erwerbstätigenbefragung 2006), die besagen, dass im Jahr 2006 bereits rund 31 Prozent der Erwerbstätigen in wissensintensiven Berufen arbeiteten, von denen wiederum 70 Prozent als hochqualifizierte Arbeitsplätze zu bezeichnen seien (vgl. Hall 2007: 11). Aufgrund ihrer wissensintensiven Tätigkeiten lässt sich schlussfolgern, dass diese „High Potentials" einen elementaren Beitrag für das Gelingen respektive Misslingen von Wissensmanagement-Aktivitäten in ihren Unternehmen leisten. Dies verdeutlicht die Relevanz dieser Zielgruppe für das Forschungsvorhaben.

Grundlage für die empirische Untersuchung in dieser Arbeit bildet die erkenntnisleitende Forschungsfrage:

> *„Besteht ein Erklärungs- und Wirkungszusammenhang zwischen Vertrauen*
> *und Wissenstransfer in Unternehmen?"*

Um diese Fragestellung umfassend beantworten zu können, wird ein neuer Weg zur Analyse des Phänomens auf unterschiedlichen Ebenen gewählt. Ansatzpunkt dieses Prozesses bilden die beiden zuvor isoliert betrachteten Bereiche Vertrauen und Wissensmanagement. Hinweise auf einen möglichen Wirkungszusammenhang beider Elemente lassen sich dieser Argumentation folgend jedoch nur erhalten, wenn durch die Operationalisierung der Forschungsfrage in folgende Teilaspekte unterschiedliche Dimensionen erfasst werden:

1. Wie ausgeprägt sind die Vertrauensformen der Teilnehmer?

2. Engagieren sich die Teilnehmer beim Wissenstransfer in ihren Unternehmen?

3. Wie wichtig ist Wissensmanagement in den Unternehmen gemäß der Einschätzungen der Teilnehmer?

4. Besteht ein Erklärungs- und Wirkungszusammenhang zwischen Vertrauen und Wissenstransfer?

Durch die Integration der theoretischen Überlegungen zum Vertrauen in die theoriegeleitete Betrachtung von Wissenstransferprozessen in Unternehmen wird Vertrauen selbst zu einem Gegenstand der Theorie des Wissensmanagements. Aus den Schlussfolgerungen werden in *Kapitel 4* Hypothesen abgeleitet, die in der empirischen Untersuchung überprüft werden, so dass sich im Verlauf der wissenschaftlichen Diskussion die Ausgangsfragestellung nach der Bedeutung von Vertrauen für das Wissensmanagement in Unternehmen beantworten lässt. In den jeweiligen Schwerpunkten (siehe 1 - 4) werden die Bezugsrahmen differenziert betrachtet und überprüft (Vertrauen und Wissensmanagement) sowie Verbindungen zwischen den Bezugsgrößen hergestellt (Vertrauen im Wissensmanagement). Die Überprüfung der Hypothesen erfolgt unter Zuhilfenahme etablierter Instrumente für die Dimensionen Vertrauen, Wissenstransfer und Wissensmanagement. Im Kontext der Vorstellung der jeweiligen Skalen werden die für diese Untersuchung festgelegten statistischen Gütekriterien begründet, die verwendeten statistischen Verfahren zur Hypothesenprüfung beschrieben sowie ihr Einsatz in der vorliegenden Untersuchung dokumentiert (Charakterisierung der statistischen Kennzahlen und die Definition von Mindestanforderungen).

Während *Kapitel 4* das Untersuchungsdesign thematisiert, liefert *Kapitel 5* die empirischen Befunde zu den potenziellen Einflussfaktoren von Vertrauen auf Wissenstransferprozesse in Unternehmen und leistet damit einen empirischen Beitrag zur Wissensmanagement-Diskussion. Über die Deskription der untersuchten Variablen und deren empirischer Analyse wird es möglich, empirisch verifizierte Aussagen zum oben beschriebenen Desiderat in der Wissensmanagement-Forschung zu liefern und diese im Kontext der bisherigen Forschungsarbeiten zu verorten und zu diskutieren. Der fokussierte Zuschnitt der Antworten auf die vier Erkenntnisziele und Fragestellungen anhand der zuvor analysierten Leithypothesen ermöglicht abschließend eine illustrative und anwendungsorientierte Zusammenfassung der Kernergebnisse dieser Studie.

Die Arbeit gliedert sich, wie skizziert, in die drei Felder „Wissensmanagement", „Vertrauen" und „Empirische Untersuchung". Diese Bereiche stehen in direktem Zusammenhang zueinander und können gemeinsam die aufgeworfenen Fragestellungen zum Erklärungs- und Wirkungszusammenhang zwischen Wissensmanagement auf der einen und Vertrauen auf der anderen Seite beantworten.

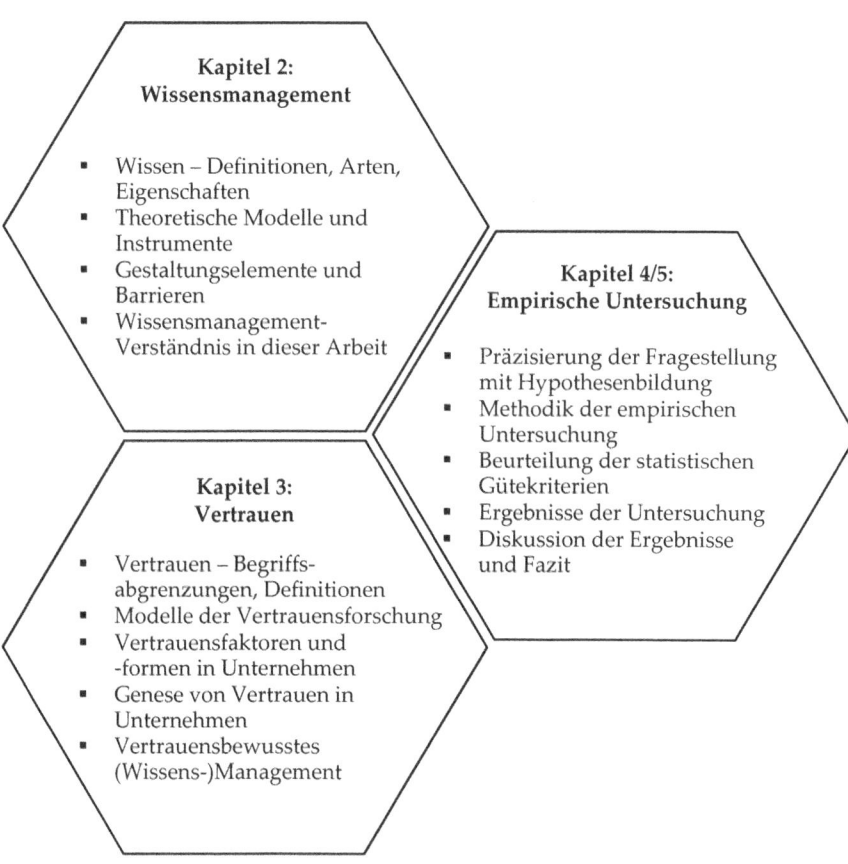

2.   Wissensmanagement in Unternehmen

Der Begriff Wissensgesellschaft wird in der öffentlichen und populärwissen-schaftlichen Debatte häufig verwendet, um die gesellschaftlichen Veränderungs-prozesse der vergangenen Jahre zu beschreiben. Erstmals hat Drucker die Idee von einer Wissensgesellschaft in seinem Werk „The Age of Discontinuity" (1969) be-nannt. Seine zentrale These lautet: „Wissen [ist] zur eigentlichen Grundlage der modernen Wirtschaft und Gesellschaft und zum eigentlichen Prinzip des gesellschaftlichen Wirkens geworden." (Drucker 1969: 455f.) Er beschreibt die be-deutenden Umbrüche in Technologie, Wirtschaft, politischer Grundstruktur und Gesellschaft, die Veränderungen in Richtung Wissensgesellschaft und Wissens-arbeit mit sich bringen.

Manuel Castells (2001: 527ff.) betrachtet die Informations- und Wissensgesellschaft in seinem Werk „Das Informationszeitalter" mit sozialwissenschaftlichem Fokus und aus interdisziplinärer Perspektive. Seiner Argumentation folgend konstituiert sich die Informations- und Wissensgesellschaft infolge zweier Entwicklungstrends: a) der internen Informatisierung aller Lebensbereiche und b) der Überwindung herkömmlicher industrieller Strukturen aufgrund der Informatisierung, sprich eine Erosion von standardisierten Produktions- und Arbeitsorganisationen und fixen Berufskarrieren (vgl. Kübler 2005: 18). Willke (1998a: 353ff.) beschreibt aus soziolo-gischer Perspektive, dass zum einen die schwindende Rolle des Nationalstaates und zum anderen die neue Rolle des Produktionsfaktors „Expertise" die modernen Arbeitsgesellschaften nachhaltig verändern. Wissensarbeit wird für entwickelte Ge-sellschaften die vorrangige Erwerbsform, während „einfache" Arbeiten von Maschinen übernommen oder in andere Länder ausgelagert werden. Er definiert: „Von einer Wissensgesellschaft oder einer wissensbasierten Gesellschaft lässt sich sprechen, wenn zum einen die Strukturen und Prozesse der materiellen und symbolischen Reproduktion einer Gesellschaft so von wissensabhängigen Opera-tionen durchdrungen sind, dass Informationsverarbeitung, symbolische Analyse und Expertensysteme gegenüber anderen Faktoren der Reproduktion vorrangig gemacht werden." (Willke 1998a: 355) Demzufolge ist Wissen in einer Wissens-gesellschaft nicht nur Residualgröße, sondern ein primäres Ordnungssystem für die Produktion materieller Güter.

Stehr (1994: 148ff. und 381ff.) erweitert die vom französischen Ökonomen Jean Fourastié (1954: 268ff.; vgl. Geißler 2008: 21ff.; vgl. Hirsch-Kreinsen 2005: 80ff.) ein-geführte Drei-Sektoren-Theorie mit dem zugrunde liegenden intersektoriellen Strukturwandel im Zeitverlauf um den Faktor Wissensarbeit. Die Wissensarbeit

9

© Springer Fachmedien Wiesbaden GmbH, ein Teil von Springer Nature 2012
A.-C. Baller, *Zur Bedeutung von Vertrauen für den Wissenstransfer in Unternehmen*,
Edition KWV, https://doi.org/10.1007/978-3-658-23883-4_2

lässt sich demzufolge als ergänzender metasektorieller Strukturwandel in das bestehende Modell integrieren. Der Faktor Wissen nimmt generell an Bedeutung zu und ist gleichermaßen in allen Wirtschafssektoren vertreten, denn die „für die Wirtschaft der Wissensgesellschaft typischen Trends lassen sich mit großer Wahrscheinlichkeit in allen Sektoren des ökonomischen Systems (und damit keinesfalls nur im Dienstleistungssektor) ausmachen" (Stehr 1994: 159). Die größte Aufmerksamkeit kommt der Wissensarbeit und dem Produktionsfaktor Wissen jedoch in Dienstleistungsgesellschaften zu.

Als zentrale Elemente des Übergangs zu einer wissensbasierten Wirtschaft und Gesellschaft nennt Graf (2002: 43) „die Zunahme der Diversität, Kreativität und Komplexität auf geradezu allen Ebenen menschlicher Aktivität". Prange (2002: 16) betont: „Ohne Wissen lassen sich keine Produkte und Dienstleistungen erstellen, ohne Wissen lassen sich keine Kundenbeziehungen entwickeln und ohne Wissen lassen sich Strukturen von Arbeit und Gesellschaft nicht mehr gestalten." Und Drucker (1969: 361) prophezeit bereits 1969: „Kopfarbeit produktiv zu machen wird die große Aufgabe der Führungsspitzen unseres Jahrhunderts sein – genauso wie es die große Aufgabe der Betriebsorganisation des vergangenen Jahrhunderts war, die manuelle Arbeit produktiv zu machen." Drucker (1993: 73) betont, dass Wissen in der heutigen Zeit die wichtigste Ressource vor Boden, Arbeit und Kapital bildet. Leistet das Management von Unternehmen effektive Arbeit, so „wird Wissen auf Wissen angewendet" und wir werden „immer Zugang zu den anderen Ressourcen haben". Nach einer ersten Bewusstseinsbildung sind mehr und mehr Instrumente unter der Bezeichnung „Wissensmanagement" entwickelt worden. Ein im Zusammenhang mit Wissensmanagement typisches Missverständnis liegt in der oft geäußerten Annahme, dass Wissensmanagement primär eine technische Problemlösung sei (z.B. die Installation einer Datenbank). Das Management von Wissen verlangt mehr: Es werden alle Aspekte der Wertschöpfungskette beleuchtet, in denen Kommunikation, Verständigung, Know-how und Wissen wesentliche Erfolgsfaktoren darstellen (vgl. Belliger/Krieger 2007b: 10f.). Neben der technischen Komponente spielen geistes- und sozialwissenschaftliche Analysen und Herangehensweisen eine wesentliche Rolle. Demzufolge soll in dieser Arbeit aus erziehungs- und sozialwissenschaftlicher Perspektive erarbeitet werden, welche „menschlichen, zwischenmenschlichen, gruppen- und organisationsdynamischen Faktoren [...] es bei der Entwicklung, Gestaltung, Einführung und Lenkung von Knowledge-Management-Systemen zu berücksichtigen" (Sprecht 2007: 31) gilt.

2.1 Wissen – Definitionen, Arten, Eigenschaften

Grundlegend für die Auseinandersetzung mit dem Thema Wissensmanagement ist eine differenzierte Betrachtung des wissenschaftlichen Wissensbegriffes. Im Folgenden wird Wissen definiert und zu anderen Begrifflichkeiten (Daten und Informationen) abgegrenzt (*Kapitel 2.1.1*). Daran anschließend werden verschiedene in Unternehmen vorzufindende Wissensarten dargestellt. Hierzu zählt die Vertiefung der Ausprägungsformen „explizites Wissen" und „implizites Wissen", zweier Wissensformen, die Grundlage vieler Wissensmanagement-Modelle sind (*Kapitel 2.1.2*). Wichtige Ansatzpunkte für eine Ausgestaltung von Wissensmanagement in Unternehmen beinhaltet die Erörterung der besonderen Eigenschaften von Wissen als einer Ressource (*Kapitel 2.1.3*).

2.1.1 Definition von „Wissen"

Der Wissensbegriff gilt als ein Leitbegriff für die Wissensgesellschaft und das durch den gesellschaftlichen Wandel notwendig gewordene Wissensmanagement. Wissen ist im Alltagsverständnis ebenso wie in verschiedenen wissenschaftlichen Fachdisziplinen unterschiedlich konnotiert. Je nach Wissenschaftszweig weist er verschiedene Bedeutungen, Ausdifferenzierungen und Qualitäten auf. Basis für eine organisationale Betrachtung von Wissensmanagement bildet die oft zitierte und besonders in der Managementliteratur gebräuchliche Differenzierung in die drei hierarchisch gegliederten Begrifflichkeiten Daten, Informationen und Wissen. Dieser Denkweise schließen sich die folgenden Ausführungen zunächst an.

Herbst (2000: 9) definiert Wissen als „das Netz aus Kenntnissen, Fähigkeiten und Fertigkeiten, die jemand zum Lösen einer Aufgabe einsetzt". Daten und Informationen bilden nach Auffassung verschiedener Autoren (vgl. z.B. Hasler Roumois 2007: 32ff.; North 2005: 31ff.; Probst et al. 1999: 36ff.) die Grundlage für die Entstehung von Wissen. Diese drei Begrifflichkeiten – Daten, Informationen und Wissen – sollen voneinander unterschieden werden. Das ISSS (Standardisierungssystem für die Informationsgesellschaft) des Europäischen Instituts für Normung (CEN) definiert Wissen in einer Arbeitsübereinkunft als „eine Gruppierung von Daten und Informationen (vom Gesichtspunkt der Informationstechnologie) und einer Kombination mehrerer unterschiedlicher mentaler Aktivitäten. Diese können sein: Erfahrung, Gefühle, Werte, Intuition, Ahnung, Werthaltungen, Glauben, Vertrauen, Synthesevermögen, Risikobereitschaft, Fähigkeit, mit Komplexität umzugehen, Kommunikationsfähigkeit, Unternehmergeist etc. Wissen dient der Fähigkeit, rationale Entscheidungen zu treffen und vernünftig zu handeln" (CEN-CWA-14924, zit. nach Kilian et al. 2007: 15). Daten sind hingegen noch nicht interpretierte Symbole (z.B. die Zahlen 2, 7 oder 5). Die mit einer Bedeutung verknüpften Daten werden zu Informationen (z.B. der Börsenkurs). Informationen sind der „Rohstoff, aus dem Wissen generiert wird und die Form, in der Wissen kommuniziert und gespeichert wird" (North 2002: 40). North (2002: 41) erläutert weiter: „Wissen entsteht als individueller Prozess in einem spezifischen Kontext und manifestiert sich in Handlungen." Wissen wird erst durch die Vernetzung von Informationen mit persönlichen Erfahrungen und Erwartungen generiert. Damit ist Wissen, im Gegensatz zu Daten und Informationen, an Personen gebunden. Wehner und Dick (2001: 97) fassen den Wissensbegriff folgendermaßen zusammen: „an Daten und Informationen orientiertes, letztlich erfahrungsbezogenes und damit überprüfbares Modell über imaginäre, antizipierte oder bereits partiell bestätigte Wirklichkeit; Wissen ist damit die Integration von handelnd erworbener Erfahrung über Bedeutungs- und Sinngebung." North (2005: 32) entwickelte zur semantischen Abgrenzung der Begrifflichkeiten seine „Wissenstreppe" (vgl. Abbildung 1).

Abbildung 1: Wissenstreppe (eigene Darstellung nach North 2005: 32)

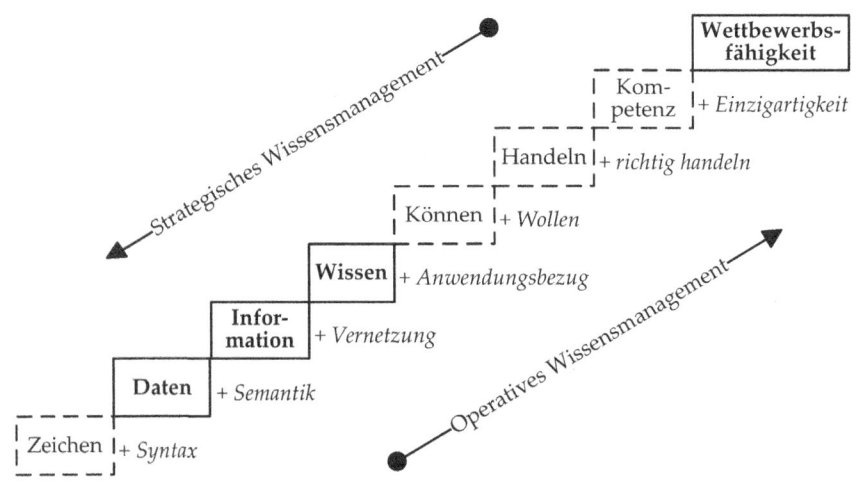

Dieses Modell ist eine Weiterführung der hierarchischen Positionierung der Kernelemente Daten, Informationen, Wissen und stellt diese in Bezug zu weiteren, in der Managementlehre gebräuchlichen Begrifflichkeiten. Auf diese Weise hat

North den Stellenwert von Wissen in Unternehmen (z.B. dessen Einfluss auf die Wettbewerbsfähigkeit) aus wirtschaftswissenschaftlicher Perspektive visualisiert.

Willke (1998a: 7ff.) unterstützt die Differenzierung der Begrifflichkeiten Daten, Informationen und Wissen und grenzt diese anhand von Basisoperationen, Restriktionen und Herausforderungen voneinander ab: Daten sind demnach kodierte Beobachtungen, wie beispielsweise Zahlen, Sprache, Text oder Bilder. Aufgrund der Tatsache, dass sie beobachtungsabhängig sind, stehen Daten Willke folgend in einem direkten Zusammenhang zu Instrumenten und Verfahren der Beobachtung. So lassen sich Verwirrungen über die Begriffe Wissenstransfer, Wissensaustausch, Dokumentation von Wissen etc. relativieren. Streng genommen wird erst nach der Einbindung von Daten in einen systemisch relevanten Kontext (Relevanzkriterien eines bestimmten Systems) von Informationen gesprochen. Eine Herausforderung stellt der Informationsaustausch zwischen Unternehmensmitgliedern dar, da Informationen systemspezifisch wahrgenommen und interpretiert werden. Demzufolge kann nie eine Übertragung von identischen Informationen stattfinden. Durch die Einbindung dieser Informationen in einen zweiten Kontext von Relevanzen entsteht Wissen. Als Kontext lassen sich bedeutsame Erfahrungsmuster benennen, die im Gedächtnis gespeichert und verfügbar gehalten werden. Wissen entsteht durch die Integration von Informationen in einen subjektiven Erfahrungskontext und ist stets zweckgebunden.

In der Managementliteratur wird, wie oben skizziert, weitestgehend auf die populäre Unterscheidung von Wissen als Ergebnis von Daten und Informationen, verbunden mit der Einführung von Begriffshierarchien, zurückgegriffen. Baecker (2000: 106) weist darauf hin, dass bereits „der erste Blick in einen betriebswirtschaftlichen Text zum Wissensmanagement zeigt, dass Wissen hier in einer organisierbaren, geordneten, verwalteten, kategorisierten und systematisierten Form vorkommt". Diese Perspektive suggeriert, dass Wissen ein Bestand ist, „der auf organisierte Weise produziert wurde und der auf organisierte Weise abgerufen werden kann". Diese vorgenommene Abgrenzung des Wissensbegriffs zu den Begriffen Daten und Informationen wurde nach Hasler Roumois (2007: 5ff.) erst durch die Einführung und Verbreitung der Informationstechnologien nötig (vgl. auch die Erläuterungen zu „Datenbanken" in *Kapitel 2.2.6*). Dies bestätigt die Annahme, dass in der Diskussion zum Wissensmanagement oftmals eine Betrachtung von „Wissen" aus Perspektive der Wirtschaftsinformatik stattfindet. Im Kontext von Wissensmanagement existiert Wissen in den Köpfen der Wissensträger und ist Produkt von lebenslangem Lernen und Erfahrung. Materiell greifbar können nach dieser Definition lediglich Daten und Informationen sein (vgl. Hasler Roumois 2007: 35f.). Diesem Ansatz folgend können Informationstechnologien „explizi(er)tes Wissen in Form von Daten so aufbereiten, dass diese Daten eine Informationsqualität für Nutzer bekommen" (Hasler Roumois 2007: 73). Wissen entsteht laut praxis- und unternehmensorientierter Wissensmanagement-Modelle streng genommen ausschließlich durch Kopfarbeit (vgl. Davenport/Prusak 1999: 32f.), wobei anzumerken bleibt, dass sich dieses Verständnis in der betrieblichen Realität nicht durchzusetzen vermag (vgl. Wiater 2007: 65f.). Als Abgrenzungsmerkmale nennen Wehner, Dick und Clases (2004: 163f.), dass

- Wissen an Bewusstsein gebunden ist.

- Wissen ganzheitlich ist, daher materielle, technische, soziale, kulturelle und subjektive Kontexte integriert.

- Wissen kein statistisches Produkt oder Abbild ist, sondern als prozessuale Kompetenz und als dynamisch verstanden werden muss. Wissen besitzt eine zeitliche Struktur.

Wiater (2007: 16) weist in Anlehnung an Luhmann (1984: 102ff.) darauf hin, dass sich Daten, Informationen und Wissen nicht als aufeinander folgende Stufen betrachten lassen, und grenzt sich somit von der wirtschaftswissenschaftlichen Positionierung Norths ab. Informationen werden demnach Wissensbeständen entnommen und können als deren verdichtete oder reduzierte Form beschrieben werden. Luhmann (1984: 103) begründet dies folgendermaßen: „Information reduziert Komplexität insofern, als sie eine Selektion bekannt gibt und damit Möglichkeiten ausschließt". Im jeweiligen Rezipienten kommt den Informationen wieder eine Bedeutung zu, so dass Wissen ein „synergetisches Mehr" als die Summe der aufgenommenen Informationen darstellt. Diesen Prozess beschreiben Klimecki und Thomae (2002: 265ff.) als Prozess der Erweiterung der persönlichen Wissensbasis durch neue Informationen. Stehr (1994: 204ff.) merkt darüber hinaus an, dass Wissen als objektiviertes Wissen eine kulturelle Ressource der Gesellschaft ist und es oftmals nicht um die Aufnahme einer Beziehung zu Fakten, Regeln oder Dingen geht. Die Definition eines soziologischen Wissensbegriffs könnte demzufolge folgendermaßen lauten: „Wissen als Fähigkeit zum sozialen Handeln [...], als die Möglichkeit, etwas in »Gang zu setzen«." (Stehr 1994: 208) Dies bedeutet, dass Wissen „eine notwendige, aber keine ausreichende Fähigkeit zum Handeln"

(Stehr 1994: 242) ist, Informationen hingegen eine „allgemeinere Funktion" einnehmen.

Der Philosoph Glasersfeld verweist auf das Problem einer begrifflichen Vermengung, das durch den Gebrauch des englischen Begriffs „knowledge" entsteht: „Im Englischen sprechen wir nämlich von der »theory of knowledge« und denken dabei an so unterschiedliche kognitive Bereiche wie technisches Fachwissen und Metaphysik. Im Deutschen bedeutet das Wort »Erkenntnistheorie« die Beschäftigung mit allen Arten des Wissens und Erkennens. Die gängige Sprachverwendung ist also in diesem Fall derart konfus, dass scharfe begriffliche Unterscheidungen und entsprechendes Verstehen unmöglich gemacht werden." (Glasersfeld 1997: 199).

Aufgrund des uneinheitlichen Begriffsverständnisses muss Wissen für eine Verwendung im Forschungsinteresse dieser Arbeit weiter präzisiert werden. Für die definierte Zielsetzung ist dabei eine relativ offene Begriffsdefinition zweckmäßig, da auf diese Weise eine ganzheitliche Betrachtung des weiten Forschungsfeldes möglich ist. Wissen soll in dieser Arbeit in Anlehnung an die Überlegungen von Reinmann-Rothmeier et al. (2001: 16) das Ergebnis einer Auswahl, eines Vergleichs, einer Bewertung, einer Verknüpfung, eines Aushandelns oder eines Austauschs sein. Wissen ist bedeutungsgerecht bewertete Information.

2.1.2 Arten von Wissen in Unternehmen

Zu den klassischen Unterscheidungen von Wissen zählt die – im Zusammenhang mit Wissensmanagement relevante – Differenzierung des Wissensbegriffs in implizites und explizites Wissen. Diese Unterscheidung geht auf den ungarischen Biologen und Wissenschaftstheoretiker Michael Polanyi zurück, der in seinen Werken den Begriff „tacit knowledge" bzw. in der deutschen Übersetzung das „implizite Wissen" oder „stille Wissen" prägte. Er untersucht das menschliche Erkennen ausgehend von seiner Grundannahme, „dass wir mehr wissen, als wir zu sagen wissen" (Polanyi 1985: 14). Diese Betrachtungsweise spiegelt sich in verschiedenen Wissensmanagement-Modellen wider (vgl. *Kapitel 2.2*), wird ebenso bei zahlreichen Ansätzen zum „organisationalen Lernen" (vgl. Wiegand 1996: 167ff.) und der Weiterbildung (vgl. Staudt/Kriegesmann 1999: 27ff.) verwendet.

Explizites Wissen definieren Bukowitz und Williams (2002: 13) als „das Wissen, das von Individuen relativ einfach zum Ausdruck gebracht werden kann, entweder durch Sprache oder eine andere Art der Kommunikation – Bilder, Töne, Bewegungen". Implizites Wissen ist nach Hasler Roumois (2007: 43) definiert als „die Gesamtheit des Wissens im Kopf eines Menschen, das in einem unbewussten (stilles Wissen), nicht bewussten (latentes Wissen) oder bewussten Zustand sein kann und aus kognitiven Elementen (die dadurch kodierbar und artikulierbar sind) und aus operativen, kognitiv unzugänglichen Elementen besteht (die nicht explizierbar, höchstens demonstrierbar sind)". Implizites Wissen trägt ein Mensch in seinem Kopf und es ist schwer sprachlich zu artikulieren (z.B. die Fähigkeit Rad zu fahren). Explizites Wissen hingegen lässt sich vom Wissensträger abkoppeln und kann folglich dokumentiert werden (vgl. Herbst 2000: 14f.). Eine solch weitgefasste Definition ermöglicht die Annahme, dass sich implizites Wissen explizieren lässt. Autoren mit einem engeren Begriffsverständnis stellen hingegen eine Konvertierbarkeit in Frage (vgl. Schreyögg/Geiger 2005: 433ff.), was wiederum bedeuten würde, dass viele Wissensmanagement-Aktivitäten nicht erfolgreich sein könnten.

Implizites Wissen lässt sich darüber hinaus in bewusstes Wissen und latentes Wissen unterteilen:

- Bewusstes Wissen ist ein Teil der organisationalen Wissensbasis, „dessen Zugänglichkeit den an den organisatorischen Entscheidungsprozessen Beteiligten bekannt ist" (Rehäuser/Krcmar 1996: 7).

- Latentes Wissen ist für Unternehmen unzugänglich, Entscheidungsträger wissen allerdings von der Existenz, können es aufgrund von strukturellen Barrieren jedoch nicht nutzen (vgl. Rehäuser/Krcmar 1996: 7f.).

Die Unterscheidung zwischen implizitem und explizitem Wissen ist für Wissensmanagement und die Organisation von Wissenstransferprozessen in Unternehmen elementar. Sie bildet die Basis für verschiedene Modelle und wird im theoretischen Ansatz der japanischen Ökonomen Ikujiro Nonaka und Hirotaka Takeuchi verwendet (vgl. 2.2.3). Die impliziten Wissensbestände „unterhalb der Wasserlinie" spiegeln die Kernkompetenzen eines Unternehmens wider und stehen daher im Fokus von Wissensmanagement-Aktivitäten (vgl. Abbildung 2).

Abbildung 2: Anteile impliziten und expliziten Wissens in Unternehmen
(eigene Darstellung nach Wuppertaler Kreis e.V. 2000: 14)

Im Zusammenhang von Wissensmanagement beziehen sich Autoren neben dem expliziten und impliziten Wissen auf die Kategorie des organisationalen Wissens (vgl. Willke 1998a: 16ff.). Organisationales Wissen ist (in Abgrenzung zu individuellem und kollektivem Wissen) Erfahrungs- und Reflexionswissen, „das Abläufen, Regeln, Gewohnheiten oder Strukturen von Organisationen und Institutionen zugrunde liegt, ohne dass die dort agierenden Individuen sich dessen bewusst sein müssen" (Wiater 2007: 21).

Basis für eine Auseinandersetzung mit Wissensmanagement-Modellen bilden die dargestellten Differenzierungen. Darüber hinausgehend finden sich in der Literatur weitere Aspekte, anhand derer Wissen klassifiziert und differenziert werden kann. Habermas (1981: 25ff.) unterscheidet beispielsweise in kognitiv-instrumentelles Wissen (Durchführung zielgerichteter Handlungen), moralisch-praktisches Wissen (bezieht sich auf das richtige Verhalten in einem gegebenen normativen Kontext) und ästhetisch-expressives Wissen (bezieht sich auf die von außen kaum zugängliche Innenwelt eines Individuums).

In der Allgemeinen Pädagogik werden nach Weber (1999: 51f.) und Wiater (2007: 22f.) exemplarisch folgende Wissensformen unterschieden:

- Deklaratives Wissen: Wissen über Sachverhalte, über komplexe Gegebenheiten und Zusammenhänge

- Prozedurales Wissen: Wissen liegt psychomotorischen und kognitiven Fertigkeiten zugrunde, es steuert den Ablauf komplexer Handlungsfolgen

- Methodisches Wissen: allgemeines und bereichsspezifisches Wissen über Problemlösungsstrategien

- Metakognitives Wissen: Wissen über das eigene (Nicht-)Wissen

Von Cranach und Bangerter (2000: 236) benennen als weitere in der psychologischen Literatur aufgeführte Wissensform das episodische Wissen als das Wissen über Ereignisse (Wissen über vergangene eigene und fremde Handlungen und ihre Folgen). Sie unterscheiden deklaratives und prozedurales Wissen anhand der Unterscheidungskriterien „Inhalt" und „Bewusstheit", konstatieren aber, dass die unterschiedlichen Begrifflichkeiten „zum Teil von verschiedenen Autoren zu verschiedenen Zwecken immer wieder etwas anders verwendet werden" (von Cranach/Bangerter 2000: 235).

Eine weitere Betrachtungsweise sieht die Differenzierung in Inhaltswissen und Handlungswissen vor (vgl. Hasler Roumois 2007: 45): Inhaltswissen (deklaratives, semantisches Wissen, Faktenwissen, Theoriewissen) ist das „Know-that" (Wissen, dass etwas ist). Handlungswissen (prozedurales Wissen, Erfahrungswissen, praktisches Wissen) hingegen das „Know-how" (Wissen, wie etwas zu tun ist). Dem Erwerb von Inhaltswissen geht meist der Erwerb von Handlungswissen voraus (vgl. Humpl 2004: 34f.). Hasler Roumois (2007: 45ff.) erweitert diese Abfolge um die Dimension „Know-about" (Wissen über/von etwas), dem Faktenwissen im Sinne von Historie, Ereignissen und Erlebnissen. „Know-why" (Wissen, warum etwas so ist) setzt die bereits genannten Stufen voraus und lässt sich mit Reflexionswissen beschreiben. Es setzt eine Reflexion des eigenen Handelns, z.B. durch Kommunikation in Teams, ein. Die oberste Stufe „Know-what to do" (Wissen, was zu tun ist) wird durch komplexe Entscheidungs- und Problemlösungsprozesse erreicht. Es zählen strategisches Wissen, Entscheidungswissen und Methodenwissen dazu. Die Wissensarten beruhen auf einer Komplexitäts- und Zeitdimension, so dass davon auszugehen ist, dass sich Menschen im Verlauf der Zeit zunehmend komplexere Wissensformen aneignen.

Resümierend lässt sich festhalten, dass Wissen in verschiedenen Wissenschaftsdisziplinen und Forschungsgegenständen unterschiedlich definiert wird. Eine Betrachtung der Wissensarten erfolgt anhand verschiedener Kriterien, wie z.B. dem Inhalt, der Qualität, der Struktur, des Ursprungs oder der Funktion von Wissen. Deshalb lässt sich, so Bullinger, Wörner und Prieto (1997: 7), von verschiedenen Arten und Formen von Wissen sprechen. Problematisch scheint jedoch, dass die

Wissensarten untereinander korrelieren und Wissen dadurch oftmals nicht eindeutig zugeordnet oder abgegrenzt werden kann. Entsprechend schwierig ist es, eine Strategie für die Anregung eines Wissenstransfers in Unternehmen zu entwickeln, wenn ein gemeinsames Begriffsverständnis fehlt.

2.1.3 Eigenschaften der Ressource Wissen

In den wissenschaftlichen Diskussionen zur Wissensgesellschaft wird Wissen oftmals als vierter Produktionsfaktor neben den klassischen Faktoren Arbeit, Kapital und Boden benannt (vgl. Prange 2002: 11ff.; Schütt 2000: 22ff.; Stewart 1998: 63ff.). Dieser „neue" Produktionsfaktor unterliegt im organisationalen Kontext anderen Gesetzmäßigkeiten als die bekannten materiellen Produktionsfaktoren. Rau (2000) skizziert: „Wo das Internet noch den Eindruck erweckt, das gesamte Wissen der Welt stehe jedermann jederzeit zur Verfügung, da zeigen die Diskussionen um Patente zum Beispiel, dass das wirklich entscheidende Wissen, eben das Wissen, mit dem sich das meiste Geld machen lässt, nicht jedermann zur Verfügung steht. Es wird patentiert und privatisiert, damit es kapitalisiert werden kann. In sehr entscheidenden Punkten leben wir also in einer Wissensgesellschaft mit beschränktem Zugang."

Nach Stehr (1994: 212f.) ist Wissen aufgrund zweier Eigenschaften als knappes Gut zu verstehen: Zum einen sind Wissensansprüche, also Handlungsmöglichkeiten, schwer zugänglich. Je schneller das Wissen veraltet, desto größer ist der Einfluss derer, die diese Wissenszuwächse kontrollieren und realisieren. Zum Zweiten geht Wissen nach einem möglichen „Wissensverkauf" zwar auf andere Wissensträger über, verbleibt jedoch – im Gegensatz zu materiellen Gütern – beim ursprünglichen Produzenten. Die Übertragung von kognitiven Fähigkeiten ist nicht zwangsläufig Bestandteil des Transfers.

Für Prange (2002: 12f.) beschreiben folgende Aspekte, die über die bereits genannten Gesichtspunkte hinausgehen, die Besonderheiten der Ressource Wissen:

- Wissen kann physisch nicht abgenutzt sowie immer weiter bzw. neu entwickelt werden und ist daher eine unerschöpfliche Ressource.

- Bei Wissen tritt im Gegensatz zu anderen Gütern, beispielsweise Maschinen oder Werkzeugen, kein Verschleiß auf. Es ist vielmehr die „einzige Ressource, welche sich durch Gebrauch vermehrt" (Probst et al. 1999: 17).

- Die Verbreitung von Wissen mag zunächst einfacher sein als eine mit logistischen Herausforderungen gekoppelte Verbreitung von materiellen Produktionsfaktoren. Für explizites Wissen trifft diese Annahme zu, für implizites Spezialwissen jedoch nicht.

Bereits Goethe (1809) skizziert den prozesshaften Charakter von Wissen in seinen *Wahlverwandtschaften*: „Unsre Vorfahren hielten sich an den Unterricht, den sie in ihrer Jugend empfangen; wir aber müssen jetzt alle fünf Jahre umlernen, wenn wir nicht ganz aus der Mode kommen wollen." (Goethe 1809/2002: 43) Herbst (2000: 12f.) zeigt mit seinem „Lebenslauf des Wissens", dass neues Wissen entsteht, wächst, reift, an Wert verliert, zerfällt und abstirbt. Durch neue Entwicklungen werden, im Idealfall, veraltete Wissensbestände durch neue abgelöst. Es erscheint als notwendig, veraltetes Wissen freizugeben (Fähigkeit des „Vergessen-Könnens") und so den Raum für Neu- und Weiterentwicklungen zu schaffen.

Specht (2007: 32ff.) weist darauf hin, dass Wissen subjektiv bleibt, weil die Wahrnehmung der Wirklichkeit durch das Individuum subjektiv geprägt ist. Bei unterschiedlichen Unternehmensstandorten oder Standpunkten in einem System unterscheidet sich folglich die Wahrnehmung und Bewertung von Faktoren. Specht schlussfolgert, „dass ein Unternehmen mit reifen, selbstbewussten Mitarbeitern ein sehr heterogenes System darstellt, wodurch eine gemeinsame Deutung der Wirklichkeit wesentlich erschwert wird. In diesem Sinne ist der hochbegabte Einzelkämpfer stets ein Feind eines objektivierten Wissensmanagements, weil er ein geringes Interesse am Austausch von Informationen und damit an intersubjektiv nachvollziehbarer Verständigung über Informationen hat – aus der Erfahrung heraus, dass ein persönliches Wissen eben stark von seiner Persönlichkeit geprägt wird – sowohl was das Sammeln als auch was das Nutzen von Wissen angeht" (Specht 2007: 34).

Wiater (2007: 28f.) konstatiert, dass der Wissensbegriff in der Gegenwart seine Eindeutigkeit verloren habe und in verschiedenen Kontexten unterschiedlich definiert wird. Hug und Heinze (2003: 40) führen aus, dass Wissen „einen Sammelbegriff für verschiedene Auffassungen und Bestimmungen dar[stellt], die sich auf unterschiedliche Bereiche, Kontexte und Qualitäten beziehen können". Im Zusammenhang mit Wissensmanagement beschreibt Wiater (2007: 29) Wissen sowohl als „Ergebnis denkerischer Bemühungen von Menschen als auch Inhalt von Produkten und Dienstleistungen". Diese Definition entfernt sich vom klassischen Verständnis, dass Kron (2009: 270) mit „Wissen ist begründete Erkenntnis" definiert, präzisiert jedoch die verschiedenen Eigenschaften der Ressource Wissen, an denen sich Wissensmanagement orientiert.

2.2 Theoretische Modelle und Instrumente im Wissensmanagement

Die Wortschöpfung „Wissensmanagement" kombiniert die dargestellten Bedeutungsgehalte von Wissen mit denen des Managements. Wissen ist im Gegensatz zum Management ein Zentralbegriff der Pädagogik. Erst in den vergangenen Jahren findet der Begriff Management in der pädagogischen Literatur vermehrt Verwendung (z.B. Schulmanagement, Qualitätsmanagement). Der Management-Begriff suggeriert eine Möglichkeit der Planung, Steuerung und Kontrolle. Die zunehmende Beschäftigung mit dem Thema Wissensmanagement in Forschung und Unternehmenspraxis lässt sich auf die verstärkte Betrachtung der ressourcenbezogenen Zusammenhänge im Kontext der Analysen zur Wissensgesellschaft zurückführen. Für eine vertiefende Auseinandersetzung mit dem seit den 1990er Jahren diskutierten Forschungsgegenstand Wissensmanagement bleibt es unerlässlich, diesen vielschichtigen Begriff zu definieren (*Kapitel 2.2.1*). Ein Großteil der Veröffentlichungen ist der interdisziplinären Managementlehre zuzuordnen, im Feld der Wissensmanagement-Forschung sind zudem weitere Wissenschaftsdisziplinen mit ihren spezifischen Fragestellungen und Zielsetzungen vertreten. Einblicke in die Vielfältigkeit der theoretischen Auseinandersetzung sollen die Darstellungen der Modelle von Probst, Raub und Romhardt (1999, *Kapitel 2.2.2*), Nonaka und Takeuchi (1997, *Kapitel 2.2.3*) sowie von Davenport und Prusak (1999, *Kapitel 2.2.4*) liefern. Die sich anschließende Einführung in Instrumente des Wissensmanagements aus betrieblicher Perspektive ermöglicht eine direkte Kopplung zwischen den Modellen und betriebspraktischen Elementen (*Kapitel 2.2.6*).

2.2.1 Definition von „Wissensmanagement"

Das ISSS (Standardisierungssystem für die Informationsgesellschaft) des Europäischen Instituts für Normung (CEN) definiert Wissensmanagement in einer Arbeitsübereinkunft als „geplantes, fortlaufendes Management von Aktivitäten und Prozessen, welche die Wirksamkeit von Wissen steigern und die Wettbewerbsfähigkeit durch bessere Erzeugung und Nutzung von individuellen und kollektiven Wissensressourcen stärken" (CEN-CWA-14924, zit. nach Kilian et al. 2007:

16). Willke (1998a: 39) definiert Wissensmanagement als „die Gesamtheit organisationaler Strategien zur Schaffung einer »intelligenten« Organisation". Demzufolge müssen Maßnahmen des Wissensmanagements eine soziale (das Bild vom
Mitarbeiter als wertvollem Wissensträger), eine organisationale (Schaffung einer
wissensfreundlichen Organisationskultur) und eine technologische Dimension
(Auf- und Ausbau der technischen Infrastruktur) vereinen. Dabei sollte, abgeleitet
von Willkes systemischem Wissensbegriff, folgende Konsequenz berücksichtigt
werden: „Wissensmanagement ist in gleicher Intensität das Management von
Nichtwissen. Wissensmanagement verlangt manageriale Kompetenzen im Umgang
mit Wissen ebenso wie die Kompetenz im Umgang mit Nichtwissen und Ungewissheit." (Willke 2007: 27) Wissensmanagement ist Willke folgend nur dann
möglich, wenn beide in Organisationen anzutreffende Wissensträger (1. Wissen der
Person und 2. Wissen der Organisation) in komplementärer Weise Wissen generieren, nutzen und sich ihre jeweiligen Wissenspotenziale wechselseitig zur Verfügung stellen. Für Unternehmen ist Wissen dann von besonderer Bedeutung,
wenn es sich auf die Kernkompetenzen des Unternehmens bezieht, d.h. es wirkt
sich direkt auf die Wettbewerbsfähigkeit des Unternehmens aus aufgrund des
kaum imitierbaren, innovativen Charakters, der mit der Einzigartigkeit verbundenen Kompetenzzuschreibung seitens der Kunden sowie der zeitlichen Stabilität und dem produktübergreifenden Einfluss des Wissens einhergeht (vgl.
North 2005: 34f.). Der Einsatz von Wissensmanagement-Instrumenten soll unter
anderem dazu beitragen (vgl. Reinmann-Rothmeier et al. 2001: 19):

- die Leistungs- und Wettbewerbsfähigkeit zu steigern

- vorhandene Ressourcen besser zu nutzen

- erfolgskritisches Wissen sicherzustellen

- die Produktqualität zu erhöhen

- die Kundennähe zu verbessern

- die Innovationsfähigkeit zu steigern

- den Wandel zu einem lernenden und wissensbasierten Unternehmen
  zu vollziehen.

Die Aufgaben des Wissensmanagements bestehen folglich darin, die infrastruk-
turellen, organisatorischen und sozialen Voraussetzungen für das Erreichen dieser
Ziele zu schaffen. Willke fasst den Wandel der Aufgabenstellungen für das Mana-

gement folgendermaßen zusammen: „Wissensmanagement wird im Kontext von Wissensgesellschaft und Wissensökonomie zum Bestandteil des allgemeinen Managements, weil die Ressource Wissen zur dominanten Produktivkraft wird und ein ebenso sorgfältiges und systematisches Management verlangt wie andere Ressourcen der Organisation auch." (Willke 2007: 22) Als Organisation soll im Kontext der vorliegenden Arbeit der institutionelle Organisationsbegriff verstanden werden („das Unternehmen ist eine Organisation"), sprich Organisationen sind „zielorientierte soziale Gebilde und kollektive Denk- und Handlungssysteme mit eigener Identität und Kultur. [...] Der Begriff »Organisation« wird [...] als Oberbegriff bzw. Synonym für sämtliche Arten von Institutionen, wie Unternehmen, Behörden usw. verwendet." (Neumann 2000: 113f.) Aufgrund der spezifischen Fragestellung der empirischen Untersuchung gelten die getroffenen Aussagen in der vorliegenden Arbeit für Unternehmen. Im Kontext der Diskussion wissenschaftlicher Literatur zum Thema wird sich darüber hinausgehend auf den weitgefassteren Organisationsbegriff bezogen.

Die zentralen Elemente des Wissensmanagements bilden Mensch, Organisation und Technik. Der „Mensch" (Mitarbeiter) ist Träger des Wissens, wobei die Aktivitäten darauf abzielen, implizites Wissen in explizites umzuwandeln, wenngleich dies nur bedingt möglich zu sein scheint. Es geht weiter darum, die Kenntnisse, Fähigkeiten und Kompetenzen der Mitarbeiter zu fördern. Im Bereich „Organisation" soll eine wissens- und lernfreundliche Umgebung geschaffen werden, die den Umgang mit der Ressource Wissen erleichtert. Darüber hinaus ist es unerlässlich, die richtige „Technik" vorzuhalten. Ein wesentlicher Erfolgsfaktor für Wissensmanagement ist dabei die nutzerfreundliche Gestaltung der Kommunikations- und Informationsinfrastruktur (vgl. Reinmann-Rothmeier et al. 2001: 18ff.).

Ziel des Wissensmanagements ist u.a. die Verbesserung von Wachstums- und Ertragsvorteilen durch Innovationsvorsprünge (vgl. *Kapitel 2.3.2*). Dieses Ziel lässt sich erreichen, wenn im Unternehmen vorhandenes Wissen lokalisiert und transparent gemacht, typische Entscheidungs- und Innovationssituationen des Unternehmens erfasst und hinsichtlich der Wissensanforderungen charakterisiert werden, die Wissensspeicherung und Zugangsgeschwindigkeiten zu gespeichertem Wissen verbessert, Wissen proaktiv an interessierte Mitarbeiter weitergegeben sowie Wissen laufend für aktive Innovationsstrategien eingesetzt wird (vgl. Sommerlatte 1999a: 8f.). Prinzipiell können Wissensmanagement-Aktivitäten als

„Knowledge Recycling" bezeichnet werden, da vorhandenes Wissen als Basis für effiziente Innovationen genutzt wird (vgl. Kurtzke/Popp 1998: 188). Übergeordnetes Ziel des Wissensmanagements ist die Verbesserung der Lernfähigkeit von Unternehmen (vgl. Pawlowsky 1998b: 15f.). In Unternehmen sollte sich folglich mit den Fragen auseinandergesetzt werden, welche Daten und Informationen Mitarbeiter für die Wissensproduktion benötigen sowie in welcher Form dieses Wissen wirtschaftlich erfolgreich angewendet und genutzt werden kann.

Ein Problem des Wissensmanagements ist die immaterielle Natur der Ressource Wissen, denn „was immateriell ist, kann schwer sichtbar gemacht werden" (Eschenbach/Geyer 2004: 43). Darüber hinaus kommt es aufgrund des betriebswirtschaftlich anmutenden Management-Begriffs zu der Fehleinschätzung, dass Wissen „machbar" sei. Unter Management werden Methoden zur Planung, Steuerung und Kontrolle von Prozessen, Produkten und Zahlen verstanden. Wenngleich Wissensmanagement die Funktion einer Planung, Steuerung und Kontrolle besitzt, ist – im Gegensatz zu einer rein auf betriebswirtschaftliche Aspekte fokussierten Begriffsdefinition – in diesem Fall eine Abhängigkeit vom Willen, von Bedürfnissen und von Gefühlen der Unternehmensmitglieder gegeben (vgl. Seiler/Reinmann 2004: 17). Problematisch für die Realisierung in Unternehmen scheint zudem, dass die Bildung von immateriellem Vermögen, von Wissen und die Einführung von Wissensmanagement bisher weitestgehend als Aufwand verbucht und nicht als eine Investition betrachtet werden (vgl. Stoi 2003: 1ff.).

Zur Erklärung von Wissensmanagement-Prozessen in Unternehmen sind verschiedene theoretische Modelle entwickelt worden. Ein prominentes Modell sind die „Bausteine des Wissensmanagements", die Probst, Raub und Romhardt (1999) als europäische Herangehensweise an das Thema veröffentlichten. Neben den „Bausteinen" gibt es eine Vielzahl weiterer Wissensmanagement-Modelle. Exemplarisch sollen an dieser Stelle neben den „Bausteinen" die „Wissensspirale" von Nonaka und Takeuchi (1995) sowie das „Wissensmarktkonzept" von Davenport und Prusak (1999: 67ff.) kurz dargestellt werden. Es werden explizit diese drei Vorschläge herausgegriffen, weil sie aufgrund ihrer Unterschiedlichkeit aufschlussreich für eine Analyse des weiten Forschungsfelds Wissensmanagement sind. Einen formalen Zusammenhang von den Komponenten des Wissensprozesses präsentieren Probst, Raub und Romhardt im Rahmen üblicher Managementansätze. Ein theoretisches Modell haben die Japaner Nonaka und Takeuchi mit

ihrer Wissensspirale vorgelegt. Das Modell beschäftigt sich mit der Wissenserzeugung durch die Übergänge von implizitem zu explizitem Wissen (und zurück)
von Individuen, Teams und Unternehmen. Davenport und Prusak verbinden in
ihrem Wissensmarktkonzept die Perspektiven „Wissen als Kapital" und „Wissen
als weicher Faktor" und bieten so einen neuen Blickwinkel auf Prozesse der
Wissensteilung.

2.2.2 Bausteine des Wissensmanagements (Probst et al.)

Die „Bausteine des Wissensmanagements" sind Mitte der 1990er Jahre von Probst,
Raub und Romhardt (1999) als praxisnahes Modell entwickelt worden. Die Autoren
plädieren für eine Anwendung und wirtschaftliche Nutzung der Ressource Wissen
durch Wissensmanagement. Sie verstehen ihr Modell als Leitfaden für das
Management und orientieren sich an den Anforderungen von Praktikern. Zu
diesen Anforderungen zählen:

- die Anschlussfähigkeit an bereits bestehende Konzepte (z.B. Total
  Quality Management)

- die Problemorientierung (Wissensmanagement soll einen konkreten
  Beitrag zur Problemlösung leisten und nicht auf einer Metaebene
  bleiben)

- die Verständlichkeit (relevante Begrifflichkeiten nutzen statt zu „ver-
  komplizieren")

- die Handlungsorientierung (Führungskräfte müssen den Einsatz und
  die Wirkung von Wissensmanagement-Instrumenten in ihrer
  Wirkung beurteilen und so Entscheidungen treffen können)

- die Instrumentenbereitstellung (ausgereifte und zuverlässige
  Methoden und Instrumente müssen zur Verfügung gestellt werden)

In den „Bausteinen" werden Aktivitäten konzeptualisiert, die einen unmittelbaren
Wissensbezug haben und keiner anderen externen Logik folgen (vgl. Abbildung 3).
Unterschieden wird in den inneren und äußeren Managementregelkreis. Der
„äußere Kreislauf" mit den Elementen „Wissensziele", „Wissensmanagement-
Prozesse" und „Wissensbewertung" bildet einen klassischen Managementprozess
ab. An dieser Stelle werden die strategische Ausrichtung von Wissensmanagement-
Prozessen ebenso wie die Bedeutung von eindeutigen und konkreten Ziel-

setzungen und die Notwendigkeit von (Erfolgs-)Messungen betont. Der „innere Kreislauf" (die Wissensmanagement-Prozesse) besteht aus den Bausteinen:

- Wissenstransparenz:
  vorhandenes Wissen aufzeigen, künftiges Wissen aufdecken

- Wissenserwerb:
  Lernen, Wissen intern entwickeln, externes Wissen beschaffen

- Wissensentwicklung:
  Nutzbarmachung von implizitem Wissen durch Externalisierung

- Wissens(ver)teilung:
  Verbreitung bereits vorhandenen Wissens innerhalb eines Unternehmens

- Wissensbewahrung:
  Selektion, Speicherung und Aktualisierung von Wissensbeständen

- Wissensnutzung:
  Sicherstellung der Nutzung von Wissensbeständen

Probst und Romhardt (1997: 130ff.) verfolgen das Ziel, mit den Bausteinen den Managementprozess in logische Phasen zu untergliedern, Ansätze für Innovationen zu liefern und ein Suchraster zur Verfügung zu stellen, um Ursachen von Wissensproblemen aufzuspüren. Die einzelnen Elemente sollten im Unternehmen nie isoliert betrachtet werden, da sie sich gegenseitig beeinflussen.

Abbildung 3: Bausteine des Wissensmanagements
(eigene Darstellung nach Probst et al. 1999: 58)

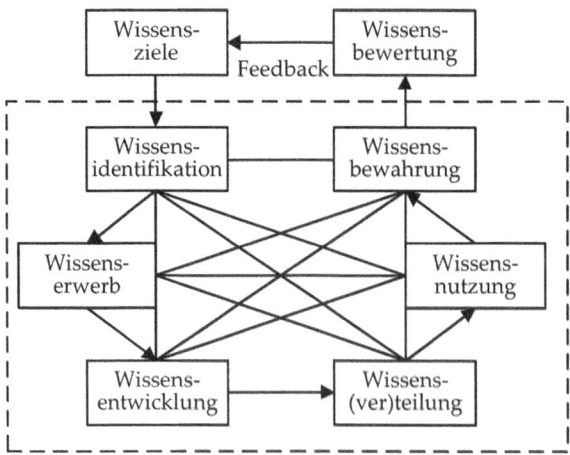

Problematisch scheint trotz der postulierten „Praxisnähe" die konsequente Umsetzung des inneren Kreislaufes in der alltäglichen Arbeit zu sein. Unterschiedliche Tätigkeiten und der Einfallsreichtum der Mitarbeiter können dazu führen, dass Bausteine übersprungen oder in anderer Reihenfolge umgesetzt werden. North (2005: 189) führt aus, dass dieses Modell Anhaltspunkte für die tägliche Praxis gibt, jedoch zu geringe Hilfestellungen für die Implementierung anbietet. Es wurden zwar Betriebspraktiker in die Konzeption eingebunden, dennoch steht eine Anwendung des Gesamtkonzepts noch aus. Diesem Gedanken schließt sich Lücke (2005: 222) an, dem die Andeutung der Vernetztheit aller Bausteine im Modell nicht ausreicht. Für ihn bleiben einige Fragen des optimalen Praxistransfers durch Probst, Raub und Romhardt unbeantwortet. Willke (1998a: 78f.) ergänzt: „Sicherlich sollten Modelle einfach und nutzbar sein, aber in komplizierten und komplexen Kontexten widerspricht forcierte Einfachheit oft einem wirklichen Nutzen."

Aufgrund der Strukturierung des Managementprozesses in logische Phasen bietet das Modell der Bausteine Ansätze für Interventionen und ein Raster für die Suche nach Ursachen von „Wissensproblemen" (vgl. Bullinger/Prieto 1998: 90). Der Ansatz von Probst, Raub und Romhardt ermöglicht zudem eine Verortung von Wissensmanagement-Instrumenten hinsichtlich ihrer jeweiligen Intentionen und Wirkungsfelder in einem Unternehmen. Die Auseinandersetzung mit den einzelnen Bausteinen macht dahingehend Sinn, als der Einsatz von Wissensmanagement-Instrumenten so zielgenauer diskutiert und eingebunden werden kann. Die Analyse des Modells verdeutlicht einerseits die betriebswirtschaftlich orientierte Herangehensweise an das Management von Wissen und zeigt andererseits die Notwendigkeit einer darüber hinausgehenden Auseinandersetzung mit weichen Erfolgsfaktoren, hier insbesondere dem Vertrauen.

2.2.3 Wissensspirale (Nonaka/Takeuchi)

Basis des Modells der japanischen Ökonomen Ikujiro Nonaka und Hirotaka Takeuchi ist die Differenzierung von Wissen in die beiden Dimensionen „implizites Wissen" und „explizites Wissen" (vgl. zur Begriffsabgrenzung *Kapitel 2.1.2*). Sie stellen die Übergänge zwischen den beiden Wissenszuständen in Form einer Wissensspirale dar und entwickelten so die theoretische Fundierung für Wissensgenerierungsprozesse in Unternehmen. Das Konzept gibt demnach Anhaltspunkte für die Wissenserzeugung von Individuen, Teams und Unternehmen.

Die Wissensspirale beschreibt den Übergang von implizitem in explizites Wissen. In diesem Prozess durchläuft die Spirale vier Formen der Wissensübertragung: Sozialisation, Externalisierung, Kombination und Internalisierung (vgl. Abbildung 4). Der Austausch von Erfahrungen und damit von implizitem Wissen findet während der Sozialisation statt. Die Weitergabe des Wissens erfolgt durch Beobachtung, Nachahmung und Praxis. Durch die Externalisierung, dem Schlüssel der Wissensschaffung, werden aus implizitem Wissen neue explizite Konzepte gebildet. Die Form der Weitergabe sind Metaphern, Analogien, Hypothesen und Modelle. Die dritte Phase der Kombination dient dazu, die verschiedenen Bereiche von explizitem Wissen durch die Wahrnehmung, Analyse, Sortierung, Kombination und Weitergabe von Informationen verschiedener Quellen zu verbinden. Wissensaustausch kann durch Dokumente, Besprechungen, Telefongespräche oder Netzwerke erfolgen. In der Phase Internalisierung wird abschließend explizites Wissen in implizites Wissen umgewandelt. Nonaka und Takeuchi vergleichen diesen Prozess mit dem „learning by doing", d.h. die Internalisierung von explizitem Wissen geschieht durch die individuelle Anwendung (z.B. von Wissen, das nicht zum spezifischen Fachgebiet des jeweiligen Mitarbeiters zählt). Die Wissensspirale verstehen sie als einen dynamischen Prozess, durch den fortwährend neues Wissen generiert wird (vgl. Nonaka/Takeuchi 1997: 74ff.). North (2005: 187) unterstreicht: „Dieser ständige Prozess des Transfers des individuellen Wissens zum Kollektiv und zurück wird mit dem Begriff der Spirale des Wissens belegt."

Folgt man dem Konzept der Japaner, so liegen die Keimzellen neuen Wissens in einem Konvertierungsprozess zwischen explizitem und implizitem (stillschweigendem) Wissen. Zentrale Voraussetzung für die Wissenserzeugung ist somit die Schaffung von strukturellen und prozessualen Voraussetzungen für einen solchen Austausch (vgl. Pawlowsky 1998b: 25). Interaktive Wissensaustauschs- und Wissensgenerierungsprozesse sind jedoch nur innerhalb eines geteilten Bedeutungskontextes möglich. Die Wissensteilung zwischen Individuen verlangt folglich einen dialogischen Prozess zwischen Individuen und setzt einen gemeinsamen soziokulturellen Kontext voraus. Diesen Aspekt beschreiben Nonaka und Takeuchi in ihrem „Ba"-Konzept, wobei unter „Ba" physische (z.B. Räume), virtuelle (z.B. E-Mails, Chats) oder mentale (z.B. gemeinsame Erfahrungen) Orte gemeint sein können (vgl. Dörhöfer 2010: 64ff.).

Abbildung 4: Die Wissensspirale (eigene Darstellung nach Nonaka/Takeuchi 1997: 84)

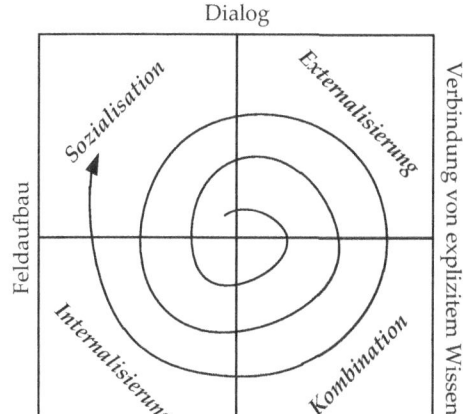

Nonaka und Takeuchi bemängeln die bisherige Konzentration von westlichen Unternehmen auf explizite Wissensbestände und das besondere Interesse asiatischer Unternehmen auf implizite Wissensbestände (vgl. Nonaka/Takeuchi 1997: 18ff.). Eben diese unterschiedlichen Blickwinkel auf die Thematik könnten zu Problemen bei der Umsetzung im europäischen Raum führen. Die Wissens-definition in Asien ist deutlich weiter gefasst als in Europa. Die Asiaten schreiben Wissen implizite, persönliche und schwer vermittelbare Eigenschaften zu. In euro-päischen Unternehmen steht weiterhin die explizite Dimension oftmals im Zentrum der Wissensmanagement-Aktivitäten. Wissen wird vielerorts als leicht vermittelbar angesehen (vgl. Eschenbach/Geyer 2004: 94). Gerade diese Differenz möchten Nonaka und Takeuchi durch die Integration beider Wissensbestände in ihrem „allgemeinen Modell der Wissensschaffung im Unternehmen" schließen (vgl. Knoblauch 2004: 278). Nonaka und Takeuchi selbst differenzieren in ihrer Arbeit zwischen asiatischen und westlichen Verhaltensweisen im Umgang mit Wissen (vgl. Tabelle 1).

Tabelle 1: Kulturdimensionen am Beispiel von Asien und Europa (vgl. Gehle 2006: 143)

	Kulturdimension	Asiatisch	Westlich
Wissensinhalte	Kollektivismus vs. Individualismus	▪ Gemeinsames Verständnis für Werte und Ziele ▪ Harmonisches Zusammenleben wird als „kollektives Ich" verstanden	▪ Verwirklichung des „individuellen Ichs" als Lebensziel
	Diffusiät vs. Spezifität	▪ Visuelles Denken (im Kontext von Raum und Zeit)	▪ Fester Standpunkt des Betrachters
	Parallelität vs. Spezifität	▪ Zeit als Kontinuum in einer immer neuen Gegenwart	▪ Trennung von Vergangenheit, Gegenwart, Zukunft
	Neutralität vs. Individualität	▪ Aussagen anderer sind ohne öffentliche Kritik zu achten	▪ Menschliche Beziehungen sind meist atomisch und mechanisch

Kölling (2006: 123) weist darauf hin, dass die vier Formen der Wissensumwandlung die „Perspektive der japanischen Wertegemeinschaft und Organisationsstruktur" widerspiegeln, die durch ein „Netzwerk an zwischenmenschlichen Beziehungen, Vertrauen und eine starke Bindung an die Mitglieder der Familie und des Unternehmens" geprägt sei. Eben dieser von Gruppenorientierung geprägte japanische Kulturhintergrund lässt sich, so Gehle (2006: 67), gut auf die Bedürfnisse europäischer Beratungsunternehmen und somit generell auf wissensintensive Arbeitsbereiche projizieren. Er argumentiert, dass die „Trennung zwischen implizitem und explizitem Wissen, die eines der wesentlichen Unterscheidungsmerkmale japanischen und westlichen Wissensverständnisses darstellt, [...] durch die verschiedenen Aktivitäten innerhalb der vier Wissensmodi weitgehend aufgehoben" werden.

Da dem Wissensmanagement generell nachgesagt wird, dass es „ein Hybrid aus Praxiserfahrung und Theorieentwicklung" (Willke 2002: 118) sei, ist davon auszugehen, dass die Auseinandersetzung mit dieser „andersartigen" Herangehensweise und Begriffsdefinition in den europäischen Unternehmen zu einer generellen Bereitschaft geführt hat, sich ebenso mit dem abstrakten impliziten Wissen und dessen Stellenwert für die Wertschöpfung konstruktiv auseinanderzusetzen. North

(2005: 189) bescheinigt westlichen Unternehmen, dass sie inzwischen „sensibilisiert für Wissenserzeugung" geworden seien.

Das theoretische Konzept von Nonaka und Takeuchi bildet die Grundlage für die Fragebogenkonstruktion Werners (2004) zur Messung von Wissenstransfer in Unternehmen. Dieses Messinstrument ist wesentliches Element der im Kontext der vorliegenden Arbeit durchgeführten empirischen Untersuchung (vgl. *Kapitel 4*) und wird in *Kapitel 2.3.2* und *Kapitel 4.2.1* näher beschrieben. Kritiker weisen zwar darauf hin, dass Nonaka und Takeuchi bei ihrer Vorstellung von Wissenserzeugung davon ausgehen, dass sich implizites Wissen generell in explizites Wissen transferieren lässt und es damit mit „noch-nicht-artikuliertem" Wissen gleichsetzen (vgl. Renzl 2004: 31ff.). Es ist unstrittig, dass in Unternehmen implizite und explizite Wissensdimensionen Berücksichtigung finden sollten und „alle vier Ausprägungen der Wissensgenerierung [...] in Organisationen unumgänglich an das praktische Handeln der Akteure gebunden" (Jäger/Weinzierl 2007: 193) sind. Entsprechend aufschlussreich ist die klare Differenzierung der Wissensarten bei der Erhebung von Wissenstransfer, um das vorhandene Wissen und die Transferebenen erfassen zu können.

2.2.4 Wissensmärkte (Davenport/Prusak)

In ihrem Wissensmarkt-Konzept beschreiben Davenport und Prusak (1999: 67ff.), dass die „Erkenntnis, dass es Wissensmärkte gibt und dass sie ähnlich funktionieren wie andere Märkte, [...] für ein erfolgreiches Wissensmanagement in Unternehmen von entscheidender Bedeutung" (Davenport/Prusak 1999: 68) sei. Oftmals gehen verantwortliche Personen von der utopischen Annahme aus, „Wissen fließe reibungslos und ohne motivierenden Antrieb, und die Menschen würden ihr Wissen uneigennützig mit anderen teilen – ungeachtet dessen, was sie dadurch gewinnen oder verlieren könnten" (Davenport/Prusak 1999: 68). Software löst demnach den problematischen Umgang mit der Ressource Wissen nicht, erfolgversprechender scheint ein ganzheitliches Konzept zu sein, das die Dynamik der Märkte und die Natur des Menschen einbezieht. Ein Wissensmarkt für die intangible Ressource Wissen arbeitet, so das Konzept, analog zu den tangiblen Gütermärkten (z.B. für Waren und Dienstleistungen). An den Wissensmärkten beteiligte Akteure sind neben den Käufern und Verkäufern ebenfalls die Makler: Wissenskäufer können als „Wissen Suchende" beschrieben werden. Wissensverkäufer haben aufgrund ihres erheblichen Wissens über Prozesse und Sachgebiete ein unternehmensinternes Marktansehen. Sie können ihr jeweiliges Wissen weitergeben, aber selbst strenge Reglementierungen können sie nicht dazu zwingen. Potenzielle Wissensverkäufer halten ihr Wissen beispielsweise dann vom Markt fern, wenn sie meinen, sich durch eine Hortung selbst mehr profilieren zu können. Eine rationale Begründung: „Wenn Wissen Macht bedeutet, dann besitzen Wissensträger Macht, die schwinden könnte, sobald andere Leute dahinter kommen, was sie wissen." (Davenport/Prusak 1999: 73) Wissensmakler sind die Bindeglieder zwischen Käufern und Verkäufern, zu ihnen zählen beispielsweise (Unternehmens-)Bibliothekare. Die einzelnen Rollen sind nicht fest vergeben, die Mitarbeiter wechseln ihre Funktionen häufig, teilweise im Verlauf eines Gespräches. Grundlage für Tauschprozesse auf Wissensmärkten sind nach Davenport und Prusak (1999: 78ff.) Gegenseitigkeit, Ansehen und Selbstlosigkeit.

Davenport und Prusak folgen der Annahme, dass Wissensverkäufer nur dann den Aufwand und die Mühe für eine effektive Wissensweitergabe aufbringen, wenn sie davon ausgehen können, dass der Käufer im umgekehrten Fall ebenfalls Wissen bereitstellt. Ihre Begründung lautet: „Zeit, Energie und Wissen sind begrenzte und für die meisten Arbeitnehmer sehr knappe Ressourcen. Im Allgemeinen sind wir nicht bereit, knappe Ressourcen einzusetzen – es sei denn, der Aufwand »lohnt«." (Davenport/Prusak 1999: 79) Wissensverkäufer sind normalerweise auch daran interessiert, dass ihr Ansehen im Unternehmen durch die bereitwillige Teilung von wertvollem Wissen steigt. Das Ansehen kann als immaterielles Gut beschrieben werden und dient dazu, materielle Ergebnisse zu erzielen. Unter dem Schlagwort „Selbstlosigkeit" fassen die Autoren Wissenstransferaktivitäten zusammen, die aus Freundlichkeit, Hilfsbereitschaft, aus Faszination am eigenen Wissen oder durch die Begeisterung für die Disziplin motiviert sind. Mentorenprogramme beruhen beispielsweise teilweise auf Selbstlosigkeit (vgl. 2.2.6). Neben den bereits genannten drei Faktoren beschreiben Davenport und Prusak (1999: 83ff.) ausführlich die Notwendigkeit von Vertrauen als bedeutungsvollstem Faktor für die Effektivität von Wissensmärkten.

Die theoretische Basis des Konzepts bietet für die Praxis Anknüpfungspunkte, z.B. hinsichtlich einer Gestaltung von effektiven Märkten oder des Aufbaus von sozialem Kapital (vgl. Eschenbach/Geyer 2004: 48). Dennoch scheint auch bei diesem theoretisch viel diskutierten Modell der Transfer in die betriebliche Realität problematisch zu sein. Trojan (2006: 74) merkt an, dass Wissensmärkte durch Indifferenzen und pathologische Zustände (z.B. Monopole oder künstlich erzeugte

Knappheit) gekennzeichnet sind, die wiederum durch eine Verteilung von Wissen in einem Unternehmen ausgelöst werden. Es besteht einerseits keine Transparenz über Herkunft und Standort von Wissen und andererseits fehlt (bislang) die Identifizierung von funktionierenden Preismechanismen. Folgerichtig klassifiziert Trojan (2006: 74) diesen Ansatz „in seiner praktischen Umsetzbarkeit zum jetzigen Zeitpunkt als gescheitert".

2.2.5 Zwischenfazit – Theoretische Modelle im Wissensmanagement

Wenn Wissensmanagement nach Reinmann-Rothmeier, Mandl, Erlach und Neubauer (2001: 18) als bewusster und systematischer Umgang mit der Ressource Wissen und dem zielgerichteten Einsatz von Wissen in einem Unternehmen verstanden werden kann, dann liefern die zuvor dargestellten theoretischen Modelle Ansatzpunkte für die Umsetzung von Wissensmanagement in Unternehmen:

- Die acht Bausteine des Modells von Probst, Raub und Romhardt (1997) sind ein pragmatisches, einfaches – wenngleich banales – aber nutzbares Modell für die Praxis. Willke (1998a: 78) kritisiert diesen Pragmatismus der sich seiner Meinung nach zu Lasten einer theoretischen Fundierung auswirkt. Das genannte Modell orientiert sich stark an den Bedürfnissen europäischer Unternehmen nach strukturierten Konzepten, die sich vermeintlich leicht an die eigenen Rahmenbedingungen anpassen lassen.

- Die Wissensspirale von Nonaka und Takeuchi (1997) stellt die Wissenserzeugung theoretisch dar. Der Forschungsschwerpunkt der Japaner liegt auf der Erzeugung neuen Wissens durch die Prozesse der Wissensspirale – Sozialisation, Externalisierung, Kombination und Internalisierung genannt. Andere Wissensprozesse werden im Zusammenhang mit Voraussetzungen und/oder Rahmenbedingungen für die Wissensschaffung diskutiert.

- Das Wissensmarktkonzept von Davenport und Prusak (1999) bietet Anknüpfungspunkte für die Praxis (z.B. zur Verbesserung von Wissensprozessen). Wissensmanagement wird umfassend und ganzheitlich betrachtet und bezieht sich nicht auf einen Spezialbereich, wie beispielsweise das Konzept der Japaner.

Tabelle 2: Systematisierung u. Verortung der theoretischen Modelle (eigene Zuordnung)

	Bausteinmodell (Probst et al.)	Wissensspirale (Nonaka/Takeuchi)	Wissensmärkte (Davenport/Prusak)
Grundidee	Leitfaden für die Anwendung und wirtschaftliche Nutzung von Wissen als integrierendes Interventionskonzept	Wissensgenerierung als dynamischer Prozess in Unternehmen	Existenz von Wissensmärkten
Stärken	▪ Darstellung als Management-Regelkreis ▪ Logische, aufeinander folgende Phasen ▪ Bietet Ansätze für Innovationen ▪ Liefert Suchraster, um Ursachen von Wissensproblemen aufzuspüren	▪ Definition von Wissensarten (horizontale Unterscheidung von implizitem und explizitem Wissen) ▪ Darstellung des Zusammenwirkens der Wissensarten bei der Generierung von neuem Wissen ▪ Der Mensch als Wissensträger steht im Mittelpunkt	▪ Liefert Ansätze für die Gestaltung von Märkten und den Aufbau von sozialem Kapital ▪ Ganzheitliches Konzept, das die Dynamik der Märkte und damit die Natur des Menschen einbezieht
Schwächen	▪ Konsequente Umsetzung des Management-Regelkreises im unternehmerischen Alltag scheint fragwürdig	▪ Kulturelle Unterschiede in der Definition von Wissen lassen eine Übertragbarkeit auf den europäischen Raum schwierig erscheinen	▪ Keine Klärung von Preismechanismen ▪ Liefert keine Transparenz über die Herkunft oder den Standort von Wissen
Verortung in der vorliegenden Arbeit	▪ Gibt Anhaltspunkte für die Verortung von Wissensmanagement-Instrumenten ▪ Stellt das „Management" in den Mittelpunkt und vernachlässigt Erfolgsfaktoren ▪ Ermöglicht eine Anbindung des Einflussfaktors Vertrauen an ein vom Managementgedanken geprägtes Modell	▪ Basis für empirische Untersuchung ▪ Klare Differenzierung der Wissensarten gibt Aufschluss über im Unternehmen vorhandene Wissensbestände ▪ Analyse des Wissens auf Basis der Überlegungen von Nonaka und Takeuchi lässt sowohl implizites als auch explizites Wissen der Mitarbeiter eines Unternehmens in die Auswertung einbinden	▪ Gibt Anhaltspunkte für Erfolgsfaktoren ▪ Eröffnet neue Anknüpfungspunkte für die in *Kapitel 2.3* aufgeworfenen Fragen „Wer", „Was" und „Wie"

Allen Modellen gemeinsam scheint das Problem eines erfolgreichen Transfers in die betriebliche Realität zu sein. Dies gründet sich auf der Annahme dieser präskriptiv-modellhaften Konzepte einer „Konstruktion von Wissen als Ressource". Die Kontext- und Interessengebundenheit von Wissen blenden die Ansätze weitestgehend aus (vgl. Dörhöfer 2010: 25). Hinzu kommt eine beobachtete „Helikopterperspektive" (Rüegg-Stürm 2003: 116) bei einer strategischen Herangehensweise, der nachgesagt wird, die Komplexität von kontextgebundenen Wissensprozessen zu vernachlässigen.

Die spezifischen Stärken und Schwächen sowie die Verortung der Ansätze im Rahmen dieser Arbeit sind zur Systematisierung in Tabelle 2 gegenübergestellt. Unreflektiert sollte keines der drei Modelle in einem Unternehmen eingesetzt werden, vielmehr dürfte eine Anpassung an die spezifischen Rahmenbedingungen notwendig sein. Die theoretischen Ansätze alleine können noch keinen Wissenstransfer fördern, sie schaffen Orientierung, doch erst der Einsatz von praxistauglichen Instrumenten füllt sie „mit Leben". Eine Vielzahl möglicher Instrumente werden exemplarisch im folgenden Kapitel vorgestellt.

2.2.6 Instrumente des Wissensmanagements

In Literatur und Praxis werden viele unterschiedliche Instrumente für die operative Ausgestaltung von Wissensmanagement in Unternehmen dargestellt und getestet. Eine Mehrzahl dieser Methoden sind nicht erst durch das Wissensmanagement entstanden, sie finden und fanden bereits zuvor in anderen Kontexten und mit anderen Zielvorstellungen Einsatz in der betrieblichen Realität. Im Folgenden ist eine Auswahl an populären Wissensmanagement-Instrumenten zusammengefasst, wobei kein Anspruch auf Vollständigkeit erhoben wird. Die dargestellten Instrumente bilden die Grundlage für eine weitergehende Analyse der Realisierung von Wissensmanagement-Aktivitäten in der empirischen Untersuchung der vorliegenden Arbeit (vgl. *Kapitel 4*).

Austausch mit ehemaligen Mitarbeitern

Mit dem Ausscheiden von Mitarbeitern geht (erfolgskritisches) Wissen für das Unternehmen verloren. Durch Beraterverträge oder eine Trainertätigkeit können ehemalige Kollegen an das Unternehmen weiterhin gebunden und somit die Wissenslücke zumindest teilweise geschlossen werden (vgl. Herbst 2000: 136; vgl. auch mit dem Instrument Wissensstafette in diesem Kapitel).

Coaching

„Coaching wird im Allgemeinen als eine besondere Form der Unterstützung von Management, Sozialmanagement oder dem Sich-Managen von Freiberuflern beschrieben" (Schreyögg 2003: 21), kann darüber hinausgehend als „eine innovative Maßnahme der Personalentwicklung und ein Instrument zur Entwicklung der Lernfähigkeit des Unternehmens" (Fallner/Pohl 2005: 23) verstanden werden. Coaching soll auf der individuellen Ebene zu einer Förderung von Teamfähigkeit, Kreativität und Flexibilität führen sowie auf organisationaler Ebene die Anpassungsfähigkeit der betrieblichen „Humansysteme" sicherstellen. Dies geschieht in einem individuellen Lernprozess, der durch den persönlichen Dialog zwischen Gecoachtem (Coachee) und „bewusstheitsförderndem" Feedbackpartner (Coach) stattfindet (vgl. Fallner/Pohl 2005: 24ff.). Führungskräfte können die Rolle eines Coachs wahrnehmen. Diese Führungskräfte haben im Idealfall das Selbstverständnis, die Teammitglieder dahingehend sinnvoll unterstützen zu wollen, dass sie optimal zusammenarbeiten können. Mögliche Ziele könnten die Förderung des Teamgeists, die Motivation der Teammitglieder und die Reduktion von Koordinationsproblemen sein (vgl. Nerdinger 2000: 60).

Communities of Practice; interne Netzwerke

Communities of Practice (CoPs) repräsentieren informelle soziale Netzwerke innerhalb von Unternehmen. Die Teilnehmer bzw. Mitglieder einer solchen Gemeinschaft sind generell in ähnlichen Bereichen tätig. Dies ermöglicht einen Austausch von (problemorientierten) Erfahrungen und Problemlösungsstrategien. Durch die Kombination von (implizitem) Erfahrungswissen entsteht innerhalb einer Community oftmals neues Wissen. Erfolgskritische Faktoren sind die freiwillige Teilnahme, die Initiative zur Gründung durch die Mitarbeiter, keine unmittelbaren Ziele, das Prinzip der Gegenseitigkeit, Vertrauen zwischen den Mitgliedern und keine Ausgrenzungen. Die Aufgabe von Führungskräften besteht lediglich in der Unterstützung der Initiative. Hilfestellungen können die Bereitstellung von technischer Infrastruktur und Räumlichkeiten sowie finanzielle und organisatorische Beiträge sein (vgl. Kilian et al. 2007: 94f.; vgl. Bettoni, Clases, Wehner 2004: 319ff.; vgl. North 2005: 154ff.).

Diskussionsforen

Unter Diskussionsforen sind Plattformen im Inter- oder Intranet zu verstehen, auf denen Meinungen und Erfahrungen zu bestimmten Themenbereichen ausgetauscht und konkrete Fragen diskutiert werden können. Der offene Dialog ermöglicht neben dem Wissensaustausch die Entwicklung neuen Wissens. Foren sind Diskussionsplattformen, die den Mitgliedern Meinungsaustausch über räumliche und zeitliche Grenzen hinweg ermöglichen. Zu konkreten Fragestellungen oder Themen können Unterforen eröffnet werden. Auf einzelne Beiträge können andere Forenmitglieder reagieren, so dass sich ein Diskussionsleitfaden entwickelt. Die Ernennung eines Moderators beeinflusst die inhaltliche Qualität und die Diskussionskultur erfahrungsgemäß positiv (vgl. Kilian 2007: 120f.).

Dokumentenmanagementsysteme

Dokumentenmanagement bedeutet die Verwaltung von Dokumenten (Textdateien, Audio- und Videodaten, etc.) auf elektronischer Basis. Herzstücke von Dokumentenmanagementsystemen sind Berechtigungskonzepte, Kategorisierung von Daten und das Verknüpfen der Dokumente mit Metadaten. Voraussetzung für eine erfolgreiche Umsetzung ist neben geschultem Fachpersonal eine geeignete Software. Kernelemente sind beispielsweise die elektronische Archivierung, Dokumentation von Änderungen und Definition von Suchkriterien (vgl. Kilian 2007: 108f.; vgl. Schütt 2000: 56f.). Streng gesehen können mit Dokumentenmanagement natürlich ausschließlich Daten und allenfalls Informationen weitergegeben werden. Darauf weist Hasler Roumois (2007: 73) explizit hin (vgl. auch *Kapitel 2.1.1*).

Gruppenarbeit

Mit Gruppenarbeit ist eine Arbeitsform gemeint, die in den siebziger und achtziger Jahren im Zuge der Humanisierung von Arbeit eingeführt wurde. Ein breites Aufgabenspektrum ist durch eine Arbeitsintegration verbunden, so dass die Anforderungen an Gruppenmitglieder steigen und Fähigkeiten wie z.B. Fachkenntnisse, Prozesskenntnisse, Problemlösefähigkeit, Selbständigkeit, Flexibilität und soziale Kompetenzen gefördert werden. Durch den intensiven Austausch gilt die Gruppenarbeit als eine Möglichkeit, interpersonellen Transfer von Know-how anzuregen (vgl. Schiersmann 2007: 92ff.). Folglich ist der Einsatz von Gruppenarbeit im Zusammenhang mit Wissensmanagement sinnvoll.

Individuelles Kompetenz-Portfolio

In (individuellen) Kompetenz-Portfolios werden zweidimensional Wertpaare gegenübergestellt. Sie sind ein Tool des sogenannten individuellen Wissensmanagements. Die eigenen Kenntnisse und Fähigkeiten, also die Kompetenzen, werden nach verschiedenen Kriterien strukturiert. Ein Beispiel von Reinmann-

Rothmeier und Mandl (2000: 110) sieht vor, die Kompetenzen nach Nutzungsdauer (langfristig/kurzfristig) und Wissensnutzbarkeit (firmenspezifisch/firmenunabhängig) zu clustern. Die Matrix eignet sich dazu, das persönliche Wissen und Können auf Basis der Erkenntnisse strategisch weiterzuentwickeln.

Informelle Treffpunkte (z.B. Kaffee-Ecken)
Da Mitarbeiter „Wissensverbindungen in erster Linie durch Gespräche mit anderen herstellen, wird ihnen zuweilen vorgehalten, sie verbrächten ihre Zeit mit »Quatschen«, anstatt »wirkliche Arbeit« zu leisten" (Davenport/Prusak 1999: 75). Aber: „Was sich als Klatsch und Tratsch am Arbeitsplatz anhört, ist oft nichts anderes als die Selbstaktualisierung eines Wissensnetzes." (Davenport/Prusak 1999: 89) Entsprechend sollten Kaffee-Ecken gezielt als Kommunikationsforen eingerichtet und genutzt werden (vgl. Wiater 2007: 241). Generell bieten Unterhaltungen in Kantine, an Getränkeautomaten oder in der Kaffeeecke eine gute Gelegenheit für Wissenstransfer. Neben einem privaten Austausch über Sport oder Wetter wird sich größtenteils über dienstliche Angelegenheiten (z.B. aktuelle Projekte und Projektstände, Austausch von Ideen und Ratschlägen) unterhalten. Unternehmen sollten, dem japanischen Vorbild der sogenannten „Talk-Rooms" folgend, Räumlichkeiten und Zeit für informellen Austausch gewähren. Dabei müssen die eingesetzten Methoden mit der Unternehmenskultur vereinbar sein (vgl. Davenport/Prusak 1999: 184ff.; vgl. auch Haun 2002: 312f.).

Intranet
Inter- und Intranet bieten gute Möglichkeiten zur Explikation von Wissen und Informationen in Unternehmen. Ein Intranet ist „ein Netzwerk von unternehmensinternen Rechnern, die nach dem Internet-Standard miteinander kommunizieren" (Mangold 1999: 94). Nur autorisierte Unternehmensmitglieder haben, im Gegensatz zum Internet, Zugriff auf das bereitgestellte Wissen. Bei der Gestaltung und Informationsaufbereitung sollte allerdings die Nutzerorientierung im Vordergrund stehen. So kann das Gefühl der Informationsüberflutung reduziert werden. Das „Push"-Prinzip beschreibt die Vielzahl von Informationen, die auf das Individuum einströmen. Die Vielfalt abrufbarer Informationen wird durch das „Pull"-Prinzip verdeutlicht (vgl. Mangold 1999: 92ff.). Im Intranet kann Expertenwissen des Unternehmens dokumentiert und verteilt werden. Faktenwissen („wissen dass") ist relativ leicht auf diese Weise zu erheben. Die Akquisition von

Handlungswissen („wissen wie") ist per Intranet jedoch relativ schwierig (vgl. Mangold 1999: 94).

Eine Variante von Wissensmanagement im Intranet sind „Schwarze Bretter". Dort können Nutzer Nachrichten hinterlassen, die ihre Kollegen zu einem späteren Zeitpunkt abrufen (vgl. Ternes 1999: 97). Darüber hinaus gewinnen Weblogs („Blogs") und Wikis zunehmend an Popularität. Weblogs sind elektronische Tage-bücher, in denen Mitarbeiter informelles Wissen auf den Intranetseiten publizieren können. Unternehmens-Wikis ähneln der Online-Enzyklopädie Wikipedia, bieten also eine Plattform, um kollaborativ Informationen zu sammeln, ohne zuvor genaue Kriterien oder Strukturen vorzugeben. Mitarbeiter können freiwillig Artikel anlegen und diese mit anderen Veröffentlichungen in Bezug setzen (vgl. Kilian 2007: 226ff.).

Job Rotation

Unter „Job Rotation" ist ein geplanter Wechsel des Arbeitsplatzes zu verstehen. Mitarbeiter tauschen nach vorgeschriebenen oder selbst gewählten Zeit- und Reihenfolgen ihre Arbeitsplätze (vgl. Osterloh/Wübker 1999: 101). Die Job-Rotation als Instrument der Personalentwicklung unterstützt Wissensmanagement-Aktivitäten in den Unternehmen. Ein vorübergehender Arbeitsplatzwechsel er-möglicht die Weitergabe von persönlichem Wissen in andere Unternehmens-bereiche, Mitarbeiter lernen das Unternehmen ganzheitlich kennen und begreifen, erhalten Feedback aus verschiedenen Perspektiven und knüpfen individuelle Netzwerke über ihren originären Tätigkeitsbereich hinaus (vgl. Herbst 2000: 136f.).

Kreativitätstechniken (z.B. Metapheranalyse)

Kreativitätstechniken werden in Unternehmen eingesetzt, um Ideenfindungs-prozesse zu fördern und zu kanalisieren. Allen Kreativitätstechniken ist gemein-sam, dass sie möglichst viele Lösungsideen sammeln, spontanes und divergentes Denken betonen, freies Assoziieren fördern und gruppendynamische Prozesse nutzen (vgl. Schierenbeck 2003: 165). Bekannte Kreativitätstechniken sind u.a. Brainstorming, Brainwriting und Mindmapping (vgl. Mencke 2006: 11ff.). Zu den Kreativitätstechniken lässt sich die Metapheranalyse zählen. Metaphern sollen den Wissenstransfer erleichtern und zur Wissensgenerierung anregen. Der bildliche Vergleich von bekannten Themen mit einem neuen, zu erklärenden Gegenstand eröffnet unkonventionelle Blickwinkel über sonst separierte Fachgrenzen hinaus. Wissenstransfer und -generierung erfolgen durch die Übertragung des gemeinsamen Wissens über ein so genanntes Quellsubjekt auf das Zielsubjekt (vgl. Kilian 2007: 166f.; vgl. Moser 2004: 329ff.).

Lessons learned

Das Ziel von „Lessons learned" ist die Förderung einer wiederholten Anwendung von Erfahrungswissen. Wissensmanagement bedient sich der Aussage des Volksmunds „Hauptsache, man hat seine Lektion gelernt". Positive und negative Erfahrungen sollen strukturiert aufgenommen, gesichert und verteilt werden. In einem strukturierten Prozess durchlaufen die Mitarbeiter fünf Phasen: praktische Erfahrungen, reflexive Aufarbeitung, Dokumentation, Speicherung, Abruf oder Verteilung. Wichtig ist, dass die Nutzer den letzten Schritt veranlassen oder die Berichte in Wissensmanagement-Systemen allen Mitarbeitern zur Verfügung stehen. Die offene Kommunikation erfordert eine positive Fehlerkultur im Unternehmen, die das Zu- und Weitergeben von negativen (Projekt-)Erfahrungen erlaubt (vgl. Kilian 2007: 160f.; vgl. Herbst 2000: 123f.; vgl. hierzu auch *Kapitel 2.3.3*).

Mentorensysteme

Mentorensysteme ermöglichen einen Transfer von implizitem Wissen durch den persönlichen Kontakt der jeweiligen Wissensträger. Erfahrene Mitarbeiter („Mentoren") geben wertvolles Wissen an die ihnen zugeordneten neuen Mitarbeiter („Mentee") weiter. Durch den persönlichen Kontakt kann der Mentor sein Wissen und seine Denkstrukturen kritisch reflektieren und erweitern (vgl. Herbst 2000: 135f.).

Die Wahrnehmung einer Mentorenfunktion basiert auf Seiten des Mentors teilweise auf Selbstlosigkeit. Davenport und Prusak (1999: 82f.) verweisen in diesem Zusammenhang auf die „generative Phase" aus Erik Eriksons Modell (vgl. Erikson 1966: 114ff.). In dieser Phase im reiferen mittleren Alter erscheint es Menschen wichtig, ihr erlerntes Wissen an andere weiterzugeben. Unternehmen können diese Tendenz nutzen, indem sie den erfahrenen Mitarbeitern entsprechende Zeit für Wissenstransfer zugestehen und ihnen die Gewissheit vermitteln, dass die Wissensressourcen der Kollegen für das Unternehmen wertvoll sind.

Projektarbeit

Projektarbeit meint die Bearbeitung von tatsächlichen oder fiktiven Problemstellungen aus der betrieblichen Praxis in heterogenen Projektteams. Die Mitglieder des Teams werden aus ihren regulären Arbeitsprozessen herausgenommen, um sich intensiv der (innerbetrieblichen) interdisziplinären Zusammenarbeit mit anderen Experten widmen zu können. Der intensive Austausch ermöglicht eine Externalisierung von implizitem Wissen und fördert parallel die unternehmensweite Akzeptanz der Ergebnisse (vgl. Schiersmann 2007: 95f.). „Projektarbeit erlaubt die Bündelung von Kompetenzen, erfordert aber geeignete Maßnahmen, unter anderem, um die jeweilige Projektgruppe mit Informationen zu versorgen und das im Projekt entstandene Wissen zu sichern." (Schauer/Frank 2007: 151)

Story Telling

„Eine gute Geschichte bietet oft die beste Möglichkeit zur Vermittlung bedeutungsvollen Wissens." (Davenport/Prusak 1999: 169) Dieser Grundannahme bedient sich die Methode Story Telling. Story Telling ermöglicht eine Aufarbeitung entscheidender Ereignisse aus verschiedenen Perspektiven. Neues, auf Erfahrungen basierendes Wissen soll mit Hilfe einer Geschichte unternehmensweit transportiert werden. Der Prozess des Geschichtenschreibens durchläuft sechs strukturierte Phasen:

1. Planen (Ereignis auswählen, Projektteam festlegen)

2. Interviewen (befragen, dokumentieren)

3. Auswerten (Kernaussagen herausarbeiten, anonymisieren, clustern)

4. Schreiben (Geschichte formulieren)

5. Validieren (Korrektur der Geschichte durch die Beteiligten)

6. Verbreiten (Erfahrungsgeschichten als Diskussionsgrundlagen in Workshops)

Story Telling erfordert Personal und Zeit, so dass eine Umsetzung dann erfolgreich sein dürfte, wenn entsprechende Ressourcen ausreichend zur Verfügung stehen. Darüber hinaus ist es sinnvoll, möglichst viele Prozessbeteiligte, wenn nötig von Extern, einzubeziehen (vgl. Humpl 2004: 182ff.; vgl. Kilian 2007: 200f.; vgl. Neubauer et al. 2004: 351ff.).

Wissenslandkarten

Wissenslandkarten unterstützen bei der Lokalisierung von relevantem Wissen in Unternehmen. Die Vorgehensweise: Sie verbinden die Wissensinhalte mit ihren jeweiligen Quellen. Unter Quellen sind Wissensträger zu verstehen, dies können Menschen und Dokumente sein (vgl. Bergmann 1999c: 109ff.; vgl. Kilian 2007: 234f.; vgl. Herbst 2000: 82ff.). Als Vorteile von Wissenslandkarten benennt Bergmann

(1999b: 110) die Möglichkeit einer schnellen Lokalisierung, die Verweise auf konkrete Quellen und die Referenzierung von Wissen, das zu persönlichem Austausch motiviert. Probleme können durch eine fehlende Struktur, durch mangelnde Pflege und durch eine konterkarierende Unternehmenskultur entstehen. Wissenslandkarten müssen im Unternehmen gelebt und gepflegt werden, damit sie effektiv eingesetzt werden können (vgl. Bergmann 1999c: 110).

Eine Variante der Wissenslandkarte sind individuelle Jobmaps. Unter einer Jobmap verstehen die Entwickler dieser Technik eine Mindmap (grafische Darstellung von Beziehungen zwischen Begriffen), „die auf oberster Ebene nach »Arbeitshistorie«, »Aufgaben«, »Wissensobjekte« und »Ansprechpartner« gegliedert ist" (Dückert/ Seren 2006: 250). Das Dokument ermöglicht einen systematischen Überblick über die genannten Bereiche und ist Ausgangspunkt für die Selektion von durchzuführenden Wissensbewahrungsmaßnahmen. Im Idealfall pflegen die Mitarbeiter eines Unternehmens kontinuierlich ihre persönliche Jobmap. Der Experte visualisiert auf seiner Jobmap die wichtigsten Stationen seiner Arbeitshistorie, sein aktuelles Aufgabenportfolio, die für seine Arbeit wichtigen Wissensobjekte in physischer und elektronischer Form sowie sein persönliches Netzwerk (betriebsintern und -extern). Das Aufgabenportfolio für mögliche Wissensbewahrungsmaßnahmen wird anschließend vom Experten priorisiert. Darüber hinaus gibt es die Möglichkeit zu kennzeichnen, welcher Nachfolger die jeweilige Aufgabe übertragen bekommt, soweit dies schon festgelegt ist.

Wissensstafette

Für ein Unternehmen ist das Ausscheiden eines „Experten" mit dem Risiko eines großen Wissensverlusts verbunden, dem es vorzubeugen gilt. Mit Hilfe der eigens zur Minimierung dieses Risikos entwickelten Methode „Expert Debriefing", die in ähnlicher Form bei der Volkswagen Coaching GmbH (Tochter der Volkswagen AG) unter dem Namen „Wissensstafette" eingesetzt wird (vgl. North 2005: 247), sollen das Wissen und die impliziten Erfahrungen des Mitarbeiters sowie seine unternehmenswirksamen Netzwerke archiviert werden. So lassen sich beispielsweise hohe und uneffektive Einarbeitungsaufwände für „spätere" Nachfolger reduzieren. Debriefings sollen Wissen von ausscheidenden Mitarbeitern mit speziellem Fokus auf kulturelle und soziale Aspekte sichern (vgl. Kilian 2007: 104f.). Ein „Expert Debriefing" besteht aus den drei Phasen „Jobmap aufbauen", „360-Grad-Gespräche führen" und „Wissensbewahrungsmaßnahmen durchführen".

Unter einer Jobmap verstehen die Autoren, wie im Absatz zur „Wissenslandkarte" bereits näher beschrieben, eine individuelle Wissens-„Mindmap", die im Kontext des „Expert Debriefings" unter Moderation zu entwickeln ist. In den 360-Grad-Gesprächen wird die Rolle des Experten aus einer 360-Grad-Sicht (also durch verschiedene Zielgruppen/Feedbackgeber) analysiert. Sie dienen dazu, einen objektiven Überblick über notwendige Wissensbewahrungsmaßnahmen zu erhalten. Mögliche Gesprächspartner sind Vorgesetzte, Kollegen, Mitarbeiter, Lieferanten, Kunden oder Mitglieder seines Netzwerks. Die Durchführung der zuvor definierten Wissensbewahrungsmaßnahmen gilt als Kern des „Expert Debriefing". Erst dieser Schritt macht eine nachhaltige Wissensbewahrung durch Wissensdokumentation und/oder Wissenskommunikation möglich. Aus dem Methodenpool werden in dieser Phase sinnvolle Wissensmanagement-Instrumente ausgewählt. Der Einsatz von im Unternehmen bereits vorhandenen Projektmanagement-Methoden erweist sich zudem als sinnvoll. Abschließend führen die Beteiligten ein „Projekt Debriefing" durch. Dieses dient zur Kontrolle der Zielerreichung bezüglich der während des „Expert Debriefing" definierten Wissensziele. Darüber hinaus bietet sich die Gelegenheit, Verbesserungs- und Veränderungsideen zu generieren und so die Methode zu optimieren. Die Methode „Expert Debriefing" sollte im Kontext eines ganzheitlichen Wissensmanagements in einer lernenden Organisation gesehen und nicht isoliert betrachtet werden (vgl. Dückert/Seren 2006: 247ff.).

Yellow Pages (Mitarbeiterprofildatenbank)

Mitarbeiterprofildatenbanken bilden die Kenntnisse, Fähigkeiten, Fertigkeiten und Erfahrungen von Mitarbeitern ab. In den Profilen sollen im Idealfall Fach- und Methodenkompetenz, sozial-kommunikative Kompetenz, personale Kompetenz sowie Aktivitäts- und Handlungskompetenz beschrieben werden. In der unternehmerischen Praxis differenzieren die Verantwortlichen oftmals zwischen Soll- und Ist-Profilen. Soll-Profile operationalisieren die gegenwärtigen und zukünftigen Anforderungen, die zur Ausübung einer Tätigkeit oder einer Funktion nötig sind. Ist-Profile stellen die mitarbeiterbezogenen Kenntnisse, Fähigkeiten und Potenziale dar. Mitarbeiterprofildatenbanken sind keine originären Instrumente des Wissensmanagements, sondern werden hauptsächlich im Personalmanagement eingesetzt (vgl. Böhm 1999: 119). Es gibt die Möglichkeit, die Struktur von Profildatenbanken in ein Wissensmanagement-Tool zu überführen: Die Yellow Pages.

Yellow Pages sind elektronische Expertenverzeichnisse, in denen Unternehmensmitglieder nach Fähigkeiten, Fertigkeiten, Kenntnissen, Erfahrungen und Kontakt-
daten von Kollegen suchen können. Ziel ist die Unterstützung von Kontakt-
aufnahmen und damit die Nutzung von vorhandenem Wissen. Wichtig ist dabei
zum einen die Einhaltung der Datenschutzbestimmungen und zum anderen eine
regelmäßige Aktualisierung der Profile seitens der Mitarbeiter (vgl. Kilian 2007:
240f.).

Unternehmensnetzwerke; Kooperationspartner
Unternehmensnetzwerke bzw. Kooperationen mit Partnerunternehmen repräsentieren eine andere Wissensmanagement-Ebene, die über die Auseinandersetzung
mit Wissen in der eigenen Institution hinausgeht. Gemeinsames Ziel ist die
Nutzung von Synergieeffekten, wie sie beispielsweise bei einem regionalen
Kooperationsverbund von kleinen und mittelständischen Maschinenbauunter-
nehmen hinsichtlich eines gemeinschaftlichen Einkaufs- und Entsorgungskonzepts
sowie des Austauschs von Personal und Anlagen oder bei gemeinsamen Weiter-
bildungsaktivitäten entstehen können (vgl. Kampe 2008: 124ff.). Sydow (1992: 79)
definiert Unternehmensnetzwerke als „eine auf die Realisierung von Wettbewerbs-
vorteilen zielende Organisationsform ökonomischer Aktivitäten […], die sich durch
komplex-reziproke, eher kooperative denn kompetitive und relativ stabile Beziehungen zwischen rechtlich selbständigen, wirtschaftlich jedoch zumeist abhängigen Unternehmungen auszeichnet". Unternehmensnetzwerke, Kooperationspartner und Networking sind Begriffe, die vorwiegend damit verbunden sind,
soziale Kontakte und Beziehungen zu pflegen, die mit einem bestimmten Zweck
verbunden sind (vgl. Kilian 2007: 174f.). Bei der Entwicklung von Innovationen und
Kompetenzen in Unternehmen kommt Unternehmensnetzwerken in der Praxis und
in der Wissenschaft ein wachsender Stellenwert zu (vgl. Sydow et al. 2003: 43ff.).
Die gemeinsame Organisation der Ressource Wissen im Unternehmensnetzwerk
macht dieses Sydow und van Well (2010: 146) zufolge zu einem wissensintensiven
Netzwerk. Kooperationen mit Forschungseinrichtungen mit dem Fokus des
Wissenserwerbs können beispielsweise deutlich stärkere Effekte hervorrufen als
einen Technologietransfer. Die gemeinsame Auseinandersetzung von Personen mit
wissenschaftlichen und unternehmerischen Interessen ist aufgrund der Heterogenität sehr ergiebig (vgl. Dilk 1999b: 155ff.; vgl. auch Seufert et al. 2000: 133ff. und
Weissenberger-Eibl 2001: 203ff.). Enkel (2007: 187ff.) geht in ihrem Artikel auf die

Netzwerkbildung und deren Vorteile für kleine und mittlere Unternehmen (KMU) ein.

Zusammenfassung

In Anlehnung an eine Darstellung von Böhmann und Krcmar (1999: 83) wurden in Tabelle 3 die näher beschriebenen Wissensmanagement-Instrumente typologisiert. Orientiert an den vier Formen der Wissensumwandlung nach Nonaka und Takeuchi (1997; vgl. hierzu auch *Kapitel 2.2.3*) lassen sich die verschiedenen Instrumente den Kategorien „Sozialisation", „Externalisierung", „Kombination" und „Internalisierung" zuordnen. Daneben können Wissensmanagement-Instrumente zur Zielerreichung des Wissenstransfers a) Wissen archivieren, b) Team und Community unterstützen und zum Wissenstransfer anregen, c) konkret den Wissensfluss unterstützen und/oder d) als Basis (bekannte) Personalentwicklungsinstrumente haben. Eine Typologisierung hilft, für die jeweils individuellen Zielsetzungen in Unternehmen die optimalen Instrumente zu ermitteln und einen Mix aus Instrumenten mit unterschiedlichen Ansätzen zu kombinieren.

Problematisch erscheint die fehlende Vermittlungseigenschaft zwischen Theorie und Praxis, da Hunderte Instrumente für eine Realisierung von Wissensmanagement vorgeschlagen werden, sich bislang jedoch kein theoretischer Ansatz damit beschäftigt, die Selektion der Instrumente wissenschaftlich zu begründen. In der betrieblichen Realität dürfte die Auswahl daher weitestgehend „intuitiv" anhand der Beschreibungen der einzelnen Tools erfolgen. Entsprechend schwierig gestaltet es sich, Aussagen über den Wirkungsbereich einzelner Maßnahmen treffen zu können. Es bleibt zu konstatieren, dass die Kontextabhängigkeit jedweder Implikationen einen wesentlichen Erfolgs- oder Misserfolgsfaktor darstellt, wenngleich sich auf die Instrumente dennoch spezifische Wirkungsweisen attribuieren lassen (vgl. Roehl 2000: 143ff.). Damit diese Effekte tatsächlich zu beobachten sind, bleibt im nachfolgenden Kapitel die Frage zu klären, wie der (ideale) Rahmen für Wissensmanagement in Unternehmen aussehen könnte.

Tabelle 3: Typologisierung von Wissensmanagement-Instrumenten (eigene Zuordnung)

	„Sozialisation"	„Externali-sierung"	„Kombination"	„Internali-sierung"
Biblio-theken, Archive		▪ Individuelles Kompetenz-Portfolio ▪ Wissensland-karten	▪ Yellow Pages (Mitarbeiter-profildatenbank)	
Unter-stützung von Team / Community	▪ Informelle Treff-punkte (z.B. Kaffee-Ecken) ▪ Communities of Practice; interne Netzwerke	▪ Gruppenarbeit ▪ Diskussions-foren		
Wissens-fluss	▪ Austausch mit ehemaligen Mitarbeitern ▪ Unternehmens-netzwerke; Kooperations-partner	▪ Wissensstafette	▪ Dokumenten-management-systeme ▪ Intranet	▪ Lessons learned
PE-Instrumente	▪ Mentoren-systeme ▪ Coaching	▪ Kreativitäts-techniken (z.B. Metapher-analyse) ▪ Story Telling	▪ Projektarbeit	▪ Job Rotation

2.3 Gestaltungselemente und Barrieren im Wissensmanagement

Voraussetzung für die Einführung und effektive Fortführung von Wissens-management-Aktivitäten in Unternehmen sind letztlich weder theoretische Modelle noch die alleinige Idee von praxisrelevanten Instrumenten. Schließlich hat sich zwar ein „wahrer Hype" um dieses Thema entwickelt, Wissensmanagement wird jedoch „seit es Unternehmen gibt [betrieben] – meist erfolgt dies jedoch un-bewusst, ohne es explizit als Wissensmanagement zu deklarieren" (Specht 2007: 31). Eine Aufgabe besteht folglich darin, die durch unsystematisches Wissens-management in der Vergangenheit entstandenen Verhaltensweisen zu verändern (vgl. Sommerlatte 1999b: 65f.).

In den folgenden Kapiteln sollen daher Antworten auf die Fragen nach den Akteuren (*Kapitel 2.3.1*), den Zielsetzungen (*Kapitel 2.3.2*) sowie den Erfolgsfaktoren, Problemen und Hemmnissen (*Kapitel 2.3.3*) eines Wissensmanagements gefunden werden. Das Erkenntnisinteresse liegt bei persönlichen, gruppendynamischen und organisationalen Erfolgsfaktoren und Barrieren, so dass aufgrund der pädagogischen Ausrichtung dieser Arbeit der Einflussfaktor der Technik/IT-Systeme vernachlässigt wird (mehr dazu beispielsweise bei Lehner: 2000).

2.3.1 High-Potential-Wissensarbeiter

Der immaterielle Charakter von Wissen besagt, dass Wissen an Wissensträger gebunden und über diese erfahrbar ist. Amelingmeyer (2004: 53) definiert als Wissensträger „diejenigen körperlichen Trägermedien […], in denen sich Wissen manifestieren kann". Wissensträger können in Unternehmen folglich die Mitarbeiter (als Individuen oder im Kollektiv) ebenso wie Bücher, Computer, CDs oder Maschinen sein. Es erscheint daher sinnvoll, zwischen personellen, kollektiven und materiellen Wissensträgern zu unterscheiden. Personelle Wissensträger sind in Unternehmen in unterschiedlichen Bereichen, Hierarchieebenen und Funktionen anzutreffen. Sie spielen für das Wissensmanagement eine zentrale Rolle, da sie Wissen sowohl erzeugen als auch anwenden.

Die Ausprägung des Wissens von personellen Wissensträgern lässt sich durch die Faktoren Ausbildung, bisherige Erfahrung sowie hinsichtlich der fachlichen und hierarchischen Anforderungen an das Individuum charakterisieren. Die Gesamtheit der Faktoren bildet den individuell variierenden, spezifischen Hintergrund der Mitarbeiter. Darüber hinausgehend tritt kollektives Wissen in den einzelnen Teilen eines Unternehmens (z.B. Teams, Projektgruppen, Abteilungen), unternehmensweit und in Netzwerken sogar über die Unternehmensgrenzen hinaus auf. Materielle Wissensträger entstehen durch die Übertragung von Wissen des ursprünglich personellen oder kollektiven Wissens auf materielle Träger. Materielle Wissensträger können druckbasiert (Bücher, Zeitschriften), audiovisuell (Tonbänder, Fotos, Videos), computerbasiert (CD-ROMs, Internet, Festplatten) und produktbasiert (Fertigungsanlagen, Erzeugnisse etc.) sein (vgl. Amelingmeyer 2004: 53ff.). Im weiteren Verlauf konzentrieren sich die Ausführungen auf personelle Wissensträger.

In der Wissensökonomie gilt die Kompetenz der Mitarbeiter als ein erfolgs-relevanter Produktionsfaktor eines Unternehmens: „War der maßgebliche Pro-duktionsfaktor ursprünglich die Maschine, so findet sich jetzt eine zunehmende Dominanz des Menschen und seiner Kompetenzen als produktive Ressource." (Reinhardt 1998: 153) Oder anders formuliert: „Der »(aus)gebildete« Mensch wird zum neuen Archetypen der nachindustriellen Gesellschaft." (Drucker 1992: 16) Ein formales Signal auf dem Wissensmarkt in Unternehmen sind die Position und das Ausbildungsniveau der Mitarbeiter. Dessen ungeachtet ist bekannt, dass Be-förderungen in Unternehmen nicht ausschließlich wissensbasiert erfolgen und das Ausbildungsniveau nicht zwangsläufig bei der Suche nach Fachwissen weiterhilft (vgl. Davenport/Prusak 1999: 86ff.). Druckers Bild des Wissensarbeiters betont die Angewiesenheit auf Wissen, Bildung, Lernfähigkeit und Anpassungsvermögen. Wissen und Bildung sind nach seiner Auffassung „der Schlüssel zu Chancen und Aufstiegsmöglichkeiten geworden und [...] an die Stelle von Geburt, Reichtum und vielleicht sogar Talent getreten" (Drucker 1969: 386). In der Auseinandersetzung mit dem Thema Wissensmanagement sieht Lehner (2000: 227) eine „Rückbe-sinnung auf den »Faktor Mensch« als Gegenbewegung zur Reengineering-Welle". Schließlich sollten Wissensarbeiter „eine Kombination aus »harter« Kompetenz (strukturiertes Wissen, technische Fähigkeiten sowie Berufserfahrung) und ver-gleichsweise »weicher« Kompetenz (zuverlässiges Gespür für die kulturellen, politischen und persönlichen Aspekte im Umgang mit Wissen) aufweisen" (Davenport/Prusak 1999: 219).

Was unter Wissensarbeit zu verstehen ist, definiert Willke (1998b: 161) folgender-maßen: „Tätigkeiten (Kommunikationen, Transaktionen, Interaktionen), die da-durch gekennzeichnet sind, dass das erforderliche Wissen nicht einmal im Leben durch Erfahrung, Initiative, Lehre, Fachausbildung oder Professionalisierung er-worben und dann angewendet wird. Vielmehr erfordert Wissensarbeit im hier ge-meinten Sinn, dass das relevante Wissen (1) kontinuierlich revidiert, (2) permanent als verbesserungsfähig angesehen, (3) prinzipiell nicht als Wahrheit, sondern als Ressource betrachtet wird und (4) untrennbar mit Nichtwissen gekoppelt ist, so dass mit Wissensarbeit spezifische Risiken verbunden sind." Dabei produzieren Wissensarbeiter nicht notwendigerweise ihr Wissen selbst, sondern sie über-nehmen es, tragen es zusammen, eignen es sich an, systematisieren es, vermitteln es, transformieren es und wenden es an. Als zentrale Kompetenz sehen Jäger und Weinzierl (2007: 183) die Fähigkeit an, dass Wissensarbeiter ihr Wissen von „der

Praxis Anderer raum-zeitlich lösen und es in ihre eigene Praxis mit eigenen Regeln und Ressourcen einbinden". Im Kontext der Wissensarbeit darf dementsprechend nicht vergessen werden, dass Wissensmanagement als individuelle Kompetenz einzustufen ist, denn „weder die Übernahmen neuer gesellschaftlicher Aufgaben im Zusammenhang mit Information und Wissen, noch die Realisierung spezifischer Verfahren und Prozesse des Wissensmanagements in Organisationen ist ohne den einzelnen Menschen mit seinem Wissen, Können und Wollen denkbar" (Mandl/Reinmann-Rothmeier 2000b: 8).

Ergänzend und unterstützend haben einige Betriebe die Funktion eines Wissensmanagers eingerichtet. Zu den Aufgaben eines Wissensmanagers zählen die kontinuierliche Verbesserung der Wissensaufnahme, -weitergabe, -bearbeitung und -verarbeitung (vgl. Klinger 1999: 51). Daneben wird in der Wissensmanagement-Literatur von weiteren Akteuren gesprochen, z.B.

- dem Technologie-Scout mit der Funktion einer (weltweiten) Suche nach neuen Fragestellungen, Kontakten und Technologien (vgl. Probst et al. 1999: 132)

- dem Wissenspraktiker, der primär sein fachliches Wissen in Kundenlösungen und Produkte umsetzt (vgl. North 2005: 129ff.)

- dem Wissenswerker (z.B. Berater) als einem Mitarbeiter, der vorrangig auf sein implizites Wissen zurückgreift (vgl. Nonaka/Takeuchi 1997: 171ff.)

- dem Wissensspezialisten (z.B. Software-Ingenieur), der überwiegend mit explizitem Wissen umgeht (vgl. Nonaka/Takeuchi 1997: 171ff.)

- dem Wissensingenieur (mittleres Management), der für die Umwandlung von implizitem in explizites Wissen und umgekehrt verantwortlich ist (vgl. Nonaka/Takeuchi 1997: 171ff.)

- dem Wissensverwalter (Führungskraft), der auf höherer Managementebene angesiedelt und für die Wissensaustauschprozesse im ganzen Unternehmen verantwortlich ist (vgl. Nonaka/Takeuchi 1997: 171ff.)

Heisig (2005: 47ff.) stellt fest, dass Unternehmen ihren Wissensarbeitern vermehrt Freiheiten zugestehen. So dürfen sie zunehmend ihre Arbeit selbst gestalten und sich eigene Ziele setzen. Dieser Grad an Autonomie soll die für Wissensarbeiter geltenden Unsicherheiten auf dem Arbeitsmarkt kompensieren. Um nach außen hohe Arbeitsqualität zu belegen, werden in wissensintensiven Bereichen (in denen oftmals kein Professionenstatus existiert) so genannte High-Potentials eingestellt. Bei High-Potentials „handelt es sich um sehr gut qualifizierte Personen, die in wissensintensiven Branchen tätig sind und in hohem Maße ihre persönliche Qualifikation in den Wertschöpfungsprozess einbringen. […] Hochqualifizierte Arbeitskräfte sind für die Wettbewerbsfähigkeit der Wissensgesellschaft eine wichtige Voraussetzung." (Kirchgeorg/Günther 2006: 3) Ausgehend von diesen Überlegungen ist davon auszugehen, dass High Potentials in besonderem Maße wissensintensiven Tätigkeiten (z.B. in der Forschung und Entwicklung) nachgehen. Diese Annahme deckt sich mit empirischen Daten des Bundesinstituts für Berufsbildung (BIBB/BAuA-Erwerbstätigenbefragung 2006), die besagen, dass im Jahr 2006 bereits rund 31 Prozent der Erwerbstätigen in wissensintensiven Berufen arbeiteten, von denen wiederum 70 Prozent als hochqualifizierte Arbeitsplätze zu bezeichnen seien (vgl. Hall 2007: 11).

Die Gruppe der High-Potentials leistet aufgrund ihrer wissensintensiven Tätigkeiten einen wichtigen Beitrag zum Gelingen von Wissensmanagement-Aktivitäten in Unternehmen. Dies lässt die These zu, dass eine vorherrschende Demotivation dieser Gruppe die Erfolge eines Unternehmens schmälert. Kann diese Gruppe hingegen vom Gedanken des Wissenstransfers begeistert werden, so steigt die Nutzung der Instrumente und damit die Wirkung der Initiative. Demzufolge ergeben sich aus einer Untersuchung von High-Potentials spannende Indikatoren für die Messung der Effektivität von Wissenstransfer in Unternehmen. In der nachfolgend dokumentierten empirischen Untersuchung der Verfasserin sind daher High-Potentials, hier in Form von ehemaligen Stipendiatinnen und Stipendiaten deutscher Begabtenförderungswerke, als Zielgruppe der Befragung definiert (vgl. *Kapitel 4*).

2.3.2 Zielsetzung „Wissenstransfer"

Ein übergeordnetes Ziel von Wissensmanagement ist die Generierung, Identifikation, Strukturierung, Speicherung, Verteilung und Nutzung von Wissen. Darüber hinausgehend sorgt die Definition von eindeutigen Zielsetzungen für das Wissensmanagement für Struktur, Fokus und Umfang der Initiative. Diese Ziele sollten in Verbindung mit den generellen Unternehmenszielen stehen (vgl. Bergmann 1999b: 39ff.). Darum liegt die strategische Aufgabe des Managements darin, Potentiale und Maßnahmen, die sich aus dem konsequenten Einsatz von Wissensmanagement ergeben, in die Entwicklung der Unternehmensstrategie zu integrieren (vgl. Klinger 1999: 51f.).

Die Ziele des Wissensmanagements können äquivalent zu Zielen von Management formuliert werden. Zu den Management-Zielen zählt langfristig die Erhaltung der Überlebensfähigkeit eines Unternehmens. Wissensmanagement kann einen Beitrag leisten, denn es konzentriert sich auf die Gesichtspunkte „was gemanagt wird und wie es gemanagt wird" (Bukowitz/Williams 2002: 422). Dabei lassen sich strategische, operative und normative Ziele differenzieren (vgl. Tabelle 4).

Tabelle 4: Ebenen der wissensbezogenen Ziele (vgl. Probst et al. 1999: 70ff.)

Ebene	Eigenschaften von Wissensmanagement-Zielen
Normative Ziele...	• schaffen die Voraussetzung für wissensorientierte Ziele im strategischen und operativen Bereich • richten sich auf eine wissensbewusste Unternehmenskultur • erfordern Einsatz und Überzeugung des Top-Managements
Strategische Ziele...	• definieren ein für die Zukunft angestrebtes Fähigkeitenportfolio • liefern damit häufig eine inhaltliche Bestimmung des organisationalen Kernwissens • erlauben eine strategische Orientierung von Organisationsstrukturen und Managementsystemen
Operative Ziele...	• sichern die Umsetzung des Wissensmanagements auf operativer Ebene • übersetzen die normativen und strategischen Wissensziele in konkrete, operationalisierbare Teilziele • optimieren die Infrastruktur des Wissensmanagements • sichern die Angemessenheit der Interventionen in Bezug auf die jeweilige Interventionsebene

Die strategischen Ziele sind in konkret messbaren Geschäftserfolgen erkennbar, d.h. sie konzentrieren sich auf die Umsetzung von Wissen in Wettbewerbsvorteile. Die strategischen Ziele bilden die Basis für die operativen Ziele, die sich auf die Umsetzung von Wissensmanagement im Tagesgeschäft beziehen. Es geht darum, Prozesse schneller, qualitativ hochwertiger, kostengünstiger und effektiver zu gestalten. Um diese Ziele zu erreichen, muss das benötigte Wissen zur richtigen Zeit am richtigen Ort in entsprechender Qualität zur Verfügung stehen. Parallel gilt es, die normativen Ziele des Wissensmanagements zu verfolgen. Diese stehen in direktem Bezug zur Unternehmenskultur, zu den Werten und Verhaltensweisen, die einen Wissenstransfer fördern können und sollen (vgl. Neumann 2000: 244ff.).

Die Beschäftigung mit Wissensmanagement und die damit einhergehenden Veränderungen in Unternehmen haben direkten Einfluss auf den Wissenstransfer und es entwickeln sich im Idealfall als „Nebenprodukt" vorteilhafte Nebeneffekte. Hierzu zählen eine höhere Arbeitsmoral, ein stärkerer Zusammenhalt im Unternehmen und „reichere" Wissensbestände. Die Arbeitsmoral steigt durch die Wertschätzung, die Mitarbeiter für ihr Wissen erhalten. Fachwissen wird als wertvoll eingestuft, die Unterstützung durch Experten wird gewährleistet. Dies führt zur Arbeitsbefriedigung und somit zu einer effektiveren Arbeitsweise. Der aktive Austausch von Informationen, Wissen und Ideen gibt Mitarbeitern Einblicke in alle Unternehmensbereiche. Eine sich parallel entwickelnde Kultur der Offenheit und des Vertrauens fördern den Zusammenhalt der Mitarbeiter im Unternehmen. Der Austausch und die Kombination von Wissen erhöhen die Wissensbestände in einem Unternehmen generell. Wissen wird kontinuierlich bewertet, reflektiert und vertieft. Durch die Interaktion mit vorhandenem Wissen lassen sich neue Ideen generieren, die ohne Wissenstransfer nicht möglich gewesen wären (vgl. Davenport/Prusak 1999: 107ff.).

Für den Erfolg eines Unternehmens ist spontaner und (zum Teil) unstrukturierter Wissensaustausch relevant. Ein Beispiel für die Umsetzung in Unternehmen ist die Job Rotation (vgl. 2.2.6). Das Management organisiert den Personaleinsatz in einschlägigen Wissenseinheiten. Nach einer ausreichenden Zeit wechseln die Mitarbeiter wieder in andere Teilbereiche, nehmen ihr erworbenes Wissen mit und können dieses am neuen Arbeitsplatz einsetzen. Als weiteres Beispiel lassen sich Getränkeautomaten, Sitzecken und „Talk Rooms" nennen (vgl. ebenfalls 2.2.6).

Wissensaustausch findet durch formelle und informelle Kommunikation statt, im Zentrum stehen allerdings informelle Beziehungen und nicht die primäre Orientierung an Aufgabenbearbeitungen. Durch diesen Austausch können soziales Kapital erzeugt und implizites Wissen transferiert werden. Götz und Schmid (2004: 233ff.) unterstellen, dass im Rahmen von Wissenstransfer drei Phasen durchlaufen werden:

1. Die Phase der Initiierung: Klare Zielsetzung zu Art und Umfang des Wissenstransfers (implizit/explizit), Wissensaustauschbedingungen („Spielregeln") werden formuliert

2.   Die Phase des Wissensflusses: Effektive Kombination von bislang
       isolierten Wissenselementen

3.   Die Phase der Integration: Einordnung des neuen Wissens in die be-
       stehende Wissensbasis, Umsetzung des neuen Wissens.

Wissenstransfer bzw. Wissensaustausch definiert Jahnke (2006: 81) als „soziale[n]
Prozess, der tagtäglich in Organisationen stattfindet, und der mittels Wissensmanagement organisiert bzw. verbessert werden soll". Dieser kann intern
(zwischen Personen, Gruppen, Abteilungen eines Unternehmens) und extern (mit
externen Partnern z.B. innerhalb einer Kooperation) erfolgen (vgl. Götz/Schmid
2004: 235). Darüber hinaus lässt sich der Wissenstransfer innerhalb von hierarchischen (Primär-)Organisationen anhand der Stellung der beteiligten Wissensträger
differenzieren. So unterscheidet Werner (2004: 51ff.) in horizontalen, vertikalen und
lateralen Wissenstransfer: Horizontaler Wissenstransfer findet zwischen Unternehmensmitgliedern einer Hierarchieebene statt (z.B. Durchführungsebene oder
mittlere Hierarchieebene). Vertikaler Wissenstransfer beschreibt den Austausch
von Wissensträgern unterschiedlicher Hierarchieebenen (z.B. Teamleiter und
Teammitglied), findet aber meist nur innerhalb der gleichen Funktionsebenen statt.
Lateraler Wissenstransfer erfolgt auf informellem Wege zwischen Unternehmensmitgliedern aller Hierarchie- und Funktionsebenen. Formale Vorgaben und Zuständigkeiten werden hierbei nicht berücksichtigt.

Gegenstand der vorliegenden Arbeit ist die Untersuchung von horizontalem und
vertikalem Wissenstransfer. Demnach erfolgt eine Operationalisierung der
Wissenstransferaktivitäten nach folgenden Leitfragen:

1.   Vertikaler Wissenstransfer: Wie erfolgreich teilen die Versuchs-
       personen ihr Wissen mit ihrem jeweiligen Vorgesetzten?

2.   Horizontaler Wissenstransfer: Wie erfolgreich teilen die Versuchs-
       personen ihr Wissen mit ihren Arbeitskollegen aus dem Team?

Zur Erhebung des Wissenstransfers wird die Skala von Werner (2004) eingesetzt.
Das Instrument erfasst Wissensweitergabe- und Wissensnutzungsaktivitäten und
ist theoretisch an das Modell der Wissensspirale von Nonaka und Takeuchi (1997)
angelehnt. Die 13 Items fragen den Transfer von implizitem Wissen und explizitem
Wissen in die Transferrichtungen „Vorgesetzte" und „Arbeitskollegen im Team"
ab. Hauptproblemfelder bei der Evaluierung von Wissenstransfer können das
Evaluierungskonzept   (wissensbestandsorientiert   vs.   prozessorientiert   vs.

wirkungsorientiert), die dimensionale Analyse (Definition von Teilaspekten, durch die der Wissenstransfer abgebildet werden kann), die zeitliche Ausrichtung (Messhäufigkeit, Zeitpunkt bzw. Zeitraum), das Messobjekt (Individuum, Team, Unternehmen oder natürliche/unnatürliche Wissensträger oder die Wissensart), das Referenzobjekt (Soll-Ist-Vergleich, objektübergreifender Vergleich, intertemporaler Vergleich) und der Messträger (Selbstmessung vs. Dritte) sein. Werner (2004: 91) resümiert, dass die Komplexität der Fragestellung dazu führt, dass entsprechende Ansätze zur Evaluation des Wissenstransfers bis zur Entwicklung seiner Skalen fehlten. Er räumt ein, dass er in seiner Arbeit nicht allen genannten Anforderungen gerecht werden konnte, sein Ansatz es jedoch im Ergebnis möglich mache, „Wissenstransfer näherungsweise zu quantifizieren und somit zu konkreten Zusammenhangsaussagen zu gelangen" (Werner 2004: 345).

Für die Erfassung der Wissensmanagement-Realisierung in Unternehmen lag bislang kein adäquates Instrument vor. In Anlehnung an die Online-Diagnose des Steinbeis-Transferzentrums Wissensmanagement und Kommunikation (vgl. http://www.steinbeis-wissensmanagement.de/Consulting/online-Diagnose) wurden im Rahmen dieser Arbeit die 15 Fragestellungen zum Wissensmanagement in Unternehmen in eine 15 Items umfassende Skala transferiert, um mit dieser die Lücke in der Forschung zu schließen und über den Status quo einer rein verbal hypothesengenerierenden Ebene hinaus dieses Feld empirisch zu analysieren.

2.3.3 Erfolgsfaktoren, Probleme, Hemmnisse

Die verschiedenen Modelle zum Wissensmanagement bilden die Wissensprozesse idealtypisch ab. Bei der Auseinandersetzung mit der Thematik darf allerdings nicht die Frage vernachlässigt werden, wie vorhandene und zu initiierende Prozesse be- und verhindert werden. Dazu zählt die Auseinandersetzung mit Erfolgsfaktoren sowie mit Problemen und Hemmnissen. Schmitz und Zucker (1999: 192) charakterisieren Grenzen des Wissensmanagements wie folgt: „Es ist nicht (bzw. nur sehr begrenzt) möglich, Wissensaustausch und -entwicklung anzuweisen, zu planen, fremd-zu-organisieren." Sie konstatieren, dass zwar Rahmenbedingungen geschaffen, Kontexte generiert, Ziele formuliert und Anreize definiert werden können, die Mitarbeiter sich aber parallel mit mangelnder direkter Beeinflussbarkeit, mit ausgeprägter Subjektivität und Mehrdeutigkeit sowie geringer Kalkulier- und Kontrollierbarkeit konfrontiert sehen. Bräuer (2003: 93) nimmt in dieser Aussage einen Widerspruch wahr, da es seiner Meinung nach definitionsgemäß kein selbstorganisiertes Wissensmanagement geben kann. Die Potenziale, die der effiziente Einsatz von Wissensmanagement für ein Unternehmen bietet, können dann optimal ausgeschöpft werden, wenn eine ganzheitliche Strategie verfolgt wird. Dazu zählt ein „zielorientiertes Human Ressource Management zur Gestaltung einer adäquaten Unternehmenskultur, die einen kontinuierlichen Wissenstransfer unterstützt" (Bullinger/Prieto 1998: 88). Die Unternehmens- und Wissenskultur spielt, wie bereits betont, eine wesentliche Rolle beim Gelingen von Wissenstransfer. Davenport und Prusak (1999: 195f.) sprechen in diesem Zusammenhang von „Friktionen", die Wissenstransfer verzögern oder verhindern und häufig dazu führen, dass Wissen im Transferprozess „abhanden" kommt. Eine Aufstellung häufiger Friktionen und mögliche Lösungen sind in Abbildung 5 ersichtlich.

Abbildung 5: Friktion und Lösungen in einer Wissenstransfer-Kultur (eigene Darstellung nach Davenport/Prusak 1999: 195)

Friktion ➡	Lösungsmöglichkeiten
Mangel an Vertrauen	Aufbau von Beziehungen und Vertrauen durch persönliche Begegnung
Unterschiedliche Kulturen, Sprachgewohnheiten, Bezugsrahmen	Schaffung einer gemeinsamen Grundlage für Ausbildung, Diskussion, Veröffentlichungen, Teambildung, systematischen Arbeitsplatzwechsel
Zeitmangel und Fehlen von Begegnungsstätten; enge Auffassung von produktiver Arbeit	Bereitstellung zeitlicher und räumlicher Möglichkeiten für den Wissenstransfer: Messen, „Talk Rooms", Konferenzberichte
Statusgewinn und Belohnungen für Wissensträger	Leistungsbeurteilungen und Schaffung von Anreizen auf Basis der Weitergabe von Wissen
Mangel an Aufnahmefähigkeit seitens der Empfänger	Schulung der Mitarbeiter zur Flexibilität; Bereitstellung zeitlicher Möglichkeiten zum Lernen; Einstellung von Kandidaten, die sich für neue Ideen aufgeschlossen zeigen
Einstellung, dass Wissen bestimmten Gruppen vorbehalten ist; Syndrom „Ist nicht von uns"	Förderung eines nichthierarchischen Umgangs mit Wissen; Qualität der Ideen wichtiger als Status der Wissensquelle
Intoleranz gegenüber Fehlern und Hilfsbedürftigkeit	Akzeptanz und Belohnung kreativer Irrtümer und Kooperationsprojekte; kein Statusverlust, wenn man nicht alles weiß

Drei Faktoren führen zu einer Ineffektivität von Wissensmanagement-Maßnahmen in Unternehmen: Eine (gefühlte) Unvollständigkeit von Informationen lässt die

Motivation sinken, vorhandene Ressourcen zu nutzen. Starke Asymmetrien des fachbezogenen Wissens zwischen Unternehmensbereichen verhindern, dass Wissen dorthin gelangt, wo es benötigt wird. Diese Tatsache lässt sich damit begründen, dass potenzielle Transferpartner oftmals nicht zueinander finden. Davenport und Prusak (1999: 94) sprechen in diesem Zusammenhang von „Wissensvöllerei" auf der einen und „Wissenshungersnöten" auf der anderen Seite und merken an, dass dieses „Problem weniger mit absoluter Knappheit als vielmehr mit Informationsmustern, Kaufkraft und Vertriebssystemen" zu tun habe. Als dritter Faktor wirkt sich die lokale Begrenztheit von Wissen negativ auf ein unternehmensweites Wissensmanagement aus. Es fehlt häufig an Mechanismen, die entfernte Wissensquellen zugänglich und vertrauenswürdig machen. Für die Mitarbeiter bedeutet dies faktisch ein hohes Maß an Suchkosten und Bemühungen.

Im Rückblick auf die ersten 10 bis 15 Jahre der Wissensmanagement-Praxis benennt Willke (2007: 66ff.) vier besonders gravierende Fehler oder Fehlentwicklungen im Wissensmanagement. Dazu zählen IT-Lösungen statt Kulturveränderungen, Topdown-Lösungen statt gut platzierter Pilotprojekte, kurzfristige Lösungen statt geduldiger Stärkung der Wissensbasierung sowie die Anwendung von Toolboxen statt einer Entwicklung angepasster Instrumente. Konkret kritisiert Willke, dass die ersten Jahre des Wissensmanagements maßgeblich darauf verwendet wurden, IT-Lösungen oder Wissensdatenbanken von Beratungsunternehmen einzukaufen. Diesen Trend führt er darauf zurück, dass Entscheider in Unternehmen vielfach von Technologien „magisch" angezogen werden und sich diese Tendenz durch negative Erfahrungen mit technologischen Neuheiten nicht zu relativieren vermag. Darüber hinaus scheint eine Investition in Technik leichter realisierbar zu sein als eine Veränderung der Unternehmenskultur. Ein zweiter erfolgsversprechender Weg ist die Umsetzung von sinnvollen Pilotprojekten, die in einem überschaubaren Zeitraum erste konkrete Nutzen eines Wissensmanagements demonstrieren und auf diese Weise eine Basis für weitere Vorhaben schaffen. Dennoch kann Wissensmanagement kaum kurzfristig erfolgreich in einem Unternehmen wirken, da der Umgang mit Wissen, z.B. die Explikation, Dokumentation und Systematisierung, ebenso wie die Kulturveränderung, aufwendige Prozesse darstellen. Kurzfristige Lösungen schaden Willke zufolge einem auf das gesamte System bezogenen Wissensmanagement. Entsprechend sollten Wissensmanagement-Instrumente nicht als „Toolbox" missverstanden werden, sondern lediglich Anregungen geben, auf das eigene Unternehmen und die spezifische Situation zugeschnittene Instrumente zu entwickeln. Weiter empfiehlt Willke, nicht ausschließlich neue Instrumente einzuführen, sondern bestehende Stärken des Unternehmens auszubauen und im Sinne des Wissensmanagements weiterzuentwickeln.

In Anlehnung an das Wissensmanagement-Dreieck „Mensch – Organisation – Technik" (vgl. Reinmann-Rothmeier et al. 2001: 19ff.) können Erfolgsfaktoren und Barrieren formuliert werden. Jahnke (2006: 90ff.) fasst diese in individuelle, organisatorische und technisch-bedingte Erfolgsfaktoren zusammen (vgl. Tabelle 5). Sie bezieht sich auf die Ergebnisse der Studie von Adelsberger et al. (2002: 535ff.), der Klassifikationsansatz geht auf Rümler (2001: 24ff.) zurück.

Tabelle 5: Erfolgsfaktoren für Wissensaustausch (vgl. Jahnke 2006: 90f.)

(1) Individuelle Erfolgsfaktoren	
Motivation der am Wissensaustausch beteiligten Personen	Warum ist das Wissen für andere relevant?
Anschlussfähigkeit der Kommunikation	Ist die Kommunikation verständlich bzw. anschlussfähig?
(2) Organisatorische Erfolgsfaktoren	
Wissensgebiet	Gibt es ein gemeinsames Wissensgebiet, liegt ein Minimum an gleicher Wissensbasis vor?
Problembewusstsein	Welches Wissen wird von wem gebraucht?
Vertrauen	Kann der Antwort vertraut werden? Ist das Wissen vertrauenswürdig?
Organisationsstruktur	Wie wird die entsprechende Rolle gefunden, die das Wissen hat, und wie ist sie im Wissensaustausch eingebunden?
Besondere Rollen	In welchem Maße ist eine Unterstützung durch das Management und/oder von Personen in besonderen Rollen (bspw. „Knowledge Activists") vorhanden?
(3) Technisch-bedingte Erfolgsfaktoren	
Technische Unterstützung	Welche technischen Möglichkeiten zur Unterstützung des Wissensaustauschs sind vorhanden und wird die effizienteste genutzt?
Technischer Interaktionskanal	Ist eine genügende Bandbreite für einen Datentransfer vorhanden? Sind bei den potenziellen Nutzer/innen die technischen Voraussetzungen erfüllt, um Wissen austauschen zu können?
Barrierefreier Zugang	Wie wird der Zugang zu Wissensaustausch realisiert? Können alle teilnehmen, die teilnehmen wollen, oder sind Barrieren durch das technische System vorhanden?

Als kritische Erfolgsfaktoren beschreibt Heisig (1999: 43ff.) Kultur, Personal, Prozesse und Technik. In seiner empirischen Untersuchung fand er heraus, dass die „Unternehmenskultur" von 44 Prozent der Befragten als wichtigster kritischer Erfolgsfaktor gesehen wird. An zweiter und dritter Stelle stehen in seiner Studie mit deutlich geringerer Wertung „Strukturen und Prozesse" (24 Prozent) sowie „Informationstechnologie" (23 Prozent). Bei einer Verdichtung der aufgeführten Einzelmaßnahmen – wie beispielsweise Mitarbeitermotivation, Trainings und Weiterbildung – hin zu einer Kategorie „Aspekte des Personalmanagements" würde dieser Bereich mit 28 Prozent an zweiter Stelle liegen. In der Literatur werden die verschiedenen Erfolgsfaktoren oftmals additiv und sehr abstrakt beschrieben. Winkler und Mandl (2004) erarbeiteten als Antwort darauf und in Anlehnung an Tarlatt (2001: 92ff.) ein aus drei Hauptphasen bestehendes Vorgehensmodell für die Implementierung von Wissensmanagement. Dieses besteht aus den Phasen „Änderungsanalyse", „Implementierungsrealisation" und „Implementierungskontrolle" (vgl. Abbildung 6), wobei die Autoren darauf hinweisen, dass eine Implementierung an die spezifischen Bedürfnisse der Beteiligten ausgerichtet werden muss und somit eine unreflektierte Übernahme von Modellen selten zum gewünschten Erfolg führt.

Im Zentrum der ersten Phase „Änderungsanalyse" steht die Definition von Implementierungszielen. Die Formulierung der Ziele folgt auf eine strategisch ausgerichtete Bedarfsanalyse. Zuvor sollen sich alle Beteiligten Gedanken zu ihren Visionen und übergeordneten Zielen machen. Die Phase „Implementierungsrealisation" beinhaltet die Konzeption konkreter Maßnahmen und erster Realisierungen. Ein Pilotprojekt erweist sich als sinnvoll, da im Anschluss mögliche Problemfelder vor einer Gesamteinführung behoben und so die Akzeptanz der Maßnahmen nicht gefährdet werden. In der dritten Phase „Implementierungskontrolle" erfolgt im Idealfall eine Qualitäts-, Wirkungs- und Kosten-Nutzen-Analyse. Ziel einer solchen summativen Evaluation sind kontinuierliche Prozessverbesserungen und eine Anpassung an die Bedürfnisse der Nutzer (vgl. Winkler/Mandl 2004: 209ff.).

**Abbildung 6: Prozessablauf einer Implementierung
(eigene Darstellung nach Winkler/Mandl 2004: 214)**

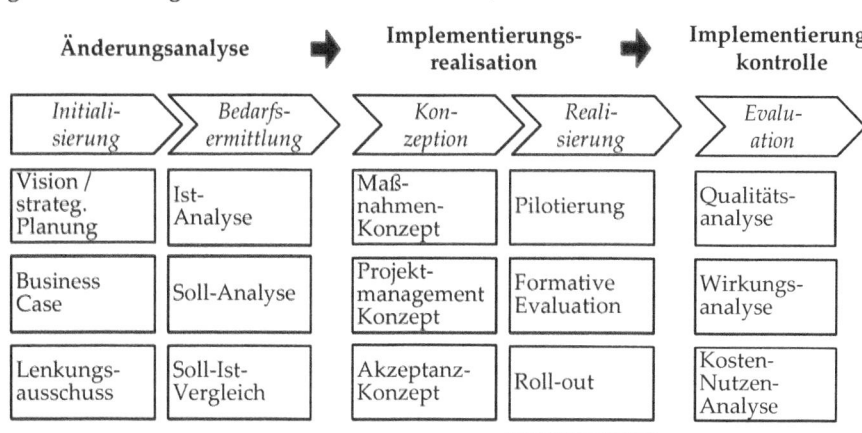

Die Wissenskultur eines Unternehmens ist eine der idealtypisch zu berücksichtigenden Rahmenbedingung für die Implementierung von Wissensmanagement und impliziert „all das, was wünschenswert im Umgang mit Wissen ist und was das Handeln bestimmt" (Herbst 2000: 30). Die Wissenskultur zeigt sich beispielsweise darin, ob Wissen (gerne) geteilt wird, ob Wissen zugänglich ist oder ob die Mitarbeiter wissen dürfen. Sollberger (2006: 115ff.) fasst als wesentliche Dimensionen einer Wissenskultur in Unternehmen die Merkmale Vertrauen, Zusammenarbeit (Ausprägung einer aktiven Unterstützung und Hilfe), Offenheit, Autonomie, Lernbereitschaft, Fürsorge (anderen Personen helfen), Fehlertoleranz und konstruktiver Umgang mit Macht zusammen. Nachfolgend werden die im Kontext der vorliegenden empirischen Untersuchung (vgl. *Kapitel 4*) betrachteten Einflussfaktoren ausführlicher erläutert.

Unternehmenskultur

Eine Bedingung für erfolgreiches Wissensmanagement ist die Bereitschaft der Mitarbeiter zum Wissensaustausch. Diese kulturelle Dimension kann als großes Hindernis bei der Implementierung von Wissensmanagement verstanden werden. Denn: Gedanken hinsichtlich eines Nutzens („Warum sollte ich etwas annehmen, was in einer ganz anderen Abteilung entwickelt wurde – die haben ja keine Ahnung von meinem Geschäft!") bzw. eines Nachteils („Wissen ist Macht – wenn ich mein Wissen für mich behalte, sichere ich meinen Arbeitsplatz.") oder Angst vor fehlender Reziprozität ("Und was kriege ich dafür, wenn ich mir Zeit dafür nehme, den Kollegen meine Erfahrungen mitzuteilen?") beeinträchtigen eine effektive Einführung von Wissensmanagement (vgl. Bergmann 1999a: 34).

Unternehmenskultur ist definiert als "ein soziokulturelles, immaterielles unternehmensspezifisches Phänomen, welches die Werthaltungen, Normen und Orientierungsmuster, das Wissen und die Fähigkeiten sowie die Sinnvermittlungspotenziale umfasst, die von der Mehrzahl der Organisationsmitglieder geteilt und akzeptiert werden" (Schnyder 1989: 61). Sie kann verstanden werden als "die Gesamtheit der im Laufe der Zeit in einer Unternehmung entstandenen und akzeptierten Werte und Normen, die über bestimmte Denk- und Verhaltensmuster das Entscheiden und Handeln der Mitglieder der Unternehmung prägen" (Schütt 2000: 43). Unternehmenskulturen, bestehend aus den beiden Bereichen Unternehmensphilosophie und Unternehmensklima, sind historisch zu betrachten und durch Gewohnheiten, Mythen, Legenden und Tradition geprägt. Sprache, Handlungen und Artefakte (z.B. Organigramme, Firmenlogo und Rollenbeschreibungen) sind Symbole der Unternehmenskultur. Grundsätzlich schreiben Autoren einer Unternehmenskultur – nach modernem Verständnis – eine Motivations-, Koordinations- und Integrationsfunktion zu (vgl. Lehner 2006: 24ff.).

Specht (2007: 35) betont: "Im weitesten Sinne steht und fällt jedes KM-System [Knowledge-Management-System/Wissensmanagement-System, d. Verf.] mit der Unternehmenskultur." Er beschreibt aus der pragmatischen Perspektive eines Unternehmensberaters fünf wesentliche Kulturfaktoren:

1. <u>Kommunikationskultur</u>: Ohne Kommunikation kann kein Wissenstransfer stattfinden. Entscheidend ist, dass im Unternehmen eine "Kultur der ständigen Kommunikation" gefördert wird.

2. <u>Fehler-/Feedbackkultur</u>: Edelmann (2000: 45) betont, dass Angst im Regelfall die individuelle Leistungsfähigkeit herabsetzt. Je angstfreier Mitarbeiter arbeiten, desto geringer ist die Fehlerquote und/oder höher ist die Quote schnell korrigierter Fehler. Angstfreiheit kann von Führungskräften gefördert werden, die ihre Vorbildfunktion wahrnehmen und eigene Fehler transparent machen, loben und Leistung anerkennen sowie ein Klima der gegenseitigen Wertschätzung fördern.

3. <u>Führungskultur:</u> Führungskräfte besitzen eine Vorbildfunktion, denn eine vorgelebte horizontale und vertikale Hilfsbereitschaft motiviert Mitarbeiter zur Nachahmung.

4. <u>Erfolgskultur:</u> Die offene Kommunikation von Erfolgen motiviert, Neid und Missgunst hemmen den Wissensaustausch in Unternehmen.

5. <u>Prozesskultur:</u> Wissensmanagement-Systeme müssen intern kontrolliert, weiterentwickelt und vermarktet werden. Ohne eine Werbestrategie, in der der höhere und zusätzliche Nutzen der neuen Instrumente dargestellt wird, mangelt es an Nutzungsbereitschaft von Seiten der Mitarbeiter.

Die Kommunikation in Organisationen lässt sich mit dem Fragebogen zur „Erfassung der Kommunikation in Organisationen" (KomminO) messen. Sperka (1997: 182ff.) entwickelte das Instrument gemeinsam mit Julia Rózsa. Die Antworten auf insgesamt 34 Items werden zu sieben faktoranalytisch gewonnenen Skalen zusammengefasst. Dies sind: Kommunikationsqualität, Vertrauen, Feedback, Bedeutung, Informationsüberlastung, Zusammenfassung und Zurückhaltung. Dieses getestete Instrument ist in den Fragebogen der selbst durchgeführten empirischen Untersuchung von Wissenstransfer in Unternehmen im Verlauf der vorliegenden Arbeit teilweise eingebaut worden. Neben dem anderweitig operationalisierten Konstrukt „Vertrauen" werden aus dem KomminO-Fragebogen die Skalen „Kommunikationsqualität", „Informationsüberlastung" und „Informationszurückhaltung" als Ergänzungsgrößen erfasst (vgl. *Kapitel 4*).

Anreizsysteme
Für den Erfolg von Wissensmanagement sind die Bereitschaft und die damit verbundene Motivation der Mitarbeiter zur Wissensteilung ausschlaggebend. Durch den gezielten Einsatz von Anreizsystemen begegnen Unternehmen einer fehlenden Motivation ihrer Mitarbeiter. Die Anreize sollten intrinsisch und extrinsisch motivieren. Motive, die nicht mit der Arbeit im engeren Sinne zu tun haben wie beispielsweise Geld oder soziales Ansehen, werden als extrinsisch bezeichnet. Dem stehen Motive gegenüber, die mit Spaß an der Arbeit und Interesse an den Aufgaben beschreibbar sind. Letztgenannte zählen zur intrinsischen Motivation (vgl. Nerdinger 2004: 92ff.). Extrinsische Motivation ist auf eine mittelbare Bedürfnisbefriedigung gerichtet, während intrinsische Motivation zu einer unmittelbaren

Bedürfnisbefriedigung beiträgt (vgl. Osterloh/Wübker 1999: 73). Anreizsysteme für Wissensmanagement können beide Facetten ansprechen. Dies lässt sich durch materielle und immaterielle Anreize realisieren:

a) Materielle oder monetäre Anreize sind solche, die sich in einem höheren Entgelt der Mitarbeiter niederschlagen. Die aktive Teilnahme am Wissensaustausch kann beispielsweise an die jährliche Leistungsbeurteilung und somit an Sonderzahlungen gekoppelt sein (vgl. Bergmann 1999a: 36). Neben einem solchen Prämiensystem können Entgelterhöhungen bei der Erreichung von individuellen Wissenszielen (z.B. bei erfolgreich abgeschlossenen Zusatzqualifikationen) vereinbart werden (vgl. Kilian et al. 2007: 44f.). Aber: „Extrinsische Belohnung der Weitergabe und Nutzung von Wissen signalisiert den Mitarbeitern, dass es sich dabei um Aufgaben handelt, die zusätzlich zu den über das Gehalt entlohnten Aufgaben zu leisten sind." (Nerdinger 2004: 93) Als Problem materieller Anreize beschreibt Nerdinger (2004: 93), dass diese Denkart dem Grundanliegen des Wissensmanagements, nämlich Wissensweitergabe und -nutzung als Kernaufgabe eines jeden Mitarbeiters zu institutionalisieren, entgegenwirkt.

b) Immaterielle oder nichtmonetäre Anreizsysteme zielen auf soziale Motivatoren wie Prestige, Status und Karriere. Hierzu zählen beispielsweise die Verleihung von Preisen für besonders fleißige Wissensarbeiter (verbunden mit einer Veröffentlichung in der Mitarbeiterzeitung), verbesserte Aufstiegsmöglichkeiten, die Aufwertung der Position durch die Übertragung von Kompetenzen und Verantwortlichkeiten sowie Bonuspunkte, die sich in Seminare, Mitarbeiterevents oder zusätzliche Urlaubstage eintauschen lassen (vgl. Kilian 2007: 45). Ein Anreiz für Mitarbeiter kann bereits die Tatsache sein, dass Fachwissen im Unternehmen mit ihrem jeweiligen Namen verbunden ist (vgl. Bergmann 1999a: 36). Denn die „Tatsache, dass jemand als wertvolle Wissensquelle angesehen wird, kann auch mit materiellen Vorteilen verbunden sein: Sicherheit des Arbeitsplatzes, Beförderung sowie alle möglichen Anerkennungen und Würden eines Unternehmensgurus" (Davenport/Prusak 1999: 80).

Eine Förderung der intrinsischen Motivation durch immaterielle Anreize kann von Seiten der Unternehmen beispielsweise durch partizipative Arbeitsstrukturen erfolgen. In Teams gibt es hohe Autonomie, damit verbunden vergrößertes Kompetenzbewusstsein und erlebte Selbstbestimmung. Die Partizipation in Teams fördert zudem die Identifikation mit dem gemeinsamen Ergebnis und somit das Interesse an der „gemeinsamen Sache" (vgl. Osterloh/Wübker 1999: 85f.). Davenport und

Prusak (1999: 79) argumentieren folgendermaßen: „In partnerschaftlich struktu-rierten Unternehmen bedeutet die Weitergabe von profitsteigerndem Wissen immer auch einen Nutzen für denjenigen, der sein Wissen weitergibt – jetzt und in Zukunft."

Voraussetzung für Anreizsysteme ist die Messbarmachung der Mitarbeiterbeiträge im Wissensmanagement sowie die Transparenz über die Erwartungen, Kriterien und Messmethoden. Individuelle Wissensziele und die Kommunikation der Wissensziele des Unternehmens sollten fixer Bestandteil von Mitarbeiter-gesprächen und Zielvereinbarungen werden (vgl. Kilian et al. 2007: 43f.; vgl. Herbst 2000: 142).

(Mangelnde) Fehlerkultur

Fehler „können in einem Teil des Systems abgefangen und in anderen Teilen des Systems daraufhin beobachtet werden, ob aus ihnen etwas zu lernen ist. Fehler-freundliche Systeme sind gleichzeitig Systeme, die sich selbst Fehler leisten, ja Fehler, falls sie isoliert werden können, sogar ermuntern, weil man nicht weiß, ob der Fehler von heute nicht der Strohhalm von morgen ist" (Baecker 1994: 116).

Die Devise „Wer nichts sagt, sagt auch nichts Falsches" beschreibt die Situation, in der Wissen aus einer Position der Schwäche und dem damit verbundenen Be-mühen um Selbstwertschutz nicht weitergegeben wird (vgl. Schütz/Schröder 2004: 136). Aber „Firmen, die eine systematische Fehleranalyse als Chance sehen, können schneller hinzulernen als Unternehmen, in denen Sanktionen drohen, sobald etwas schief gelaufen ist" (Dilk 1999a: 133). Der amerikanische Unternehmensberater Tom Peters (1988: 292) richtet sich mit seinem Buch „Kreatives Chaos" an das Mana-gement von Unternehmen und beschreibt seiner Zielgruppe anschaulich und um-gangssprachlich die Wirkungen einer mangelnden Fehlerkultur:

- „Kleine Fehler werden nicht erkannt und sind Sand im Getriebe, bis sie große Fehler an anderer Stelle verursachen."

- „Daten werden gefälscht (oder sehr freizügig interpretiert), so dass Misserfolge wie Erfolge aussehen."

- „Die Vorgesetzten werden im Ungewissen gelassen und teilweise falsch informiert (zumindest durch Unterlassung), so dass sie sich immer mehr von Falschinformationen leiten lassen, die Fehler sind dann immer schwerer zu entdecken und entfalten eine immer größere Wirkung."

Im Zusammenhang mit einem konstruktiven Umgang mit Fehlern ging BMW im Werk Regensburg neue Wege: Dort wurde in bestimmten Bereichen der „kreative Fehler des Monats" prämiert, um so zu symbolisieren, „dass der Mut zu neuen Wegen wertvoller erscheint als das ängstliche Verhalten an alten und möglicherweise überkommenen Ergebnissen und Erkenntnissen" (von Rosenstiel 2004: 35).

Veränderungsbereitschaft

Vorhandene Hemmnisse der Lern- und Veränderungsfähigkeit von Unternehmen können ebenfalls auf den Erfolg von Wissensmanagement (negativ) einwirken. Pieler (2003: 27ff.) zählt unter anderem dazu: Verharren beim Bewährten, Paradigmen, Festhalten an Fehlentscheidungen, Selbstüberschätzung, Perfektionismus, Konzentration auf das Unwesentliche, Kontrollillusion, Gigantomanie, „mehr desselben" und fehlende Rückkopplung.

Die Resistenz gegenüber Veränderungen hat nach Pawlowsky (1998b: 31) zwei Gründe:

1. „Abweichende Informationen werden erst gar nicht zugelassen (Immunisierung) und / oder

2. Informationen, die den Erfolg bisheriger Annahmen belegen, werden überinterpretiert".

Kraus, Becker-Kolle und Fischer (2006: 160) benennen als „typische Bereiche, in denen »Sünden« begangen werden: mangelnde Analyse der Ausgangslage, ungenügendes Problembewusstsein für die Notwendigkeit von Veränderungen, schlechte Kommunikation der Veränderungen, übler Stil der Vorgehensweise bei Veränderungen, unprofessionelles Management der von einer Veränderung betroffenen Stakeholder [Anspruchsgruppen/Anspruchsträger/Anspruchsberechtigte, d. Verf.], mangelnde Berücksichtigung grundlegender Beweggründe von Menschen, zu hoher Umfang und zu hohe Geschwindigkeit der Change-Prozesse, unprofessioneller Methodeneinsatz im Change-Prozess, mangelndes Controlling der Umsetzung von Veränderungen und der Erfolge, Zulassen politischer Spiele anstatt sie zu unterbinden". Stattdessen sollten Change-Prozessen eine sorgfältige Diagnose, eindeutige Problembeschreibung, korrekte Zieldefinition und ein klarer Nutzen vorangehen (vgl. Kraus et al. 2006: 178ff.).

Um eine große Erfolgsaussicht zu sichern und einer mangelnden Veränderungsbereitschaft entgegenzuwirken, ist ein gut geplanter Einstieg in das Thema Wissensmanagement wichtig. Zum einen sollten Pilotbereiche ausgewählt werden, die Bedeutung als spezifische Wissensbereiche haben, und das Projekt sollte kurzfristig realisierbar sein. Zum anderen sollte eine Unterstützung durch das Top-Management gewährleistet sein. Hilfreiche Maßnahmen von Seiten des Managements sind die Information aller Mitarbeiter über die geplanten Aktivitäten, die Vorbereitung und Bereitstellung von ausreichenden Finanzmitteln sowie die Klärung, welche Form von Wissensmanagement warum eingeführt werden soll (vgl. Davenport/Prusak 1999: 297f. und 313ff.).

Vertrauen

Das Hauptaugenmerk in der vorliegenden Arbeit liegt auf der Bestimmung des Einflusses von „Vertrauen" auf ein (gelingendes) Wissensmanagement. Viele Autoren haben bereits auf den Stellenwert dieses Konstrukts hingewiesen:

- „Ein vertrauensvolles Miteinander in einer auf gegenseitiger Unterstützung basierenden Gemeinschaft kann nachhaltig zur Schaffung eines kollektiven Wissensnetzwerks und einer (Organisations-)Kultur des Wissenteilens beitragen." (Adelsberger et al. 2002: 530)

- „Vertrauen gilt als einer der wichtigsten »Enabler« eines effektiven Wissensmanagements. Vertrauen muss zwingend vorhanden sein, um eigenes Wissen weiterzugeben." (Sollberger 2006: 121)

- „Alle Anreizsysteme sind jedoch zum Scheitern verurteilt, wenn nicht eine Unternehmenskultur herrscht, die sowohl durch Offenheit und Ehrlichkeit als auch durch Vertrauen – Vertrauen in die Mitarbeiter durch Vorgesetzte und unter den Kollegen – geprägt ist." (Bullinger/Prieto 1998: 88)

- „Nur wenn die Mitarbeiter Vertrauen in ihr Unternehmen haben, sind sie bereit, ihr Wissen weiterzutragen. Nicht das Wissen einzelner, sonder das kollektive Wissen ist Macht." (Bullinger/Prieto 1998: 88)

- „Die kulturellen Gestaltungsmöglichkeiten zur Schaffung des für eine effiziente Wissens(ver)teilung unabdingbaren Vertrauensklimas sind begrenzt." (Probst et al. 1999: 259)

- „Ohne gegenseitiges Vertrauen sind Wissensinitiativen zum Scheitern verurteilt – unabhängig davon, wie gründlich sie technologisch und rhetorisch unterstützt werden, und selbst dann, wenn das Überleben

der Organisation von einem effektiven Wissenstransfer abhängt."
(Davenport/Prusak 1999: 83)

- „Deshalb spielt die Vertrauenskultur, die im Unternehmen herrscht,
  eine entscheidende Rolle für ein erfolgreiches Wissensmanagement.
  Mitarbeiter, denen Misstrauen entgegengebracht wird, empfinden
  dies als Abwertung bzw. Verletzung ihrer eigenen Persönlichkeit.
  Resignation und Rückzug sind die Folge." (von Felbert 1998: 139)

- Von Rosenstiel definiert Vertrauenskultur als die Voraussetzung für
  eine offene Kommunikation mit anderen über die eigenen Fehler und
  Schwächen. „Man muss nicht fürchten, verlacht oder in anderer
  Weise sanktioniert zu werden, sondern nutzt diese Offenheit als Lern-
  chance für sich und die anderen." (von Rosenstiel 2004: 36)

- „Die beste Technik zum Erwerb und Transfer von Wissen ist wertlos,
  wenn die Kommunikations- und Kooperationskultur mangelhaft ist.
  Diese wird sich aber nur auf einer Vertrauenskultur aufbauen lassen:
  Eine wirkliche Vertrauenskultur ist wertvoller als die modernste
  technische Anlage; die Anlage kann man kaufen, die Vertrauenskultur nicht." (Frey 2000: 73)

- „Vertrauen erweist sich als zentraler Faktor im Wissensmanagement.
  Aufgrund der möglichst vollständigen Erreichung aller Beteiligten
  muss daher im Zuge der Entwicklung einer Organisation zu einer
  Wissensorganisation auch die Entwicklung zu einer Vertrauensorganisation einhergehen. Diese Evolution kann zwar technisch
  getrieben sein, muss jedoch stets sozial gestützt werden."
  (Albrecht/Gessler 2008: 40f.)

Im Zusammenhang mit Wissenstransferaktivitäten sollte Vertrauen auf dreierlei
Weise wirken: Vertrauen sollte sichtbar sein, Vertrauen sollte immer und überall
gegeben sein, Vertrauenswürdigkeit sollte an der Spitze beginnen (vgl.
Davenport/Prusak 1999: 83ff.). Auch Herbst (2000: 185), Schütt (2000: 127),
Wilkesmann und Rascher (2005: 123f.), Haun (2002: 21), Heuwinkel (2004: 104ff.),
von Rosenstiel (2000: 153f.) und andere Autoren weisen auf die Notwendigkeit von
Vertrauen für eine gemeinsame Wissensnutzung hin.

2.3.4 Zwischenfazit – Gestaltungselemente im Wissensmanagement

Aus den vorangegangenen Kapiteln geht hervor, dass im Zentrum einer pädagogischen Auseinandersetzung mit Wissensmanagement die Akteure, Zielsetzungen sowie Erfolgsfaktoren, Problemen und Hemmnissen eines Wissensmanagements stehen. Eine Visualisierung der Elemente, die in den vorangegangenen Kapiteln identifiziert, differenziert und zusammengestellt worden sind, erfolgt in Abbildung 7:

Abbildung 7: Kernelemente eines Wissensmanagements in Unternehmen (eigene Darstellung)

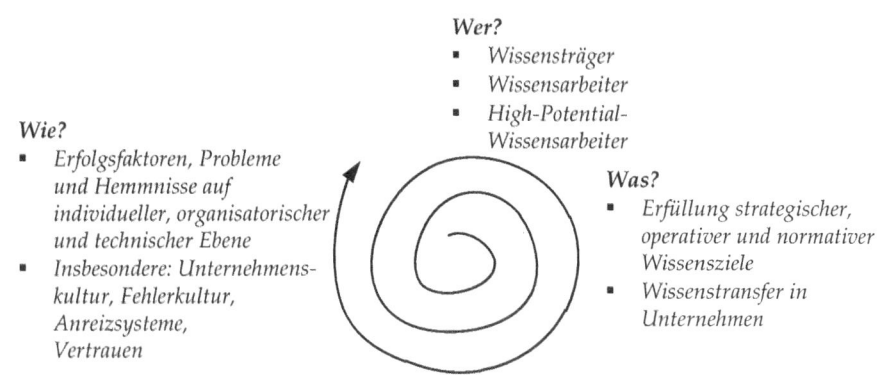

Die drei Bereiche wirken nicht isoliert voneinander, sie bedingen und fördern sich gegenseitig. Entsprechend ist ein ganzheitlicher Ansatz notwendig, um die erwünschten Effekte von Wissensmanagement in Unternehmen erzielen zu können.

2.4 Wissensmanagement-Verständnis in dieser Arbeit

Im Kontext der vorliegenden Arbeit liegt der Schwerpunkt der Betrachtungen auf Wissensprozessen, die sich im Wissenstransfer zwischen Unternehmensmitgliedern niederschlagen. Entsprechend sollen Antworten gefunden werden auf die Fragen:

1. Welchen Stellenwert hat Wissensmanagement in den einzelnen Unternehmen?

2. Welche einzelnen Maßnahmen werden zur Zielerreichung eingesetzt? („Welche Instrumente werden eingesetzt?")

3. Wie erfolgreich verläuft der konkrete Wissenstransfer auf horizontaler und vertikaler Ebene?

Angelehnt an das Bild des „Wissensmanagements im Dreieck Mensch – Organisation – Technik", sind die Elemente der vorliegenden Arbeit der „Mensch" als Wissensträger und somit als Zielgruppe aller Aktivitäten rund um das Wissensmanagement und die „Organisation" als die Rahmenbedingungen schaffende Instanz. Das Feld der „Technik" soll aufgrund des pädagogischen Fokus der Arbeit nicht näher betrachtet werden.

Die Schlagworte „Mensch" und „Organisation" führen gedanklich zu einem bereits näher ausgeführten Erfolgsfaktor – dem Prinzip der Gegenseitigkeit: „Ich gebe, also bekomme ich auch etwas zurück. [...] Wird diese Vereinbarung gebrochen, werden die Beiträge versiegen – einer nach dem anderen wird sie aufgeben." (Bukowitz/Williams 2002: 244) Die Mitarbeiter teilen ihr Wissen, so die Hypothese, auf Basis der stillschweigenden Annahme, dafür später etwas zurückzubekommen. Darüber hinausgehend argumentieren Bukowitz und Williams (2002: 242): „Ohne Vertrauen ist eine Organisation, in der man Wissen mit anderen teilt, ein Widerspruch in sich." Vertrauen ist auf drei Ebenen notwendig: Mitarbeiter müssen erstens darauf vertrauen, dass ihr Unternehmen sie nicht als Wissensquelle benutzt, mit dem Ziel, sie anschließend auszutauschen. Zweitens sollen sie in ein System zur Belohnung ihrer Beteiligung vertrauen. Notwendig ist drittens das Vertrauen in die Kollegen und damit verbunden der verantwortungsvolle Umgang mit dem bereitgestellten Wissen. Soll Wissenstransfer in Unternehmen effektiv gestaltet werden, ist dem skizzierten Ansatz folgend zwangsläufig die Auseinandersetzung mit dem Thema „Vertrauen" notwendig. In der Literatur wird auf diesen Kausalzusammenhang sehr häufig hingewiesen (vgl. *Kapitel 2.3.3*). In dieser Arbeit soll – über die bloße Erkenntnis hinausgehend – der tatsächliche Einfluss des Konstrukts Vertrauen auf einen (erfolgreichen) Wissenstransfer empirisch untersucht werden. Voraussetzung ist eine theoretisch-wissenschaftliche Definition und Einordnung des Begriffs „Vertrauen" und eine damit einhergehende Abgrenzung zum Alltagsverständnis.

3. Das Konstrukt Vertrauen in Unternehmen

Im alltäglichen und beruflichen Leben kommt dem Konstrukt „Vertrauen" eine große Bedeutung zu. Vertrauen charakterisiert die Art und Weise der sozialen Beziehungen zwischen zwei oder mehreren Personen. Vertrauen kann außerdem in abstrakte Systeme wie beispielsweise das eigene Unternehmen gesetzt werden. Bennis und Nanus (1985: 48) beschreiben Vertrauen als das „Öl, das die Räder der Organisation am Laufen hält". Vertrauen schafft Stabilität (bestehende Strukturen werden nicht kontinuierlich in Frage gestellt), Vertrauen schafft Raum für Handeln (institutionelle Handlungen werden nicht grundsätzlich problematisiert) und Vertrauen schafft Entscheidungsspielräume (nicht alle institutionellen Entscheidungen müssen kontrolliert werden). Eine Kultur des Vertrauens, definiert als eine längerfristige, stabile positive Einstellung der Gesellschaftsmitglieder, übernimmt in einer Gesellschaft vielfältige Funktionen, die für deren Stabilität und Weiterentwicklung von zentraler Bedeutung sind. Hierzu zählen nach Wagenblass (2004: 46f.):

- Freisetzungsfunktion: Vertrauen mobilisiert Entwicklungspotenziale gesellschaftlicher Institutionen und parallel Handlungspotenziale der Gesellschaftsmitglieder. Die eigendynamische Entwicklung einer Gesellschaft wird somit durch die Schaffung von Freiräumen für Veränderungen und die Freisetzung von Energie und Potenzial durch Vertrauen maßgeblich beeinflusst.

- Bereicherungsfunktion: Vertrauen fördert eine größere Dichte zwischenmenschlicher Beziehungen, bereichert Netzwerke, vergrößert Interaktionsspielräume und schafft so die Voraussetzung für den Aufbau neuer gesellschaftlicher Strukturen.

- Anerkennungsfunktion: Vertrauen fördert Toleranz, Akzeptanz und Interaktionsbereitschaft gegenüber Fremden.

- Bindungsfunktion: Vertrauen stärkt die Bindung des Individuums an die Gemeinschaft.

- Kooperationsfunktion: Vertrauen steigert die Kooperationsbereitschaft und wirkt sich somit positiv auf die Umwelt und den gesellschaftlichen Zusammenhalt aus.

Aufgrund neuer Organisationsformen, Informations- und Kommunikationstechnologien und Personaleinsatzstrategien ist der Vertrauensbedarf in Unternehmen in den vergangenen Jahren deutlich gewachsen. Vertrauen war zwar seit

© Springer Fachmedien Wiesbaden GmbH, ein Teil von Springer Nature 2012
A.-C. Baller, *Zur Bedeutung von Vertrauen für den Wissenstransfer in Unternehmen*,
Edition KWV, https://doi.org/10.1007/978-3-658-23883-4_3

jeher ein Kennzeichen zwischen Arbeit und Kapital, über viele Jahre hinweg setzte sich jedoch in Deutschland in einer vom Taylorismus geprägten Arbeitswelt eine auf Misstrauen fußende Managementphilosophie durch (vgl. Gondek et al. 1992: 35; Müller-Jentsch 2008: 32 und Stehr 2003: 84f.). Mit dem Strukturwandel der Wirtschaft hin zur Dienstleistungs- und Wissensgesellschaft (vgl. *Kapitel 2*) nimmt der Anteil neuer wissensintensiver Produktionsformen zu. Parallel wächst der Stellenwert von freiwilliger vertrauensvoller Zusammenarbeit zwischen Führungskräften und Mitarbeitern, aber auch innerhalb einer Hierarchieebene. Hochspezialisierte Experten, die teilweise aufgrund ihrer Wissensvorsprünge schwer kontrollierbar sind, zeigen deutlich, dass jenes für die Überlebensfähigkeit eines Unternehmens nötige Vertrauensniveau merklich gestiegen ist. Im Zuge einer Differenzierung der Beschäftigungsformen wächst aus betrieblicher Perspektive das Problem, dass neben den Kerndimensionen Kompetenz, Integrität und Gesinnung als Determinanten des Vertrauensniveaus sowohl unternehmensexterne Faktoren (z.B. der Arbeitsmarkt) als auch unternehmensinterne Faktoren (z.B. die wahrgenommene Stabilität des Beschäftigungsverhältnisses, die Karriereaussichten) die Vertrauenswürdigkeit beeinflussen. Entsprechend arbeitet die mit Existenzbedrohung verbundene Angst vor Arbeitsplatzverlust gegen die Bemühungen eines Vertrauensaufbaus in Unternehmen, da damit verbundenen Konkurrenzsituationen zwischen den Mitarbeiten zu destruktivem statt konstruktivem Klima führen (vgl. Seifert/Pawlowsky 1998: 599ff.).

3.1 Vertrauen – Begriffsabgrenzungen, Definitionen, Ebenen

Vertrauen ist ein vielschichtiger Begriff, der durch sein Alltagsverständnis geprägt wird. Grundlegend für die Auseinandersetzung mit dem Konstrukt Vertrauen ist eine differenzierte Betrachtung des (wissenschaftlichen) Vertrauensbegriffes. Im Folgenden wird Vertrauen zu anderen Begrifflichkeiten (Vertrautheit, Zuversicht und Hoffnung) abgegrenzt (*Kapitel 3.1.1*) und definiert (*Kapitel 3.1.2*). Daran anschließend werden vier ausgewählte Ebenen von Vertrauen dargestellt, das generalisierte und spezifische Vertrauen sowie das persönliche und das Systemvertrauen (*Kapitel 3.1.3*).

3.1.1 Semantische Begriffsabgrenzungen:
Vertrauen – Vertrautheit – Zuversicht – Hoffnung

Im Alltagsgebrauch werden Vertrauen, Zuversicht und Hoffnung oft synonym verwendet. Die Begrifflichkeiten sind zwar verwandt, bedeuten jedoch nicht dasselbe. Luhmann (2001: 147f.) konstatiert: „Beide Begriffe [Zuversicht und Vertrauen, d. Verf.] beziehen sich auf Erwartungen, die in Enttäuschung umschlagen können. Der Normalfall ist Zuversicht. [...] Man kann nicht leben, ohne Erwartungen in Bezug auf kontingente Ereignisse zu entwickeln, und man muss die Möglichkeit der Enttäuschung dabei mehr oder minder vernachlässigen. […] Auf der anderen Seite erfordert Vertrauen ein vorangegangenes Engagement. Es setzt eine Risikosituation voraus. […] Man ist von Vertrauensbeziehungen nicht in der gleichen Weise abhängig wie von der Zuversicht, aber Vertrauen kann wie diese eine Sache der Routine und des normalen Verhaltens sein." Zuversicht beruht auf einer Unsicherheit. Wir sind beispielsweise zuversichtlich, dass auf der Straße kein Ziegel vom Dach fällt. Vertrauen, Zutrauen und Hoffnung beziehen sich auf Risikosituationen. Hoffnung ist die menschliche Reaktion auf exogene Risiken, also unsichere Ereignisse, auf die das Individuum keinen Einfluss hat (z.B. Hoffnung auf gutes Wetter). Vertrauen hingegen entsteht durch die Übernahme von endogenen Risiken, d.h. das Risiko ist abhängig vom Verhalten anderer Menschen. Im Gegensatz zum Zutrauen (z.B. die technische Kompetenz eines Kollegen) sind die Kompetenz und das Wohlwollen des Vertrauensnehmers für den Vertrauensgeber nicht erkennbar (vgl. Abbildung 8). Zuversicht kann sich unter bestimmten Voraussetzungen in Vertrauen wandeln. Als Beispiel bietet sich der Einkauf von Lebensmitteln an, denn nach den Skandalen um „Gammelfleisch" ist im Supermarkt oftmals eine Vertrauensentscheidung nötig (vgl. Osterloh/Weibel 2006: 41f.).

**Abbildung 8: Begriffsabgrenzung Vertrauen – Zuversicht – Hoffnung
(eigene Darstellung nach Ripperger 2003: 40)**

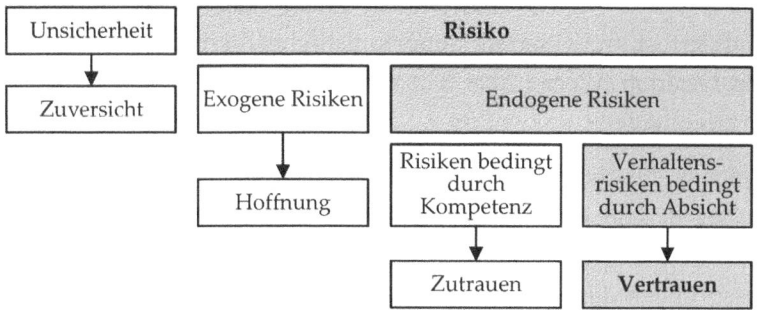

Vertrauen setzt nach Ripperger (2003: 38) verschiedene Handlungsalternativen voraus. Dabei impliziert Vertrauen neben einer möglichen Schädigung einen potenziellen Gewinn: „Vertrauen bezieht sich also letztlich immer auf die Erwartung kooperativen Verhaltens, sei es auch nur die Vermeidung gegenseitiger Schädigung als Minimalbedingung jeglicher Kooperation."

3.1.2 Vertrauensdefinitionen

Vertrauen ist in den vergangenen Jahren zu einem Modebegriff innerhalb der Sozialwissenschaften geworden. Dies begründen Gondek et al. (1992: 36) mit der hohen Komplexität von „inner- und zwischenbetrieblichen Handlungskonstellationen, wie auch neuere gesamtgesellschaftliche Entwicklungen", die sich nicht mehr ohne eine explizite Berücksichtigung der „Vertrauensdimension" erklären lassen. Es gibt facettenreiche Positionen in der neueren wissenschaftlichen Literatur, jedoch keine einheitliche Definition (vgl. Graeff 1998: 10ff.; Petermann 1985: 12ff.). Zwei wesentliche Gründe für einen fehlenden Konsens sind die Heterogenität von Vertrauen und das Interesse verschiedener wissenschaftlicher Disziplinen, z.B. der Psychologie, Soziologie und Ökonomie, mit einem jeweils unterschiedlichen Erkenntnisinteresse an dieser Thematik (vgl. Schödel 2005: 34). Unterschiedliche Definitionen werden in *Kapitel 3.2* „Modelle der Vertrauensforschung" aufgeführt. Den kleinsten gemeinsamen Nenner aller Begriffsbestimmungen haben Mayer, Davis und Schoorman (1995: 712) in der Kerndefinition „trust [...] is the willingness of a party to be vulnerable to the actions of another party" – übersetzt durch Osterloh und Weibel (2006: 35) in „Vertrauen ist der Wille, sich verletzlich zu zeigen" – formuliert. Diese Definition umfasst drei Vertrauensdimensionen:

1.   das Risiko einer Verletzung,

2.   der Vertrauenssprung als riskante Vorleistung und

3.   die positive Erwartungshaltung, dass der Vertrauensnehmer motiviert ist, freiwillig auf opportunistisches Verhalten zu verzichten (vgl. Osterloh/Weibel 2006, 35ff.).

Diese einzelnen Dimensionen lassen sich unter Zuhilfenahme anderer Autoren folgendermaßen beschreiben: Luhmann spricht im Zusammenhang mit dem Vertrauensbegriff von einer zu erbringenden „riskanten Vorleistung", aufgrund derer sich eine handelnde Person verletzlich macht. Er sieht die Notwendigkeit von Vertrauenssprüngen darin, dass auf diese Weise die Komplexität sozialer Systeme für das Individuum reduziert werden kann und sich Handlungsoptionen ergeben: „Wo es Vertrauen gibt, gibt es mehr Möglichkeiten des Erlebens und Handelns, steigt die Komplexität des sozialen Systems, also die Zahl der Möglichkeiten, die es mit seiner Struktur vereinbaren kann, weil im Vertrauen eine wirksame Form der Reduktion von Komplexität zur Verfügung steht." (Luhmann 1968: 6) Vertrauen gründet auf vorangegangenem Engagement und setzt eine Risikosituation voraus. Die Vermeidung einer Risikosituation bedeutet jedoch einen parallelen Verzicht auf resultierende Vorteile. Vertrauen ist folglich durch die Tatsache gekennzeichnet, dass ein möglicher Schaden prinzipiell größer sein kann als der Vorteil, der durch das Eingehen eines Vertrauensverhältnisses erhofft wird (vgl. Luhmann 2001: 147ff.). Dies untermauert Beckert (2002: 28) mit seinem Verständnis von Vertrauen, das er als „die Erwartung des Vertrauensgebers, dass seine einseitige Vorleistung in der Tauschbeziehung vom Vertrauensnehmer nicht ausgebeutet wird, obwohl dieser durch die Wahl der Ausbeutungsstrategie einen höheren Nutzen erreichen könnte", beschreibt. Die positive Erwartung eines Vertrauensgebers ist die Voraussetzung dafür, dass dieser einen Vertrauenssprung wagt. Die Handlungen des Vertrauensnehmers zielen auf die Erzeugung von Vertrauenswürdigkeit ab, d.h. dass „diese Handlungen […] sequenziell der Vorleistung des Vertrauensgebers vorgelagert" (Beckert 2002: 30) sind. Die Einschätzung seines Gegenübers trifft eine Person aufgrund ihrer Erfahrungen und Informationen aus der Vergangenheit, die nun in den Abwägungsprozess mit einbezogen werden (vgl. Abbildung 9). Diese Vertrauenserwartung umfasst Kompetenz-, Integritäts- und Benevolenzerwartungen (vgl. Osterloh/Weibel 2006, 57ff.).

Abbildung 9: Vertrauenssprung (eigene Darstellung nach Wagenblass 2004: 69)

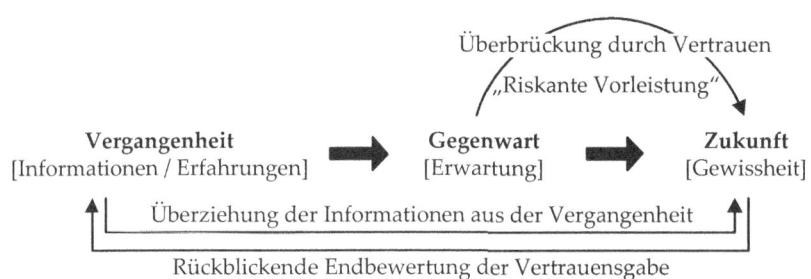

3.1.3 Vertrauensebenen

In Modellen zum Vertrauen wird zwischen generalisiertem und spezifischem Vertrauen unterschieden. Buck und Bierhoff (1986: 205ff.) widerlegen in empirischen Untersuchungen jedoch die naheliegende Vermutung, nach der das als eine übergreifende Disposition verstandene generalisierte Vertrauen mit dem Aufbau von spezifischem Vertrauen in eine konkrete Person korrelieren müsse. Generalisiertes Vertrauen kann als eine übergreifende Disposition förderlich für den Aufbau von spezifischem Vertrauen in eine konkrete Person sein und es muss den Vertrauensaufbau nicht zwangsläufig begünstigen oder schwächen. Nach Luhmann (1968) kann sich Vertrauen zudem auf unterschiedlichen Ebenen manifestieren. Er unterscheidet „persönliches Vertrauen" und „Systemvertrauen". Diese vier Vertrauensebenen werden im Folgenden definiert und voneinander abgegrenzt.

Generalisiertes und spezifisches Vertrauen

Generalisiertes Vertrauen gilt als die grundsätzliche Vertrauensbereitschaft einer Person, die nicht von einer spezifischen Situation abhängt. Petermann (1985: 18) definiert generalisiertes Vertrauen als die unterstellte oder erhoffte „Glaubwürdigkeit eines Partners im allgemeinen". Der Grad an generalisiertem Vertrauen ist „eine Ausprägung der Persönlichkeit des Vertrauensgebers" (Ripperger 2003: 101) und beeinflusst so maßgeblich die Vertrauenserwartung in einer spezifischen Situation. Generalisiertes Vertrauen ist eine übergreifende Disposition des Individuums, die als Einstellung in der Persönlichkeitsstruktur des Vertrauensgebers verankert ist. Da sie im Umgang mit anderen Menschen sozial erlernt wird, ist der Grad an generalisiertem Vertrauen vom sozialen Umfeld eines Individuums geprägt und variiert folglich in verschiedenen Kulturen (vgl. Ripperger 2003: 101ff.).

Spezifisches Vertrauen bezieht sich hingegen „auf die subjektive Einschätzung der Vertrauenswürdigkeit einer bestimmten Person in einer spezifischen Situation und ist in dieser Hinsicht gegenwartsorientiert" (Ripperger 2003: 105). Spezifisches Vertrauen fußt zum einen auf konkreten Merkmalen der Vertrauenssituation (Umwelteinflüsse, belastende Ereignisse, Stress usw.) und zum anderen auf der Persönlichkeit des Vertrauensnehmers. Entsprechend setzt spezifisches Vertrauen eigene Kenntnisse über den Charakter und die Persönlichkeit des potenziellen Vertrauensnehmers voraus. Für eine Einschätzung helfen nach Ripperger (2003: 105) folgende persönliche Merkmale: Erreichbarkeit, Kompetenz, Beständigkeit,

Diskretion, Fairness, Integrität, Loyalität, Offenheit, Halten von Versprechen und Aufgeschlossenheit. Generalisiertes Vertrauen ist prinzipiell förderlich für den Ausbau von spezifischem Vertrauen.

Persönliches Vertrauen und Systemvertrauen

Interpersonelles Vertrauen definiert Kassebaum (2004: 17) als das Vertrauen in „den oder die »anderen«, denen vertraut wird", auch in die soziale Umwelt. Interpersonelles Vertrauen kann demzufolge als Oberkategorie für die Begriffe „persönliches Vertrauen" und „Systemvertrauen" Verwendung finden. Persönliches (oder interpersonales Vertrauen) definiert Luhmann (1968: 37) als „die generalisierte Erwartung, dass der andere seine Freiheit, das unheimliche Potential seiner Handlungsmöglichkeiten, im Sinne seiner Persönlichkeit handhaben wird". Vertrauen hat die Funktion, Unsicherheit im Umgang von Menschen untereinander zu überbrücken. Schaal (2004: 31) benennt als erste Grundannahme: „Interpersonales Vertrauen ist der Nukleus jeder Vertrauensform", denn „Vertrauensbeziehungen entstehen und reproduzieren sich alltäglich, wenn die in sie einbezogenen Personen und Gruppen sich aus der gegenseitigen Interaktion und Kooperation Vorteile versprechen." (Gondek et al. 1992: 43)

Interpersonales Vertrauen ist nach Weibler (2001: 193) Produkt:

- einer persönlichen Disposition des Vertrauenden (Vertrauensneigung, Veranlagung des Menschen, vgl. z.B. Erikson 1966: 55ff. und Rotter 1981: 23ff.)

- der Vertrauenswürdigkeit der Zielperson (Faktoren sind Kompetenz, Integrität, offene Kommunikation, Gutwilligkeit und soziale Kategorien wie Alter, Geschlecht, sozialer Status, Beruf, vgl. z.B. Neubauer 1997: 105ff.)

- einer reziproken Beziehung zwischen Vertrauendem und Zielperson (Vertrauen als Ergebnis erfolgreicher Kooperation, vgl. z.B. Gambetta 1988b: 213ff.)

Es wird durch:

- das Systemvertrauen mit beeinflusst (Systemvertrauen ergänzt bzw. substituiert das personale Vertrauen, z.B. durch den guten Ruf einer Institution, der Mitgliedschaft in einer anerkannten Organisation oder durch Zertifikate, vgl. z.B. Luhmann 1968: 44ff. und Giddens 1995: 107ff.)

- situationale Einflüsse moderiert (z.B. Art der Abhängigkeit der beiden Parteien, Beschaffenheit der Kommunikationskanäle, Umfang der Informationen über vorheriges Verhalten der Zielperson, vgl. z.B. Krampen 1997: 22)

Personales Vertrauen bezieht sich auf personale Akteure, institutionelles Vertrauen hingegen auf Institutionen (z.B. Staat, Geld, Nationen): „Im Gegensatz zu zwischenmenschlichen Beziehungen geht es im Falle des systemischen Vertrauens um einen anderen Aspekt von Vertrauen, nämlich um Vertrauen, das eine Person in bestimmte gesellschaftliche Systeme (Organisationen und Institutionen) erlebt." (Schweer/Thies 2003: 43) Institutionelles Vertrauen lässt sich im Luhmannschen und Giddens'schen Sinne mit dem Begriff des Systemvertrauens bezeichnen. Systemvertrauen kann sich auf das Vertrauen innerhalb sozialer Systeme, in soziale oder technische Systeme bzw. auf das Vertrauen von sozialen Systemen beziehen (vgl. Loose/Sydow 1994: 178ff.). Mit Systemvertrauen meint Luhmann das Vertrauen von Individuen in entpersonalisierte Systeme wie z.B. Rechtsnormen, Medien und Politik. Dieses ist wichtig für die Aufrechterhaltung und das Funktionieren des gesellschaftlichen Miteinanders, da Einzelpersonen so auf unzählige und schwierige Vertrauenserweise verzichten können (vgl. Wagenblass 2004: 70ff.).

Systemvertrauen bezieht sich auf wirtschaftlich-gesellschaftliche oder politisch-gesellschaftliche Systeme, Organisationsvertrauen beschreibt hingegen das Vertrauen in konkrete Organisationen wie z.B. Unternehmen, Forschungs-einrichtungen oder Verbände. Organisations- und Systemvertrauen sind über persönliche Erfahrungen (z.B. persönlicher Kontakt zu Vertretern oder Schnitt-stellen von Organisationen) miteinander verbunden (vgl. Apelt 1999: 46ff.). Denn das Systemvertrauen braucht eine Rückbettung in persönliche Systeme, wie Giddens (1995: 112) plastisch beschreibt: „Dem Geschäftsmann mit seiner Frage, wann man denn wieder in New York sei, [...] geht es nicht um Reisen bzw. Essen oder Gelehrtentum. Sie müssen vielmehr, wie einst die Soldaten, das Weiße im Auge ihrer Kollegen wie ihrer Gegner sehen, um die Vertrauensbasis zu bestätigen und – was noch wichtiger ist – auf den neuesten Stand zu bringen." System-vertrauen und interpersonales Vertrauen stehen in Wechselwirkung zueinander, Grenzen verschwimmen oftmals, da Institutionen von Personen repräsentiert werden. In Giddens Vertrauensmodell bilden diese Schnittstellen zwischen abstrakten Systemen und Individuen die so genannten Access Points (vgl. Wagenblass 2004: 60). Eine Variante der Institutionalisierung von persönlichem Vertrauen ist die Absicherung durch Instrumente des Rechtssystems (z.B. explizite Verträge), wie Ripperger (2003: 51) für Unternehmen vorschlägt. Solche Vertraulichkeitsvereinbarungen (engl. non-disclosure agreement, kurz NDA) sind Verträge, die das Stillschweigen über Verhandlungen, Ergebnisse oder vertrauliche Unterlagen festschreiben. Die Vertragspartner stimmen dabei zu, zugänglich gemachte Informationen geheim zu halten. Geheimhaltungserklärungen werden oft bei Patenten und/oder Forschungs- und Entwicklungsprozessen unterzeichnet.

3.2 Modelle der Vertrauensforschung

Vertrauen ist Gegenstand verschiedener wissenschaftlicher Disziplinen. Die Erkenntnisse aus Psychologie, Soziologie und Ökonomie demonstrieren die unterschiedlichen Facetten des Vertrauensbegriffs. Im Folgenden sollen bedeutsame Modelle bekannter Psychologen (*Kapitel 3.2.1*), Soziologen (*Kapitel 3.2.2*) und Ökonomen (*Kapitel 3.2.3*) dargestellt werden, um im Anschluss eine Operationalisierung von Vertrauen anhand der diskutierten Ansätze für die empirische Untersuchung von Vertrauen als möglichem Einflussfaktor auf Wissensmanagement vornehmen zu können. In Abgrenzung zu den vorangegangenen Kapiteln stehen nun die jeweiligen Sichtweisen der einzelnen Disziplinen im Zentrum des Erkenntnisinteresses.

3.2.1 Psychologische Perspektive

Der Vertrauensbegriff in der Psychologie wird in erster Linie durch interpersonale Variablen charakterisiert. Das Individuum steht bei den Überlegungen im Mittelpunkt und es sollen Bedingungen und Voraussetzungen für die Entwicklung von interpersonalem Vertrauen bestimmt werden. Zentraler Untersuchungsgegenstand ist Vertrauen in der Psychoanalyse und der Sozialpsychologie. Unterschiedliche Forschungsansätze beschreiben Vertrauen zum einen als Einstellung und Persönlichkeitsmerkmal wie die Modelle von Erik H. Erikson und Julian B. Rotter bzw. zum anderen als situativ bedingtes Verhalten wie der Ansatz des Sozialpsychologen Morton Deutsch (vgl. Loose/Sydow 1994: 177).

Erikson beschreibt in seinem tiefenpsychologischen Entwicklungsmodell Vertrauen als eine Grundlage für die menschliche Entwicklung. Er definiert Vertrauen als eine personenspezifische Einstellung, die von frühkindlichen Erfahrungen geprägt ist. Die Qualität der Mutter-Kind-Beziehung ist nach Erikson entscheidend für die Ausprägung des Vertrauens eines Individuums (vgl. Petermann 1985: 9ff.). Das „Urvertrauen" als das Gefühl, sich auf den anderen verlassen zu dürfen, ist Basis für eine gesunde, stabile Persönlichkeit (Ich-Identität) und entwickelt sich aus grundlegenden, kaum bewussten Erfahrungen: „Mit »Vertrauen« meine ich das, was man im allgemeinen als ein Gefühl des Sich-Verlassen-Dürfens kennt, und zwar in Bezug auf die Glaubwürdigkeit anderer wie die Zuverlässigkeit seiner selbst." (Erikson 1966: 62)

Rotter (1967) versteht unter Vertrauen die „Erwartung eines Individuums oder einer Gruppe, dass man sich auf das Wort, die Versprechen, verbalen oder ge-schriebenen Aussagen anderer Individuen oder Gruppen verlassen kann" (über-setzt durch Krampen et al. 1982: 242). Er geht davon aus, dass Menschen zur Be-wältigung von unsicheren und neuen Situationen auf ihre Erfahrungen zurück-greifen und so die gewonnenen Erwartungs- und Einstellungsmuster das Lernen in neuen Situationen, beeinflussen. Vertrauen entwickelt sich auf der Grundlage dieser Lernerfahrungen zu einem stabilen generalisierten Persönlichkeitsmerkmal (vgl. Petermann 1985: 11). Rotter unterscheidet in Bezug auf eine grundsätzliche Vertrauensbereitschaft in „High-Trusters" und „Low-Trusters". Diese Differenzie-rung ist Resultat seiner Studien, in denen er einen positiven Zusammenhang zwischen der Vertrauensbereitschaft einer Person und ihrer Vertrauenswürdigkeit feststellt. Er misst Vertrauen mit seiner „Interpersonal Trust Scale", einem Frage-bogen, der einen personengebundenen Vertrauens-Score ermittelt (vgl. Klaus 2002: 801ff.).

Für Deutsch ist Vertrauen ein situativ bedingtes Verhalten. Vertrauensvolles Handeln deutet er als beobachtbare Verhaltensweisen, welche „(a) die eigene Ver-wundbarkeit steigern, (b) gegenüber einer Person erfolgen, die nicht der persön-lichen Kontrolle unterliegt, und (c) in einer Situation gewählt werden, in der der Schaden, den man erleidet, größer ist als der Nutzen, den man aus dem Verhalten ziehen kann" (Deutsch 1962; zit. nach Petermann 1985: 13). Die Definition von Deutsch konkretisiert Rotters Überlegungen dahingehend, dass das beobachtbare vertrauensvolle Verhalten in das Zentrum der Betrachtungen rückt (vgl. Petermann 1985: 11). Basis von Deutschs Modell ist ein rationales Menschenbild. Er nimmt an, dass ein Individuum positive und negative Effekte gegeneinander abwiegt und dann eine „vernünftige" Entscheidung trifft (vgl. Graeff 1998: 37f.).

Die einseitige Betrachtung von Vertrauen als eine personale (Erikson, Rotter) bzw. situationale Variable (Deutsch) greift Schweer (2008: 18f.) folgend zu kurz. Er gibt zu bedenken, dass „jegliches Verhalten aus dem Zusammenwirken personaler und situationaler Faktoren resultiert" und Vertrauen, „wie jegliches menschliches Verhalten, stets das Ergebnis des Wechselspiels personaler und situationaler Faktoren" sei. Demzufolge muss eine empirische Untersuchung von Vertrauen im betrieblichen Kontext, wie sie im Rahmen dieser Arbeit durchgeführt wird, beide Aspekte integrieren.

3.2.2 Soziologische Perspektive

„Vertrauen ist nie ein Thema des soziologischen Mainstream gewesen", konstatierte Luhmann (2001: 143). In der letzten Zeit hat sich die von Luhmann beschriebene Situation jedoch grundlegend dahingehend verändert, dass das Konstrukt Vertrauen in soziologischen Diskursen eine enorme Aufmerksamkeit erfahren hat (vgl. *Kapitel 3.1.2*). Tief greifende gesellschaftliche Veränderungen (Globalisierung, Modernisierung, Individualisierung) erfordern Vertrauen als Voraussetzung für eine Ausformung gesellschaftlicher Institutionen und sozialer Beziehungen (vgl. Heisig 1997: 121ff.). Gabriel (1999: 202) fasst dies so zusammen: „In fast allen Lebensbereichen bildet das Vertrauen eine unverzichtbare Grundlage sozialer Austauschprozesse. Dies gilt für Interaktionen in Primärgruppen ebenso wie für soziale Beziehungen auf der Ebene der Gesamtgesellschaft."

Die nachfolgend dargestellten soziologischen Modelle unterscheiden sich hinsichtlich der unterschiedlichen Denktraditionen, denen sich ihre Autoren verpflichten: Niklas Luhmann (Systemtheorie), Piotr Sztompka (makrosoziologische Theorie sozialen Wandels), James Coleman (Rational-Choice-Ansatz) und Anthony Giddens (Strukturationstheorie). In Abbildung 10 ist eine typologische Zuordnung der verschiedenen Ansätze vorgenommen worden (vgl. Endreß 2002: 28ff.).

Zentraler Ausgangspunkt von Luhmanns Überlegungen ist die Grundannahme, dass Vertrauen eine notwendige Ressource moderner Gesellschaften ist: Ohne Vertrauen könne kein Individuum die Komplexität, die durch gesellschaftliche Teilsysteme und eine Überfülle an Information erzeugt wird, verarbeiten. „Für jede Art realer Systeme in der Welt, und seien es physische oder biologische Einheiten, Steine, Pflanzen oder Tiere, ist die Welt übermäßig komplex: Sie enthält mehr Möglichkeiten als die, auf die das System sich selbst erhaltend reagieren kann." (Luhmann 1968: 4) Die Reduktion von Komplexität ermöglicht die Handlungsfähigkeit von Individuen im Hinblick auf unzählige unübersichtliche Optionen in modernen Gesellschaften. Eine solche Reduktion impliziert ein Risiko, da ein Kontroll- und Wissensverzicht der Individuen über Teilsysteme eine auf die Zukunft gerichtete riskante Vorleistung des Vertrauenden ist. Vertrauen überbrückt die „Kluft zwischen Erwartung und Gewissheit" (Jäckel 1990: 34), aber „ob vertrauensvolles Handeln in der rückblickenden Endbewertung richtig war, hängt davon ab, ob das Vertrauen honoriert oder gebrochen wird" (Luhmann 1968: 22). Eine solche Vertrauensentscheidung kann bewusst oder „unbedacht, leichtsinnig, routinemäßig" (Luhmann 1968: 22) getroffen werden.

Abbildung 10: Vertrauen als Gegenstand der Soziologie (eigene Darstellung)

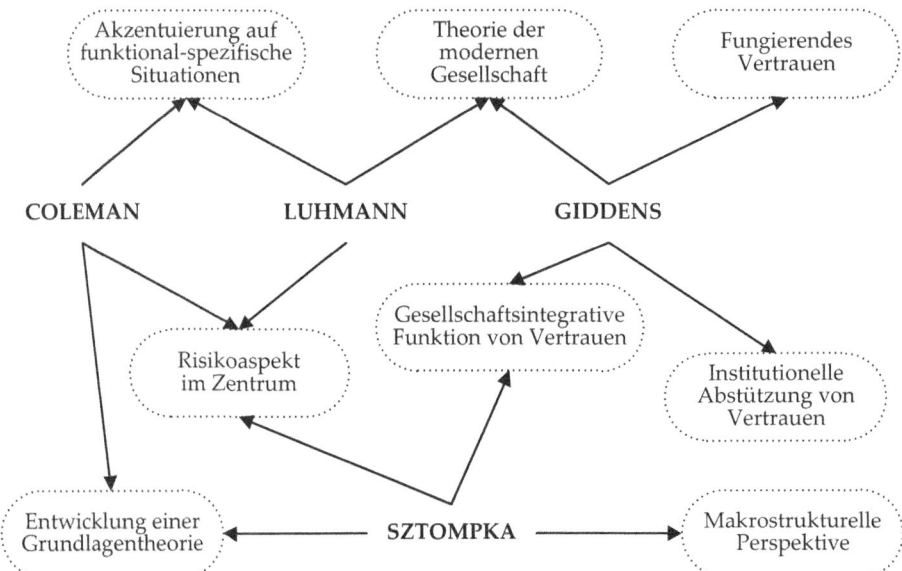

Für Sztompka (1995: 255) lässt sich Vertrauen „als eine kulturelle Ressource verstehen, die für die Realisierung des Handlungspotenzials […] unerlässlich ist". Er sieht Vertrauen, wie Luhmann, als einen Beitrag zur Lösung von Komplexität, Ungewissheit und Unsicherheit. Es ist möglich, in soziale Ordnung, institutionelle Sphären der Gesellschaft, Expertenwissen und -systeme, konkrete Institutionen bzw. Organisationen, Produkte, Vertreter bestimmter Berufsgruppen sowie einzelne Personen zu vertrauen. Misstrauen hingegen entsteht im Wesentlichen durch Erwartungsenttäuschungen (vgl. Sztompka (1995: 257ff.). Eine Vertrauenskultur bildet mit ihren Normen und Werten die Grundlage für vertrauensvolles Handeln.

Sie entwickelt sich in einem kontinuierlichen Prozess positiver Erfahrungen von wechselseitigem Vertrauen. Vielfältige Einflussfaktoren auf soziokultureller und individueller Ebene sind Voraussetzungen für solche Erfahrungen. Sztompka betont, dass sich Vertrauen auf Sozialverhältnisse (soziales Handeln) bezieht und betrachtet in seinen Ausführungen auch negative Effekte z.B. im Falle von blindem oder naivem Vertrauen (vgl. Endreß 2002: 43ff.).

Coleman analysiert das Vertrauenskonstrukt aus der Perspektive eines Rational-Choice-Ansatzes. Individuen legen demnach durch rationale Entscheidungen fest, ob und wem sie vertrauen. Beeinflussende Faktoren sind der zu erwartende Gewinn oder Verlust und das potenzielle Risiko einer Vertrauensentscheidung. Coleman vergleicht die Überlegungen eines Individuums vor der Gewährung von Vertrauen mit denen vor dem Abschluss einer Wette: „Wenn die Chance zu gewinnen relativ zu der Chance zu verlieren größer ist als das Ausmaß des Verlustes (falls er verliert) relativ zum Ausmaß des Gewinnes (falls er gewinnt), kann er mit dem Eingehen der Wette einen Gewinn erwarten. Und wenn er rational handelt, sollte er sie abschließen." (Coleman 1991: 125) Das spezifische Risiko einer Vertrauensentscheidung liegt in der zeitlichen Asymmetrie zwischen dem Zeitpunkt des Vertrauens und der in einem sozialen Tauschmodell zu erwartenden Gegenleistung. Coleman beschreibt folgende Aspekte des Vertrauens: 1. die Vergabe von Vertrauen impliziert die Übertragung von Ressourcen, 2. der Vertrauensgeber verbessert seine Situation, wenn der Vertrauensnehmer vertrauenswürdig ist, ansonsten verschlechtert er sie, 3. Ressourcen werden ohne eine wirkliche Verpflichtung übertragen und 4. eine Wertung kann erst zu einem Zeitpunkt vorgenommen werden, an dem sich der Vertrauensvorschuss hätte auszahlen müssen (vgl. Endreß 2002: 34ff.).

Giddens betrachtet Vertrauen als Teil seiner Untersuchungen über die sozialen und politischen Konsequenzen der Entwicklung zur radikalisierten Moderne. Gesellschaftliche Veränderungsprozesse erfordern Vertrauen in alle Prozesse der Systemreproduktion, auch dann, wenn Wissen und Informationen fehlen. Diesen Zusammenhang beschreibt Simmel (1968: 263): „Der völlig Wissende braucht nicht zu vertrauen, der völlig Nichtwissende kann vernünftigerweise nicht einmal vertrauen." Giddens definiert Vertrauen als „Zutrauen zur Zuverlässigkeit einer Person oder eines Systems im Hinblick auf eine gegebene Menge von Ergebnissen oder Ereignissen, wobei dieses Zutrauen einen Glauben an die Redlichkeit oder Zuneigung einer anderen Person […] zum Ausdruck bringt" (Giddens 1995: 49).

Die Notwendigkeit von Vertrauen steht in einem engen Zusammenhang zum Problem der doppelten Kontingenz. Vertrauensnehmer könnten anders als erwartet handeln. Dies macht den kontinuierlichen Reflexions- und Kontrollprozess eines Individuums erforderlich (vgl. Loose/Sydow 1994: 169f.). Damit diese Situation doppelter Kontingenz nicht zur „Handlungsparalyse" (Beckert 2002: 36) führt, muss sich trotz des generellen Risikos oder – anders ausgedrückt – des Fehlens von Sicherheiten bei zahllosen Handlungsalternativen (vgl. Treibel 2006: 41f.) beim Vertrauensgeber die Auffassung durchsetzen, dass ihn der Vertrauensnehmer nicht ausbeuten werde. Ohne diese positive Grundhaltung kann folglich der Wissenstransfer in einem Unternehmen nicht funktionieren.

3.2.3 Ökonomische Perspektive

Die Betriebswirtschafts- und Managementlehre vertritt die Auffassung, dass Vertrauen ein rationaler Prozess sei, der aufgrund von bewussten Entscheidungen der Individuen entsteht. Eberl (2003: 2f.) betont, dass eine begriffliche Abgrenzung und definitorische Festlegung des Vertrauensbegriffs für dessen Verwendung in der Managementlehre von besonderer Bedeutung sei, da Vertrauen nur dann eine konkrete Funktion einnehmen kann. Eine ökonomische Vertrauensdefinition formuliert Ripperger (2003: 45): „Vertrauen ist die freiwillige Erbringung einer riskanten Vorleistung unter Verzicht auf explizite vertragliche Sicherungs- und Kontrollmaßnahmen gegen opportunistisches Verhalten in der Erwartung, dass sich der andere, trotz Fehlen[s] solcher Schutzmaßnahmen, nicht opportunistisch verhalten wird." Picot et al. (2003: 124) formulieren das Problem von Vertrauen folgendermaßen: „Der Vertrauensgeber überträgt dem Vertrauensnehmer die Kontrolle über Ereignisse oder Ressourcen und vertraut ihm damit etwas an, über das letzterer zum Schaden (Vertrauensbruch) oder aber zum Nutzen (Honorierung von Vertrauen) des ersteren verfügen kann. Dabei setzt sich der Vertrauensgeber dem Risiko eines Vertrauensbruches und des damit einhergehenden Schadens ungeschützt aus." Ähnlich argumentiert Klaus (2002: 120): „Unter Vertrauen ist die freiwillige Erbringung einer riskanten Vorleistung zu verstehen, die unter dem Verzicht auf explizite vertragliche Sicherungs- und Kontrollmaßnahmen gegen opportunistisches Verhalten in der Erwartung erfolgt, dass sich der andere nicht opportunistisch verhalten wird."

Die Vertreter des Principal-Agent-Ansatzes folgen dem Leitgedanken, eine Erklärung und Analyse der Interdependenzen zwischen Auftraggeber (Prinzipal) und Auftragnehmer (Agent) herbeiführen zu wollen. Die Informationsasymmetrien zwischen den Vertragsparteien sind das zentrale Problem des Ansatzes. Opportunistisches Verhalten ist aufgrund von asymmetrischen Beziehungen ein Problem-Szenario, das es durch Vertrauen zu verringern gilt. Signalaktivitäten des Agenten und Screeningaktivitäten des Prinzipals sollen im Idealfall zu einer Annäherung an eine ausgeglichene Informationssituation führen (vgl. Herger 2006: 58f.).

Im Transaktionskostenansatz wird ebenfalls das Vertrauensphänomen aus ökonomischer Perspektive thematisiert (vgl. Ripperger 2003: 26f.). In der neuen Institutionenökonomik gilt Vertrauen dabei „als transaktionskostensenkendes Element der Transaktionsatmosphäre, als »Schmiermittel« für den reibungslosen Ablauf von Transaktionen" (Ripperger 2003: 34). Dieses Modell verfolgt die These, dass sich durch eine Sozialisation der Mitglieder eine organische Solidarität ausbildet, die Göbel (2002: 150) als ein starkes Zusammengehörigkeitsgefühl unter den Mitarbeitern beschreibt, welches Opportunismus verhindert. Kenneth Arrow, Wirtschaftsnobelpreisträger, schrieb bereits Anfang der 70er Jahre (zit. nach Sprenger 2002: 26): „Nahezu jede kommerzielle Transaktion enthält ein Element des Vertrauens, sicherlich aber jede Transaktion, die über eine längere Zeit führt."

Vertreter der neueren Managementlehre schätzen die Betrachtung von Vertrauen als einem „Kalkül" jedoch als unbrauchbare Perspektive ein. Eberl (2003: 207) folgert: „Vertrauen lässt sich kalkulatorisch nicht erzeugen. Insofern wird vorgeschlagen, Vertrauen eindeutig als emotionales Konstrukt auszuweisen." Er schließt die These an, dass Vertrauen ohne emotionales Engagement nicht zu erzeugen sei, so dass es innerhalb von Unternehmen nicht als Selbstverständlichkeit vorausgesetzt oder als „Mitgliedschaftsbedingung" eingefordert werden könne. Es bleibt festzuhalten, dass die „Managementlehre […] gut beraten [ist], will sie etwas durch die Hereinnahme des Vertrauenskonstruktes gewinnen, die emotionalen Entstehungsaspekte in den Mittelpunkt zu rücken" (Eberl 2003: 216), denn das „Management in Unternehmen kann zwar in den Prozess der Entstehung von Vertrauen intervenieren, die Einflussnahme erfolgt aber immer unter dem Einfluss anderer […] Faktoren, deren Auswirkungen niemals exakt antizipierbar sind" (Gilbert 2010: 188).

3.2.4 Zwischenfazit – Modelle der Vertrauensforschung

Psychologen, Soziologen und Ökonomen sind sich weitestgehend einig darüber, „dass es sich bei Vertrauen um eine komplexe Einstellung handelt, die behaviorale, kognitive und affektive Aspekte umfasst" (Lahno 2005: 93). Sowohl Psychologen als auch Soziologen und Ökonomen orientieren sich bei ihrer Begriffsabgrenzung vorwiegend am Verhältnis zwischen potenziellem Schaden und Nutzen. Vertrauen ist mit einem gewissen Risiko verbunden. Es ist nicht abschließend zu klären, warum Menschen das Risiko einer möglichen Enttäuschung eingehen. Die Autoren verschiedener Disziplinen sind der Meinung, dass Vertrauen an eine „gefühlte" Einschätzung der anderen Person gebunden ist. Es ist jedoch nicht klar, ob Vertrauen Ursache oder Folge der „Bewertung" des Gegenübers ist.

Von Individuen und Situationen hängt ab, was eine vertrauende Person fühlt. Entscheidend für eine Vertrauensbildung als Basis für ein durch besondere Intensität und Qualität geprägtes Handeln ist jedoch die Wechselseitigkeit. Die Reziprozität ist ein Charakteristikum von Vertrauensbeziehungen, d.h. Vertrauende nehmen Einfluss auf das Handeln des jeweils anderen, gehen damit jedoch implizit die Verpflichtung ein, das entgegengebrachte Vertrauen zu rechtfertigen. „Es ist nicht nur notwendig, anderen zu vertrauen, bevor man kooperativ handelt, man muss auch glauben, dass einem die anderen vertrauen." (Gambetta 1988b, 218f.) Problematisch sind dadurch sowohl die Aufkündigung einer Vertrauensbeziehung, mit ihrem Gefühl der Verbundenheit, als auch Vertrauensbrüche, die als ein „Scheitern auf der emotionalen Ebene" (Neubauer/Rosemann 2006:124) erlebt werden können. Als Folge von Vertrauensbrüchen kann die Wahrscheinlichkeit, Vertrauen zu schenken, sinken. Die Annahme von Vertrauen ist damit eine ernsthafte Verpflichtung.

In dieser Arbeit finden sich aufgrund der Leitfragestellung „Begünstigt Vertrauen einen Wissenstransfer in Unternehmen?" Elemente aller drei Wissenschaftsdisziplinen: Die Vertrauensdisposition von Unternehmensmitgliedern (psychologische Sichtweise, insbesondere Rotter), das interpersonale Vertrauen zwischen Unternehmensmitgliedern (psychologische und soziologische Sichtweise, insbesondere Deutsch und Luhmann), das Vertrauen in das Unternehmen (soziologische Sichtweise, insbesondere Luhmann und Giddens) sowie die grundlegende Erkenntnis, dass Vertrauensprozesse in Unternehmen ebenfalls eine betriebswirtschaftliche Komponente besitzen (ökonomische Sichtweise, insbesondere Eberl und Ripperger). Der theoretische Ansatz dieser Arbeit verortet Vertrauen als einen möglichen Einflussfaktor im Wissensmanagement auf verschiedenen Ebenen. Vertrauen ist als Persönlichkeitsvariable aller Unternehmensmitglieder in Unternehmen stets präsent. Durch die personalen und situationalen Komponenten von

Vertrauen gilt es, die jeweiligen Personen (Kollegen/Vorgesetzten) ebenso wie die Strukturen des entsprechenden Unternehmens zu berücksichtigen.

Die unterschiedlichen Perspektiven erfordern für diese Arbeit ein möglichst weitgefasstes Vertrauensverständnis. Angelehnt an die Kerndefinition von Schoorman, Mayer und Davis (2007: 347), die Vertrauen „as a willingness to be vulnerable to another party" definieren, soll in dieser Arbeit *Vertrauen als der Wille, sich verletzlich zu zeigen"* (vgl. Osterloh/Weibel 2006: 35) verstanden werden. Diese Definition bildet die Basis für alle weitergehenden Überlegungen zum Konstrukt Vertrauen, die sich im Anschluss an die theoretischen Grundlagen nun spezifisch mit den Optionen und Grenzen von Vertrauen in Unternehmen beschäftigt.

3.3 Vertrauensfaktoren und -formen in Unternehmen

Die Entwicklung und Förderung von Vertrauen kann auf unterschiedliche Weise beeinflusst werden. Hierzu zählen die „Passung individueller impliziter Vertrauenstheorien mit dem Bild der wahrgenommenen anderen Person" (Neubauer/Rosemann 2006: 124) ebenso wie geteilte Werte, Grundsätze und Vertrauenshandlungen. Wie sich Vertrauen im organisationalen Kontext gezielt fördern lässt – und warum dies nötig scheint – wird im Folgenden betrachtet. Vertrauen stellt, allgemein formuliert, einen wesentlichen Einflussfaktor in Arbeitsprozessen dar. Die drei unterschiedlichen Ebenen, auf denen Vertrauensfaktoren wirken (personale, organisationale und gesellschaftliche Faktoren), werden in *Kapitel 3.3.1* dargestellt. Aus diesen Vertrauensfaktoren lassen sich konkrete Vertrauensformen ableiten, die in Unternehmen vorzufinden sind. Dies sind auf individueller Ebene die Vertrauensdisposition der Mitarbeiter, auf Systemebene das Vertrauen in das Unternehmen sowie auf zwischenmenschlicher Ebene das Vertrauen in Führungskräfte (vertikales Vertrauen) und Arbeitskollegen (horizontales Vertrauen). Diese vier Vertrauensformen werden in *Kapitel 3.3.2* erörtert und bilden die Grundlage für die empirische Erhebung in *Kapitel 4*.

3.3.1 Vertrauen als Einflussfaktor in Arbeitsprozessen

Vertrauen wird durch zahlreiche Faktoren beeinflusst. Auf Vertrauensbeziehungen in Unternehmen wirken neben personalen und organisationalen auch gesellschaftliche (bzw. kulturelle) Faktoren ein. Je stärker die einzelnen Faktoren auf die Mitglieder des Unternehmens positiv einwirken, desto stabiler wird das Vertrauen innerhalb des Unternehmens wahrgenommen (vgl. Meifert 2003: 105). Das

Konstrukt Vertrauen ist im organisationalen Kontext auf Mikro- und auf Makro-ebene vorzufinden: Vertrauen existiert gegenüber den Organisationen (Firmen, Betrieben, Unternehmen), also auf Systemebene (vgl. *Kapitel 3.1.3*) ebenso wie gegenüber Arbeitskollegen oder Führungskräften, also auf interpersonaler Ebene (vgl. Graeff 1998: 55). Den Stellenwert von Vertrauen als einem Einflussfaktor auf Arbeitsprozesse betont Meifert (2003: 303): „Vertrauen ist ein sozialer Klebstoff, der nicht nur den Anschluss von Handlungen an andere Handlungen ermöglicht, sondern auch dafür sorgt, dass ein integriertes Ganzes entsteht. In Unternehmen, in denen sich die Beschäftigten hierarchieübergreifend vertrauen, herrscht ein humorvolles Klima und […] die Angestellten [gehen] morgens ohne Ängste in den Betrieb. Sie arbeiten gerne für »ihren« Betrieb, da ihnen die Arbeit Spaß macht, sie leicht von der Hand geht und sie sich wohlfühlen, auch wenn die Arbeitsintensität hoch ist."

Personale Vertrauensfaktoren
Personale oder dispositionale Vertrauensfaktoren umfassen bestimmte Persönlich-keitscharakteristika (z.B. Arbeitskompetenz, Qualifizierung). Sie beschreiben das Vertrauen zwischen arbeitstätigen Individuen. Mitarbeiter treffen in einem Unter-nehmen als Funktionsträger aufeinander, an die bestimmte Rollenerwartungen ge-stellt werden und die in vorherrschende Strukturen eingebettet sind. Neben den strukturellen Rahmenbedingungen gibt es informelle Einflüsse auf die Vertrauens-bildung, die personalen Vertrauensfaktoren. Zu dieser Kategorie zählen Reputation (Arbeitskompetenz, Qualifizierung) und Beziehungsart. Vertrauen ist als dynami-scher Prozess abhängig von den Erfahrungen der jeweiligen Akteure und der Be-ziehungsart zwischen diesen. Die Intensität der Beziehung lässt sich anhand von Dauer, Frequenz, Stabilität und Vielschichtigkeit klassifizieren (vgl. Meifert 2003: 101ff.). Graeff (1998: 56ff.) fasst verschiedene Studien zum dispositionalen Vertrauen im Arbeitsumfeld zusammen und kommt zu dem Schluss, „dass für das interpersonale Vertrauen in Arbeitsbeziehungen vor allem die Einschätzung hin-sichtlich der Kompetenz und der Zuverlässigkeit wichtig ist". Die Zweck-gerichtetheit der Tätigkeit steht bei personalem Vertrauen zwischen Arbeits-kollegen im Vordergrund, im außerberuflichen Umfeld fördern hingegen Per-sönlichkeitsvariablen stärker die Entwicklung von Vertrauen. Vertrauensvolle Menschen gehen beispielsweise positiv an Probleme heran, werden von anderen Individuen als verlässliche Partner geschätzt und halten andere Personen, Gruppen

oder Institutionen ohne größere Vorbehalte für glaubwürdig (vgl. Petermann 1985: 52f.).

Organisationale Vertrauensfaktoren

Organisationale (oder situative) Vertrauensfaktoren in Unternehmen sind in erster Linie strukturelle Rahmenbedingungen. Hierzu zählen z.B. Abhängigkeitsstrukturen zwischen den „Vertrauensparteien", Kommunikationskanäle und wahrgenommene Charakteristika der potenziellen Vertrauten. Die Anzahl von organisationalen Faktoren, welche die Arbeitsbedingungen prägen und zugleich in Verbindung mit Vertrauen gebracht werden können, hängen von der Struktur und Größe des Unternehmens sowie von der Komplexität der Tätigkeiten und des Handlungsspielraums der Individuen ab (vgl. Graeff 1998: 63f.).

Mit einer Zunahme der Komplexität in Unternehmen nimmt die Anzahl an situativen Vertrauensfaktoren zu. Wichtige Einflussgrößen sind Macht und Kommunikation. Jede Position in einem Unternehmen ist mit unterschiedlichen Machtressourcen ausgestattet, wobei die klassische Definition von Macht nach Max Weber (1964: 38) jene Chance meint, „innerhalb einer sozialen Beziehung den eigenen Willen auch gegen Widerstreben durchzusetzen, gleichviel worauf diese Chance beruht". Macht stellt in Unternehmen somit ein Mittel dar, Führungsaufgaben zu übernehmen und erfolgreich abzuschließen, wenngleich nicht außer Acht gelassen werden darf, dass der Führungserfolg wiederum oftmals ein „Nebenprodukt" der persönlichen Machtausübung ist (vgl. Neubauer/Rosemann 2006: 47). Je höher die Stelle in der Hierarchie angesiedelt ist, desto mehr nimmt der Machteinfluss zu. Die asymmetrische Machtverteilung zwischen Führungskraft und Mitarbeitern ist ein situativer Faktor, der auf die Ausprägung des Vertrauens einwirkt. Petermann (1985: 60f.) schlussfolgert, dass Vertrauen generell wächst, wenn sich die Machtpositionen der Beteiligten annähern. Vertrauensaufbau ist in asymmetrischen Beziehungen nicht unmöglich (vgl. *Kapitel 3.4.2*). Dies lässt sich dadurch begründen, dass „ungleichen Machtbeziehungen insofern eine Austauschbeziehungen regulierende und stabilisierende Funktion zu[kommt], als die Vorgaben dominanter Akteure für weniger Mächtige Komplexität und Unsicherheiten reduzieren" (Hirsch-Kreinsen 2005: 27). Dies heißt im Umkehrschluss, dass „Hierarchie [...] eine effiziente Organisationsform bei komplexen Vertragssituationen dar[stellt], weil die Kontrolle über die Handlungsoptionen des Vertrauensnehmers gewonnen wird" (Beckert 2002: 32).

Durch Kommunikation wird abgestimmtes Handeln in und um Unternehmen möglich. Die Kommunikation, allgemein definiert als „Prozess der Informationsübertragung" (Fuchs-Heinritz 1995: 347), ist dabei Informationsmedium und Einflussfaktor auf soziale Beziehungsaspekte zwischen den jeweiligen Akteuren. Generell setzt das Entstehen von Vertrauen Kommunikation voraus, da so Informationsasymmetrien überwunden und die Vertrauenswürdigkeit potenzieller Vertrauensnehmer besser beurteilt werden können (vgl. Gilbert 2010: 184f.). Innerhalb der direkten Kommunikation kann Vertrauen, so Schweer und Thies (2003: 79), durch die Kompetenz, Konsistenz, wahrgenommene Intention, ein eher aktives als passives Kommunikationsverhalten sowie die wahrgenommene Attraktivität ausgelöst werden. Der Stellenwert von Kommunikation für den Aufbau von Vertrauen in Arbeitsbeziehungen lässt sich dementsprechend damit begründen, dass durch eine intensive Kommunikation zwischen Interaktionspartnern die Zuverlässigkeit, Glaubwürdigkeit und damit die Risikoabwägung in einer Vertrauenssituation sicherer getroffen werden kann. Die nötigen Informationen werden in den vorangegangenen Gesprächen gesammelt. Die Qualität der Informationen zählt, häufige Interaktion für sich alleine genommen ist noch keine ausreichende Begründung (vgl. Graeff 1998: 67ff.). Gilbert (2010: 185) schlussfolgert, dass mit „steigendem Vertrauen […] nicht nur die Quantität, sondern insbesondere auch die Qualität der ausgetauschten Informationen" zunimmt.

Als Einflussfaktoren auf ein organisationales Vertrauensniveau lassen sich generell sechs Faktoren benennen (vgl. Meifert 2003: 82ff.):

▪ Organisationsgeschichte/-zukunft: Die Erfahrungen der Interaktionspartner ist für die Konstitution von Vertrauen von großer Bedeutung. Gemeinsame Erfahrungen und die ähnliche Interpretation der Vergangenheit führen zu einem „kollektiven Gedächtnis". Negative Erlebnisse können demnach nachhaltig das Vertrauensniveau reduzieren. Ebenso verringert sich Vertrauen durch „Zukunftspessimismus".

▪ Organisationserfolg: Der Organisationserfolg (Umsatz, Gewinn) beeinflusst das Vertrauen der Beschäftigten in ihre Organisation und ihr Management. Strategische Fehler, ein dauerhaftes Nichterreichen von Umsatz- und Gewinnzielen oder andere Misserfolge lassen die Beschäftigten an ihren Führungskräften und damit an der ganzen Organisation zweifeln.

- Arbeitsorganisation: Der Grad der Autonomie eines Mitarbeiters, begründet auf dessen Aus- und Weiterbildung, variiert von Betrieb zu Betrieb. Eine Arbeitsorganisation, die eine relativ autonome Arbeitsausübung zugesteht, fördert Vertrauen. Die Arbeitsorganisation als Vertrauensfaktor umfasst folgende Elemente: Handlungs- und Entscheidungsspielraum, Kontrolle (vgl. *Kapitel 3.4.3*) sowie Arbeitszeitregelung.

- Führungsstil: Der Führungsstil hat ebenfalls großen Einfluss auf innerbetriebliche Vertrauensverhältnisse. Die besondere Rolle der Führungskraft für die Genese von Vertrauen in Organisationen wird in *Kapitel 3.4.2* diskutiert.

- Leistungspolitik: Mit der Leistungspolitik beeinflussen Führungskräfte das Verhalten der Beschäftigten. Anreizsysteme (vgl. auch *Kapitel 3.4*), die beim Vertrauensaufbau hilfreich sein können, sind beispielsweise die (leistungsbezogene) Variation der Lohnhöhe und die Aussicht auf Beförderung. Eine systematische, transparente und kalkulierbare Leistungspolitik fördert Vertrauen, da Mitarbeiter die Reaktion auf ein von Organisationsseite gewünschtes Verhalten kalkulieren können. Stimmen Ankündigungen und Handlungen überein, wächst das Vertrauen von Mitarbeitern in die Organisation.

- Organisationskultur/Vertrauenskultur: Meifert (2003: 99) definiert die Vertrauenskultur als „Teilaspekt der Unternehmenskultur […], die die kollektive Wahrnehmung der Beschäftigten prägt und in der zwischenmenschliche Beziehungen durch Vertrauen gekennzeichnet sind". Eine Vertrauenskultur manifestiert sich in den Grundannahmen der Organisationsmitglieder, ihren Werten und Normen sowie in sichtbaren Artefakten. Mitarbeiter vertrauen einander und glauben an das reziproke Verhalten der Kollegen.

Ein nicht zu vernachlässigender Aspekt bei einer Analyse von organisationalen Vertrauensfaktoren sind die industriellen Beziehungen. Kotthoff (1995: 438) beschreibt den Betriebsrat mit seinen traditionellen Funktionen als einen „Konstrukteur von sozialer Dauer und de[n] Sitz des sozialen Gedächtnisses". Eine damit verbundene Aufgabe mag das Engagement für eine verlässliche Personalpolitik sein, das „die Voraussetzung für die Entstehung von Vertrauensbeziehungen" sei. In der jüngeren Vergangenheit veränderte sich die Rolle von Betriebsräten dahingehend, dass sie in grundlegende Fragen der Organisationsentwicklung integriert werden und in dieser Funktion „die realen Arbeitsbedingungen bis in den letzten Winkel ihrer jeweiligen Entsendungsbereiche hinein kennen und die langfristigen Interessen der dort tätigen Beschäftigten an lebenslang auskömmlicher Arbeit (stabile Beschäftigung und Einkommen, verträgliche Belastungen) gegenüber dem Management durchzusetzen versuchen" (Dauskardt/Oberbeck 2009: 247). Kotthoff (1981: 29f.) sieht Vertrauen als Grundstock für die Entwicklung von Partizipation. Mitbestimmung ist jedoch nur wirksam, wenn positive Rückkoppelungsprozesse zwischen Legitimation und Integration erfolgen, d.h. Management und Betriebsrat müssen ein gemeinsames Verständnis und einen Willen zur Partizipation entwickelt. Erst dann kann Vertrauen als zentrale Interaktionsressource der Arbeitsbeziehungen wirken. Müller-Jentsch (2008: 198) konstatiert: „Mitbestimmung ist kein betriebswirtschaftliches Schmiermittel, schon gar keine Magd der ökonomischen Effizienz. Intelligent genutzt, kann sie freilich zur verbesserten Leistungsbilanz beitragen, wenn sie bei den mitbestimmenden Menschen Vertrauen, Loyalität und Engagement (statt Misstrauen, Mobbing und innerer Kündigung) zu erzeugen vermag."

Der Grad der Freiwilligkeit beeinflusst den Vertrauensaufbau in Unternehmen. Schweer (2008: 19) begründet: „Mangelnde Freiwilligkeit erschwert den Vertrauensprozess, da insbesondere im Falle negativer Interaktionssequenzen die Beziehung nicht problemlos beendet werden kann; vielmehr sind die Personen oftmals gezwungen, quasi gegen ihren Willen die Beziehung aufrecht zu erhalten."

Gesellschaftliche Vertrauensfaktoren

Gesellschaftliche Strukturen beeinflussen das Vertrauen in ein Unternehmen und innerhalb von Unternehmen. Zu den wichtigen gesellschaftlichen Faktoren zählt Meifert (2003: 78ff.) die Nationalkultur und den Arbeitsmarkt bzw. die subjektiv wahrgenommene Beschäftigungsunsicherheit. Die Kultur, in der ein Individuum sozialisiert wurde, wirkt sich auf die generelle Vertrauensbereitschaft eines Menschen aus. Schreyögg (1996: 66) definiert Nationalkultur als habitualisierte Verhaltensmuster, die von Mitgliedern einer Nation entwickelt werden und deren Übernahme von neuen Mitgliedern erwartet wird. Die generelle Vertrauensbereitschaft wird z.B. durch die Nationalkultur beeinflusst, denn die Bereitschaft, Vertrauen zu geben, wird durch Interaktion erlernt und ist abhängig von den (frühkindlichen) Erfahrungen eines Individuums.

Ein aus Perspektive eines Unternehmens starker externer gesellschaftlicher Einflussfaktor ist der Arbeitsmarkt und die subjektive Beschäftigungsunsicherheit. Sobald Mitarbeiter um ihren Arbeitsplatz bangen, kann sich ein horizontales (zwischen Beschäftigten) und ein vertikales (zwischen Beschäftigten und Unternehmensführung) Misstrauen entwickeln. Kollegen werden zu Konkurrenten, da interpersonelle Interessen- und Verteilungskonflikte wahrgenommen werden. Die Leistungsfähigkeit der eigenen Kollegen wird zur eigenen Gefahr, so dass sich eine „Einzelkämpfermentalität" entwickeln kann. In Bezug auf das Management können Zweifel aufkommen, inwieweit dort kompetent und im Sinne der Mitarbeiter gehandelt wird. Als Folge dieser Bedrohungswahrnehmung kann es zu einer „Erosion von Vertrauen und einem Klima des Gesinnungsmisstrauens [kommen], das die Kooperationsneigung nachhaltig hemmt und zum Problem für die Leistungsfähigkeit von Unternehmen werden kann" (Meifert 2003: 82; vgl. auch Seifert/Pawlowsky 1998: 599ff.).

3.3.2 Vertrauensformen in Unternehmen

Vertrauensformen in Unternehmen können oftmals als zwischenmenschliches Vertrauen in spezifischen Anwendungsfeldern beschrieben werden. Aus den im vorangegangenen *Kapitel 3.3.1* dargestellten Einflussfaktoren sind nun konkrete Vertrauensformen, die in Unternehmen vorzufinden sind und das Arbeitsleben beeinflussen, abgeleitet worden. Eine Operationalisierung von Vertrauen in Unternehmen erfolgt auf vier Ebenen: 1. die Vertrauensausprägungen bzw. die Vertrauensdisposition der Unternehmensmitglieder, 2. das Vertrauen in das Unternehmen (Systemebene), 3. das Vertrauen in die Führungskraft (vertikales Vertrauen) und 4. das Vertrauen in die Arbeitskollegen im Team (horizontales Vertrauen). Diese vier Ausprägungsformen bilden die Grundlage für die Erfassung des Konstrukts Vertrauen in der empirischen Untersuchung dieser Arbeit. Es schließt sich eine Charakterisierung der Ebenen mit einem jeweiligen Bezug zu den angewandten statistischen Messinstrumenten an.

Vertrauensausprägungen der Unternehmensmitglieder
Folgt man der persönlichkeitsorientierten Vertrauensforschung, spielt die in der Persönlichkeitsstruktur verankerte Vertrauensbereitschaft eines Individuums eine zentrale Rolle für die Auftretenswahrscheinlichkeit von vertrauensvollem Verhalten. Klassische psychologische Modelle (vgl. *Kapitel 3.2.1*) gehen von der Entwicklung eines Urvertrauens (vgl. Erikson 1966) und einer durch soziale Lern-

prozesse erworbenen generalisierten Erwartung als Basis der Vertrauensbereitschaft (vgl. Rotter 1967) aus. Die Persönlichkeitsforschung leistet damit einen
wesentlichen Beitrag zum besseren Verständnis der Entstehung und Aufrechterhaltung von Vertrauen. Vertrauen in Unternehmen wird folgerichtig von den
jeweiligen Vertrauensdispositionen der Unternehmensmitglieder beeinflusst.
Dieser Aspekt der Nicht-Planbarkeit von Vertrauensbeziehungen sollte bei allen
Überlegungen zur Vertrauensförderung angemessen berücksichtigt werden.
Neubauer (1999: 94) konnte allerdings keine Zusammenhänge zwischen dem
Persönlichkeitsmerkmal „Vertrauen" und dem interpersonalen Vertrauen
(beispielsweise zwischen Vorgesetzten und Mitarbeitern) feststellen (vgl. Schödel
2005: 35).

Die Vertrauensdisposition eines Individuums kann mit der in *Kapitel 3.2.1* erwähnten „Interpersonal Trust Scale" (ITS) von Rotter (1967) erfasst werden. Im
empirischen Teil dieser Arbeit wird zur Erfassung der Vertrauensausprägung der
Unternehmensmitglieder die inhaltlich überarbeitete Fassung von Amelang et al.
(1984) eingesetzt. Die Skala misst das zwischenmenschliche Vertrauen mit 27 Items
(vgl. *Kapitel 4.2.1*).

Vertrauen in das Unternehmen

Das Vertrauen in Unternehmen ist der Vertrauensform „Systemvertrauen" zuzuordnen. Innerhalb von Unternehmen begegnen sich Personen nicht nur wie weiter
unten beschrieben als Individuen, sondern als Funktionsträger innerhalb der vorgegebenen Strukturen mit unterschiedlichen Machtbefugnissen. Das Vertrauen in
diese spezifischen Strukturen nennt Meifert (2003: 26ff.) strukturelles Vertrauen,
d.h. „dass interpersonelle Vertrauensbeziehungen in Organisationen unter Rück-
griff auf vertrauensförderliche Regeln und Ressourcen entstehen" (Meifert 2003:
28). Es zeigt sich in Strukturen und Regeln, wie viel Vertrauen ein Unternehmen
bereit ist, seinen Beschäftigten zuzugestehen, sichtbar etwa in Arbeitszeit-
regelungen, Kontrollmechanismen, den eingeräumten Handlungsspielräumen oder
der Verankerung im Leitbild des Unternehmens. Der Begriff des strukturellen
Vertrauens bezieht sich in diesem Zusammenhang auf das Ausmaß, in dem die Beschäftigten bereit sind, die vorgegebenen Strukturen und Regeln zu akzeptieren
und ihnen zu vertrauen (vgl. Neubauer/Rosemann 2006: 142).

Die nachfolgende Abbildung 11 stellt Vertrauens- und Misstrauensorganisation
anhand verschiedener Kriterien gegenüber. Es wird deutlich, dass sich der Aufbau

einer Vertrauenskultur positiv auf die Problemlösefähigkeit eines Unternehmens auswirkt.

**Abbildung 11: Misstrauens- versus Vertrauensorganisation
(eigene Darstellung nach Nieder 1997: 39)**

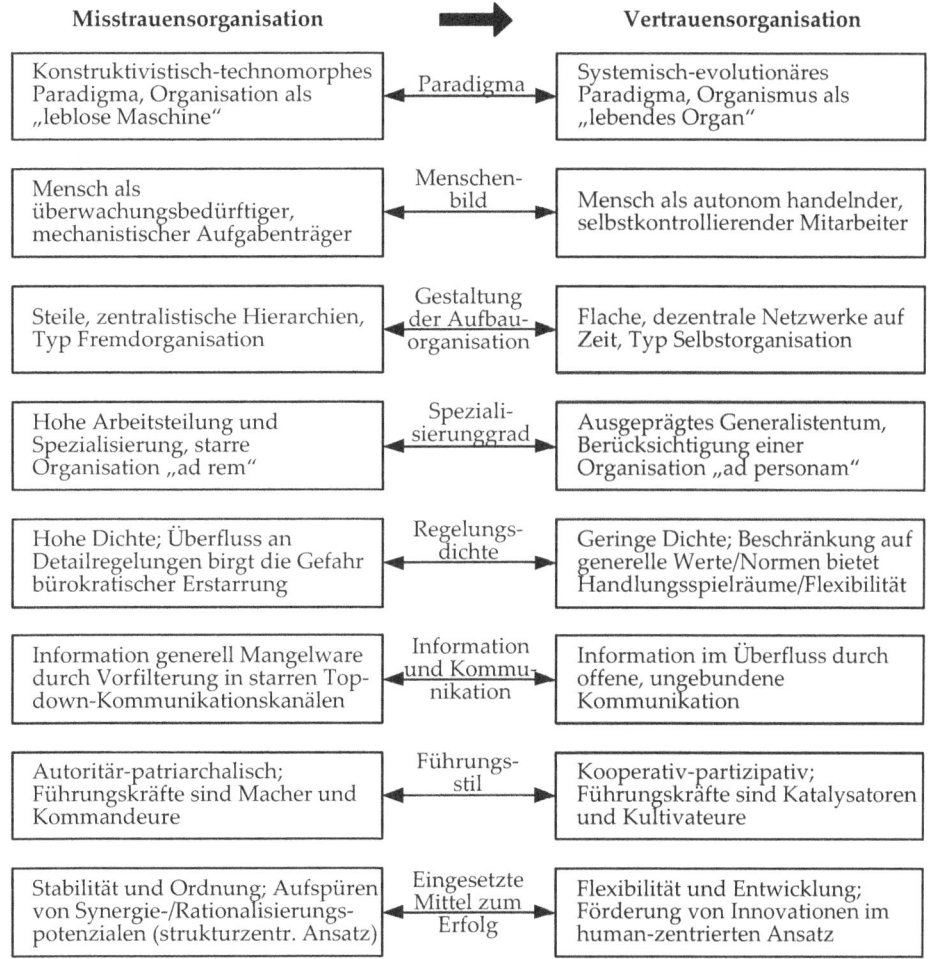

Misstrauensorganisation		Vertrauensorganisation
Konstruktivistisch-technomorphes Paradigma, Organisation als „leblose Maschine"	Paradigma	Systemisch-evolutionäres Paradigma, Organismus als „lebendes Organ"
Mensch als überwachungsbedürftiger, mechanistischer Aufgabenträger	Menschen-bild	Mensch als autonom handelnder, selbstkontrollierender Mitarbeiter
Steile, zentralistische Hierarchien, Typ Fremdorganisation	Gestaltung der Aufbau-organisation	Flache, dezentrale Netzwerke auf Zeit, Typ Selbstorganisation
Hohe Arbeitsteilung und Spezialisierung, starre Organisation „ad rem"	Speziali-sierunggrad	Ausgeprägtes Generalistentum, Berücksichtigung einer Organisation „ad personam"
Hohe Dichte; Überfluss an Detailregelungen birgt die Gefahr bürokratischer Erstarrung	Regelungs-dichte	Geringe Dichte; Beschränkung auf generelle Werte/Normen bietet Handlungsspielräume/Flexibilität
Information generell Mangelware durch Vorfilterung in starren Top-down-Kommunikationskanälen	Information und Kommu-nikation	Information im Überfluss durch offene, ungebundene Kommunikation
Autoritär-patriarchalisch; Führungskräfte sind Macher und Kommandeure	Führungs-stil	Kooperativ-partizipativ; Führungskräfte sind Katalysatoren und Kultivateure
Stabilität und Ordnung; Aufspüren von Synergie-/Rationalisierungs-potenzialen (strukturzentr. Ansatz)	Eingesetzte Mittel zum Erfolg	Flexibilität und Entwicklung; Förderung von Innovationen im human-zentrierten Ansatz

Das Vertrauen der Unternehmensmitglieder in ihr Unternehmen kann mit der Skala „Vertrauen in das Unternehmen" von Graeff (1998: 188f.) erfasst werden. Die Skala soll die generelle Überzeugung, das „global belief", der Befragten messen. Hierzu erfolgte eine Operationalisierung anhand von drei Dimensionen: Foundation of trust (grundlegende Annahmen über natürliche und soziale Ordnungen, die Vertrauen möglich machen), Performance (Erwartung von konsistentem und wünschenswertem Verhalten) und Process (Einschätzung von Merkmalen und Charakterzügen, die sowohl Verhalten als auch Ergebnisse bestimmen). Die Dimensionen sollen Aspekte wie Karrieremöglichkeiten nach dem Leistungsprinzip, ein erfolgsversprechendes Wir-Gefühl (in schwierigen Zeiten) sowie das Vorhandensein von verbindlichen Regeln, Abmachungen oder Vorschriften thematisieren. Graeff folgt damit Lee und Moray (1992: 1243ff.), verzichtet nach seinen Tests jedoch auf deren vierte Dimension Purpose (Motivation und Intention des Handelnden). Nach Reliabilitätstests umfasst die Skala „Vertrauen in das Unternehmen" acht Items, die in einer Gesamtskala zusammenzufassen sind. Graeff hat mit seiner Skala ein neues Instrument für ein zuvor unerforschtes Feld entwickelt. Aufgrund der übereinstimmenden Fragestellung nach dem Vertrauen in das eigene Unternehmen ist diese Skala für die empirische Untersuchung in dieser Arbeit ausgewählt worden. Eine nähere Beschreibung der Iteminhalte erfolgt in *Kapitel 4.2.1*, die Ergebnisse sind in *Kapitel 5.1* dokumentiert.

Vertrauen in die Führungskraft

„Dass Vertrauen die Grundlage einer produktiven Unternehmenskultur ist, weiß fast jeder und bekennt sich in Gesprächen auch dazu – nur, wirklich danach zu handeln, fällt vielen Führungskräften schwer." (Siewers 1999: 136) Schon Parsons (zit. nach Schweer 1996: 25) betonte 1970 die grundlegende Bedeutung von Vertrauen in professionellen Beziehungen aufgrund von bestehenden Kompetenzdivergenzen („competence gap"). Als problematisch kann sich beim Vertrauen in Unternehmen die asymmetrische Machtbeziehung zwischen Führungskräften und Mitarbeitern erweisen (vgl. Neubauer/Rosemann 2006: 125). Demzufolge lässt sich von vertikalem Vertrauen sprechen (vgl. Sprenger 2002: 40). Neubauer und Rosemann (2006: 130) fassen zusammen: „Wenn der Mitarbeiter nicht weiß, wohin der Weg führt, ist er eher bereit, seiner Führungskraft zu folgen, wenn er ihr denn vertraut. Wenn alles klar geregelt ist, strengt er sich bei einer Führungskraft, der er vertraut, mehr an als bei einer solchen, der er nicht oder nur wenig vertraut." Dazu fasst Neubauer (1997: 106f.) die wesentlichen Bestimmungsmerkmale für Vertrauen zwischen Vorgesetztem und Mitarbeiter folgendermaßen zusammen:

- <u>Kompetenz:</u> Zuschreibung von Erfahrung, Fähigkeiten und Fertigkeiten, die zum Erfüllen der Aufgabe nötig sind (fachliche Kompetenz, Teamfähigkeit, Schlüsselqualifikationen)

- Wohlwollen: Ausmaß der Annahme, dass die andere Person einem Gutes tun will (Unterstützung, Schaden abwenden); gilt als motivationale Komponente

- Konsistenz: Wie konsistent ist das Verhalten einer Person, inwieweit werden geäußerte Absichten in die Tat umgesetzt, so dass sich Verhalten vorhersagen lässt?

- Offenheit/Ehrlichkeit: Generelle Bereitschaft, Ideen und Informationen ohne Einschränkung an die andere Person weiterzugeben.

Schweer (1996: 26ff.) sammelt Ergebnisse zum Verhältnis von Vertrauen und Führungsverhalten bekannter Studien der Führungsforschung (z.B. Bierhoff 1987: 2028ff. und Taylor 1990: 33ff.). Hierbei stehen Aspekte der Arbeitsleistung und Arbeitszufriedenheit der Mitarbeiter im Fokus der Überlegungen. Die empirischen Daten belegen, dass Vertrauen

- die Leistungsbereitschaft und -motivation der Mitarbeiter begünstigt,

- eine entscheidende Führungsaufgabe in Zeiten des organisationalen Wandels darstellt,

- auch in partizipativ ausgerichteten Organisationsstrukturen die Voraussetzung für effektive Kooperation ist,

- als ein originär zwischenmenschliches Bedürfnis eine entscheidende Voraussetzung für Führungseffektivität und -effizienz darstellt,

- visionäre und charismatische Führung Vertrauen in und Zufriedenheit mit dem Vorgesetzten begünstigen, denn Mitarbeiter setzen sich besonders intensiv für die gemeinsamen Ziele ein, wenn diese attraktiv sind und die Führungskraft begeisterungsfähig ist,

- auch zwischen Unternehmensmitgliedern nur langsam wächst (äquivalent zu sozialpsychologischen Befunden),

- der Vorgesetzten in die Mitarbeiter durch die wahrgenommene Kompetenz, Integrität und Verhaltenskonsistenz sowie die wahrgenommene Loyalität beeinflusst wird,

- von Mitarbeitern in ihre Vorgesetzten durch Integrität, Offenheit und die zugeschriebenen Handlungsmotive geprägt ist (die fachliche

Kompetenz der Führungskräfte wirkt sich nicht explizit vertrauensfördernd aus),

▪ sich konkret auf die Arbeitszufriedenheit und Arbeitsleistung
zwischen Führungskraft und Mitarbeiter auswirkt sowie

▪ die Effektivität der Gesamtorganisation durch bessere Kommunika-
tionswege und eine höhere Bereitschaft zur Zusammenarbeit beeinflusst.

Vertrauen zwischen Führungskraft und Mitarbeitern hat neben dem positiven Einfluss auf Arbeitsmotivation und Qualität der sozialen Interaktion noch einen
weiteren Effekt: „Vertrauen fördert auch den Informationsaustausch innerhalb der
einzelnen Abteilungen sowie die schnittstellenübergreifende Zusammenarbeit."
(Neubauer/Rosemann 2006: 126) Nach Neubauer (1999: 97) fördert Vertrauen die
Bereitschaft, Informationen und Wissen ungefiltert weiterzugeben sowie im Umkehrschluss anderen zuzuhören und Vorschläge zu akzeptieren. Diese Erkenntnisse decken sich mit der Leithypothese der vorliegenden Arbeit: Vertrauen fördert
Wissenstransfer (vgl. *Kapitel 1, 2, 3*).

In ihrer empirischen Untersuchung belegen Willemyns et al. (2003: 117ff.; zit. nach
Neubauer/Rosemann 2006: 137) den Zusammenhang des Kommunikationsstils der
Führungskraft mit der Vertrauensbeziehung zwischen Führungskraft und Mitarbeitern. Aus dem jährlich erhobenen Engagement-Index des Management-
Beratungsinstituts Gallup geht ebenfalls hervor, dass der direkte Vorgesetzte
häufig der Grund für ein geringes Engagement auf Seiten der Mitarbeiter ist.
Exemplarisch benennt Gallup in der Pressemitteilung zum Engagement-Index
2009, dass „Mitarbeiter mit geringer oder ohne emotionale Bindung […]
hinsichtlich ihrer Bedürfnisse und Erwartungen von ihren Vorgesetzten teilweise
oder sogar völlig ignoriert" (Gallup Deutschland 2010) werden. Durch den
Fragebogen zur Erfassung der Kommunikation in Organisationen „KomminO"
(vgl. *Kapitel 2.3.3*) lässt sich die Kommunikationsqualität messen. In der
empirischen Untersuchung dieser Arbeit (vgl. *Kapitel 4*) wird dieses Instrument
eingesetzt, um konkrete Aussagen über den Zusammenhang zwischen Vertrauen
und Kommunikationsqualität treffen zu können. Als Voraussetzung für eine gute
Kommunikation benennen Neubauer und Rosemann (2006: 139) partizipative und
kooperative Führungsstile, denn im „Wesentlichen geht es dabei darum, die
Kommunikation zwischen Führungskräften und Mitarbeitern so zu gestalten, dass

sich eine vertrauensvolle persönliche Beziehung entwickeln kann, ohne die Erledigung der gestellten Aufgaben und die Leistungserbringung aus dem Auge zu verlieren".

Das Vertrauen in die Führungskraft kann mit einer Skala von Graeff (1998: 190ff.) gemessen werden. Die Skala, bestehend aus 10 Items, deckt die Multidimensionalität des Konstrukts Vertrauen ab. So werden Aspekte wie Verlässlichkeit, Vertrauenswürdigkeit, Reziprozität, Loyalität und Ansprechbarkeit (mein Vorgesetzter nimmt sich Zeit) explizit berücksichtigt. Als Variablen des interpersonalen Vertrauens können über die Skala „Vertrauen zum Vorgesetzten" hinaus die Aspekte „Wissen über den Vorgesetzten" (4 Items), „Emotionale Erfahrung im Umgang mit dem Vorgesetzten" (4 Items) und „Skala zum Risiko" (3 Items) abgefragt werden. Die Skalen bieten aufgrund positiver Ergebnisse bei der Testung der Gütekriterien und umfassender vorangegangener Analysen des Verfassers die Möglichkeit, das spezifische Vertrauen in Unternehmen zwischen Führungskräften und Mitarbeitern mit einem erprobten Instrument zu erfassen. Aufgrund dieser Überlegungen werden die vier Skalen (eine detaillierte Beschreibung der einzelnen Items erfolgt in *Kapitel 4.2.1*) in der eigenen empirischen Untersuchung (vgl. *Kapitel 5.1*) eingesetzt.

Vertrauen in die Kollegen

Als wirksam für Arbeitsleistung und -motivation hat sich interpersonales Vertrauen zwischen Führungskräften und Mitarbeitern ebenso wie das Vertrauen innerhalb der Mitarbeitergruppen erwiesen. Nach Morris und Moberg (1994: 166ff.) ist Vertrauen besonders erforderlich bei relativ unstrukturierten Aufgaben (wie z.B. Forschungs- und Entwicklungstätigkeiten), bei schlecht kontrollierbaren Tätigkeiten (z.B. im Außendienst) und bei schwer zu erfassenden Arbeitsaufgaben (z.B. Qualitätsmanagement). Interpersonale Beziehungen können bei positiver Qualität explizite Vorgaben durch „psychologische Verträge" ersetzen, die bestimmte Erwartungen an das Verhalten anderer Personen enthalten: „Man vertraut auf die Zuverlässigkeit der Beziehung und leitet daraus die Zuversicht ab, dass die andere Person bei ihren Entscheidungen und Handlungen auch die Interessen des Unternehmens mit berücksichtigt." (Neubauer/Rosemann 2006: 22)

Im Gegensatz zum Vertrauen in Führungskräfte ist das Vertrauen unter Kollegen nicht von Asymmetrien gekennzeichnet, wenngleich es im Zusammenhang mit Wissen zwischen Kollegen ein Kompetenzgefälle geben kann (vgl. Sprenger 2002:

40). Die Vertrauensbeziehung zwischen den einzelnen Individuen auf dieser horizontalen Ebene ist – in Abgrenzung zum Vertrauen in Führungskräfte – wesentlich durch Sympathie, Unterstützung und Solidarität gekennzeichnet. Sollten in diesem kollegialen Umfeld Freundschaften entstehen, ist es möglich, dass sich andere Kollegen ausgeschlossen fühlen. Negativ wirken sich beispielsweise Vertrauensbrüche, Konflikte, Mobbing, Illoyalität und persönliche Angriffe auf bestehendes Vertrauen aus (vgl. Schweer/Thies 1999: 145ff.).

Problematisch an Beziehungen zwischen Arbeitskollegen ist der professionelle Rahmen der Verbindung, einem wesentlichen Unterscheidungsmerkmal zu anderen Vertrauensbeziehungen: „Wir können unsere Interaktionspartner im Berufsleben nicht frei wählen, müssen uns dennoch nahezu täglich mit […] Kollegen auseinandersetzen. Wir verbringen viel Zeit mit diesen Menschen, zum Teil sogar mehr als mit der Familie oder dem Freundeskreis." (Schweer/Thies 1999: 129) Und: „Wird Vertrauen nicht attribuiert, muss insofern nicht gleich Misstrauen zugeschrieben werden, sondern man kann schlicht […] die Beziehung als loyale Arbeitsbeziehung interpretieren." (Eberl 2003: 201) Um das Vertrauen zwischen Arbeitskollegen messbar zu machen, sind im empirischen Teil dieser Arbeit Graeffs Skalen zum Vertrauen in den Vorgesetzten (Graeff 1998: 190ff.) adaptiert worden. Die genaue Vorgehensweise ist in *Kapitel 4.2.1* beschrieben.

3.4 Genese von Vertrauen in Unternehmen

Die Genese von Vertrauen in Unternehmen ist abhängig von den Vertrauensbeziehungen, welche die Individuen (hier die Mitarbeiter) eingehen müssen (*Kapitel 3.4.1*). Die Führungskräfte spielen beim Aufbau und der sukzessiven Förderung von Vertrauen eine gewichtige Rolle (*Kapitel 3.4.2*). Dieser Aufgabe müssen sie sich bewusst werden und durch konsequentes vertrauensförderndes Verhalten zur Genese von Vertrauen im Unternehmen beitragen. Wodurch sich Vertrauensbeziehungen auszeichnen und welchen Stellenwert Führungskräfte und Kontrollmechanismen haben (*Kapitel 3.4.3*), wird in diesem Kapitel erläutert.

3.4.1 Vertrauensbeziehungen

Vertrauensbeziehungen sind charakterisiert durch einen einseitigen „Vertrauensvorschuss des Vertrauenden gegenüber der Vertrauensperson, also eine Übertragung von Kontrolle über Ressourcen" (Nieder 1997: 28). Als Voraussetzungen für Vertrauensbeziehungen von Mitarbeitern gelten u.a. Loyalität, Diskretion, Fairness, Offenheit (für Meinungen und Ideen), Toleranz, konsistentes Verhalten, Reziprozität (Prinzip der Gegenseitigkeit), Ehrlichkeit und Aufrichtigkeit sowie die Motivation der Mitarbeiter, vertrauensvolle Beziehungen zu knüpfen (vgl. Loose/Sydow 1994: 177). Eine Vertrauensvorleistung ist einerseits an das Selbstvertrauen des Akteurs und andererseits an die Erwartung einer Gegenleistung gekoppelt, was wiederum Glaubwürdigkeit, Wohlwollen, Unterstützung sowie sozial-ethische Handlungsprinzipien voraussetzt (vgl. Abbildung 12).

Abbildung 12: Vertrauensdreieck nach Grunewald (vgl. Nieder 1997: 29)

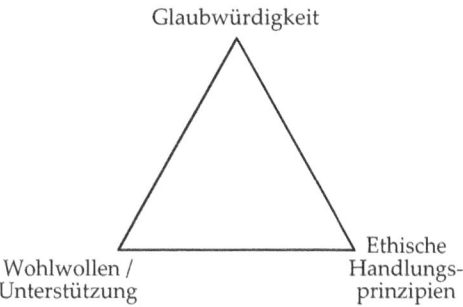

Den Vertrauensgeber charakterisierend argumentiert Luhmann (1968: 77), „dass Menschen ebenso wie Sozialsysteme eher vertrauensbereit sind, wenn sie über innere Sicherheit verfügen, wenn ihnen eine Art Selbstsicherheit innewohnt, die sie befähigt, etwaigen Vertrauensenttäuschungen mit Fassung entgegenzusehen, ohne sie als nur vorstellbare Möglichkeit schon jetzt zur Handlungsgrundlage zu machen". Vertrauensbeziehungen beinhalten nach Beckert (2002: 28f.) die Aspekte einer sozialen Erwartungshaltung (Vertrauen bezieht sich auf eine Person oder einen korporativen Akteur), einer freien Reaktion des Vertrauensnehmers auf die bis dato einseitige Vorleistung des Vertrauensgebers, eines sich aus nicht-kooperativem Verhalten ergebenen Vorteils für den Vertrauensnehmer und einer kalkulativen Überlegung des Vertrauensgebers. Dies bedeutet, dass nicht nur der Vertrauensgeber, sondern der Vertrauensnehmer im Zentrum von Vertrauensspielen steht. Letztgenannter kann unabhängig von seiner Intention (Ausbeutungs- oder Kooperationsintention) von der Vorleistung des Vertrauensgebers profitieren und ist folglich generell interessiert am Zustandekommen einer Vertrauenssituation. Vertrauenswürdigkeit kann ein potenzieller Vertrauensnehmer durch Bindung, Erwartungskongruenz, Kompetenz und Integrität erzeugen.

Der Vertrauensnehmer beabsichtigt bei der Strategie der Bindung, Vertrauensbereitschaft durch kognitive oder normative Austrittsbarrieren auszulösen, d.h. die
Strategie zielt nicht auf die Reduzierung des Risikos ab, sondern baut Barrieren für
die Beendigung der Interaktionsbeziehung auf (z.B. Besuch des Versicherungs-
vertreters in der Wohnung des Klienten). Bei der Strategie der Erwartungs-
kongruenz suggeriert der Vertrauensnehmer durch Kommunikation oder sichtbare
Zeichen, dass seine Eigenschaften, Handlungsweisen und Werte mit denen des
Vertrauensgebers übereinstimmen (z.B. im Bewerbungsgespräch). Signalisierte
Kompetenz verortet den Vertrauensnehmer zwischen dem Vertrauensgeber und
„eine von diesem als unbeherrschbar wahrgenommene Handlungssituation"
(Beckert 2002: 40). Diese Strategie ist vorwiegend in Situationen mit ausgeprägter
Informationsasymmetrie zu erwarten (z.B. bei Anwälten, Ärzten oder Piloten). Als
vierte Strategie benennt Beckert die Integrität, wobei es bei dieser Strategie nicht
auf das Können, sondern auf die „Wahrhaftigkeit" des Vertrauensnehmers an-
kommt und von der Option unaufrichtiger Handlungsabsichten gezielt abgelenkt
werden soll (z.B. Testimonials in der Werbung). Ziel der einzelnen Strategien soll
nicht die Manipulation des Vertrauensgebers, sondern im Sinne von Beckert (2002:
41) die „Mobilisierung von Kooperationsbereitschaft unter Bedingungen von Ungewissheit als ein von den Akteuren in der Handlungssituation immer wieder zu
lösendes Problem" sein.

Klaus (2002: 249ff.) gibt folgende Empfehlungen für die Gestaltung von Vertrauensbeziehungen in Unternehmen:

a) Sicherstellung von Information und Kommunikation: Umfassende
    Information und Kommunikation überwindet Informations-
    asymmetrien und die Gefahr ihrer opportunistischen Ausnutzung.
    Neben diesen kognitiven Gesichtspunkten enthält Vertrauen eine
    emotionale Komponente, die maßgeblich zur Vertrauensbildung bei-
    trägt und deren Basis ein regelmäßiger Kontakt ist.

b) Herstellung von Vertrautheit: Die Existenz von Vertrautheit ist eine
    zentrale Voraussetzung für die Entstehung von Vertrauen, da durch
    Vertrautheit zwischen Wahrheit und Unwahrheit leichter unter-
    schieden werden kann.

c) Nutzung von Vertrauensintermediären: Die Zeit des Vertrauens-
    aufbaus kann durch die Integration von gemeinsamen, bereits be-

stehenden Vertrauensbeziehungen zu Dritten verkürzt werden. Verlässliche Informationen über potenzielle Vertrauensnehmer reduzieren subjektiv vorhandene Unsicherheiten und das Risiko einer Enttäuschung.

d) Unterstützung der Reziprozitätsnorm: Die Reziprozität als Prinzip der Gegenseitigkeit sichert das Gleichgewicht des vertrauensvollen Austauschs und fördert so ein wechselseitiges altruistisches Verhalten.

e) Schaffung und Sicherung „sozialen Kapitals": Mitarbeiter mit „sozialem Kapital" sind in der Lage, Ressourcen ihrer Partner zu nutzen, fehlende eigene Ressourcen zu ergänzen und damit den eigenen Handlungsspielraum zu erweitern. Im Sinne Bourdieus wird „soziales Kapital gebildet von den Ressourcen, die sich aus dem jeweiligen Netz von Beziehungen ergeben, die der Einzelne für sich nutzen kann, die sich also aus der anerkannten Zugehörigkeit zu einer Gruppe (im weitesten Sinne) herausholen lassen" (Fuchs-Heinritz 1995: 326).

f) Aufbau und Verbreitung einer Vertrauenskultur: Voraussetzung für eine Vertrauenskultur ist eine ausreichend große Zahl an Mitarbeitern, welche die Bereitschaft für eine Zusammenarbeit auf Vertrauensbasis besitzen. Die Vorteile einer Vertrauenskultur müssen den Mitarbeitern bewusst (gemacht) werden.

g) Stärkung „schwacher Verbindungen": „Schwache Verbindungen"/ „weak ties" (vgl. Granovetter 1973: 1360ff.; vgl. Holzer 2006: 14ff.) und informelle Beziehungen sind in Unternehmen gezielt zu stärken, da die Verbreitung einer Vertrauenskultur weitestgehend auf ihnen beruht. Informationen, die informell übermittelt werden, erreichen erfahrungsgemäß viele Mitarbeiter. Je mehr Informationen auf diesem Wege ausgetauscht werden, desto größer ist die Wahrscheinlichkeit, dass unter ihnen Informationen sind, die Vertrauen erfordern, entwickeln und stärken.

h) Nutzung der Reputation: Die Reputation eines Mitarbeiters signalisiert seine Vertrauenswürdigkeit gegenüber anderen Personen in der Vergangenheit. Es ist legitim und sinnvoll, die Reputation eines potenziellen Vertrauten als Informationsquelle zu nutzen.

i)   Sicherstellung der Sozialisation bei allen Beteiligten: Ziel eines Ver-
     trauensmanagements soll die Internalisierung einer sozialen Norm für
     vertrauenswürdiges Verhalten sein. Auf diese Weise entwickeln die
     Mitarbeiter eine Sensibilität für die Bedürfnisse ihrer Kollegen.

Vertrauensbeziehungen werden oftmals von Akteuren als attraktiv und von Be-
obachtern als effektiv beschrieben. Entscheidender Nachteil ist jedoch die Fragilität,
denn Vertrauensbrüche können schlagartig fruchtbare Beziehungen unwiderruflich
zusammenbrechen lassen (vgl. Bachmann/Lane 2010: 85; vgl. Endreß 2010: 96 u.
109; vgl. Nieder 1997: 35).

Möllering und Sydow (2005) empfehlen, statt des Modebegriffs „Vertrauensmanagement" mit dem Begriff „vertrauensbewusstes Management" zu operieren.
Sie vertreten die Auffassung, dass Vertrauen ein Bereich ist, der keine „effektive
und präzise Planung, Steuerung und Kontrolle ökonomischer Aktivitäten"
(Möllering/Sydow 2005: 82) ermöglicht, was in der Praxis unter Management verstanden wird. Beim vertrauensbewussten Management sollten drei Grundsätze
gelten:

1.   Anerkennung von Verwundbarkeit und Ungewissheit der Beteiligten

2.   Einseitige Vorleistung mit dem Ziel eines sich selbst verstärkenden
     Prozesses der Vertrauensentwicklung (Vertrauensspirale)

3.   Erhöhte Reflexivität gegenüber Strukturen, indem Vertrauen
     thematisiert, interpretiert, diskutiert, ggf. sanktioniert und vor-
     handene Ressourcen (machtvoll) eingesetzt werden (vgl.
     Möllering/Sydow 2005: 83ff.)

Zusammenfassend lassen sich die Aufgaben an ein vertrauensbewusstes Management wie folgt formulieren: Es gilt motivationale Voraussetzungen zu schaffen,
die Vertrauensbereitschaft sicherzustellen, kognitive und emotionale Fähigkeiten
zu unterstützen, prosoziales Verhalten zu fördern und die soziale Kompetenz der
Mitarbeiter zu stärken (vgl. Klaus 2002: 244ff.).

3.4.2 Rolle der Führungskraft

Die Beziehung zwischen Vorgesetzten und Mitarbeitern ist ebenso wie die zu
Kollegen professionell. Das bedeutet, dass die Interaktionspartner im Gegensatz zu
anderen Vertrauensbeziehungen nicht frei wählbar sind. Hinzu kommt, dass der
Lebensbereich „Arbeit" sehr zeitintensiv ist. Erfolgreiche Führung zeichnet sich

nicht durch die Umsetzung von Handbuchwissen aus, sondern ist vielmehr „ein im einzelnen unentwirrbares Gemisch aus Glaubwürdigkeit, Berechenbarkeit, Geradlinigkeit, kurz etwas, für das sich der Begriff Vertrauen summarisch anbietet" (Sprenger 2002: 49).

Merkmal von Vorgesetzten-Mitarbeiter-Beziehungen ist eine Machtasymmetrie. Eine Führungskraft besitzt formal mehr Machtmittel als sein Mitarbeiter. Im Vertrauensbildungsprozess ist diese Tatsache von entscheidender Bedeutung, da ein Mitarbeiter ein proportional höheres Risiko im Falle einer Enttäuschung eingeht als sein Vorgesetzter. Zwei Problemfelder können einer Vertrauensbildung generell entgegenwirken: a) Es beabsichtigt nicht jede Führungskraft, eine Vertrauensbeziehung zu den Mitarbeitern aufzubauen. Dies kann von personalen (Selbstbild der Führungskraft, Bild von den Mitarbeitern) und situativen Faktoren (Anzahl der Mitarbeiter, strukturelle Rahmenbedingungen) abhängen. b) Besonders am Anfang einer Zusammenarbeit können Verhaltensweisen fehl interpretiert werden. So könnte beispielsweise eine Vertrauenshandlung eines Mitarbeiters als strategisches Verhalten gewertet werden. Daher ist es sinnvoll, dass der Vorgesetzte durch seinen Handlungsstil einen Vertrauensvorschuss gibt und so eine Vertrauensbildung initiiert (vgl. Schweer/Thies 1999: 129ff.).

Luhmann (1962: 11ff.) stellt fest, dass die formale und die informale Organisation unabhängig voneinander sind. Am Beispiel des „neuen Chefs" wird deutlich, dass dieser kaum übergangslos die Arbeit seines Vorgängers fortsetzen kann, da er zwar eventuell die erforderliche Kompetenz besitzt, nicht aber die nötigen Kontakte. Baecker (2004: 84) konstatiert bezugnehmend auf Luhmann (1962: 11ff.), dass sich die begriffliche Differenz zwischen formaler und informaler Organisation derart ausbauen ließe, „dass verständlich wird, warum viele Chefs Regelverstöße, Schlendrian und sonstige kleine Abweichungen ihrer Untergebenen durchaus zu tolerieren bereit sind: Sie gewinnen daraus ein heimliches Einverständnis, ein Vertrauen, auch Verpflichtungsgefühle der Untergebenen, die dann die Grundlage dafür sind, dass zu einer Arbeitsbereitschaft und zu Extraleistungen motiviert werden kann, die anders kaum zu gewinnen wären." Vertrauen wirkt sich folglich positiv auf die Leistungsbereitschaft der Mitarbeiter aus. Ein Vorgesetzter sollte sich selbst sensibilisieren, d.h. sich fragen, wie wichtig ihm das Vertrauen seiner Mitarbeiter ist und ob er bereit ist, eine Vertrauensbeziehung zu seinen Mitarbeitern einzugehen. Es bleibt zu klären, wo die persönlichen Grenzen liegen (Umgangston, Austausch über Privatleben, gemeinsame Freizeitgestaltung etc.).

Darüber hinaus scheint es notwendig zu sein, dass sich Führungskräfte mit der Kehrseite des Vertrauens, den Vertrauensbrüchen und den damit einhergehenden Risiken auseinandersetzen. Vertrauensbrüche innerhalb von Vorgesetzten-Mitarbeiter-Beziehungen beziehen sich in erster Linie auf die (Nicht-)Erledigung von Arbeitsaufgaben (Unzuverlässigkeit) und den persönlichen Umgang miteinander. Die Reaktionen von Vorgesetzten auf Vertrauensbrüche können unterschiedlich sein. Schweer und Thies (1999: 140ff.) haben zwei Verhaltensweisen beobachtet: Vorgesetzte neigen demnach dazu, sich von den betreffenden Mitarbeitern abzuwenden, ihnen ggf. sogar zu kündigen (erste Strategie). Andere Führungskräfte hingegen entschuldigen das Verhalten ihrer Mitarbeiter und geben ihnen eine zweite Chance. Diese zweite Strategie scheint hauptsächlich dann angewendet zu werden, wenn ein intrinsisches Interesse an einer Wiederherstellung des Vertrauens besteht.

Die strukturellen Vorgaben in einem Unternehmen sollten es Führungskräften ermöglichen, Vertrauen in ihren Abteilungen und Teams zu initiieren. Eine eher distanzierte Umgangsweise äußert sich in restriktiven Bedingungen. Führungskräfte sollten sich im beruflichen Alltag vertrauensfördernd verhalten, „auch wenn es verbreiteten Vorstellungen nicht ganz entspricht: Macht muss Vertrauen wagen, um sie nicht zu verlieren" (Neubauer/Rosemann 2006:143). Vorgesetzte stehen in diesem Prozess oftmals vor einem Problem: „Sie müssen Belohnungen verteilen und Förderungen aussprechen, obgleich ihnen häufig die Ressourcen fehlen, um den eigentlichen Interessen der Beschäftigten [z.B. die Unterstützung in schwierigen Situationen, d. Verf.] zu entsprechen." (Gondek et al. 1992: 51)

3.4.3 Kontrollmechanismen

Kontrolle macht einen Vergleich zwischen Soll- und Ist-Werten möglich. Sie unterstützt auf diese Weise die Durchsetzung der von einem Unternehmen an die Mitarbeiter gestellten Erwartungen. Beim Kontrollgegenstand können Inputkontrolle (Kontrolle der Unternehmensmitglieder, z.B. Personalselektion), Verfahrenskontrolle (prüft Korrektheit laufender Betriebsprozesse, z.B. Checklisten), Ergebniskontrolle (Vergleich zwischen Soll- und Ist-Output, z.B. Management by Objectives) und soziale Kontrolle (Überprüfung der Kongruenz von Normen und Werten, z.B. in Bezug auf die Konformität mit der Unternehmenskultur) unterschieden werden (vgl. Frese/Simon 1987: 1247ff.). Mögliche Kontrollzeitpunkte sind Feed-forward-Kontrollen (prüfen die Erreichbarkeit des Ziels während des

Arbeitsprozesses) und Feedback-Kontrollen (prüfen nach Abschluss eines Vorhabens). Kontrollrichtungen können variieren. Gerichtete Kontrollen überprüfen Leistungsstandards und definierte Verhaltensweisen, ungerichtete Kontrollen sind eher allgemeine, diffuse Beobachtungen (vgl. Steinmann/Schreyögg 2005: 402ff.).

Das Verhältnis von Vertrauen und Kontrolle kann in Unternehmen schwierig sein. Das Beispiel „Delegation" verdeutlicht diese Tatsache, denn Delegieren beruht auf Kontrolle und gegenseitigem Vertrauen zugleich. Werden Kontrollmechanismen von Mitarbeitern als Überwachung erlebt, so wachsen Misstrauen und Arbeitsunzufriedenheit. Der von Chris Argyris (1952; zit. nach Osterloh/Weibel 2006: 74) dargestellte „Teufelskreislauf", nach dem auf eine verringerte Arbeitszufriedenheit eine verringerte Leistungsbereitschaft folgt, sich die Effizienz verringert und daraus resultierend Kontrollmaßnahmen erhöht werden, gilt noch heute. Cameron, Dutton und Quinn (2003; zit. nach Osterloh/Weibel 2006: 75) kehren dieses Kontrollparadoxon durch eine Abfolge von Delegation, Vertrauen und Kontrolle um (vgl. Abbildung 13) und widerlegen so die Lenin zugeschriebene Aussage „Vertrauen ist gut, Kontrolle ist besser".

Abbildung 13: Das Kontrollparadoxon nach Argyris und Cameron et al. (eigene Darstellung)

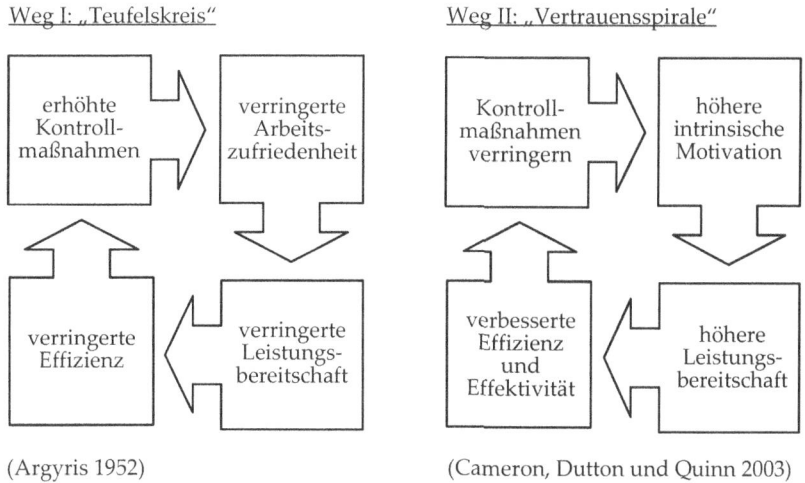

Weg I: „Teufelskreis"   Weg II: „Vertrauensspirale"

erhöhte Kontroll-maßnahmen → verringerte Arbeitszufriedenheit

verringerte Effizienz ← verringerte Leistungsbereitschaft

(Argyris 1952)

Kontrollmaßnahmen verringern → höhere intrinsische Motivation

verbesserte Effizienz und Effektivität ← höhere Leistungsbereitschaft

(Cameron, Dutton und Quinn 2003)

Ein idealtypischer Kreislauf setzt sich aus folgenden Schritten zusammen: Einem Mitarbeiter werden von seinem Vorgesetzten mehr Entscheidungsrechte übertragen. Der Vorgesetzte vertraut auf dessen Kompetenz und Benevolenz. Der

Mitarbeiter handelt im Sinne des Unternehmens und erweist sich so als vertrauenswürdig. Seine Arbeitsleistung wird anerkannt und nur stichprobenartig
vom Vorgesetzten kontrolliert. Das gegenseitige Vertrauen verstärkt sich und bildet
die Basis für eine Vergrößerung des Entscheidungsspielraums des Mitarbeiters.
Eine solche Vertrauensspirale entwickelt sich, wenn die Bedürfnisse aller Akteure
berücksichtigt werden. Ein Vertrauensgeber erhofft sich durch Kontrollmaßnahmen, den Vertrauensnehmer besser einschätzen zu können. Ein Vertrauensnehmer reagiert negativ auf Formen der Kontrolle, wenn ihm diese Misstrauen
suggerieren (vgl. Osterloh/Weibel 2006: 74ff.).

Kontrolle und Vertrauen können sich vom „prekären" zum „trauten" Verhältnis
wandeln. Als Bedingungen für ein solches positives Zusammenwirken gelten nach
Osterloh und Weibel (2006: 101ff.) autonomie- und beziehungsförderliche
Führungsstile, Partizipation, positives Feedback und Fairness. Diese Elemente beinhalten die Fähigkeit von Führungskräften, die Reaktion eines Mitarbeiters auf
Kontrollmaßnahmen zu antizipieren und diese entsprechend auszugestalten sowie
die unterstützende Wirkung von Kontrolle in den Vertrauensbildungsprozess
phasengerecht zu integrieren.

3.4.4 Zwischenfazit – Genese von Vertrauen in Unternehmen

Wie bereits dargestellt, handelt es sich bei vertrauensbewusstem Management mit
der Zielsetzung einer Genese von Vertrauen in Unternehmen um ein vielschichtiges Thema: Die Beziehungen der Unternehmensmitglieder untereinander
beeinflussen maßgeblich den Vertrauensbildungsprozess. Beim Aufbau einer
Vertrauenskultur innerhalb von Unternehmen wird Führungskräften eine Vorbildfunktion zugesprochen. Anreizsysteme und personalwirtschaftlichen Maßnahmen,
wie beispielsweise die Vertrauensarbeitszeit oder Telearbeit, werden ebenso wie
beim Wissensmanagement als unterstützende Elemente zur Vertrauensförderung
diskutiert. Darüber hinaus zeichnet sich eine vertrauensbewusste Management-
kultur durch vertrauensförderliche Kontrollmechanismen aus.

Sprenger (2002: 85) spricht vom „Mythos »vertrauensbildende Maßnahmen«",
denn es ist seiner Meinung nach nicht möglich, Vertrauensbildung zu steuern. Er
spielt dabei auf die bunte Palette von Vertrauensratgebern an, die suggerieren, dass
Vertrauen ganz einfach zu erschaffen sei. Dieser Analyse schließt sich Meifert
(2003: 304) mit seinem Resümee an, dass „es keine Vertrauensrezeptur im Sinne
einer auf beliebige Organisationen übertragbare Blaupause gibt, wie es die praxis-

orientierte Managementliteratur immer wieder nahelegt". Vertrauensbildung lässt sich zwar unterstützen, verlangt jedoch individuelle Maßnahmen und ein passendes kulturelles Umfeld in einem Unternehmen, da Vertrauen letztlich erst durch vertrauenswürdiges Verhalten der Mitarbeiter untereinander entstehen kann. Im Folgenden soll der Frage nachgegangen werden, in welchem Zusammenhang die dargestellten Theorien mit dem Thema Wissensmanagement (vgl. *Kapitel 2*) stehen und warum es sich anbieten könnte, parallel zur Einführung von Wissensmanagement eine Vertrauensförderung zu verfolgen.

3.5 Vertrauensbewusstes (Wissens-)Management

Vertrauen wird in dieser Arbeit vorrangig als zwischenmenschliches Phänomen betrachtet (Vertrauen zwischen Mitarbeiter und Führungskraft sowie Vertrauen zwischen den Mitarbeitern). Die psychologische Betrachtungsweise von Vertrauen als einer Persönlichkeitseigenschaft (Vertrauensdisposition) sowie die systemisch institutionelle Qualität des Vertrauens (Vertrauen in das Unternehmen) sind weitere Indikatoren, unter deren Zuhilfenahme die Forschungsfragen diskutiert werden. Rousseau und Sitkin et al. (1998: 395, zit. nach Schödel 2005: 38) definieren Vertrauen als „einen psychologischen Zustand, der sich durch die Absicht auszeichnet, Vulnerabilität gegenüber Dritten zu akzeptieren, und der auf einer positiven Erwartung bzgl. deren Absichten und Handlungen beruht". Diese Definition bietet eine gute Grundlage für die Überlegungen der vorliegenden Arbeit, da Vulnerabilität – als die Möglichkeit, dass Wichtiges verloren geht – dem Grundprinzip des Wissensmanagements entspricht, nämlich Wissen in Unternehmen zu teilen. Semlinger (2003: 62) fasst den Stellenwert von Vertrauen in Kooperationsprozessen, zu denen das Wissensmanagement zählt, folgendermaßen zusammen: „Unbeschwert vom theoretischen Diskurs alternativer Koordinationsmodelle und Vertrauenskonzepte folgt man verbreitet seinem alltagssprachlichen Begriffsverständnis und kooperiert nur mit Partnern, denen man vertraut: »Ohne Vertrauen keine Kooperation!« und selbst wenn eine Kooperation vertraglich geregelt wird, möchte man sich doch in der Kooperation auf sein Vertrauen verlassen können." In Anlehnung an Wurches (1994: 145) Fragestellungen zu Vertrauen in Kooperationsbeziehungen stellen sich in Bezug auf Vertrauen im Wissensmanagement vorrangig folgende Fragen:

1.   Worauf genau muss im Kontext von Wissensmanagement und Wissenstransfer vertraut werden?

2.   Welche Vorteile rechtfertigen es, sich selbst dem Risiko auszusetzen, dass das in den Transferpartner gesetzte Vertrauen enttäuscht wird?

Da Vertrauen, wie dargestellt, als Voraussetzung für ein gelingendes Wissensmanagement zu verstehen ist, sollte Vertrauen als ein unverzichtbarer Bestandteil in alle Wissensmanagement-Aktivitäten eingebunden werden. Vertrauen wird jedoch nicht bedingungslos gewährt, „denn erweist sich der Partner als wenig vertrauenswürdig, so entspricht es durchaus der ökonomischen Rationalität, das Vertrauensverhältnis auch seinerseits zu beenden" (Wurche 1994: 156). In ihren Definitionen beschreiben Autoren oftmals, dass Vertrauen gleichzeitig den freiwilligen Verzicht auf opportunistisches Verhalten beim Vertrauensnehmer inkludiert (vgl. Ripperger 2003: 45). Es existiert faktisch trotz allem die Möglichkeit, dass ein Vertrauensnehmer die „Ausbeutungsstrategie" (Beckert 2002: 33) wählt. Eine auf Vertrauen aufbauende Gestaltungslogik nimmt bewusst dieses Risiko in Kauf, um die positiven Effekte von Vertrauen im eigenen Unternehmen realisieren zu können (vgl. Eberl 2010: 245f.).

Ein vertrauensbewusstes Management in Unternehmen verlangt Maßnahmen, „die am einzelnen Individuum bzw. an seiner Persönlichkeit ansetzen" (Klaus 2002: 244). Auf das Feld Wissensmanagement übertragen heißt dies, dass die Bedeutung des Konstrukts Vertrauen stetig zunimmt, weil „qualifizierte und motivierte Mitarbeiter für die erfolgreiche Gestaltung von internen und externen Beziehungen zum zentralen Erfolgsfaktor werden" (Klaus 2002: 244). Vertrauen bleibt vorrangig ein Mittel zur Erreichung ökonomischer Zwecke und muss als solches immer wieder von Neuem im Vergleich zu alternativen Optionen als geeignet ausgewiesen werden (vgl. Wurche 1994: 156). Wenn Kritiker unterstellen, dass Wissensmanagement lediglich eine „Enteignung der Experten" sei, dann folgt daraus, dass Wissenstransfer in Unternehmen an deren Misstrauenskulturen scheitern. Schließlich teilen Menschen erst dann ihr Wissen und ihre Ideen, wenn für sie kein individueller Nachteil entsteht. Sprenger (2002: 40) fasst zusammen: „Ohne horizontales Vertrauen kein Wissenstransfer. Ohne vertikales Vertrauen keine Risikobereitschaft."

Vertrauen wirkt sich „äußerst positiv auf die Art und Weise der Kommunikation aus. Der positive Effekt besteht vor allem darin, dass Vertrauen mehr Offenheit in der Kommunikation mit sich bringt, so dass wichtige Informationen weder von unten nach oben noch vice versa gefiltert werden und so insgesamt organisationale Ziele besser erreicht werden können." (Eberl 2003: 28) Vertrauen resultiert also aus Kommunikation und ermöglicht Kommunikation (vgl. Nieder 1997: 67). Im Umkehrschluss gilt folgendes Phänomen: „Wenn Menschen sich nicht vertrauen, werden sie nicht offen miteinander sein. Sie werden die Kommunikation auf das absolute Minimum reduzieren." (Schmitz 2005: 39) In modellierten Kooperationsbeziehungen, wie sie oftmals bei Wissensmanagement-Aktivitäten vorzufinden sind, ergeben sich diverse Probleme: Negative Verhaltensweisen können unentdeckt bleiben, zukünftige (aus der Zusammenarbeit resultierende) Erträge und Leistungen bleiben ungewiss, gegen Ende einer Kooperation können egoistische Verhaltensweisen zunehmen, temporär entstehen Asymmetrien zwischen den Austauschpartnern (beim Wissenstransfer müssen zeitliche und inhaltliche Vorleistungen erbracht werden) und es fehlen oftmals Kontroll- und Sanktionspotenziale (vgl. Wurche 1994: 152ff.). Die Entwicklung und der Bestand einer Vertrauenskultur hängen davon ab, wie viele Akteure den Vertrauensmechanismus tatsächlich nutzen.

Vertrauen wirkt sich maßgeblich auf das Gelingen von Wissenstransferaktivitäten in Unternehmen aus. Diese Hypothese lässt sich als Schlussfolgerung aus den theoretischen Abhandlungen der vorangegangenen Kapitel formulieren. In der folgenden Untersuchung wird empirisch überprüft, inwieweit diese theoretisch begründete Hypothese mit empirischen Daten gestützt werden kann.

4. Hintergrund, Ziele und Methodik der empirischen Untersuchung

Eine in der Fachliteratur vielfach geäußerte These besagt, dass sich Vertrauen als ein zentraler Faktor im Wissensmanagement erweist (vgl. z.B. Adelsberger et al. 2002: 530; Bullinger/Prieto 1998: 88; Probst 1999: 259; von Rosenstiel 2004: 36; Sollberger 2006: 121). Den Kausalzusammenhang zwischen den beiden Untersuchungsfeldern belegen Davenport und Prusak (1999: 84f.) anschaulich: „Vertrauen ist [...] nicht nur notwendige Voraussetzung für den Wissensaustausch, sondern kann auch Produkt desselben sein." Sie schlussfolgern weiter: „Die Bedeutung, die dem Vertrauen bei Wissenstransaktionen zukommt, lässt deutlich werden, warum Wissensinitiativen, bei denen man ausschließlich davon ausgeht, die Infrastruktur als solche werde automatisch Kommunikation bewirken, nur selten die erwarteten Vorteile bringen." (Davenport/Prusak 1999: 85) Dieser Annahme folgend, lässt sich ohne Vertrauen kein erfolgreicher Wissensaustausch in Unternehmen initiieren.

Die These wird (wie in *Kapitel 2.3.3* ausführlich dargestellt) oft verkündet, eine umfassende empirische Überprüfung hat bislang jedoch noch nicht stattgefunden. Dass Vertrauen im Wissensmanagement eine besondere Rolle spielt, ist in der Fachwelt demnach eine verbreitete Meinung. Diese These wissenschaftlich zu untersuchen und mit einer empirischen Untersuchung zu verifizieren ist das erklärte Ziel dieser Arbeit. Die durchgeführte Untersuchung hat zwei primäre Zielstellungen:

Sie soll (1.) Zusammenhänge zwischen Wissensmanagement und Vertrauen empirisch überprüfen und (2.) die beiden Felder so zusammenführen, dass die Bedeutung von Vertrauen für den Wissenstransfer in Unternehmen empirisch nachgewiesen wird. Dabei gilt es zu klären, welche Vertrauensformen den Transfer maßgeblich beeinflussen.

Zur Durchführung der Untersuchung werden folgende Kriterien als notwendig erklärt, um den Stellenwert von Vertrauen im Wissensmanagement erfassen zu können:

a) Der Bezugsrahmen muss differenziert betrachtet und überprüft (Vertrauen und Wissensmanagement) und

b) es müssen Verbindungen zwischen den Bezugsgrößen hergestellt werden (Vertrauen vs. Wissensmanagement).

Die aus den theoretischen Abhandlungen dieser Arbeit abgeleiteten Hypothesen sollen im Folgenden statistisch verifiziert, d.h. es sollen Ursache-Wirkungs-

© Springer Fachmedien Wiesbaden GmbH, ein Teil von Springer Nature 2012
A.-C. Baller, *Zur Bedeutung von Vertrauen für den Wissenstransfer in Unternehmen*,
Edition KWV, https://doi.org/10.1007/978-3-658-23883-4_4

Beziehungen identifiziert und Kausalannahmen getestet werden. Der Informations-
gewinn geht mit der Reduktion des Datenmaterials einher, mit deren Hilfe sich die
festgelegten Hypothesen überprüfen und auf die Grundgesamtheit übertragen
lassen. Befragt werden ausschließlich Probanden, die wissensintensiven Tätigkeiten
nachgehen, um zielgerichtete Ergebnisse zu den untersuchten Themenfeldern erhalten zu können.

Aufgrund dieser Vorüberlegungen und der definierten Anforderungen ist eine
quantitative Erhebungsmethode, bei der die Untersuchungsteilnehmer einen
standardisierten Fragebogen beantworten, gegenüber einer qualifizierten Abfrage
für diesen Untersuchungsgegenstand geeigneter, da so eine breit gefächerte Stichprobe befragt sowie Zusammenhänge und Einflussfaktoren mit stochastischen Verfahren berechnet werden können. Verwendung finden in der Fachliteratur
dokumentierte und in anderen Forschungsbereichen bereits eingesetzte und damit
überprüfte, standardisierte Messinstrumente (Skalen), so dass die Entwicklung
eines gänzlich neuen Erhebungsinstruments nicht notwendig ist. Der Fokus dieser
Arbeit liegt damit auf der Hypothesenprüfung unter Zuhilfenahme eines neu zusammengestellten Fragebogens, der alle definierten Teilbereiche erfasst.

4.1 Präzisierung der Fragestellung mit Hypothesenbildung

Der Schwerpunkt der vorliegenden empirischen Untersuchung liegt im Erfassen
und Deuten von Vertrauensprozessen (vgl. *Kapitel 3*) und Wissenstransferprozessen
(vgl. *Kapitel 2*) als Teilgrößen und im Gesamtzusammenhang von Wissensmanagement (vgl. *Kapitel 3.5*). Dabei sollen die Teilgrößen zunächst isoliert betrachtet werden, jeweils unter Zuhilfenahme von theoretisch begründeten Einflussfaktoren. Vertrauensprozesse lassen sich auf den drei Ebenen Individuum,
Kollektiv und System erfassen (vgl. *Kapitel 3.2*), die in Kombination die Vertrauensprozesse eines Unternehmens widerspiegeln. Zu den zentralen Faktoren beim
Wissensmanagement zählen der Stellenwert von Wissen für ein Unternehmen, die
praktische Umsetzung von Wissensmanagement und ob aus Perspektive des
Probanden Wissenstransferprozesse tatsächlich stattfinden. Die Analysen beziehen
sich auf drei Kernfragestellungen: Ist das Individuum bereit, Wissen zu teilen?
Beteiligt es sich am Transfer? Und sind die geeigneten Rahmenbedingungen vorzufinden? Nach einer isolierten Betrachtung dieser Teilgrößen werden die beiden
Themenfelder Vertrauen und Wissensmanagement im Anschluss zusammengefügt,
um die Ausgangsthese abschließend bewerten zu können. Die pädagogische

Prämisse der vorliegenden Arbeit begründet die Ableitung von konkreten pädagogischen Handlungsoptionen aus der Diskussion der Ergebnisse. Unter Berücksichtigung dieser teils neuen Handlungsfelder ist es möglich, Vertrauens- und Wissensprozesse in Unternehmen zu optimieren bzw. als Grundlage für die Einführung solcher Prozesse in Unternehmen heranzuziehen.

Aus der integrativen Betrachtung der bisherigen Ergebnisse und den oben beschriebenen Zielen der empirischen Untersuchung ergeben sich konkrete Fragestellungen. Sie lassen sich in drei Teilbereiche (1 - 3) und einen Transferbereich (4) zusammenfassen, die im Folgenden die Basis für die Präzisierung der Fragestellung und die Ableitung von Hypothesen zur Untersuchung „Vertrauen im Wissensmanagement" bilden:

Kapitel 4.1.1	Vertrauensformen in Unternehmen
Kapitel 4.1.2	Wissenstransfer in Unternehmen
Kapitel 4.1.3	Realisierung von Wissensmanagement in Unternehmen
Kapitel 4.1.4	Zusammenhänge zwischen Vertrauensformen und Wissenstransfer

Die Operationalisierung der definierten Teilbereiche des Themenfelds „Vertrauen im Wissensmanagement" erfolgt in den sich anschließenden Kapiteln.

4.1.1 Vertrauensformen in Unternehmen

Die formulierte Kerndefinition des Vertrauensbegriffs „Vertrauen ist der Wille, sich verletzlich zu zeigen" (angelehnt an Schoorman et al. 2007: 347) beschreibt das Vertrauensverständnis, das dieser Arbeit zugrunde liegt. Wie in *Kapitel 3* beschrieben und begründet, finden sich aufgrund der Leitfragestellung „Begünstigt Vertrauen einen Wissenstransfer in Unternehmen?" Elemente des Vertrauensverständnisses verschiedener Wissenschaftsdisziplinen wieder: Die Vertrauensdisposition von Unternehmensmitgliedern (psychologische Sichtweise, insbesondere Rotter), das interpersonale Vertrauen zwischen Unternehmensmitgliedern (psychologische und soziologische Sichtweise, insbesondere Deutsch und Luhmann) und das Vertrauen in das Unternehmen (soziologische Sichtweise, insbesondere Luhmann und Giddens) sowie die grundlegende Erkenntnis, dass Vertrauensprozesse in Unternehmen eine betriebswirtschaftliche Komponente besitzen (ökonomische Sichtweise, insbesondere Eberl und Ripperger). Konkret bedeutet dies, dass Vertrauen in Unternehmen aus der Perspektive eines Mitarbeiters auf drei Ebenen betrachtet werden kann: auf der individuellen Ebene, auf der kollektiven Ebene und auf der Systemebene.

Die individuelle Ebene wird durch die Messung der Vertrauensdisposition der Untersuchungsteilnehmer erfasst, die gleichzeitig als eine Einflussgröße auf die Vertrauensformen in Unternehmen (Kollektiv- und Systemebene) fungiert. Als Einflussgrößen sollten auf kollektiver Ebene die Dauer der Zusammenarbeit und die Teamgröße berücksichtigt werden, da der Vertrauensaufbau ausreichend Zeit benötigt und die Anzahl der Kollegen die Intensität der jeweiligen Beziehung beeinflusst (vgl. *Kapitel 3.4*). Weitere Parameter sind auf Systemebene die Größe des Unternehmens, die Dauer der Betriebszugehörigkeit und die Position des Mitarbeiters. Unterschiedliche Unternehmensgrößen ergeben unterschiedliche Rahmenbedingungen (Kleinstbetriebe ermöglichen einen sehr guten Einblick in Prozesse und Strukturen und bieten die Möglichkeit, kurzfristig eigene Gedanken umzusetzen, Konzerne bieten z.B. klare Strukturen, Zuständigkeiten, Betriebsrat etc.). Die Dauer der Unternehmenszugehörigkeit liefert einen Indikator für das bessere „Kennenlernen" des Unternehmens (Möglichkeit eines Vertrauensaufbaus). Mitarbeiter höherer Statusgruppen haben einen größeren Einfluss und Einblick in Abläufe, Ziele und deren Umsetzung.

Vertrauensformen in Unternehmen sollen gemäß der Vorannahmen erstens das generalisierte Vertrauen einer Person, zweitens das Vertrauen in das Unternehmen sowie drittens das Vertrauen zu Vorgesetzten und Kollegen sein. Weitere Einflussfaktoren sind „Variablen des Vertrauens ins Unternehmen" und „Variablen des interpersonellen Vertrauens" mit den Komponenten „Wissen", „Emotionale Erfahrung" und „Risiko". Eine Analyse aller drei Bereiche ermöglicht es, umfassende Aussagen über das Vertrauen in Unternehmen treffen zu können. Eine Analyse sollte sowohl die unterschiedlichen Vertrauensformen als auch die vorzufindenden Hierarchiegefüge abbilden, so dass eine Differenzierung des zwischenmenschlichen Vertrauens auf horizontaler Ebene (Arbeitskollege/Arbeitskollege) und vertikaler Ebene (Führungskraft/Arbeitskollege) nötig ist.

Nach dieser theoretischen Ableitung der Vertrauensformen in Unternehmen und deren spezifischen Einflussgrößen bleibt zu analysieren, wie die einzelnen Variablen in Unternehmen auftreten und inwieweit sich die verschiedenen Variablen gegenseitig bedingen. Die zentrale Fragestellung lautet: „Wie ausgeprägt sind die Vertrauensformen der Teilnehmer?" Aufschluss dazu soll die empirische Analyse und Auswertung folgender Hypothesen geben (vgl. Diagramm 1):

Hypothese 1:

a) Es besteht ein Zusammenhang zwischen dem Vertrauen in das Unternehmen und den drei Variablen „Wissen über das Unternehmen", „Emotionale Erfahrung" und dem mit Vertrauen verbundenen „Risiko".

b) Die Unternehmensgröße beeinflusst das Vertrauen in das Unternehmen.

c) Das Vertrauen in das Unternehmen wächst mit Dauer der Betriebszugehörigkeit.

d) Mit steigender hierarchischer Position im Unternehmen wächst das Vertrauen eines Mitarbeiters in sein Unternehmen.

Hypothese 2:

a) Es besteht ein Zusammenhang zwischen dem Vertrauen in den Vorgesetzten und den drei Variablen „Wissen über den Vorgesetzten", „Emotionale Erfahrung" und dem mit Vertrauen verbundenen „Risiko".

b) Die Dauer der Zusammenarbeit mit dem jetzigen Vorgesetzten beeinflusst das Vertrauen von Mitarbeitern in den Vorgesetzten.

Hypothese 3:

a) Es besteht ein Zusammenhang zwischen dem Vertrauen in die Arbeitskollegen und den drei Variablen „Wissen über die Arbeitskollegen", „Emotionale Erfahrung" und dem mit Vertrauen verbundenen „Risiko".

b) Die Teamgröße beeinflusst das Vertrauen der Arbeitskollegen untereinander.

Hypothese 4:

Es besteht ein Zusammenhang zwischen dem generalisierten Vertrauen einer Person und den drei Vertrauensformen (Vertrauen in das Unternehmen, Vertrauen in den Vorgesetzten und Vertrauen in die Arbeitskollegen).

Diagramm 1: Hypothesen 1 - 4 (Untersuchungsbereich 1)

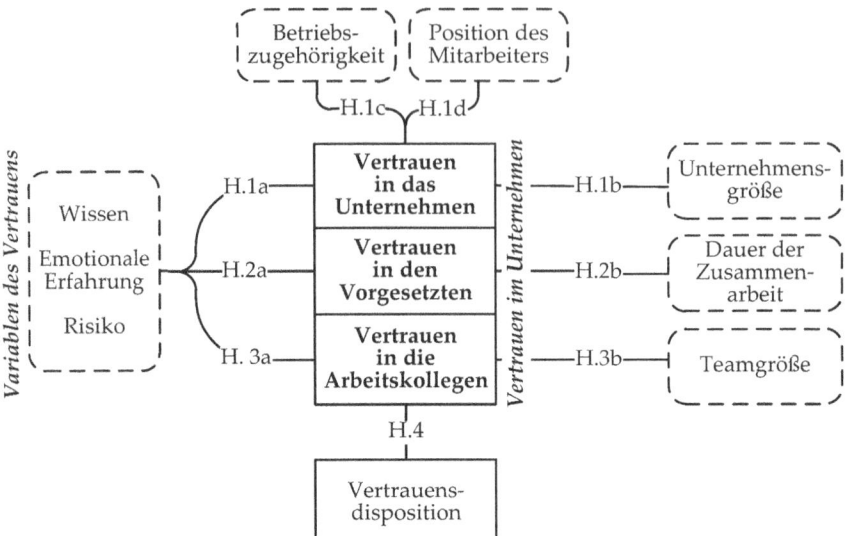

4.1.2 Wissenstransfer in Unternehmen

Wissenstransfer kann grundsätzlich, wie in *Kapitel 2.3.2* beschrieben, intern (zwischen Personen, Gruppen oder Abteilungen in einem Unternehmen) und extern (mit externen Partnern, z.B. innerhalb einer Kooperation) erfolgen. Der Fokus dieser Arbeit liegt auf dem Wissenstransfer innerhalb von Unternehmen, so dass in der vorliegenden Untersuchung der Wissenstransfer in hierarchisch gegliederten Unternehmen anhand der Stellung der beteiligen Wissensträger untersucht wird. Der zu messende Transfer lässt sich unterscheiden in Wissensweitergabe- und Wissensnutzungsaktivitäten der Probanden. Die relevanten Wissensarten sind in einer solchen empirischen Untersuchung im organisationalen Kontext sowohl das schwer kommunizierbare und formalisierbare implizite Wissen als auch das formale, explizite Wissen. Auf den Transfer beider Wissensarten zielt Wissensmanagement in Unternehmen ab. Werner (2004) integriert Wissenstransferaktivitäten in das Vier-Felder-Modell der Wissensspirale nach Nonaka und Takeuchi (1997), so dass der Transfer von Wissensträger zu Wissensträger ohne eine Explizierung (z.B. Beobachtung, Imitation, Möglichkeit der räumlichen Entkopplung etwa durch Videokonferenzen), nach einer Explizierung (z.B. durch Artikulation und Symbolisierung, etwa durch Metaphern, Analogien, Modelle), als Wissensweitergabe von bewusstem, explizitem Wissen (z.B. durch Kommunikation, Dokumentationen, Erfahrungsberichte) und durch praktische Anwendung (schrittweiser Übergang durch Lernen und regelmäßige Anwendung des Gelernten) erfolgen kann (vgl. *Kapitel 2.2.3*).

Wissenstransfer, definiert als die Weitergabe und Nutzung von Wissen, findet in Unternehmen auf horizontaler Ebene (Mitarbeiter zu Mitarbeiter) und vertikaler Ebene (Mitarbeiter zu Führungskraft) statt. Wissenstransfer kann erst erfolgen, wenn einzelne Mitarbeiter bereit sind, Wissen weiterzugeben, und motiviert, Wissen anderer zu nutzen. Beide Prozesse sind in der praktischen Umsetzung nicht unproblematisch (vgl. *Kapitel 2.3.3*). Randbedingungen einer Analyse sollten mögliche Problemfelder, konkret die Kommunikationsqualität der Interaktionspartner, die Informationsüberlastung des Einzelnen als ein mögliches Hemmnis („Es würde mir mehr nützen, wenn ich weniger und nur die wichtigsten Informationen erhalten würde") und die Zurückhaltung von Informationen aus strategischen Gesichtspunkten sein. Hier finden Auszüge des Fragebogens zur „Erfassung der Kommunikation in Organisationen" (KomminO) Anwendung (vgl. Sperka 1997: 182ff.).

Die Operationalisierung der Wissenstransferaktivitäten erfolgt nach folgenden Leitfragen: Es soll der Frage nachgegangen werden, wie erfolgreich die Versuchspersonen ihr Wissen mit ihrem jeweiligen Vorgesetzten teilen. Daran schließt sich die offene Frage an, wie erfolgreich die Versuchspersonen ihr Wissen mit ihren Arbeitskollegen aus ihrem jeweiligen Team teilen. Erkenntnisleitende Fragestellung ist demnach: „Engagieren sich die Untersuchungsteilnehmer beim Wissenstransfer in ihren Unternehmen?" Daraus resultiert folgende dreigeteilte Hypothese (vgl. Diagramm 2):

Hypothese 5:

a)   Es besteht ein Zusammenhang zwischen dem Wissenstransfer zum Vorgesetzten und der Kommunikationsqualität, der Informationsüberlastung und der Informationszurückhaltung gegenüber dem Vorgesetzten.

b)   Es besteht ein Zusammenhang zwischen dem Wissenstransfer zu Arbeitskollegen und der Kommunikationsqualität, der Informationsüberlastung und der Informationszurückhaltung gegenüber den Arbeitskollegen.

c) Der Wissenstransfer zu Vorgesetzten und Arbeitskollegen ist abhängig von der erlebten Kommunikationsqualität, Informationsüberlastung und Informationszurückhaltung.

Diagramm 2: Hypothese 5 (Untersuchungsbereich 2)

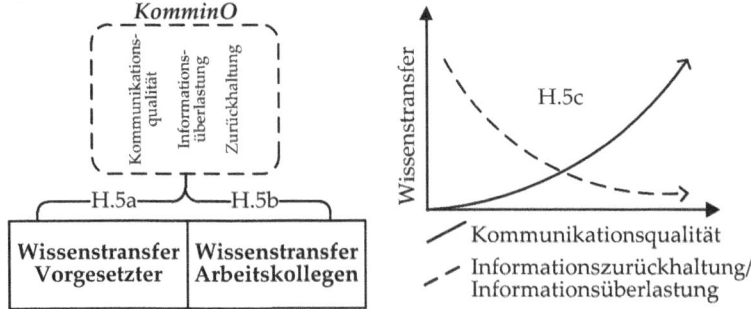

4.1.3 Realisierung von Wissensmanagement in Unternehmen

Der gesellschaftliche Wandel hin zu einer Wissensgesellschaft erfordert ein Umdenken in der betrieblichen Praxis, denn Wissen gilt längst als strategischer Wettbewerbsvorteil (vgl. *Kapitel 2*). Unternehmen müssen heutzutage Antworten auf die Fragen finden, welche Daten und Informationen Mitarbeiter für die Wissensgenerierung benötigen sowie in welcher Form dieses Wissen wirtschaftlich erfolgreich angewendet und genutzt werden kann. Implizit haben Unternehmen schon immer nach Wissen gesucht, es angewendet und Wissen geschätzt. Nun müssen Handlungsoptionen entwickelt werden, um diese unsystematische Vorgehensweise zu strukturieren.

Die Realisierung von Wissensmanagement in Unternehmen kann aus persönlichen Einstellungen der Mitarbeiter, der eventuell vorhandenen Wissensmanagement-Strategie und deren Umsetzung sowie dem konkreten Einsatz von Wissensmanagement-Instrumenten abgeleitet werden. Trotz der theoretischen Erkenntnisse wird Wissensmanagement oftmals „stiefmütterlich" behandelt. Ohne eine unterstützende Infrastruktur wird der Wissenstransfer (Untersuchungsbereich 2; vgl. *Kapitel 4.1.2*) erschwert. Folglich stellt die Erkenntnis, wie wichtig das Thema Wissensmanagement für ein Unternehmen ist, eine Grundvoraussetzung für weitergehende Interpretationen dar.

In der nachfolgenden empirischen Untersuchung soll eine Antwort auf die Frage gefunden werden, welchen Stellenwert das Thema Wissensmanagement in den

Unternehmen der Untersuchungsteilnehmer hat und wie sich diese Position auf den Untersuchungsbereich Wissenstransfer tatsächlich auswirkt. Die Leitfrage lautet: „Wie wichtig ist Wissensmanagement in den Unternehmen gemäß der Einschätzungen der Teilnehmer?" Dies erfolgt über die Prüfung der nachfolgend formulierten Hypothese (vgl. Diagramm 3):

Hypothese 6:

a)   Es besteht ein Zusammenhang zwischen der Aussage „Wissen ist für die Wertschöpfung und den Erfolg meines Unternehmens sehr wichtig" und der Realisierung von Wissensmanagement in einem Unternehmen.

b)   Die Realisierung von Wissensmanagement in einem Unternehmen ist abhängig vom Stellenwert der Ressource Wissen für das Unternehmen.

c)   Die Unternehmensgröße beeinflusst die Realisierung von Wissensmanagement.

d)   Es besteht ein Zusammenhang zwischen der Realisierung von Wissensmanagement in einem Unternehmen und dem Wissenstransfer zum Vorgesetzten, dem Wissenstransfer zu Arbeitskollegen und dem Wissenstransfer unternehmensweit.

e)   Die Existenz einer Wissensmanagement-Abteilung beeinflusst den Wissenstransfer zu Vorgesetzten, Arbeitskollegen und unternehmensweit.

Diagramm 3: Hypothese 6 (Untersuchungsbereich 3)

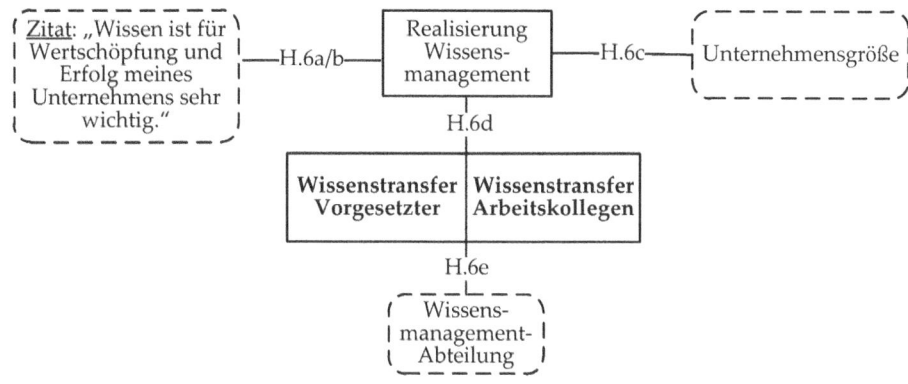

4.1.4 Zusammenhänge zwischen Vertrauensformen und Wissenstransfer

Die Zusammenführung der beiden theoretischen Bezugsrahmen Wissensmanagement und Vertrauen in *Kapitel 3.5* hin zu einem vertrauensbewussten Wissensmanagement begründet bereits auf Grundlage der Modelle und Thesen von namhaften Autoren verschiedener Wissenschaftsdisziplinen, welchen Stellenwert Vertrauen und eine Vertrauenskultur für erfolgreichen Wissenstransfer in Unternehmen hat. Im vierten Untersuchungsbereich der empirischen Untersuchung sollen diese theoretischen Gedanken empirisch überprüft werden. Basis für die Überprüfung bilden die empirischen Daten, die bereits in den ersten drei Untersuchungsbereichen „Vertrauensformen", „Wissenstransfer" und „Wissensmanagement" ausgewertet werden. In diesem Transferbereich zwischen bislang isoliert betrachteten Themenfeldern ist die erkenntnisleitende Fragestellung: „Besteht ein Erklärungs- und Wirkungszusammenhang zwischen Vertrauen und Wissenstransfer?" Die Komplexität dieses Forschungsfelds lässt sich auf drei Kernhypothesen reduzieren, die sich

- auf den Zusammenhang zwischen Wissenstransfer und Vertrauen (in Bezug auf unterschiedliche Hierarchieebenen),

- auf den konkreten Einfluss der unterschiedlichen Vertrauensformen auf den Wissensfluss in einem Unternehmen und

- auf den Faktor „Macht"

beziehen. Letztgenannte Kernhypothese begründet sich durch die Tatsache, dass mit steigender Position in der Hierarchie eines Unternehmens die Sensibilität des eigenen Wissens zunimmt und davon auszugehen ist, dass aufgrund dieser Tatsache der Stellenwert von Vertrauen zunimmt.

Aus der vorgenommenen Präzisierung der Fragestellung dieser Arbeit ergeben sich für die empirische Untersuchung folgende Hypothesen (vgl. Diagramm 4, Diagramm 5 und Diagramm 6):

Hypothese 7:

a)   Es besteht ein Zusammenhang zwischen dem Vertrauen zum Vorgesetzten und dem Wissenstransfer zum Vorgesetzten sowie zwischen dem Vertrauen zu Arbeitskollegen und dem Wissenstransfer zu Arbeitskollegen.

b)   Es besteht ein Zusammenhang zwischen dem Vertrauen in das Unternehmen und dem Wissenstransfer zum Vorgesetzten, zu Arbeitskollegen und unternehmensweit.

Diagramm 4: Hypothese 7 (Untersuchungsbereich 4)

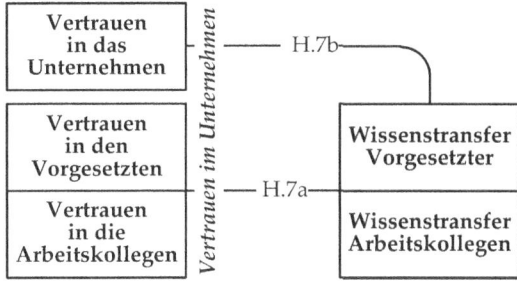

Hypothese 8:

a)   Das generalisierte Vertrauen einer Person beeinflusst das Vertrauen in das Unternehmen, das Vertrauen in den Vorgesetzten und das Vertrauen in die Arbeitskollegen.

b)   Diese drei Vertrauensformen (Unternehmen, Vorgesetzte, Arbeitskollegen) beeinflussen wiederum den Wissenstransfer in einem Unternehmen.

Diagramm 5: Hypothese 8 (Regressionsmodell)

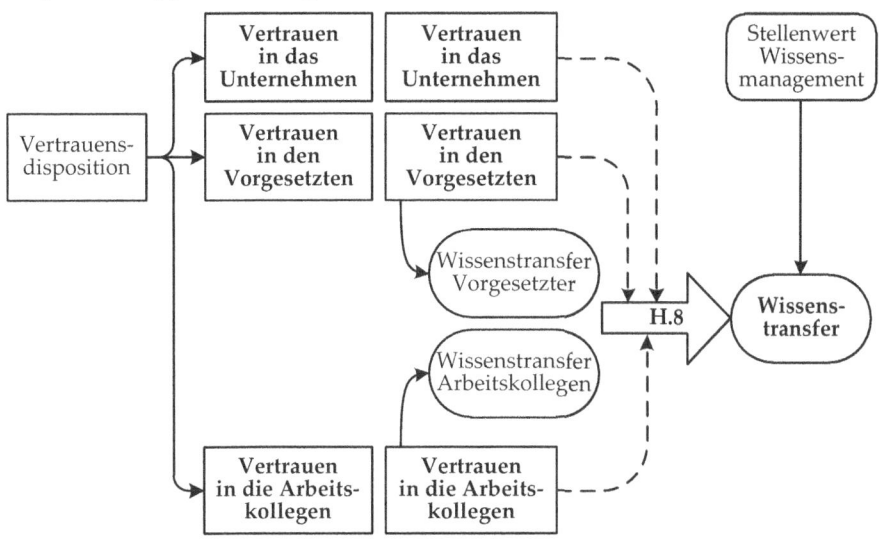

Hypothese 9:

Die Verantwortung des Einzelnen im Betrieb (Position im Betrieb) beeinflusst den Stellenwert von Vertrauen als Einflussfaktor für Wissenstransfer.

Diagramm 6: Hypothese 9

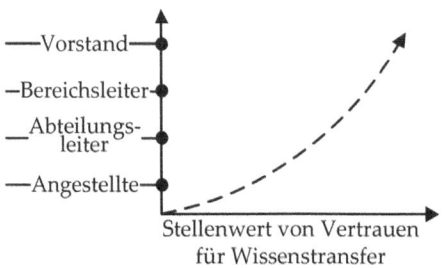

4.1.5 Zusammenführung der Untersuchungsbereiche

Die Präzisierung der Fragestellung erfolgt in Form einer Operationalisierung des Themas „Vertrauen im Wissensmanagement" durch die Bildung von drei Teilbereichen und einem Transferbereich, die in den vorangegangenen *Kapiteln 4.1.1 bis 4.1.4* detailliert beschrieben sind. Insgesamt baut die Untersuchung somit auf vier erkenntnisleitenden Fragestellungen auf, die durch neun, teilweise unterteilte Hypothesen überprüft werden.

Die Zielsetzung der empirischen Untersuchung, Erklärungs- und Wirkungszusammenhänge zu ermitteln, die den Einfluss von Vertrauen auf Wissenstransfer in Unternehmen belegen, ist ein sehr vielschichtiges Forschungsvorhaben. In Diagramm 7 wird die Verflechtung der notwendigerweise zu untersuchenden Faktoren bei der vorliegenden Thematik deutlich, die vorgenommene Differenzierung in Teilbereiche erleichtert die Nachvollziehbarkeit der Vorgehensweise.

Diagramm 7: Übersicht über die Hypothesen der empirischen Untersuchung

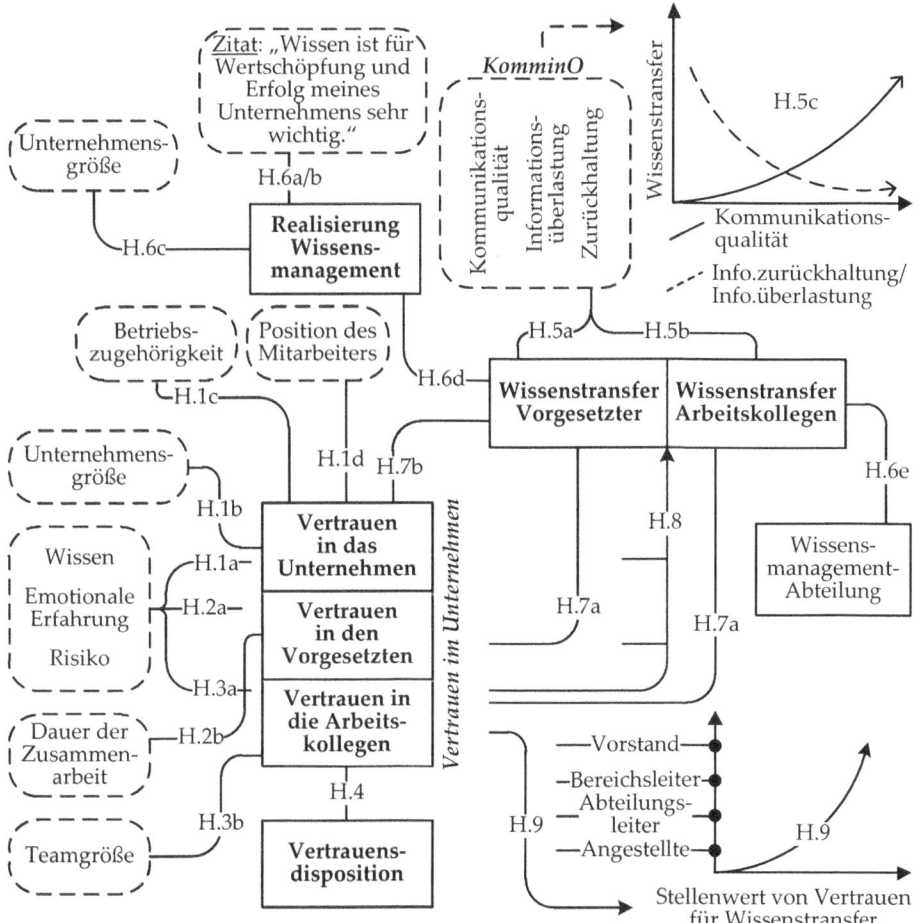

4.2 Methodik der empirischen Untersuchung

In den folgenden Unterkapiteln ist die angewandte Methodik der durchgeführten Untersuchung dargestellt. Nach einer Beschreibung der eingesetzten Erhebungsinstrumente zur Erfassung von Vertrauen, Wissenstransfer und Wissensmanagement (*Kapitel 4.2.1*) sowie der demografischen Variablen (*Kapitel 4.2.2*) folgt die Schilderung der Untersuchungsdurchführung, differenziert in Vortest und Hauptuntersuchung (*Kapitel 4.2.3*). Daran anschließend werden die für diese Untersuchung festgelegten statistischen Gütekriterien begründet (*Kapitel 4.2.4*), die verwendeten statistischen Verfahren zur Hypothesenprüfung beschrieben und ihr Einsatz in der vorliegenden Untersuchung dokumentiert (*Kapitel 4.2.5*). Hierzu zählen eine Charakterisierung der statistischen Kennzahlen sowie die Definition von Mindestanforderungen, die gelten sollen.

4.2.1 Erhebungsinstrumente und deren Skalierung

Der entwickelte Fragebogen zur Untersuchung des Einflusses von Vertrauen auf den Wissenstransfer in Unternehmen besteht aus einer Zusammenstellung von neun Skalen und deren Subskalen. Verwendung finden – soweit vorhanden – etablierte Instrumente, die in vorhergegangenen Untersuchungen anderer Autoren ihre jeweilige Tauglichkeit (Validität und Reliabilität) bewiesen haben. Um eine Einheitlichkeit und die damit einhergehende hohe Praktikabilität für die Teilnehmer zu erreichen, musste die Skalierung (Antwortskala als quantitatives Beurteilungsschema) der Originalinstrumente teilweise angepasst werden. Eine Bewertung aller Items des Fragebogens ist nun durchgängig in fünf Abstufungen möglich. Allen Items liegt die Skalierungsmethode von Likert (vgl. Diekmann 1995: 209ff.) zugrunde, so dass „der Skalenwert (»score«) jedes Befragten als die Summe der Einschätzungen der Items berechnet" (Schnell et al. 1999: 182) wird. Die Berechnung der Skalensummen geschieht durch Addition der Itemscores einer Skala (je Item zwischen 1 und 5 Punkten) und die anschließende Division durch den maximal zu erreichenden Wert (Anzahl der Items x 5 Punkte). Die Skalensumme liegt dementsprechend immer zwischen den Werten 0,2 und 1,0. Zur übersichtlichen Darstellung ist jede Skala der vorliegenden Untersuchung mit einer Abkürzung versehen. Diese setzt sich aus Buchstabenkürzeln der Skalenbezeichnung sowie der Anzahl der zur Skala gehörenden Items zusammen (Beispiel: die Interpersonal Trust Scale mit 27 Items wird abgekürzt mit IT_{27}).

Interpersonal-Trust-Scale (IT_{27})
Die Interpersonal-Trust-Scale von Rotter (1967) wird in der deutsch übersetzten und inhaltlich überarbeiteten Fassung von Amelang et al. (1984) eingesetzt. Die Skala misst das zwischenmenschliche Vertrauen, verstanden als „die generalisierte Erwartung eines Individuums oder einer Gruppe […], sich auf Worte und Versprechen, mündliche oder schriftliche Äußerungen anderer oder einer Gruppe verlassen zu können" (Amelang et al. 1984: 198f.). Die Originalskala von Rotter besteht aus 25 Items und verfügt über eine interne Konsistenz von $\alpha = .76$ (vgl. *Kapitel 4.2.4*). Die Items der Rotter-Skala wurden von Amelang et al. (1984) ins Deutsche übersetzt und um 17 Items erweitert. Nach einer Elimination von Items mit geringer Trennschärfe besteht die Skala von Amelang et al. abschließend aus

27 Items (α = .85), von denen neun positiv (Zustimmung signalisiert „Vertrauen")
und 19 negativ (Zustimmung signalisiert „Misstrauen") formuliert sind. Der Ver-
trauenstest ist fünfstufig skaliert (unzutreffend – eher unzutreffend – mittel – eher
zutreffend – zutreffend), so dass je Teilnehmer zwischen 27 und maximal 135
Punkten (1 bis 5 Punkte je Item x 27 Items) erreicht werden können. Rotter hat
„diejenigen, die oberhalb der 50-Prozent-Grenzen lagen, die Vertrauensvollen genannt; wer darunter lag wurde als misstrauisch eingestuft" (Rotter 1981: 24).

Vertrauen in das Unternehmen (VU08)

Die Skala „Vertrauen in das Unternehmen" ist von Graeff (1998) entwickelt worden
und soll eine generelle Überzeugung der Versuchspersonen messen. Er legt seiner
Konzeption die vier Dimensionen des nicht-interpersonalen Vertrauens von Lee
und Moray (1992) zugrunde. Zu diesen zählen „foundation of trust" (Grundannahmen, die Vertrauen ermöglichen), „performance" (Erwartung von konsistentem Verhalten), „process" (Charaktereigenschaften, die das Verhalten bestimmen) und „purpose" (Motiv/Intention des Handelnden), wobei letztgenannte
in der endgültigen Skala von Graeff nicht mehr vertreten ist. Die interne Konsistenz
der aus acht Items bestehenden Skala liegt bei α = .87. Als Variablen des Vertrauens
in das Unternehmen werden ergänzend die drei Skalen (jeweils mit drei Items)
„Wissen über das Unternehmen" (α = .57), „Emotionale Erfahrung im Unternehmen" (α = .77) und „Risiko" (α = .80) eingesetzt. Die Skala „Wissen" bildet die
Erfahrungen ab, die Befragte in ihren Unternehmen gesammelt haben. Eine „ge-
fühlsmäßige Verknüpfung mit dem Vertrauensobjekt" (Graeff 1998: 186) stellt die
Skala „Emotionale Erfahrung" her. Die Items der Skala „Risiko" fragen Aspekte der
Verwundbarkeit gegenüber dem Vertrauensobjekt ab. Die vier Skalen sind im
Original mit sechsstufigen Antwortskalen versehen und wurden nun in eine fünf-
stufige Skala überführt.

Vertrauen in den Vorgesetzten (VC10)

Das „Vertrauen in den Vorgesetzten" wird ebenfalls mit einer Skala von Graeff
(1998) erfasst. Vertrauen bildet Graeff „als multidimensionales, verhaltensnahes
Konstrukt" (Graeff 1998: 190) ab. Die Skala (zehn Items) enthält unter anderem die
Aspekte Verlässlichkeit, Vertrauenswürdigkeit, Reziprozität, Loyalität und
Ansprechbarkeit. Die Items stammen aus Beiträgen von Bierhoff et al. (1986) und
Graeff (1992). Die Reliabilität der Skala beschreibt Graeff (1998: 191) als „aus-
gezeichnet" (α = .93). Neben dem „Vertrauen in den Vorgesetzten" kommen die

Skalen „Wissen über den Vorgesetzten", „Emotionale Erfahrung im Umgang mit dem Vorgesetzten" und „Risiko", als die Variablen des interpersonellen Vertrauens, zum Einsatz. Die Skala „Wissen" (α = .76) „umfasst die Einschätzungen der Befragten, ob diese glauben, gut mit ihrem Chef umgehen [...] und sein Verhalten vorhersagen [zu] können" (Graeff 1998: 191). Bei der Skala „Emotionale Erfahrung" (α = .85) stehen die Gefühle der Untersuchungsteilnehmer in Bezug auf den Vorgesetzten im Vordergrund. Das „Risiko" (α = .71) bezieht sich auf den potenziellen Schaden, der bei einem Vertrauensbruch entstehen könnte. Auch diese vier Skalen haben im Original sechsstufige Antwortmöglichkeiten und sind im Rahmen dieser Arbeit in eine fünfstufige Variante transferiert worden.

Vertrauen in die Arbeitskollegen (VK₁₀)

Zur Messung des Vertrauens in die Arbeitskollegen ist die Skala „Vertrauen in den Vorgesetzten" für die vorliegende Untersuchung adaptiert worden. Die neue Skala umfasst ebenfalls zehn Items, bei denen jeweils das Vertrauensobjekt in den Formulierungen angepasst wurde. So veränderte sich beispielsweise das Item „Ich kann mich meinem Vorgesetzten anvertrauen" in „Ich kann mich meinen Kollegen anvertrauen". Die gleiche Vorgehensweise wurde für die Variablen des interpersonellen Vertrauens gewählt. Hervorgegangen sind aus diesem Prozess vier neue Skalen mit fünfstufigen Antwortskalierungen.

Wissenstransfer-Skala nach Werner (WT₂₂)

Werner (2004) hat eine Skala zur Messung des Wissenstransfers erarbeitet, die in dieser Untersuchung zur Anwendung kommt. Er schließt mit der Entwicklung dieses Erhebungsinstruments eine Lücke in der bisherigen Wissensmanagement-Forschung, da es ihm gelungen ist, Wissenstransfer annäherungsweise zu quantifizieren und so konkrete Zusammenhänge aussagekräftig benennen zu können. Seine Operationalisierung des zur Messung des Wissenstransfers entwickelten Konzepts erfolgt durch Indikatoren, mit denen „die Häufigkeit der intraorganisationalen Wissenstransferaktivitäten ermittelt werden kann" (Werner 2004: 95). Als zentrale Ergebnisse seiner Studie benennt er

a) den nachgewiesenen Zusammenhang zwischen der Definition und Kommunikation individueller und kollektiver Ziele und dem Wissenstransfer,

b) den nachgewiesenen Zusammenhang zwischen leistungsabhängigen Konsequenzen und dem Wissenstransfer sowie

c) den Zusammenhang zwischen der systematischen Beschäftigung mit Wissensmanagement in einem Unternehmen und dem Wissenstransfer der Unternehmensmitglieder (vgl. Werner 2004: 345ff.).

Die zu erfassenden Wissensweitergabe- und Wissensnutzungsaktivitäten integriert
Werner in das Vier-Felder-Modell der Wissensspirale von Nonaka und Takeuchi
(vgl. Nonaka/Takeuchi 1997), d.h. er formuliert Items zur Wissensweitergabe und
Wissensnutzung von explizitem und implizitem Wissen, um Transferleistungen im
Sinne der Sozialisation, Externalisierung, Kombination und Internalisierung zu
messen. Der Fragenkatalog umfasst abschließend 13 Items, die in der Originalskala
siebenstufig skaliert sind und die in den drei Transferrichtungen „Vorgesetzter",
„Mitarbeiter aus dem Team" und „Mitarbeiter außerhalb des Teams" abgefragt
werden. Die Bildung der Skalensummen erfolgt auf drei Ebenen: „Score 1" umfasst
vier Skalen (Wissensweitergabe für den Transfer von explizitem Wissen, Wissensweitergabe für den Transfer von implizitem Wissen, Wissensnutzung für den
Transfer von explizitem Wissen und Wissensnutzung für den Transfer von implizitem Wissen); „Score 2" besteht aus zwei Skalen (Wissensweitergabe und
Wissensnutzung); „Score 3" enthält nur die Skala „Wissenstransferaktivitäten" (vgl.
Abbildung 14).

**Abbildung 14: Indexkonstruktion zur Erfassung der Wissenstransferaktivitäten
(eigene Darstellung nach Werner 2004: 115)**

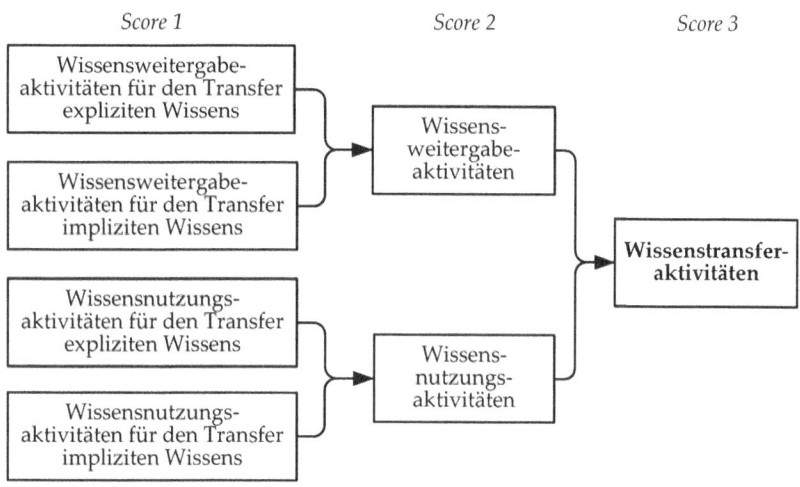

Werner (2004) erreichte bei seiner Untersuchung den statistischen Anforderungen entsprechende Alphawerte ($\alpha \geq .60$ bzw. $\alpha \geq .40$). Sie differieren je nach Score und Transferrichtung (vgl. Tabelle 6), liegen damit konsequent über den in der vorliegenden Untersuchung definierten Mindestwerten (vgl. *Kapitel 4.2.4*).

Tabelle 6: Reliabilitätsprüfung der Wissenstransferskalen (vgl. Werner 2004)

	Vorgesetzter	Teammitglieder	Nichtteammitgl.
Wissensweitergabe / explizites Wissen	$\alpha = .59$	$\alpha = .60$	$\alpha = .67$
Wissensweitergabe / implizites Wissen	$\alpha = .61$	$\alpha = .48$	$\alpha = .60$
Wissensnutzung / explizites Wissen	$\alpha = .63$	$\alpha = .60$	$\alpha = .69$
Wissensnutzung / implizites Wissen	$\alpha = .75$	$\alpha = .65$	$\alpha = .72$
Wissensweitergabeaktivitäten	$\alpha = .73$	$\alpha = .68$	$\alpha = .78$
Wissensnutzungsaktivitäten	$\alpha = .76$	$\alpha = .72$	$\alpha = .77$
Wissenstransfer	$\alpha = .84$	$\alpha = .80$	$\alpha = .86$

Das Instrument wird in der nachfolgend dokumentierten Befragung mit geringen Änderungen verwendet: Äquivalent zu den Vertrauensskalen sind für diese Erhebung die Transferrichtungen „Vorgesetzter" und „Arbeitskollegen" relevant. Eine Verdichtung des Datenmaterials geschieht gemäß Werners Konzept auf den drei Score-Ebenen. Die drei Score-Ebenen ergänzen sich schließlich hin zu einem Gesamtscore der Wissenstransferaktivitäten von Unternehmen. Letztgenannte entspricht einer additiven Skalenbildung der Wissenstransfer-Scores beider Transferrichtungen.

KomminO: Kommunikationsqualität (KC-K09 / KK-K09), Informations-überlastung (KC-Ü03 / KK-Ü03) und -zurückhaltung (KC-Z03 / KK-Z03)

Der „Fragebogen zur Erfassung der Kommunikation in Organisationen" (KomminO), entwickelt von Markus Sperka und Julia Rózsa, ist ein systematisches Instrument zur Erfassung der organisationsinternen Kommunikation (vgl. Sperka 1997: 182ff.). Nach der Faktorenanalyse besteht KomminO aus sieben Skalen, die jeweils die organisationsinternen Kommunikationskanäle mit dem Vorgesetzten, den Kollegen und den unterstellten Mitarbeitern mit fünfstufigen Ratingskalen erheben und analysieren. Dies sind: Kommunikationsqualität, Feedback, Vertrauen, Bedeutung der Kommunikation, Informationsüberlastung, Zusammenfassung von Informationen und Zurückhaltung von Informationen. Für die Untersuchung des Einflusses von Vertrauen auf Wissenstransfer sind die Skalen „Kommunikationsqualität", „Informationsüberlastung" und „Zurückhaltung" weitere Indikatoren für den Wissenstransfer. Es gilt deshalb zu klären, inwieweit diese drei Faktoren im Zusammenhang mit dem Wissenstransfer in Unternehmen stehen. Die insgesamt 15 Items aus dem Fragebogen KomminO werden in den Transferrichtungen Vorgesetzter und Arbeitskollegen erhoben.

Realisierung von Wissensmanagement (WM$_{10}$)

Zur Messung der Realisierung von Wissensmanagement in Unternehmen liegt kein adäquates Instrument vor. Um dieser Frage nachgehen zu können wurden in Anlehnung an die Online-Diagnose des Steinbeis-Transferzentrums Wissensmanagement und Kommunikation (vgl. http://www.steinbeis-wissensmanagement.de/Consulting/online-Diagnose, abgerufen am 25.09.2006) die 15 Fragestellungen zum Wissensmanagement im Unternehmen in 15 Items mit fünfstufigen Antwortskalen transferiert und in der empirischen Untersuchung abgefragt (vgl. Tabelle 7). Nach der Reliabilitäts- und Validitätsüberprüfung (vgl. *Kapitel 4.3.7*) verbleiben für die Auswertung der Daten in der Skala zehn Items, die alle stark auf einen Faktor laden. Vier Items (Nr. 5, 6, 7, 14) entfallen komplett, ein Item (Nr. 1) findet Verwendung als „pauschale Aussage" zum Thema Wissensmanagement. Negativ formulierte Items werden vor der Auswertung des Datenmaterials rekodiert.

Tabelle 7: Gegenüberstellung „Steinbeis-Online-Check" und „Wissensmanagement-Skala"

	Online-Diagnose (Steinbeis)	Wissensmanagement-Skala (Baller)
1.	Wissen ist für die Wertschöpfung und den Erfolg unseres Unternehmens ☐ sehr wichtig ☐ wichtig ☐ eher unwichtig	Wissen ist für die Wertschöpfung und den Erfolg meines Unternehmens sehr wichtig. *unzutreffend* ☐ ☐ ☐ ☐ ☐ *zutreffend*
2.	Der effiziente Umgang mit Wissen ist in unserem Unternehmen ☐ ein Thema ☐ kein Thema	Der effiziente Umgang mit Wissen ist in meinem Unternehmen ein Thema. *unzutreffend* ☐ ☐ ☐ ☐ ☐ *zutreffend*
3.	In unserem Unternehmen wird das Rad des Öfteren zwei Mal erfunden. ☐ Aussage trifft zu ☐ Aussage trifft nicht zu	In meinem Unternehmen wird das Rad des Öfteren zwei Mal erfunden. (rekodiert) *unzutreffend* ☐ ☐ ☐ ☐ ☐ *zutreffend*

4.	Über neue Entwicklungen / Veränderungen in unserem Unternehmen fühle ich mich ☐ gut informiert ☐ angemessen informiert ☐ schlecht informiert	Über neue Entwicklungen / Veränderungen in meinem Unternehmen fühle ich mich schlecht informiert. *unzutreffend* ☐ ☐ ☐ ☐ ☐ *zutreffend*
5.	Meine Informationen beziehe ich hauptsächlich über ☐ offizielle Meetings ☐ interne Dokumente / Schreiben / Datenbanken ☐ den Flurfunk (Gerüchte)	Meine Informationen beziehe ich hauptsächlich über offizielle Besprechungen. (rekodiert) *unzutreffend* ☐ ☐ ☐ ☐ ☐ *zutreffend*
6.	Ich erhalte (zu) viele Informationen, die ich eigentlich für meine Arbeit nicht benötige. ☐ Aussage trifft zu ☐ Aussage trifft nicht zu ☐ Kann ich nicht beurteilen	Ich erhalte (zu) viele Informationen, die ich eigentlich für meine Arbeit nicht benötige. (rekodiert) *unzutreffend* ☐ ☐ ☐ ☐ ☐ *zutreffend*
7.	Ich vergeude zu viel Zeit in Besprechungen. ☐ Aussage trifft zu ☐ Aussage trifft manchmal zu ☐ Aussage trifft nicht zu	Ich vergeude zu viel Arbeitszeit in Besprechungen. (rekodiert) *unzutreffend* ☐ ☐ ☐ ☐ ☐ *zutreffend*
8.	Entscheidungsprozesse in unserem Unternehmen ☐ sind transparent ☐ sind intransparent und daher überraschend ☐ interessieren mich nicht	Entscheidungsprozesse sind in meinem Unternehmen intransparent und daher überraschend. (rekodiert) *unzutreffend* ☐ ☐ ☐ ☐ ☐ *zutreffend*
10.	Prozesse, Methoden und Instrumente sind – soweit sinnvoll – standardisiert. ☐ nein, sie sind dies zu wenig ☐ nein, sie sind zu rigide standardisiert ☐ teilweise ☐ ja ☐ keine Meinung	Prozesse, Methoden und Instrumente sind sinnvoll standardisiert. *unzutreffend* ☐ ☐ ☐ ☐ ☐ *zutreffend*

11.	Neue Mitarbeiter finden sich schnell zurecht und sind rasch in der Lage, produktiv zu arbeiten. ☐ Aussage trifft zu ☐ Aussage trifft teilweise zu ☐ Aussage trifft nicht zu	Neue Mitarbeiter finden sich schnell zurecht und sind rasch in der Lage, produktiv zu arbeiten. *unzutreffend* ☐ ☐ ☐ ☐ ☐ *zutreffend*
12.	Wenn ich Verbesserungsvorschläge machen möchte, ☐ weiß ich, wohin ich mich wenden kann, und bin ich sicher, dass diese geprüft und ggf. umgesetzt werden ☐ weiß ich nicht, wohin ich mich wenden kann ☐ mache ich nicht, weil diese sowieso nicht umgesetzt werden	Verbesserungsvorschläge der Mitarbeiter werden wohlwollend geprüft und ggf. umgesetzt. *unzutreffend* ☐ ☐ ☐ ☐ ☐ *zutreffend*
13.	Falls Ihr Unternehmen Niederlassungen in anderen Städten / Ländern hat: Über aktuelle Entwicklungen in den Niederlassungen fühle ich mich ☐ gut informiert ☐ nur teilweise und meist zu spät informiert ☐ gar nicht informiert	Über aktuelle Entwicklungen in anderen Abteilungen / Standorten bin ich gar nicht informiert. (rekodiert) *unzutreffend* ☐ ☐ ☐ ☐ ☐ *zutreffend*
14.	Falls Ihr Unternehmen Niederlassungen in anderen Städten / Ländern hat: Die Erfahrung und das Wissen meiner Kollegen aus anderen Niederlassungen kann ich für meine eigene Arbeit nutzen. ☐ Aussage trifft zu ☐ Aussage trifft manchmal zu ☐ Aussage trifft nicht zu	Die Erfahrungen und das Wissen meiner Kollegen kann ich für meine eigene Arbeit nutzen. *unzutreffend* ☐ ☐ ☐ ☐ ☐ *zutreffend*
15.	Das Wissensmanagement in unserem Unternehmen sollte ☐ dringend verbessert werden ☐ ist gut genug ☐ ist hervorragend	Das Wissensmanagement in meinem Unternehmen sollte dringend verbessert werden. (rekodiert) *unzutreffend* ☐ ☐ ☐ ☐ ☐ *zutreffend*

Darüber hinaus erfolgt eine Abfrage, in der die Teilnehmer 19 populäre Wissens-management-Instrumente (vgl. *Kapitel 2.2.6*) dahingehend bewerten sollen, ob sie

a)   im Unternehmen eingesetzt,

b)   regelmäßig genutzt und

c)   für die eigene Arbeit hilfreich

sind. In einem Freitextfeld besteht die Möglichkeit, weitere im Unternehmen vor-handene Instrumente zu benennen. Die Abfrage soll Aufschluss geben über die Verbreitung von Wissensmanagement-Instrumenten und den tatsächlichen Mehr-wert für den Nutzer.

Offene Frage zum Stellenwert von Vertrauen auf Wissenstransfer

Abschließend sollen die Probanden die offene Fragestellung „Wie wichtig ist für Sie persönlich Vertrauen, damit Sie bereit sind, Ihr Wissen zu teilen" – und damit die zentrale Fragestellung der vorliegenden Arbeit – persönlich einschätzen. Die Antworten werden einem fünfstufigen Kategoriensystem („sehr wichtig"; „eher wichtig"; „mittel"; „eher unwichtig"; „unwichtig") zugeordnet und damit quantitativ messbar gemacht. Darüber hinaus sind im Ergebnisteil (vgl. 5.1.5) exemplarische Zitate dokumentiert.

4.2.2 Erfassung der demografischen Variablen

Die demografischen Daten wurden im letzten Teil des Fragebogens standardisiert abgefragt. Sie unterteilen sich in die Kategorien „Persönlichkeitsmerkmale", „Arbeitnehmermerkmale" und „Arbeitgebermerkmale".

In die Kategorie „Persönlichkeitsmerkmale" fallen Geschlecht, Alter (≤ 20 Jahre; 20 bis 40 Jahre; 41 bis 60 Jahre; ≥ 60 Jahre) und die Angabe, ob die befragte Person während des Studiums Stipendiat eines Begabtenförderungswerks war. Darüber hinaus wurde mit einer Filterfrage erfasst, durch welches Begabtenförderungswerk der Teilnehmer während des Studiums gefördert wurde.

Unter dem Stichwort „Arbeitnehmermerkmale" wurden die Position im Betrieb (Angestellte(r)/Fachabteilung; Abteilungsleiter(in); Hauptabteilungs-/ Bereichs-leiter(in); Geschäftsführer(in)/Vorstand), die Dauer der Betriebszugehörigkeit und die Dauer der Zusammenarbeit mit dem jetzigen Vorgesetzten (≤ 1 Jahr; 1 bis 3 Jahre; ≥ 3 Jahre) abgefragt.

„Arbeitgebermerkmale" sind die Betriebsgröße ($\leq$ 50 Mitarbeiter; 50 bis 250 Mitarbeiter; 251 bis 1.000 Mitarbeiter; $\geq$ 1.000 Mitarbeiter), Teamgröße ($\leq$ 5 Kollegen; 5 bis 10 Kollegen; 10 bis 30 Kollegen; $\geq$ 30 Kollegen) und das Vorhandensein einer Wissensmanagement-Abteilung im Unternehmen. Auf eine Freitextfrage konnten die Teilnehmer über die skalierten Fragestellungen hinaus weitere Informationen und Eindrücke zur Befragung äußern.

4.2.3 Durchführung der Untersuchung

Voruntersuchung

Eine Voruntersuchung fand im Sommer 2006 statt. Zu diesem Zeitpunkt prüfte und erprobte eine kleine Stichprobe (n = 8) den Online-Fragebogen auf seine Praktikabilität. Die Probanden äußerten durchgängig, dass der Fragenkatalog zu umfangreich sei. Weiterhin wurde angemerkt, dass zu Beginn die technischen Voraussetzungen in einer Instruktion transparent gemacht werden sollten. Die Instrumente erfuhren keine Kritik.

Auf Basis dieser Rückmeldungen wurde der Fragebogen überarbeitet. Eine Konkretisierung der Fragestellung der Untersuchung hin zur Leitfragestellung „Begünstigt Vertrauen einen Wissenstransfer in Unternehmen?" ermöglichte eine Reduktion der Erhebungsinstrumente. So wurden die ursprünglich integrierten Bereiche „Strukturelle Arbeitsbedingungen", „Soziale Unterstützung", „Umsetzung des Wissensmanagements" und „Unternehmenskultur" aus dem Untersuchungsmodell entfernt. Der Fragebogenumfang reduzierte sich um 38 Items auf nunmehr insgesamt 170 Items plus zwei Freitextfragestellungen und eine Matrix zu vorhandenen Wissensmanagement-Instrumenten in den Unternehmen.

In der Hauptuntersuchung erfolgte eine Erläuterung der technischen Voraussetzungen im Anschluss an die Start-Seite. Die Hinweise lauteten: „1. Bitte beachten Sie, dass keine Gelegenheit zur Zwischenspeicherung des Fragebogens besteht. 2. Die »Zurück«-Funktion Ihres Internetbrowsers kann technische Probleme verursachen und sollte daher nicht angeklickt werden. 3. Die Antwortvorgabe „k.A. (= keine Angabe) bietet Ihnen bei allen Fragen eine Möglichkeit, sich der Stimme zu enthalten. Nutzen Sie diese Option bitte nur im Notfall." (Baller 2006) Die letztgenannte Option war notwendig, da alle Fragen einer Internetseite beantwortet werden mussten, um auf die Folgeseite zu gelangen. Dies war sinnvoll, damit Probanden nicht versehentlich Fragen überspringen. Dennoch sollte den Teilnehmern die Möglichkeit gegeben werden, sich zu bestimmten Fragestellungen nicht zu äußern.

Hauptuntersuchung

Die Hauptuntersuchung fand im Zeitraum vom 30. November 2006 bis 14. März 2007 in Form einer Online-Befragung statt. Der generierte Online-Fragebogen beinhaltet alle dargestellten Erhebungsinstrumente (siehe Anhang). Die praktische Umsetzung erfolgte mit dem Tool „ofb onlineFragebogen" (http://ofb.msd-media.de/). Fragestellungen und Instruktionen waren auf 14 Internetseiten verteilt.

Nach den vorangegangenen Überlegungen in dieser Arbeit ist davon auszugehen, dass „High Potentials" in besonderem Maße wissensintensiven Tätigkeiten nachgehen (vgl. *Kapitel 2.3.1*). Als Zielgruppe für die Untersuchung wurden ehemalige Stipendiatinnen und Stipendiaten von Begabtenförderungswerken in der Bundesrepublik sowie Personen aus deren Umfeld definiert, die dieser Kategorie zuzuordnen sind. Verantwortliche von acht Begabtenförderungswerken waren bereit, eine vorformulierte E-Mail mit der Einladung zur Online-Befragung an ihre „Alumni"-E-Mail-Verteiler weiterzuleiten und/oder auf den Intranetseiten der „Ehemaligen" zu veröffentlichen. Aufgrund der verschiedenen Informationswege kann keine genaue Aussage über die Anzahl der zur Teilnahme eingeladenen Alumni getroffen werden.

Die beteiligten Stiftungen in alphabetischer Reihenfolge:

- Evangelisches Studienwerk e.V.

- Friedrich-Ebert-Stiftung e.V.

- Hanns-Seidel-Stiftung e.V.

- Heinrich-Böll-Stiftung e.V.

- InWENT gGmbH

- Konrad-Adenauer-Stiftung e.V.

- Rosa-Luxemburg-Stiftung e.V.

- Stiftung der Deutschen Wirtschaft
  (Studienförderwerk Klaus Murmann) e.V.

Andere Begabtenförderungswerke lehnten eine Unterstützung ab, da sie eine „Überfrachtung vermeiden" wollten, sich „nicht als Dienstleister für wissenschaftliche Untersuchungen" sahen, „keinen Zusammenhang zwischen dem Thema

und den ehemaligen Stipendiaten erkennen" konnten oder „zu hohe Kosten"
erwarteten. Die beteiligten Stiftungen decken die verschiedenen politischen und
gesellschaftlichen Denktraditionen der Bundesrepublik Deutschland ab, so dass die
Zielgruppe einen breit gefächerten Durchschnitt der Bevölkerung abbildet.

Eine Auswertung der IP-Adressen ergab, dass die Startseite des Fragebogens
während der Laufzeit von 762 Personen geöffnet wurde. Die Abbrecherstatistik
(vgl. Diagramm 8) verdeutlicht, an welchen Stellen des Fragebogens Teilnehmer
die Untersuchung vorzeitig verlassen haben. Die Anzahl der Abbrecher verringert
sich mit dem eigenen Fortschritt innerhalb der Befragung. Dieser wurde durch
einen Balken visualisiert. Späte Abbrecher lassen sich hauptsächlich mit Problemen
der technischen Infrastruktur erklären. Der genutzte Server war nicht zu jedem
Zeitpunkt voll einsatzfähig, so dass es Befragten im schlimmsten Fall kurzfristig
nicht möglich war, eine Verbindung zum System aufzubauen.

Diagramm 8: Abbrecherstatistik (in absoluten Zahlen)

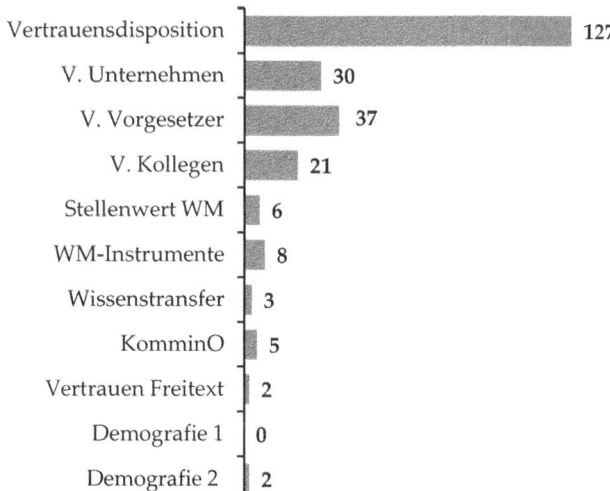

Insgesamt konnten 275 vollständig ausgefüllte Fragebögen in die Datenauswertung
einbezogen werden. Für die Prüfung der statistischen Gütekriterien wurden alle
Daten hinzugezogen, die für das jeweilige Erhebungsinstrument vorliegen.

4.2.4 Statistische Gütekriterien

Die im Rahmen der vorliegenden Untersuchung angewendeten statistischen
Messinstrumente sind hinsichtlich ihrer Qualität zu überprüfen (vgl. *Kapitel 4.3*).

Alle Skalen, als eine Sammlung von Items verstanden, werden auf ihre Reliabilität (Zuverlässigkeit) getestet, da, wie bereits in *Kapitel 4.2.1* beschrieben, die Skalierung der erprobten Instrumente verändert wurde. Die für die Befragung neu entwickelte Skala zur Realisierung des Wissensmanagements in Unternehmen wird darüber hinaus auf ihre Validität (Gültigkeit) überprüft. Eine erneute Kontrolle von bereits getesteten Instrumenten auf Validität ist nicht notwendig. Abschließend erfolgt ein Test der neu gebildeten Variablen (Skalensummen) auf Normalverteilung mit dem Kolmogorov-Smirnov-Test. Die Reliabilität der Skalen wird mit den statistischen Verfahren „Cronbachs Alpha" und dem „Trennschärfekoeffizienten" überprüft.

Cronbachs Alpha, die gebräuchlichste Methode der Reliabilitätsschätzung, misst die „interne Konsistenz" von additiven Itemskalen und lässt sich als Gesamtmaß für die Skalenreliabilität auffassen (vgl. Bortz 1999: 543). Der Wertebereich des Alpha-Koeffizienten liegt zwischen Null und Eins. Je näher der Wert bei Eins liegt, desto höher ist die Reliabilität des Messinstrumentes. Der Alphawert sollte den Mindestwert von $\alpha = .60$ nicht unterschreiten, weil sonst von einer Unzuverlässigkeit des Messinstruments auszugehen ist. Ausnahmen können nach Werner (2004: 184) Skalen sein, die durch zwei bis drei Items operationalisiert wurden. Bei letztgenannten gilt $\alpha \geq .40$. Bortz und Döring (1995: 184) bestätigen, dass das Alpha üblicherweise umso höher ist, „je mehr Items die Skala enthält". Im Umkehrschluss bedeutet dies, dass eine geringe Itemanzahl zu niedrigen Alpha-Werten führen kann.

Der Trennschärfekoeffizient (R_{it}) ist die Item-Summenscore-Korrelation (in SPSS: Korrigierte Item-Skala-Korrelation). Er gibt an, „wie gut ein einzelnes Item das Gesamtergebnis eines Tests repräsentiert" (Bortz/Döring 1995). Niedrige Werte deuten darauf hin, dass die jeweiligen Items zur Messung der Zieldimension weniger geeignet sind (vgl. Diekmann 1995: 212). Sollte Cronbachs Alpha den oben genannten Eigenschaften nicht entsprechen, dient der Trennschärfekoeffizient als Kriterium zur Elimination einzelner Indikatoren (vgl. Homburg 2000: 89). Bortz und Döring (1995: 200) folgend, muss der Trennschärfekoeffizient in diesen Fällen den Mindestwert von ‚30 erfüllen ($R_{it} \geq ,30$). Bei Nichterfüllung wird das Item aus der Skala entfernt. Diese Vorgehensweise kann die Reliabilität der betroffenen Skalen erhöhen (vgl. Homburg/Giering 1996: 8f.). In die Berechnung von Cronbachs Alpha und Trennschärfekoeffizienten gehen alle gewonnenen Daten ein. Es wird kein Filter verwendet.

Die Untersuchung der Validität neu entwickelter Skalen, wie die Skala zur Realisierung des Wissensmanagements in Unternehmen, erfolgt durch eine Faktorenanalyse. Die Faktorenanalyse klassifiziert Variablen „gemäß ihrer korrelativen Beziehungen in voneinander unabhängige Gruppen" (Bortz 1999: 469) und ermöglicht es, „ohne entscheidenden Informationsverlust viele wechselseitig mehr oder weniger korrelierende Variablen durch wenige voneinander unabhängige Faktoren zu ersetzen" (Bortz 1999: 497). Das Verfahren der Hauptkomponentenmethode als ein parametrisches Extraktionsverfahren klärt die sukzessive Varianz über alle Faktoren auf (vgl. Brosius 2006: 772ff.). Eine Skala sollte folgende Kriterien erfüllen:

a) Kaiser-Guttman-Kriterium: Die Anzahl der bedeutsamen Faktoren entspricht der Anzahl der Faktoren mit Eigenwert über Eins (vgl. Kähler 2002: 190). Der Eigenwert eines Faktors gibt an, „wie viel von der Gesamtvarianz aller Variablen durch diesen Faktor erfasst wird" (Bortz 1999: 504). Bortz (1999: 504) begründet weiter: „Ist die Varianz eines Faktors kleiner als 1 (d.h. kleiner als die Varianz einer einzelnen Variablen), wird dieser Faktor im allgemeinen für unbedeutend gehalten."

b) Jedes Item sollte dabei mindestens eine Faktorladung von $a_{ij} \geq {,}40$ aufweisen (vgl. Homburg 2000: 95). Die Faktorladung beschreibt die Korrelation zwischen Variable und Faktor (vgl. Schnell et al. 1999: 156).

c) Der durch die Faktorenanalyse extrahierte Faktor sollte mindestens 50 Prozent der Varianz der Items erklären. Die so genannte Kommunalität ist das „Ausmaß, in dem die Varianz einer Variablen durch die Faktoren aufgeklärt wird" (Bortz 1999: 749). Das Kriterium soll das Risiko eines zu hohen Verlustes an erklärter Varianz minimieren (vgl. Homburg 2000: 95; Homburg/Giering 1996: 12).

Die beobachtbare kumulative Verteilungsfunktion für eine Variable bei einer Stichprobe (Anpassungstest) wird beim Kolmogorov-Smirnov-Test (KS-Test) mit einer festgelegten theoretischen Verteilung (Normalverteilung, Gleichverteilung, Poisson-Verteilung, Exponentialverteilung) verglichen. Handelt es sich bei den jeweiligen Skalen um eine Normalverteilung, so können die im strengen Sinne ordinalskalierten Daten im Folgenden als metrisch interpretiert werden, denn nach

Weede (1977: 1) „ist es meist sinnvoll so zu tun, als ob diese Ordinalskalen Intervallskalen wären". Weede weiter: „Problematisch sind neben Skalen mit wenigen Kategorien auch solche mit asymmetrischen Verteilungen." Das im Test verwendete Kolmogorov-Smirnov-Z berechnet sich aus der größten Differenz (in Absolutwerten) zwischen beobachteten und theoretischen kumulativen Verteilungsfunktionen. Mit dem KS-Test soll der Nachweis erbracht werden, dass die Beobachtung wahrscheinlich aus der angegebenen Verteilung stammt (vgl. Bühl 2006: 317ff.). Ausgehend davon, dass in einer Standardnormalverteilung 95 Prozent der Fläche zwischen -1,96 und +1,96 Standardabweichungen um den Mittelwert liegen (vgl. Diekmann 1995: 349f.), entstammt eine Variable nur dann einer normalverteilten Grundgesamtheit, wenn das Kolmogorov-Smirnov-Z auch in diesem Intervall zu finden ist. In den KS-Test gehen ausschließlich die Datensätze vollständig ausgefüllter Fragebögen ein, d.h. die Datensätze, denen die Auswertung der Ergebnisse zugrunde liegen.

Zur Darstellung des Gesamtbildes werden neben den genannten Werten die Mittelwerte und Standardabweichungen aller Items dokumentiert. In den jeweiligen Tabellen sind auch bei ausreichenden Alpha-Werten die Trennschärfekoeffizienten vermerkt, obwohl sie in diesen Fällen nicht als Eliminationskriterium dienen.

4.2.5 Übersicht über die verwendeten statistischen Verfahren

Die Auswahl der verwendeten statistischen Verfahren richtete sich nach der zu untersuchenden Hypothese sowie nach dem jeweils vorliegenden Skalenniveau. Der bei der Berechnung des Signifikanzniveaus auftretende α-Fehler gibt die Irrtumswahrscheinlichkeit an, „die ein Untersuchungsergebnis maximal aufweisen darf, damit die Alternativhypothese als bestätigt gelten kann. Im allgemeinen spricht man von einem signifikanten Ergebnis, wenn die Irrtumswahrscheinlichkeit höchstens 5%, von einem sehr signifikanten Ergebnis, wenn sie höchstens 1% beträgt" (Bortz 1999: 754). Die Alternativ- oder Gegenhypothese (H_1) bezeichnet das Gegenteil der so genannten Nullhypothese (H_0) eines statistischen Hypothesentests. Sie zeichnet sich durch ihren innovativen und hypothetischen Charakter aus (vgl. Bortz 1999: 108). In Anlehnung an Bühl (2006: 115) gilt für das Signifikanzniveau in dieser Arbeit folgende Sprachregelung:

Irrtumswahrscheinlichkeit (p)	Bedeutung
p > 0,05	nicht signifikant
p ≤ 0,05	signifikant
p ≤ 0,01	sehr signifikant
p ≤ 0,001	höchst signifikant

Dies bedeutet für die nachfolgend beschriebene empirische Untersuchung, dass „nur wenn die Irrtumswahrscheinlichkeit wirklich sehr klein ist, nämlich unter 5% liegt, [...] die Annahme der Alternativhypothese akzeptabel" (Bortz/Döring 1995: 26) ist. In besonderen Fällen, d.h. wenn von den entsprechenden Ergebnissen praktische Konsequenzen abgeleitet werden oder ein Irrtum zu gravierenden Folgen führen könnte, orientieren sich die Forscher an der 1-Prozent- oder 0,1-Prozent-Hürde. „In der Grundlagenliteratur ist dagegen ein Signifikanzniveau von 5% üblich." (Bortz/Döring 1995: 26) Das Signifikanzniveau liegt in allen Tests dieser Untersuchung bei p ≤ ,05 (5-Prozent-Niveau).

Korrelationsanalysen nach Pearson und Spearman

Durch Korrelationsanalysen werden mit Hilfe von statistischen Kennzahlen Zusammenhänge zwischen zwei Variablen berechnet. Der Korrelationskoeffizient (r) drückt die Stärke des Zusammenhangs aus, wobei dieser minimal -1 und maximal +1 annehmen kann. Ein +1 steht für einen perfekten positiven Zusammenhang („je mehr, desto mehr"), ein -1 für einen perfekt negativen („je mehr, desto weniger"). Bei r = 0 besteht kein nachweisbarer Zusammenhang. Die Aussagekraft des Korrelationskoeffizienten wird durch einen Signifikanztest überprüft.

Das zu verwendende Verfahren richtet sich nach dem Skalenniveau der erhobenen Daten. Bei metrischen Variablen findet der Korrelationskoeffizient nach Pearson (Produkt-Moment-Korrelation) Anwendung. Dieser ist definiert als „das arithmetische Mittel der Produkte der standardisierten Variablenpaare" (Krämer 2005: 190) und gilt als „spezieller Korrelationskoeffizient für intervallskalierte Daten" (Küchler, in Fuchs-Heinritz 1995: 491).

Der Rangkorrelationskoeffizient nach Spearman r_s gibt Auskunft über die Stärke und Richtung des Zusammenhangs zwischen zwei ordinalen Variablen. Bei der Berechnung des Koeffizienten werden den einzelnen Werten anstelle von intervall-

skalierten Messwerten (siehe Korrelationsanalyse nach Pearson) Rangplätze zugeordnet (vgl. Bortz 1999: 223f.).

Für die Interpretation der Korrelationskoeffizienten (r) gilt in Anlehnung an
Kühnel und Krebs (2001: 404) folgende Sprachregelung:

Korrelationskoeffizient	Bedeutung
$0{,}05 < r < 0{,}10$	sehr schwacher Zusammenhang
$0{,}10 < r < 0{,}20$	schwacher Zusammenhang
$0{,}20 < r < 0{,}50$	mittelstarker Zusammenhang
$0{,}50 < r < 0{,}70$	starker Zusammenhang
$r > 0{,}70$	sehr starker Zusammenhang

Einfaktorielle Varianzanalyse: Mittelwertvergleiche bei mehreren Fallgruppen
Die einfaktorielle Varianzanalyse ermöglicht es, mehrere Mittelwerte zugleich zu
untersuchen. Durch das Verfahren kann festgestellt werden, ob sich verschiedene
Gruppen signifikant voneinander unterscheiden oder nicht. Dies geschieht, indem
sie die Auswirkung einer unabhängigen Variablen auf die abhängige Variable
überprüft. Voraussetzungen für die Durchführung einer Varianzanalyse sind nach
Clauß et al. (2004: 278)

- intervallskalierte abhängige Variablen (Kriteriumsvariablen),

- eine Normalverteilung der Kriteriumsvariablen und

- eine unabhängige Variable als Faktor (nominalskalierte Daten sind
  ausreichend).

Ein Ergebnis der Berechnungen ist der Korrelationskoeffizient Eta (η), der die Zusammenhänge zwischen unabhängiger Variablen und abhängiger Variablen misst.
Eta ist dabei „lediglich ein deskriptives Maß, das den in einer Stichprobe ange-
troffenen, unspezifischen Zusammenhang zwischen unabhängiger und abhängiger
Variable charakterisiert" (Bortz 1999: 270). Die Effektstärke wird durch das Effekt-
maß Eta² (η^2) ausgedrückt. Sie „gibt den Anteil der aufgeklärten Variabiliät der
Messwerte auf der Ebene der Stichprobe an" (Rasch et al. 2010: 38). Für die Interpretation von Eta² gilt in Anlehnung an Rost (2005: 173) folgende Sprachregelung:

Eta^2 (η^2)	Bedeutung
Eta^2 > 0,01	kleiner Effekt
Eta^2 > 0,06	mittlerer Effekt
Eta^2 > 0,25	großer Effekt

Post-Hoc-Tests dienen im Anschluss an die einfaktorielle Varianzanalyse der Aufklärung von signifikanten Unterschieden zwischen Fallgruppen. Anwendung findet in der vorliegenden Untersuchung der Post-Hoc-Test TamhaneT2. Dieser setzt (gemäß der oben formulierten Kriterien) keine Varianzgleichheit voraus, liefert aber bei Varianzhomogenität die gleichen Ergebnisse wie andere Testverfahren. Tamhane-T2 gilt als konservativer paarweiser Vergleichstest auf Grundlage eines T-Tests (vgl. Janssen/Laatz 2005: 359).

T-Test bei unabhängigen Stichproben: Mittelwertvergleiche zwischen zwei Fallgruppen

Ein Verfahren zur Überprüfung von Unterschiedshypothesen ist der T-Test. Wenn untersucht werden soll, ob eine Variable in zwei unterschiedlichen Fallgruppen (z.B. das Vorhandensein einer Wissensmanagement-Abteilung ja/nein) differierende Mittelwerte aufweist, wird der T-Test bei unabhängigen Stichproben angewandt. Hierzu werden eine Testvariable und eine Gruppenvariable benötigt (vgl. Schilling 1998: 154ff.). Die Irrtumswahrscheinlichkeit für das Konfidenzintervall liegt in dieser Untersuchung bei fünf Prozent.

Regressionsanalyse

Die Regressionsanalyse ist ein statistisches Verfahren, mit dem eine (abhängige) Variable durch ein oder mehrere andere Merkmale (unabhängige Variable/n) erklärt bzw. vorhergesagt werden soll. Voraussetzung ist die Intervallskalierung der abhängigen Variablen (vgl. Janssen/Laatz 2005: 405ff.).

Die Stärke des Zusammenhangs zwischen der Variablen und den Merkmalen wird mit dem Regressionskoeffizienten R beschrieben. Die Güte dieser Regression beschreibt das Bestimmtheitsmaß R^2, dem Anteilswert der erklärten Varianz an der Gesamtvarianz. Das Bestimmtheitsmaß lässt sich als Prozentwert interpretieren, so dass eine konkrete Deutung der Vorhersagewerte möglich ist (vgl. Clauß/Ebner 1985: 122f.).

Der sich anschließende Durbin-Watson-Test prüft, ob eine Autokorrelation der Residualwerte (Differenz zwischen Regressionsgerade und Messwerten) vorliegt, die das Gesamtergebnis verfälschen könnte. Die Prüfgröße *dw* schwankt zwischen Null und Vier. Liegt der Wert zwischen 1,6 und 2,4 ($1,6 \leq dw \leq 2,4$) besteht keine Autokorrelation (vgl. Janssen/Laatz 2005: 423ff.), ein Wert unter 1 oder über 3 deutet hingegen auf erhebliche Autokorrelation hin (vgl. Fabian 2005: 257). Brosius (2006: 575) interpretiert diese Aussagen ähnlich, indem er bei Werten von *dw* zwischen 1,5 und 2,5 von einer Autokorrelation absieht, ein *dw* kleiner als 1 bzw. größer als 3 als Indikator für eine Autokorrelation definiert. Zwischen diesen festgelegten Wertebereichen liegt eine interpretatorische Grauzone, die im jeweiligen Untersuchungskontext diskutiert werden muss.

Bereichseinteiler und Kategorien bei offenen Fragestellungen

Bereichseinteiler ermöglichen die Überführung von intervallskalierten Variablen in kategoriale Variablen. Diese Vorgehensweise bietet sich an, wenn bei einzelnen Testverfahren die Variablen als (ordinalskalierte) Faktoren eingesetzt werden sollen (vgl. Bühl 2006: 168ff.). In der vorliegenden Untersuchung kommt diese Vorgehensweise beispielsweise bei der Erstellung von unabhängigen Variablen für einfaktorielle Varianzanalysen zum Einsatz.

Offene Fragestellungen enthalten keine festen Antwortkategorien. Die befragten Personen können ihre Antworten selbstständig formulieren. Die Antworten werden bei der Auswertung bestimmten Kategorien zugeordnet (vgl. Atteslander 2006: 136ff.). Kategorien fungieren in der Datenanalyse als Variablenausprägungen, wobei „Kategoriensysteme entweder induktiv aus dem Material gewonnen oder deduktiv (theoriegeleitet) an das Material herangetragen werden" (Bortz/Döring 1995: 305). Bei der Auswertung der Freitextfragestellung „Wie wichtig ist für Sie persönlich Vertrauen, damit Sie bereit sind, Ihr Wissen zu teilen?" finden sich die Kategorien der ansonsten verwendeten Likert-Skalen wieder, d.h. die Antworten auf die offene Frage werden einem fünfstufigen Kategoriensystem („sehr wichtig" / „eher wichtig" / „mittel" / „eher unwichtig" / „unwichtig") zugeordnet.

4.3 Beurteilung der statistischen Gütekriterien

Voraussetzung einer empirischen Untersuchung ist die Reliabilität und Validität der Erhebungsinstrumente. Im Folgenden werden die im letzten Kapitel vorgestellten Skalen der drei Forschungsfelder mittels Kolmogorov-Smirnov-Test, Cronbachs Alpha und dem Trennschärfekoeffizienten überprüft und die jeweiligen Ergebnisse dokumentiert und interpretiert. Die Ergebnistabellen beinhalten die Items einer Skala mit den jeweiligen Messergebnissen in dieser Untersuchung zum Mittelwert ($\bar{x}$), der Standardabweichung (s_x) und des Trennschärfekoeffizienten (R_{it}) sowie der Skalenergebnisse von Cronbachs Alpha (α) und Kolmogorov-Smirnov-Z (Z). Die Einschätzung der Skalenqualität gibt Aufschluss darüber, ob die erhobenen Daten Nominal- (gleich oder verschieden), Ordinal- (größer, kleiner oder gleich), Intervall- (Vergleichbarkeit von Differenzen) oder Rationalskalenniveau (Aussagen über Verhältnisse) haben. Eine abschließende Zusammenfassung gibt einen Überblick über die unterschiedlichen Skalenniveaus und damit über die möglichen Testverfahren bei der Auswertung der Datensätze.

4.3.1 Untersuchungsbereich 1.1: Vertrauensdisposition

Die Skala „Vertrauensdisposition" IT$_{27}$ – Interpersonal Trust Scale von Rotter (1967), überarbeitet von Amelang et al. (1984) – weist mit einem Alphawert von .86 eine hohe interne Konsistenz auf. Amelang et al. (1984: 203f.) erreichen in ihrer Untersuchung ein α = .85 (vgl. Tabelle 8).

Tabelle 8: Vertrauensdisposition (IT$_{27}$)

Item	$\bar{x}$	S_x	R_{it}
Heuchelei ist in unserer Gesellschaft im Anwachsen begriffen. (rekodiert)	2,64	1,093	0,405
Im Umgang mit Fremden kommt man besser voran, wenn man so lange vorsichtig ist, bis diese den Nachweis erbracht haben, dass man ihnen trauen kann. (rekodiert)	3,21	1,224	0,238
Dieses Land hat eine dunkle Zukunft, so lange wir keine besseren Leute in die Politik bringen können. (rekodiert)	3,21	1,271	0,355
Eher Furcht vor sozialer Schande oder Bestrafung als das Gewissen hält die Leute davon ab, das Gesetz zu brechen. (rekodiert)	3,00	1,209	0,300
Die Vereinten Nationen (UNO) werden niemals eine wirksame Kraft zur Wahrung des Weltfriedens sein. (rekodiert)	3,39	1,213	0,390
Von den meisten Menschen kann man annehmen, dass sie das, was sie sagen, auch tun werden.	3,14	1,002	0,485

Das Gericht ist ein Ort, an dem uns allen unvoreingenommene Behandlung zuteil wird.	3,15	1,178	0,373
Es ist sicherer zu glauben, dass im Gegensatz zu dem, was die Leute sagen, diese in erster Linie an ihr eigenes Wohlergehen denken. (rekodiert)	2,44	1,013	0,483
Die Zukunft erscheint vielversprechend.	3,65	1,001	0,334
Die meisten Menschen wären erschreckt, wenn sie wüssten, wie viele Nachrichten, die die Öffentlichkeit zu hören und zu sehen bekommt, verfälscht sind. (rekodiert)	2,20	1,125	0,340
Die meisten gewählten Volksvertreter sind in ihren Wahlkampf-versprechungen wirklich vertrauenswürdig.	2,16	1,020	0,377
Obwohl Zeitungen, Radio und Fernsehen berichten, ist es schwierig, zu objektiven Einschätzungen öffentlicher Angelegenheiten zu gelangen. (rekodiert)	2,47	1,203	0,292
Bei vielen Experten kann man sich darauf verlassen, dass sie die Wahrheit über die Begrenztheit ihres Wissens sagen.	2,73	1,123	0,351
In dieser, von Konkurrenzdenken geprägten Zeit muss man wachsam sein, oder irgendjemand nutzt einen wahrscheinlich aus. (rekodiert)	2,51	0,991	0,478
Viele bedeutende nationale Sportwettkämpfe sind in der einen oder anderen Weise mehr oder weniger abgekartet. (rekodiert)	3,66	1,059	0,429
Die meisten Idealisten sind aufrichtig und gewöhnlich praktizieren sie auch, was sie predigen.	3,37	1,045	0,282
Die meisten Verkäufer sind ehrlich im Beschreiben ihrer Ware.	2,62	0,959	0,425
Die meisten Reparaturarbeiter würden die Rechnung auch dann nicht zu hoch ausstellen, wenn sie wüssten, dass man sich in ihrem Fachgebiet nicht auskennt.	2,77	1,004	0,322
Die meisten Menschen beantworten Meinungsumfragen aufrichtig.	3,42	0,970	0,242
Wenn wir wirklich wüssten, was in der internationalen Politik vor sich geht, so hätte die Öffentlichkeit mehr Grund entsetzt zu sein als es jetzt zu sein scheint. (rekodiert)	2,47	1,193	0,368
Bei den meisten Politikern klafft das Verhalten vor und nach der Wahl auseinander. (rekodiert)	2,09	0,939	0,373
Es gibt nur wenige Menschen, auf die man sich verlassen kann. (rekodiert)	2,75	1,331	0,521

Bei den Äußerungen unserer Mitmenschen muss man gewöhnlich aufpassen, das herauszuhören, was sie wirklich meinen. (rekodiert)	2,52	1,038	0,476
Wort und Tat in unserer Umgebung stimmen selten überein. (rekodiert)	3,13	1,009	0,591
Gewöhnlich warten die Berufskollegen nur darauf, dass einem ein Missgeschick passiert, damit sie selbst emporkommen. (rekodiert)	3,58	1,118	0,511
Das Zusammenleben von uns allen wird mehr durch Gewalt und Macht als gegenseitiges Vertrauen geregelt. (rekodiert)	3,34	1,115	0,589
Jeder, der sich selbst in einem Sachverhalt gut auskennt, ist bestürzt, wenn er liest, wie darüber Zeitungen berichten. (rekodiert)	2,45	1,093	0,422
N = 337		Cronbachs Alpha	.86

Die Werte der Versuchspersonen auf der Skala IT_{27} entsprechen einer Normalverteilung. Das Kolmogorov-Smirnov-Z von IT_{27} beträgt Z = ,996 (N = 226; hier nur die Datensätze vollständig ausgefüllter Fragebögen). Da es sich bei der Skala um eine Normalverteilung handelt, können diese im strengen Sinne ordinalskalierten Daten im Folgenden als metrisch interpretiert werden (vgl. *Kapitel 4.2.4*).

4.3.2 Untersuchungsbereich 1.2: Vertrauen in das Unternehmen

Die Skala „Vertrauen in das Unternehmen" VU_{08} von Graeff (1998) hat einen hohen Alpha-Wert mit α = .90. Auch die Trennschärfe der einzelnen Items liegt in allen Fällen weit über dem in *Kapitel 4.2.4* festgelegten Mindestwert von $R_{it} \geq ,30$ (vgl. Tabelle 9).

Tabelle 9: Vertrauen in das Unternehmen (VU₀₈)

Item	$\bar{x}$	S_x	R_{it}
Das Unternehmen wird sich auch in wirtschaftlich schwierigen Zeiten bewähren.	3,99	1,019	0,554
Das Unternehmen kümmert sich um seine Mitarbeiter und wird dies auch zukünftig tun.	3,50	1,161	0,747
Das Unternehmen bildet ein schlagkräftiges Team, das sich wirtschaftlichen Herausforderungen stellen kann.	3,59	1,132	0,743
Die Ziele, die sich das Unternehmen setzt, erreicht es auch.	3,62	0,928	0,642
Angekündigte Veränderungen im Unternehmen werden schnell und gewissenhaft umgesetzt.	3,11	1,134	0,594
Die Unternehmenspolitik ist transparent und nachvollziehbar.	2,88	1,221	0,688
Ich habe Vertrauen in das Unternehmen.	3,55	1,192	0,801
Dieses Unternehmen bietet mir eine Zukunft.	3,65	1,241	0,678

N = 347   **Cronbachs Alpha   .90**

Das „Wissen über das Unternehmen" wird durch die Skala VU-W₀₃ gemessen. Der Alphawert ist mit $\alpha = .60$ ausreichend für eine Skala mit lediglich drei Items. Graeff (1998: 186) erhält in seiner Untersuchung einen ähnlichen Wert ($\alpha = .57$). Auch die Trennschärfe der einzelnen Items ist zufriedenstellend (vgl. Tabelle 10). Der Alphawert der Skala „Emotionale Erfahrung im Unternehmen" VU-E₀₃ ist mit $\alpha = .87$ hoch. Ebenso ist die Trennschärfe der Items weit über dem Mindestmaß (vgl. Tabelle 11). In Tabelle 12 sind die Werte der Skala „Risiko" VU-R₀₃ dokumentiert. Die interne Konsistenz ($\alpha = .87$) und die Trennschärfe der Items sind gut (vgl. Tabelle 12).

Tabelle 10: Wissen über das Unternehmen (VU-W₀₃)

Item	$\bar{x}$	S_x	R_{it}
Ich weiß, worauf es in unserem Unternehmen ankommt.	4,21	0,798	0,469
Ich weiß genau, was ich tun muss, um mit der Situation im Unternehmen zurecht zu kommen.	3,88	0,900	0,446
Meine Erfahrung in diesem Unternehmen ist groß.	3,76	1,099	0,356

N = 353   **Cronbachs Alpha   .60**

Tabelle 11: Emotionale Erfahrung im Unternehmen (VU-E03)

Item	$\bar{x}$	S_x	R_{it}
Ich fühle mich sehr mit unserem Unternehmen verbunden.	3,71	1,182	0,739
Für mich ist es ideal, in unserem Unternehmen zu arbeiten.	3,60	1,161	0,706
Ich fühle mich wohl in diesem Unternehmen.	3,81	1,059	0,803

N = 357   Cronbachs Alpha   .87

Tabelle 12: Risiko/Unternehmen (VU-R03)

Item	$\bar{x}$	S_x	R_{it}
Ich würde eine Menge aufgeben, wenn ich das Unternehmen verließe.	3,60	1,206	0,665
Meine Arbeit in diesem Unternehmen bedeutet mir viel.	3,99	0,975	0,631
Ich könnte eine Menge verlieren, wenn mein Vertrauen in das Unternehmen enttäuscht würde.	3,22	1,242	0,612

N = 347   Cronbachs Alpha   .79

Bei zwei der vier Skalen im Bereich „Vertrauen in das Unternehmen" handelt es sich laut Kolmogorov-Smirnov-Anpassungstest um normalverteilte Skalen. Das Kolmogorov-Smirnov-Z von VU08 liegt bei Z = 1,253, von VU-W03 bei Z = 2,045, von VU-E03 bei Z = 2,110 und von VU-R03 bei Z = 1,548. Die Skalen „Vertrauen in das Unternehmen" und „Risiko" können im Folgenden als metrisch interpretiert werden. Die Variablen „Wissen" und „Emotionale Erfahrung" entstammen hingegen keiner normalverteilten Grundgesamtheit. Diese Messergebnisse müssen bei der Wahl der statistischen Verfahren berücksichtigt werden.

4.3.3 Untersuchungsbereich 1.3: Vertrauen in den Vorgesetzten

Der Bereich „Vertrauen in den Vorgesetzten" wird wie Bereich 1.2 durch vier Skalen abgebildet. Parallel zu „Vertrauen in das Unternehmen" werden die Dimensionen „Wissen", „Emotionale Erfahrung" und „Risiko" erfasst. Die Skala „Vertrauen in den Vorgesetzten" VC10 zeichnet sich durch einen sehr hohen Alphawert von α = .95 und ebenfalls sehr guten Trennschärfewerten der einzelnen Items aus (vgl. Tabelle 13).

Tabelle 13: Vertrauen in den Vorgesetzten (VC₁₀)

Item	$\bar{x}$	S_x	R_{it}
Ich kann mich meinem Vorgesetzten anvertrauen.	3,68	1,223	0,830
Wenn mein Vorgesetzter der Meinung ist, dass ich mit einer Situation nicht angemessen umgegangen bin, würde er mich nicht vor anderen Leuten kritisieren.	3,61	1,270	0,598
Mein Vorgesetzter verhält sich mir gegenüber auch dann loyal, wenn er sich dadurch selbst Angriffen aussetzt.	3,27	1,226	0,742
Ich kann mich darauf verlassen, dass mein Vorgesetzter ehrlich ist.	3,55	1,244	0,825
Mein Vorgesetzter nimmt sich Zeit, wenn ich mit Vorschlägen zu ihm komme.	3,80	1,165	0,740
Was mein Vorgesetzter verspricht, hält er auch.	3,54	1,166	0,787
Mein Vorgesetzter achtet auf die Gefühle seiner Mitarbeiter.	3,26	1,290	0,755
Ich kann mich auf meinen Vorgesetzten verlassen.	3,62	1,181	0,869
Mein Vorgesetzter kann sich gut in mich hineinversetzen und versteht meine Situation.	3,26	1,221	0,804
Ich vertraue meinem Vorgesetzten ebenso, wie er mir vertraut.	3,61	1,150	0,798

N = 289   Cronbachs Alpha   .95

Das „Wissen" VC-W₀₄ ist mit einem Alphawert von α = .78 gut abgebildet. Die Trennschärfewerte liegen über der definierten Grenze von $R_{it} \geq$,30, so dass keine weitere Anpassung der Skala nötig ist (vgl. Tabelle 14). Die Skala „Emotionale Erfahrung mit dem Vorgesetzten" VC-E₀₄ erreicht mit α = .88 eine gute interne Konsistenz. Auch die Werte der Trennschärfe sind gut (vgl. Tabelle 15). Der Alphawert der Skala „Risiko" VC-R₀₃ ist mit α = .73 mehr als ausreichend für eine Skala mit drei Items. Die Werte der Trennschärfe sind niedriger als die der vorherigen Skalen, dennoch positiv zu bewerten (vgl. Tabelle 16).

Tabelle 14: Wissen über den Vorgesetzten (VC-W04)

Item	$\bar{x}$	S_x	R_{it}
Ich kann das Verhalten meines Vorgesetzten genau vorhersagen.	3,53	0,978	0,496
Ich habe eine große Erfahrung im Umgang mit meinem Vorgesetzten.	3,54	1,128	0,610
Ich weiß genau, wie weit ich bei meinem Vorgesetzten gehen darf.	3,84	0,957	0,643
Ich kenne meinen Vorgesetzten gut.	3,61	1,024	0,625
N = 312		Cronbachs Alpha	.78

Tabelle 15: Emotionale Erfahrung im Umgang mit dem Vorgesetzten (VC-E04)

Item	$\bar{x}$	S_x	R_{it}
Der Umgang mit meinem Vorgesetzten ist oft unfreundlich. (rekodiert)	4,28	1,041	0,663
Ich ärgere mich häufig über meinen Vorgesetzten. (rekodiert)	3,51	1,282	0,646
Ich arbeite gerne mit meinem Vorgesetzten zusammen.	3,81	1,129	0,834
Die Zusammenarbeit mit meinem Vorgesetzten gibt mir ein gutes Gefühl.	3,53	1,218	0,808
N = 314		Cronbachs Alpha	.88

Tabelle 16: Risiko/Vorgesetzter (VC-R03)

Item	$\bar{x}$	S_x	R_{it}
Oft setze ich so viel Vertrauen in meinen Vorgesetzten, dass ich viel verlieren würde, wenn er mein Vertrauen enttäuschte.	2,83	1,237	0,518
Ich traue den Versprechungen meines Vorgesetzten auch dann, wenn es für mich ein großes Risiko bedeutet.	3,02	1,241	0,572
Ein Vertrauensbruch meines Vorgesetzten würde mich schwer treffen.	3,63	1,269	0,556
N = 303		Cronbachs Alpha	.73

Nach der Durchführung des Kolmogorov-Smirnov-Tests können drei der vier Dimensionen für weitere Rechenverfahren als metrisch interpretiert werden. Dies sind die Skalen VC_{10} mit Z = 1,419 (N = 234), VC-W04 mit Z = 1,441 (N = 254) und VC-R03 mit Z = 1,290 (N = 246). Die Werte der Versuchspersonen auf der Skala VC-E04 entsprechen – mit einem Z-Wert von 2,378 (N = 256) – keiner Normalverteilung.

4.3.4 Untersuchungsbereich 1.4: Vertrauen in die Arbeitskollegen

Zur Messung des Vertrauens in Arbeitskollegen wurden die Skala „Vertrauen in den Vorgesetzten" und deren Subskalen adaptiert. Die Fragestellungen sind identisch, es hat sich lediglich die Bezugsperson geändert. Der Alphawert der Skala „Vertrauen in Arbeitskollegen" VK_{10} erreicht mit $\alpha = .93$ fast die Güte der Ursprungsskala. Ebenfalls positiv fallen die Trennschärfewerte aus (vgl. Tabelle 17).

Tabelle 17: Vertrauen in die Arbeitskollegen (VK_{10})

Item	$\bar{x}$	S_x	R_{it}
Ich kann mich meinen Kollegen anvertrauen.	3,73	1,022	0,727
Wenn meine Kollegen der Meinung sind, dass ich mit einer Situation nicht angemessen umgegangen bin, würden sie mich nicht vor anderen Leuten kritisieren.	3,53	1,163	0,578
Meine Kollegen verhalten sich mir gegenüber auch dann loyal, wenn sie sich dadurch selbst Angriffen aussetzten.	3,09	1,050	0,709
Ich kann mich darauf verlassen, dass meine Kollegen ehrlich sind.	3,54	1,077	0,786
Meine Kollegen nehmen sich Zeit, wenn ich mit Vorschlägen zu ihnen komme.	4,03	0,849	0,666
Was meine Kollegen versprechen, halten sie auch.	3,62	0,898	0,770
Meine Kollegen achten auf die Gefühle der anderen Mitarbeiter.	3,51	1,003	0,728
Ich kann mich auf meine Kollegen verlassen.	3,78	0,964	0,832
Meine Kollegen können sich gut in mich hineinversetzen und verstehen meine Situation.	3,40	1,026	0,728
Ich vertraue meinen Kollegen ebenso, wie sie mir vertrauen.	3,74	0,928	0,777

N = 282   Cronbachs Alpha   .93

Die Skala „Wissen über die Arbeitskollegen" $VK\text{-}W_{04}$ hat eine interne Konsistenz von $\alpha = .81$ (vgl. Tabelle 18). Der Alphawert der Skala „Emotionale Erfahrung im Umgang mit den Arbeitskollegen" $VK\text{-}E_{04}$ liegt bei $\alpha = .85$ (vgl. Tabelle 19). Auch das „Risiko" $VK\text{-}R_{03}$ wird von der vorliegenden Skala zuverlässig gemessen ($\alpha = .76$) (vgl. Tabelle 20). Die Trennschärfen der drei Skalen weisen keine auffälligen Werte auf.

Tabelle 18: Wissen über die Arbeitskollegen (VK-W04)

Item	$\bar{x}$	S_x	R_{it}
Ich kann das Verhalten meiner Kollegen genau vorhersagen.	3,65	0,875	0,511
Ich habe eine große Erfahrung im Umgang mit meinen Kollegen.	3,68	1,006	0,669
Ich weiß genau, wie weit ich bei meinen Kollegen gehen darf.	3,86	0,842	0,623
Ich kenne meine Kollegen gut.	3,78	0,894	0,699

N = 295   Cronbachs Alpha   .81

Tabelle 19: Emotionale Erfahrung im Umgang mit den Arbeitskollegen (VK-E04)

Item	$\bar{x}$	S_x	R_{it}
Der Umgang mit meinen Kollegen ist oft unfreundlich. (rekodiert)	4,28	0,965	0,639
Ich ärgere mich häufig über meine Kollegen. (rekodiert)	3,78	1,044	0,658
Ich arbeite gerne mit meinen Kollegen zusammen.	4,14	0,890	0,730
Die Zusammenarbeit mit meinen Kollegen gibt mir ein gutes Gefühl.	3,95	0,924	0,767

N = 300   Cronbachs Alpha   .85

Tabelle 20: Risiko/Arbeitskollegen (VK-R03)

Item	$\bar{x}$	S_x	R_{it}
Oft setze ich so viel Vertrauen in meine Kollegen, dass ich viel verlieren würde, wenn sie mein Vertrauen enttäuschten.	3,07	1,204	0,574
Ich traue den Versprechungen meiner Kollegen auch dann, wenn es für mich ein großes Risiko bedeutet.	3,01	1,152	0,571
Ein Vertrauensbruch meiner Kollegen würde mich schwer treffen.	3,70	1,164	0,616

N = 295   Cronbachs Alpha   .76

Der KS-Test ergab für die Skalen folgende Werte: VK_{10} Z = 1,286 (N = 252), VK-W04 Z = 2,029 (N = 261), VK-E04 Z = 1,907 (N = 265) und VK-R03 Z = 1,687 (N = 261). Dies bedeutet, dass lediglich die Skala „Wissen über die Arbeitskollegen" nicht als metrisch interpretiert werden kann.

4.3.5 Untersuchungsbereich 2.1: Wissenstransferaktivitäten

Die Wissenstransferskala von Werner (2004) schließt die Aspekte „Wissensweitergabe" und „Wissensnutzung" ein. Beide Bereiche operationalisiert er in „explizit" und „implizit". Darüber hinaus fragt Werner die beiden Transferrichtungen „Vorgesetzter" und „Arbeitskollegen" ab. Durch drei Verdichtungsebenen gelangt Werner zu je einer Gesamtskala für die beiden Transferrichtungen.

Die vier Subskalen weisen ausreichend hohe Alphawerte auf. In der Transferrichtung „Vorgesetzter" sind dies $\alpha = .56$ (Weitergabe_explizit$_{03}$), $\alpha = .55$ (Weitergabe_implizit$_{03}$), $\alpha = .66$ (Nutzung_explizit$_{03}$) und $\alpha = .72$ (Nutzung_implizit$_{02}$). In der zweiten Transferrichtung „Arbeitskollegen" liegen die Alphawerte bei $\alpha = .53$ (Weitergabe_explizit$_{03}$), $\alpha = .52$ (Weitergabe_implizit$_{03}$), $\alpha = .67$ (Nutzung_explizit$_{03}$) und $\alpha = .68$ (Nutzung implizit$_{02}$).

In einer zweiten Verdichtungsebene werden die Items nicht mehr nach ihren jeweiligen Wissensarten unterschieden und so die Skalen „Wissensweitergabeaktivitäten" und „Wissensnutzungsaktivitäten" generiert. Die Skala „Wissensweitergabeaktivitäten" erfüllt die geforderten Kriterien weitestgehend. In der Transferrichtung „Vorgesetzter" lassen sich Alphawerte von $\alpha = .71$ (WTC_Weitergabe$_{06}$) und $\alpha = .73$ (WTC_Nutzung$_{05}$) bei sehr guten Trennschärfewerten messen. Die Alphawerte der Transferrichtung „Arbeitskollegen" liegen bei $\alpha = .66$ (WTK_Weitergabe$_{06}$) und $\alpha = .70$ (WTK_Nutzung$_{05}$) bei ebenfalls hohen Werten des Trennschärfekoeffizienten.

Auf der dritten Verdichtungsebene erfolgt eine Betrachtung aller elf Items zu Wissenstransferaktivitäten in einer Skala. Die neue Gesamtskala in der Transferrichtung „Vorgesetzter" WTC$_{11}$ hat einen Alphawert von $\alpha = .81$, die Gesamtskala „Arbeitskollegen" WTK$_{11}$ von $\alpha = .80$. Der Trennschärfekoeffizient ist bei allen Items in beiden Transferrichtungen größer als 0,30 (vgl. Tabelle 21).

Tabelle 21: Wissenstransferaktivitäten (WTC$_{11}$ und WTK$_{11}$)

Item	$\bar{x}$	S_x	R_{it}
Wie häufig beobachten Sie die nachfolgend genannten Personen bei einer spezifischen Tätigkeit (z.B. Vortrag, Verhandlung, Ergebnispräsentation), bei der Fähigkeiten ersichtlich werden, die Sie gerne auch beherrschen würden (z.B. rhetorische Fähigkeit, Gestik, Ausdrucksweise)?			
Vorgesetzter	3,22	1,120	0,433
Arbeitskollegen	3,02	1,065	0,500

Wie häufig verwenden Sie Verhaltens- oder Ausdrucksweisen (rhetorische Elemente, Gestik, Ausdruck), die Sie bei nachfolgend genannten Personen beobachtet haben?			
Vorgesetzter	2,56	1,087	0,476
Arbeitskollegen	2,55	1,009	0,398
Wie häufig halten Sie einen Vortrag, präsentieren oder verhandeln Sie in Anwesenheit der nachfolgend genannten Personen?			
Vorgesetzter	3,42	1,118	0,449
Arbeitskollegen	3,62	1,133	0,437
Wie häufig erzählen Sie in lockerer Atmosphäre (z.B. beim Essen, in der Kaffeepause, „zwischendurch") in Anwesenheit der nachfolgend genannten Personen von geschäftlichen Dingen (Ideen, Schwierigkeiten), die Sie gerade beschäftigen?			
Vorgesetzter	3,45	1,165	0,452
Arbeitskollegen	4,00	1,002	0,406
Wie häufig umschreiben Sie den nachfolgend genannten Personen einen Gedanken zu einer Idee oder einem Problem aus Ihrem Arbeitsalltag, den Sie nicht mit einer treffenden Formulierung benennen können (und daher mit Hilfe von Analogien, Metaphern, Schaubildern, Modellen, etc. umschreiben müssen)?			
Vorgesetzter	2,80	1,168	0,530
Arbeitskollegen	2,96	1,151	0,408
Wie häufig kommunizieren Sie den nachfolgend genannten Personen etwas aus ihrem Wissens- bzw. Fähigkeitsspektrum, von dem Sie ausgehen, dass er es noch nicht weiß / sie es noch nicht wissen?			
Vorgesetzter	3,31	1,048	0,453
Arbeitskollegen	3,81	0,841	0,442
Wie häufig schreiben Sie den nachfolgend genannten Personen eine Mitteilung / Nachricht, von der Sie ausgehen, dass sie für ihn / sie wichtige Informationen enthält?			
Vorgesetzter	3,92	0,992	0,495
Arbeitskollegen	4,10	0,920	0,462
Wie oft lesen Sie schriftliche Dokumente (E-Mails, Post, etc.) von nachfolgend genannten Personen, die Informationen enthalten, die Sie für die Bewältigung Ihrer Arbeitsaufgaben benötigen?			
Vorgesetzter	4,00	1,049	0,516
Arbeitskollegen	4,09	0,998	0,539

Wie häufig erhalten Sie in einem Gespräch mit nachfolgend genannten Personen Informationen oder Anregungen, die für die Bewältigung Ihrer Arbeitsaufgaben hilfreich und relevant sind?			
Vorgesetzter	3,83	1,036	0,562
Arbeitskollegen	3,98	0,903	0,541
Wie häufig zeigen Sie nachfolgend genannten Personen Tätigkeiten, die Sie nicht mit Worten erklären können, von denen Sie jedoch denken, dass diese für die Ausführung Ihrer Arbeitsaufgaben wichtig sind (z.B. die Art und Weise, wie Sie Vorträge halten, Verhandlungen führen oder Ergebnisse präsentieren)?			
Vorgesetzter	2,33	1,068	0,319
Arbeitskollegen	2,69	1,077	0,424
Wie häufig greifen Sie zur Lösung Ihrer Arbeitsaufgabe auf bestehende Berichte zurück, die von nachfolgend genannten Personen stammen?			
Vorgesetzter	2,80	1,168	0,503
Arbeitskollegen	3,13	1,084	0,448

Vorgesetzter: N = 230   **Cronbachs Alpha**   **.81**

Arbeitskollegen: N = 240   **Cronbachs Alpha**   **.80**

Die vierte Verdichtung bildet eine Skala, die den Wissenstransfer in beide Transferrichtungen misst, d.h. den Wissenstransfer in Unternehmen abbildet. Die Skala WT_{22} weist einen Alphawert von $\alpha = .86$ auf. Die Trennschärfekoeffizienten liegt zwischen $R_{it} = ,358$ und $R_{it} = ,546$. Der Kolmogorov-Smirnov-Anpassungstest ergibt ein $Z = ,903$. Die Werte der Versuchspersonen auf der Skala sind somit normalverteilt.

Auf Basis der Ergebnisse des KS-Tests können fast alle Skalen in beide Transferrichtungen und auf allen Verdichtungsebenen als metrisch interpretiert werden. Die Z-Werte der Skalen mit der Transferrichtung „Vorgesetzter" weisen in allen Fällen auf eine Normalverteilung hin: WT_C_{11} $Z = ,988$ (N = 222), WTC-Weitergabe$_{06}$ $Z = 1,075$ (N = 228) und WTC-Nutzung$_{05}$ $Z = 1,196$ (N = 247). Die Ergebnisse zu den vier Grundskalen entstammen einer normalverteilten Grundgesamtheit.

Der KS-Test bei den Skalen mit der Transferrichtung „Arbeitskollegen" ergibt, dass es sich bei den Skalen WT_K_{11} mit $Z = 1,253$ (N = 232), WTK-Weitergabe$_{06}$ mit $Z = 1,058$ (N = 236) und WTK-Nutzung$_{05}$ mit $Z = 1,434$ (N = 257) um Normalverteilungen handelt. Die Werte der vier Grundskalen (Wissensweitergabe explizit/implizit und Wissensnutzung explizit/implizit) sind jedoch nur in einem Fall normalverteilt. Folglich weisen die Subskalen der Transferrichtung „Arbeitskollegen" weiterhin ordinales Skalenniveau auf.

4.3.6 Untersuchungsbereich 2.2: Kommunikationsstrukturen

Der „Fragebogen zur Erfassung der Kommunikation in Organisationen" (KomminO) besteht insgesamt aus 33 Items, die sich auf sieben Faktoren verteilen. Im Rahmen der vorliegenden Untersuchung kommen die Skalen zur „Kommunikationsqualität", zur „Informationsüberlastung" und zur „Zurückhaltung eigener Informationen" zum Einsatz. Alle drei Skalen werden äquivalent zur Untersuchung der Wissenstransferaktivitäten (vgl. 4.3.5) abgefragt, um die Transferrichtungen „Vorgesetzter" und „Arbeitskollegen" zu erfassen.

Die Skala „Kommunikationsqualität", bestehend aus den Subskalen „Zugang zu Informationen", „Informationsmangel" und „Genauigkeit der erhaltenen Informationen", erreicht in der Transferrichtung „Vorgesetzter" KC-K09 einen Alphawert von $\alpha = .92$ und in der Transferrichtung „Arbeitskollegen" KK-K09 von $\alpha = .89$. Sowohl diese beiden Alphawerte als auch die der Werte der Trennschärfekoeffizienten sind sehr gut (vgl. Tabelle 22).

Tabelle 22: Kommunikationsqualität (KC-K09 und KK-K09)

Item		$\bar{x}$	S_x	R_{it}
Wichtige Informationen kann ich mir bei Bedarf jederzeit von ... einholen.				
	Vorgesetzter	4,12	1,068	0,675
	Arbeitskollegen	4,44	0,866	0,486
... gibt auf Anfragen nur zögernd Informationen an mich weiter. (rekodiert)				
	Vorgesetzter	4,13	1,191	0,663
	Arbeitskollegen	4,32	0,907	0,660
Wenn ich von ... wichtige Informationen für meine Arbeit benötige, erhalte ich diese eigentlich immer.				
	Vorgesetzter	4,25	0,997	0,732
	Arbeitskollegen	4,45	0,783	0,652
Ich erhalte von ... zu wenig Informationen für meine Arbeit. (rekodiert)				
	Vorgesetzter	3,96	1,215	0,822
	Arbeitskollegen	4,27	0,938	0,737

Ich könnte besser arbeiten, wenn ich von ... mehr Informationen erhalten würde. (rekodiert)				
	Vorgesetzter	3,42	1,385	0,681
	Arbeitskollegen	3,70	1,267	0,704
Ich habe das Gefühl, ich erhalte von ... zu wenig Informationen, um meine Arbeit gut erledigen zu können. (rekodiert)				
	Vorgesetzter	3,96	1,225	0,813
	Arbeitskollegen	4,08	1,081	0,779
Die Informationen, die ich von ... erhalte, sind in der Regel genau und eindeutig.				
	Vorgesetzter	3,50	1,196	0,732
	Arbeitskollegen	3,77	0,863	0,605
Die Informationen, die ich von ... erhalte, sollten genauer sein. (rekodiert)				
	Vorgesetzter	3,08	1,296	0,697
	Arbeitskollegen	3,31	1,190	0,689
Meiner Meinung nach sind die Informationen, die mir ... gibt, manchmal etwas uneindeutig. (rekodiert)				
	Vorgesetzter	3,05	1,309	0,662
	Arbeitskollegen	3,37	1,128	0,597

Vorgesetzter: N = 252   **Cronbachs Alpha**   **.92**

Arbeitskollegen: N = 259   **Cronbachs Alpha**   **.89**

Die Alphawerte der Skala „Informationsüberlastung" sind sowohl für die Transferrichtung „Vorgesetzter" als auch „Arbeitskollegen" sehr gut. Die Skala KC-Ü03 misst α = .88 und die Skala KK-Ü03 ein α = .85. Die Werte der Trennschärfe sind weit über dem Mindestmaß von $R_{it} \geq ,30$ (vgl. Tabelle 23). Deutlich niedriger fallen hingegen die Alphawerte der Skala „Zurückhaltung eigener Informationen" aus. Hier ist bei KC-Z03 α = .66 und bei KK-Z03 α = .61 (vgl. Tabelle 24). Da es sich um eine Skala mit lediglich drei Items handelt, kann von einer Elimination einzelner Items auf Basis einer Betrachtung des Trennschärfekoeffizienten abgesehen werden.

Tabelle 23: Informationsüberlastung (KC-Ü$_{03}$ und KK-Ü$_{03}$)

Item	$\bar{x}$	S_x	R_{it}
Ich erhalte von ... häufig zu viele Informationen.			
Vorgesetzter	1,93	1,129	0,757
Arbeitskollegen	2,05	1,102	0,657
Es würde mir mehr nützen, wenn ich von ... weniger und nur die wichtigsten Informationen erhalten würde.			
Vorgesetzter	2,05	1,174	0,718
Arbeitskollegen	2,21	1,194	0,710
Ich habe das Gefühl, von ... mehr Informationen zu erhalten, als ich für meine Arbeit wirklich nutzen kann.			
Vorgesetzter	1,95	1,123	0,829
Arbeitskollegen	2,08	1,115	0,810

Vorgesetzter: N = 255	**Cronbachs Alpha**	**.88**
Arbeitskollegen: N = 265	**Cronbachs Alpha**	**.85**

Tabelle 24: Zurückhaltung eigener Informationen (KC-Z$_{03}$ und KK-Z$_{03}$)

Item	$\bar{x}$	S_x	R_{it}
Ich gebe normalerweise alle Informationen an ... weiter, die für ihn / sie wichtig sind. (rekodiert)			
Vorgesetzter	1,47	0,717	0,428
Arbeitskollegen	1,46	0,638	0,333
Manchmal halte ich aus bestimmten Gründen Informationen, die ... eigentlich haben müsste, zurück.			
Vorgesetzter	1,80	1,134	0,519
Arbeitskollegen	1,80	1,162	0,547
Ich kann nicht alle Informationen, die ... eigentlich wissen müsste, an ihn / sie weitergeben.			
Vorgesetzter	1,93	1,177	0,529
Arbeitskollegen	2,01	1,220	0,462

Vorgesetzter: N = 259	**Cronbachs Alpha**	**.66**
Arbeitskollegen: N = 267	**Cronbachs Alpha**	**.61**

Die Skalenwerte „Kommunikationsqualität" sind in beiden Transferrichtungen nach den Ergebnissen des Kolmogorov-Smirnov-Tests normalverteilt und weisen fast identische Z-Werte auf: KC_K09 mit Z = 1,726 (N = 246) und KK_K09 mit Z = 1,715 (N = 253). Die anderen beiden Skalen liegen nicht im Intervall zwischen -1,96 und +1,96, sie entstammen also keiner normalverteilten Grundgesamtheit. Die Werte liegen bei KC_Ü03 Z = 2,978 (N = 249), bei KC_Z03 Z = 3.289 (N = 254), bei KC_Ü03 Z = 2,978 (N = 249) und bei KC_Z03 Z = 3.289 (N = 254). Folglich sind in beiden Transferrichtungen jeweils bloß die „Kommunikationsqualitäts"-Skalen als metrisch zu interpretieren.

4.3.7 Untersuchungsbereich 3: Realisierung von Wissensmanagement

Der Untersuchungsbereich „Realisierung von Wissensmanagement" wird mit einem im Rahmen der vorliegenden Arbeit neu konzipierten Instrument erfasst. In einer Faktorenanalyse (Hauptkomponentenmethode) sind entsprechend dem Kaiser-Guttman-Kriterium alle bedeutsamen Faktoren der 15 Items mit dem Eigenwert über Eins extrahiert worden, da nur diese Faktoren als bedeutend interpretiert werden können (vgl. *Kapitel 4.2.4*). Die Items des Faktors „Realisierung Wissensmanagement" mit einer Faktorladung (Korrelation zwischen Variable und Faktor) kleiner/gleich ,40 ($a_{ij} \leq$,40) waren im Anschluss zu eliminieren. Es mussten fünf der 15 Items entfernt werden, so dass die Skala „Realisierung Wissensmanagement" abschließend aus zehn Items besteht (vgl. Tabelle 25).

Tabelle 25: Faktorenanalyse „Realisierung Wissensmanagement"

Item	a_{ij}
Wissen ist für die Wertschöpfung und den Erfolg meines Unternehmens sehr wichtig.	0,313
Der effiziente Umgang mit Wissen ist in meinem Unternehmen ein Thema.	0,612
In meinem Unternehmen wird das Rad des Öfteren zwei Mal erfunden. (rekodiert)	0,631
Über neue Entwicklungen / Veränderungen in meinem Unternehmen fühle ich mich schlecht informiert. (rekodiert)	0,706
Meine Informationen beziehe ich hauptsächlich über offizielle Besprechungen. (rekodiert)	0,002
Ich erhalte (zu) viele Informationen, die ich eigentlich für meine Arbeit nicht benötige. (rekodiert)	0,134

Ich vergeude zu viel Arbeitszeit in Besprechungen. (rekodiert)	**0,298**
Entscheidungsprozesse sind in meinem Unternehmen intransparent und daher überraschend. (rekodiert)	0,747
Verantwortlichkeiten sind eindeutig und transparent geregelt.	0,738
Prozesse, Methoden und Instrumente sind sinnvoll standardisiert.	0,752
Neue Mitarbeiter finden sich schnell zurecht und sind rasch in der Lage, produktiv zu arbeiten.	0,695
Verbesserungsvorschläge der Mitarbeiter werden wohlwollend geprüft und ggf. umgesetzt.	0,739
Über aktuelle Entwicklungen in anderen Abteilungen / Standorten bin ich gar nicht informiert. (rekodiert)	0,527
Die Erfahrungen und das Wissen meiner Kollegen kann ich für meine eigene Arbeit nutzen.	**0,396**
Das Wissensmanagement in meinem Unternehmen sollte dringend verbessert werden. (rekodiert)	0,775

Die vorliegende Skala WM10 hat eine interne Konsistenz von $\alpha = .84$. Dieser hohe Wert deutet darauf hin, dass die Skala zuverlässig misst. Eine Elimination von einzelnen Items mit geringer Trennschärfe ist nicht notwendig. Die Faktoren-analyse bestätigt die zuvor getroffenen Entscheidungen. Der extrahierte Faktor verfügt über einen Eigenwert größer als Eins (nach Kaiser-Guttman-Kriterium) und erklärt 49 Prozent der Varianz der Items. Alle Items laden stark auf diesen einen Faktor. Der zu erreichende Mindestwert von $a_{ij} \geq ,40$ ist gegeben (vgl. Tabelle 26).

Tabelle 26: Realisierung Wissensmanagement (WM10)

Item	a_{ij}	$\bar{x}$	S_x	R_{it}
Der effiziente Umgang mit Wissen ist in meinem Unternehmen ein Thema.	0,589	4,00	1,195	0,499
In meinem Unternehmen wird das Rad des Öfteren zwei Mal erfunden. (rekodiert)	0,637	2,24	1,109	0,544
Über neue Entwicklungen / Veränderungen in meinem Unternehmen fühle ich mich schlecht informiert. (rekodiert)	0,717	3,27	1,213	0,642
Entscheidungsprozesse sind in meinem Unternehmen intransparent und daher überraschend. (rekodiert)	0,754	3,05	1,315	0,677

Verantwortlichkeiten sind eindeutig und transparent geregelt.	0,730	3,11	1,235	0,639
Prozesse, Methoden und Instrumente sind sinnvoll standardisiert.	0,754	2,92	1,194	0,666
Neue Mitarbeiter finden sich schnell zurecht und sind rasch in der Lage, produktiv zu arbeiten.	0,699	3,21	1,141	0,604
Verbesserungsvorschläge der Mitarbeiter werden wohlwollend geprüft und ggf. umgesetzt.	0,737	3,49	1,136	0,657
Über aktuelle Entwicklungen in anderen Abteilungen / Standorten bin ich gar nicht informiert. (rekodiert)	0,542	3,19	1,265	0,456
Das Wissensmanagement in meinem Unternehmen sollte dringend verbessert werden. (rekodiert)	0,787	2,46	1,192	0,710

N = 274		Cronbachs Alpha	.88

Das Ergebnis des KS-Tests belegt, dass die Ergebnisse der Skala WM_{10} normalverteilt sind. Das Kolmogorov-Smirnov-Z liegt bei Z = ,786 (N = 256). Die Skala kann fortan als metrisch interpretiert werden.

Über diese Skala hinaus gibt es zusätzlich das Item „Wissen ist für die Wertschöpfung und den Erfolg meines Unternehmens sehr wichtig" (WM-Pausch$_{01}$). Dieses wird als pauschale Aussage betrachtet und ist keiner Skala zugeordnet. Die pauschale Aussage wird in der Untersuchung dafür eingesetzt, das subjektive Empfinden der Teilnehmer in Bezug auf den Stellenwert von Wissen für ihr Unternehmen zu erfassen und mit den Ergebnissen der Skalenauswertungen abzugleichen.

4.3.8 Skalenniveaus (Zusammenfassung)

Die Berechnung der Skalenniveaus der verschiedenen Variablen ist notwendig, da sich anhand der Skalenniveaus die möglichen statistischen Rechenverfahren für die Analyse und Bewertung der erhobenen Daten ergibt. Zur besseren Übersicht sind in Tabelle 27, Tabelle 28, Tabelle 29 und Tabelle 30 in diesem Kapitel alle Variablen der unterschiedlichen Untersuchungsbereiche nochmals aufgeführt und die jeweiligen Skalenniveaus vermerkt. Es findet eine Differenzierung zwischen Nominal-, Ordinal- und Intervallskalen statt. Nominalskalen beruhen auf der Klassifizierung von Objekten, die eine Zuordnung von Merkmalsausprägungen in einzelnen Kategorien ermöglicht, aber keine Wertung im Sinne von „mehr" oder

„weniger" bzw. „größer" oder „kleiner" vornimmt (z.B. Geschlecht). Ordinalskalen (auch Rangskalen genannt) ordnen den Objekten Zahlen zu, die keinen Aufschluss über die Relationen der Rangfolge und die Stärke der Differenzen zwischen den verschiedenen Objekten geben (z.B. likertskalierte Items mit den Antwortoptionen „stimme zu", „stimme eher zu", „stimme nicht zu"). Bei Intervallskalen sind die Strukturen metrisch, d.h. die Abstände zwischen den benachbarten Skalenwerten sind konstant (z.B. Haushaltseinkommen). Die Zahlen bilden folglich nicht nur eine Rangordnung, sondern auch die Größenunterschiede der Ausprägungen der gemessenen Eigenschaft ab (vgl. Clauß/Ebner 1985: 25ff.).

Die Hauptskalen zum Vertrauen sind alle metrisch. Die Subskalen der Variablen des Vertrauens in das Unternehmen, den Vorgesetzten und die Arbeitskollegen sind nicht durchgängig metrisch, so dass alle Zusammenhänge zwischen den Hauptskalen und ihren Subskalen durch Rechenverfahren für ordinale Daten analysiert werden (vgl. Tabelle 27).

Tabelle 27: Skalenniveau Vertrauensskalen

	nominal	ordinal	metrisch
Vertrauensdisposition (IT$_{27}$)			X
Vertrauen in das Unternehmen (VU$_{08}$)			X
Vertrauen/Unternehmen: Wissen (VU-W$_{03}$)		X	
Vertrauen/Unternehmen: Emotionale Erfahrung (VU-E$_{03}$)		X	
Vertrauen/Unternehmen: Risiko (VU-R$_{03}$)			X
Vertrauen in den Vorgesetzten (VC$_{10}$)			X
Vertrauen/Vorgesetzter: Wissen (VC-W$_{04}$)			X
Vertrauen/Vorgesetzter: Emotionale Erfahrung (VC-E$_{04}$)		X	
Vertrauen/Vorgesetzter: Risiko (VC-R$_{03}$)			X
Vertrauen in die Arbeitskollegen (VK$_{10}$)			X
Vertrauen/Arbeitskollegen: Wissen (VK-W$_{04}$)		X	
Vertrauen/Arbeitskollegen: Emotionale Erfahrung (VK-E$_{04}$)			X
Vertrauen/Arbeitskollegen: Risiko (VK-R$_{03}$)			X

Die 13 Skalen im Untersuchungsbereich „Wissenstransfer" sind nicht durchgehend als metrisch interpretierbar (vgl. Tabelle 28). Da keineswegs alle KomminO-Skalen die Voraussetzungen für eine Intervallskalierung aufzeigen, erfolgt die Berechnung von Zusammenhängen bei allen KomminO-Skalen einheitlich mit statistischen Rechenverfahren für Ordinalskalen.

Tabelle 28: Skalenniveau Wissenstransferskalen

	nominal	ordinal	metrisch
Wissenstransfer zum Vorgesetzten (WTC$_{11}$)			X
Wissenstransfer/Vorgesetzter: Wissensweitergabe (WTC-W$_{06}$)			X
Wissenstransfer/Vorgesetzten: Wissensnutzung (WTC-N$_{05}$)			X
KomminO Vorgesetzter: Kommunikationsqualität (KC-K$_{09}$)			X
KomminO Vorgesetzter: Informationsüberlastung (KC-Ü$_{03}$)		X	
KomminO Vorgesetzter: Zurückhaltung (KC-Z$_{03}$)		X	
Wissenstransfer zu Arbeitskollegen (WTK$_{11}$)			X
Wissenstransfer zu Arbeitskollegen: Wissensweitergabe (WTK-W$_{06}$)			X
Wissenstransfer zu Arbeitskollegen: Wissensnutzung (WTK-N$_{05}$)			X
KomminO Arbeitskollegen: Kommunikationsqualität (KK-K$_{09}$)			X
KomminO Arbeitskollegen: Informationsüberlastung (KK-Ü$_{03}$)		X	
KomminO Arbeitskollegen: Zurückhaltung (KK-Z$_{03}$)		X	
Wissenstransfer unternehmensweit (WT$_{22}$)			X

Die Skala „Realisierung von Wissensmanagement" ist nach den vorangegangenen Tests (vgl. *Kapitel 4.3.7*) als metrisch zu interpretieren. Die abgefragte pauschale Aussage (WM-Pausch$_{01}$) hingegen weist gemäß der Abfrage in der Untersuchung (5-stufige Likertskala) ein ordinales Skalenniveau auf (vgl. Tabelle 29).

Tabelle 29: Skalenniveau Wissensmanagement-Skala und pauschale Aussage

	nominal	ordinal	metrisch
Realisierung von Wissensmanagement (WM$_{10}$)			X
Realisierung von Wissensmanagement: Pauschalaussage (WM-Pausch$_{01}$)		X	

Die unterschiedlichen demografischen Variablen lassen sich dem nominalen und ordinalen Skalenniveau zuordnen. Gemäß den zuvor genannten Definitionen von Nominal- und Ordinalskalen gehören in den Bereich „Demografie 1" jene Fragen, die lediglich auf die Klassifizierung von Merkmalen abzielen. Im Bereich „Demografie 2" sind Fragen zusammengefasst, bei denen eine rangskalierte Bewertung möglich ist. Da die Antwortvorgaben der demografischen Variablen kategorisiert sind, können keine metrischen Daten erhoben werden (vgl. Tabelle 30).

Tabelle 30: Skalenniveau Soziodemografie

	nominal	ordinal	metrisch
Demografie I: Geschlecht, Position im Betrieb, Wissensmanagement-Abteilung, Alumni eines Begabtenförderungswerks	X		
Demografie II: Alter, Betriebsgröße, Teamgröße, Betriebszugehörigkeit, Dauer der Zusammenarbeit mit dem Vorgesetztem		X	

5. Empirische Analyse der Bedeutung von Vertrauen für den Wissenstransfer in Unternehmen

Während *Kapitel 4* das Untersuchungsdesign thematisiert, liefert *Kapitel 5* die empirischen Befunde zu den potenziellen Einflussfaktoren von Vertrauen auf Wissenstransferprozesse in Unternehmen und leistet damit einen empirischen Beitrag zur Wissensmanagement-Diskussion. Die in *Kapitel 4.1* aufgestellten Hypothesen werden in *Kapitel 5.1* überprüft. Über die Deskription der untersuchten Variablen und deren empirischer Analyse wird es möglich, empirisch verifizierte Aussagen zum oben beschriebenen Desiderat in der Wissensmanagement-Forschung zu liefern und diese im Kontext der bisherigen Forschungsarbeiten zu verorten und zu diskutieren (*Kapitel 5.2*). Der fokussierte Zuschnitt der Antworten auf die vier Erkenntnisziele und Fragestellungen anhand der zuvor analysierten neun Leithypothesen ermöglicht abschließend eine illustrative und anwendungsorientierte Zusammenfassung der Kernergebnisse dieser Untersuchung (*Kapitel 5.3*).

5.1 Ergebnisse

Die nachfolgenden Abschnitte enthalten die Darstellung der in der Untersuchung gewonnenen Ergebnisse. Die Befunddarstellung gliedert sich, im Anschluss an die Beschreibung der Untersuchungsgruppe (Persönlichkeits-, Arbeitnehmer- und Arbeitgebermerkmale), äquivalent zu den in *Kapitel 4.1* definierten vier Teilbereichen in:

Kapitel 5.1.2	Vertrauensformen in Unternehmen
Kapitel 5.1.3	Wissenstransfer in Unternehmen
Kapitel 5.1.4	Realisierung von Wissensmanagement in Unternehmen
Kapitel 5.1.5	Zusammenhänge zwischen Vertrauensformen und Wissenstransfer

5.1.1 Beschreibung der Untersuchungsgruppe

Die Beschreibung der Untersuchungsgruppe erfolgt auf der Basis der erhobenen Daten zu Persönlichkeits-, Arbeitnehmer- und Arbeitgebermerkmalen. Die Verteilung der Stichprobe stellt sich hinsichtlich der Persönlichkeitsmerkmale Geschlecht, Alter und Stipendiat/in eines Begabtenförderungswerkes während des Studiums folgendermaßen dar (vgl. Tabelle 31). Aufgrund der vorliegenden Verteilung lässt sich insgesamt eine heterogene Teilnehmergruppe feststellen. Ein Großteil der befragten Personen sind Alumni von Begabtenförderungswerken, alle weiteren Probanden haben auf Empfehlung dieser Alumni an der Befragung

© Springer Fachmedien Wiesbaden GmbH, ein Teil von Springer Nature 2012
A.-C. Baller, *Zur Bedeutung von Vertrauen für den Wissenstransfer in Unternehmen*,
Edition KWV, https://doi.org/10.1007/978-3-658-23883-4_5

teilgenommen. Männer sind in der Stichprobe leicht überrepräsentiert, hinsichtlich des Alters sind hauptsächlich die Altersstufen „20 bis 40 Jahre", gefolgt von „41 bis 60 Jahre" vertreten.

Tabelle 31: Persönlichkeitsmerkmale der Untersuchungsgruppe

Geschlecht	männlich	166 (60%)
	weiblich	109 (40%)
Alter	< 20 Jahre	1 (0,4%)
	20 bis 40 Jahre	184 (66,9%)
	41 bis 60 Jahre	82 (29,8%)
	> 60 Jahre	8 (2,9%)
Stipendiat/in während des Studiums	ja	258 (94%)
	nein	17 (6%)
Gesamt		275 (100%)

Die Arbeitnehmermerkmale wurden durch die Ausprägungen „Position im Betrieb", „Betriebszugehörigkeit" und „Dauer der Zusammenarbeit mit dem jetzigen Vorgesetzten" erfasst (vgl. Tabelle 32):

Tabelle 32: Arbeitnehmermerkmale

Position im Betrieb	Angestellte(r) / Fachabteilung	159 (58%)
	Abteilungsleiter(in)	55 (20%)
	Hauptabteilungs-/ Bereichsleiter(in)	28 (10%)
	Geschäftsführer(in) / Vorstand	33 (12%)
Betriebszugehörigkeit	< 1 Jahr	36 (13%)
	1 - 3 Jahre	79 (29%)
	> 3 Jahre	160 (58%)
Dauer der Zusammenarbeit mit jetzigem Vorgesetzten	< 1 Jahr	65 (23%)
	1 - 3 Jahre	98 (36%)
	> 3 Jahre	112 (41%)
Gesamt		275 (100%)

Mehr als die Hälfte der Befragten sind Angestellte in einer Fachabteilung. Abteilungs- und Bereichsleiter sowie Vorstände sind in geringerer Zahl vertreten. Die Betriebszugehörigkeit ist tendenziell länger (über die Hälfte der Teilnehmer arbeiten schon mehr als drei Jahre in ihrem Unternehmen), lediglich ein kleiner Prozentsatz der Befragten verfügt über eine weniger als ein Jahr andauernde unternehmensinterne Karriere. Andere Ergebnisse zeigen sich bei der Dauer der Zusammenarbeit mit dem jetzigen Vorgesetzten, denn ein Viertel der Teilnehmenden hat im vergangenen Jahr einen neuen Vorgesetzten bekommen.

Zu den Arbeitgebermerkmalen zählen die Betriebs- und Teamgröße. Aufgrund der Fragestellung der vorliegenden Arbeit wurde ergänzend nach dem Vorhandensein einer Wissensmanagement-Abteilung gefragt (vgl. Tabelle 33):

Tabelle 33: Arbeitgebermerkmale

Betriebsgröße	< 50 Mitarbeiter	62 (23%)
	50 - 250 Mitarbeiter	58 (21%)
	251 - 1.000 Mitarbeiter	52 (19%)
	> 1.000 Mitarbeiter	103 (37%)
Teamgröße	< 5 Kollegen	84 (31%)
	5 - 10 Kollegen	105 (38%)
	10 - 30 Kollegen	64 (23%)
	> 30 Kollegen	22 (8%)
Wissensmanagement-Abteilung	ja	79 (29%)
	nein	196 (71%)
Gesamt		275 (100%)

Die Probanden arbeiten zu relativ gleichen Anteilen in kleinen, mittelständischen und großen Unternehmen. Fast 40 Prozent der Befragten sind in Konzernen mit mehr als 1.000 Mitarbeitern beschäftigt. Die Teilnehmer arbeiten hauptsächlich in kleineren Teams mit bis zu 10 Mitarbeitern (69 Prozent), nur 22 Befragte gaben an, dass ihr Team aus mehr als 30 Kollegen besteht. Lediglich in etwa einem Drittel der Unternehmen, in denen die Teilnehmer arbeiten, gibt es eine Wissensmanagement-Abteilung.

Die Alumni verteilen sich heterogen auf die verschiedenen Begabtenförderungswerke. Es besteht ein Zusammenhang zwischen Größe und Alter der Stiftung und
der damit verbundenen Anzahl der ehemaligen Stipendiaten und der Teilnehmerzahl aus diesem Kreise, so dass die Alumni der den großen Volksparteien nahe-
stehenden Stiftungen (Friedrich-Ebert-Stiftung e.V. und Konrad-Adenauer-Stiftung
e.V.) zusammen drei Viertel der Befragten ausmachen (vgl. Tabelle 34).

Tabelle 34: Stiftungen

Stiftungen	Evangelisches Studienwerk e.V.	10 (4%)
	Friedrich-Ebert-Stiftung e.V.	85 (33%)
	Hanns-Seidel-Stiftung e.V.	4 (2%)
	Konrad-Adenauer-Stiftung e.V.	116 (45 %)
	Rosa-Luxemburg-Stiftung e.V.	7 (3%)
	Stiftung der Deutschen Wirtschaft e.V.	22 (8%)
	Sonstige	14 (5%)
Gesamt		258 (100%)

5.1.2 Ergebnisse des Untersuchungsbereichs 1: Vertrauensformen in Unternehmen

Der Untersuchungsbereich „Vertrauen" setzt sich aus den Vertrauensformen
„Vertrauen in das Unternehmen", „Vertrauen in den Vorgesetzten" und
„Vertrauen in die Arbeitskollegen" zusammen. Ergänzend wird die „Vertrauensdisposition" der Testpersonen betrachtet. Zur Erfassung des Bereichs „Vertrauen"
wird die Interpersonal-Trust-Skala von Amelang, Gold und Külbel (1984) eingesetzt sowie die Skalen zu „Vertrauen in das Unternehmen" und „Vertrauen in den
Vorgesetzten" von Graeff (1998) und deren Subskalen (vgl. 4.2.1).

Vertrauen in das Unternehmen
Der erste untersuchte Teilbereich ist „Vertrauen in das Unternehmen". Zur Untersuchung der Hypothese 1a werden die Korrelationen zwischen der Skala
„Vertrauen in das Unternehmen" (VU08) und den Subskalen „Wissen über das
Unternehmen" (VU-W03), „Emotionale Erfahrung im Unternehmen" (VU-E03) und
persönliches „Risiko" (VU-R03) mit Hilfe von Spearmans' Korrelationskoeffizienten
(r) berechnet.

Hypothese 1a:

> *Es besteht ein Zusammenhang zwischen dem Vertrauen in das Unternehmen und den drei Variablen „Wissen über das Unternehmen", „Emotionale Erfahrung" und dem mit Vertrauen verbundenen „Risiko".*

Die Hypothese 1a wird bestätigt. Die Korrelationen sind höchst signifikant (p < ,001). Der stärkste Zusammenhang besteht zwischen den „Emotionalen Erfahrungen" mit dem Unternehmen und dem Vertrauen in das Unternehmen (r = ,706). Das Risiko in Bezug auf das Vertrauensobjekt, hier das Unternehmen, steht ebenfalls in starkem Zusammenhang mit dem Vertrauen (r = ,554). Eine mittlere Beziehung (r = ,359) lässt sich hingegen zwischen dem Vertrauen in das Unternehmen und dem Wissen über das Unternehmen feststellen (vgl. Tabelle 35).

Tabelle 35: Vertrauen/Unternehmen – Wissen, Emotionale Erfahrung, Risiko (Korrelationen)

		VU-W$_{03}$	VU-E$_{03}$	VU-R$_{03}$
Skala VU$_{08}$	Korrelation (Spearman)	,359 (**)	,706 (**)	,554 (**)
	Signifikanz (2-seitig)	< ,001	< ,001	< ,001
	N	258	261	257

** Die Korrelation ist auf dem 0,01 Niveau signifikant (zweiseitig).

„Vertrauen in das Unternehmen" korreliert mit den drei Einflussgrößen. Insgesamt lässt sich festhalten, dass 28 Prozent der Teilnehmer ihrem Unternehmen stark vertrauen. Die Analyse der Skalensumme „Vertrauen in das Unternehmen" hat darüber hinaus ergeben, dass weitere 43 Prozent ihrem Unternehmen eher vertrauen. Den Kategorien „vertraue eher nicht" und „vertraue nicht" lassen sich 20 Prozent bzw. neun Prozent zuordnen. Aufschluss über mögliche Gründe gibt die Beantwortung der Frage, ob sich die Vertrauensausprägung hinsichtlich ausgewählter Arbeitnehmer- und Arbeitgebermerkmale unterscheidet. Die Berechnungen erfolgen mit einer einfaktoriellen Varianzanalyse.

Hypothese 1b:

> *Die Unternehmensgröße beeinflusst das Vertrauen in das Unternehmen.*

Die Varianzanalyse bestätigt die in Hypothese 1b formulierte Annahme. Ein Vergleich der Mittelwerte der Untersuchungsteilnehmer von „Vertrauen in das Unternehmen" hinsichtlich der Unternehmensgröße zeigt einen sehr signifikanten Unterschied (p = ‚008). Die ermittelte Effektstärke sagt aus, dass die Unternehmensgröße einen kleinen Effekt auf das Vertrauen in das Unternehmen hat (Eta = ‚212; Eta² = ‚045). Der durchgeführte TamhaneT2-Test (Post-Hoc) zeigt, dass es einen signifikanten Unterschied zwischen der Differenz der Mittelwerte von Betrieben mit 50 - 250 Mitarbeitern und von Großbetrieben mit über 1.000 Mitarbeitern gibt (p = ‚038). Dies bedeutet, dass Mitarbeiter von Großbetrieben ihren Unternehmen stärker vertrauen als Mitarbeiter aus mittelgroßen Betrieben (vgl. Diagramm 9).

Diagramm 9: Vertrauen/Unternehmen – Unternehmensgröße (Mittelwertvergleich)

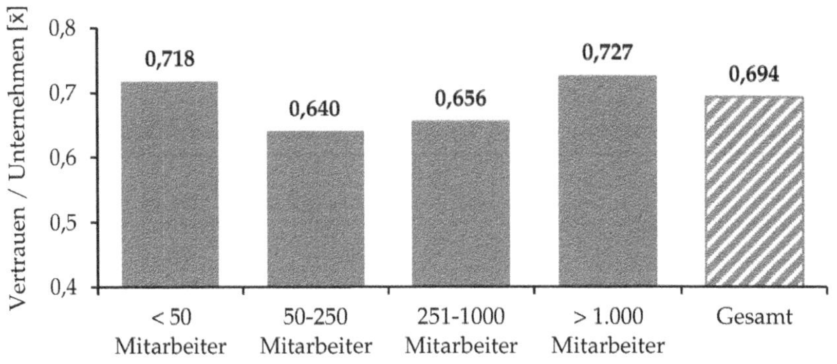

Hypothese 1c:

Das Vertrauen in das Unternehmen wächst mit Dauer der Betriebszugehörigkeit.

Hypothese 1c wird verworfen, da in dieser Untersuchung kein signifikanter Einfluss der Dauer der Betriebszugehörigkeit auf das Vertrauen in das Unternehmen nachgewiesen werden kann (p = ‚454; Eta = ‚078; Eta² = ‚006). Diagramm 10 illustriert die erhobenen Mittelwerte.

Diagramm 10: Vertrauen/Unternehmen – Betriebszugehörigkeit (Mittelwertvergleich)

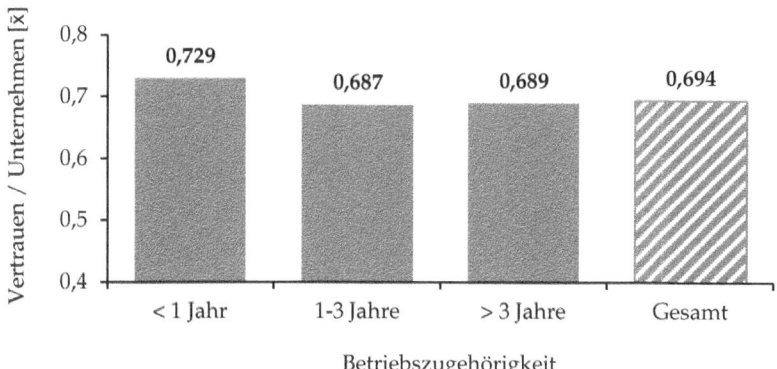

Hypothese 1d:

> *Mit steigender hierarchischer Position im Unternehmen wächst das Vertrauen*
> *eines Mitarbeiters in sein Unternehmen.*

Die Varianzanalyse bestätigt die in Hypothese 1d formulierte Annahme. Ein Vergleich der Mittelwerte von „Vertrauen in das Unternehmen" zeigt einen höchst signifikanten Unterschied ($p = ,001$) hinsichtlich des Status, welchen die Probanden in ihrem Unternehmen einnehmen. Die ermittelte Effektstärke sagt aus, dass der Status einen mittleren Effekt auf das Vertrauen in das Unternehmen hat (Eta = ,246; Eta² = ,061). Der durchgeführte TamhaneT2-Test (Post-Hoc) zeigt, dass es einen höchst signifikanten Unterschied zwischen der Differenz der Mittelwerte der Geschäftsführer/Vorstände und der Angestellten in Fachabteilungen gibt ($p = ,001$). Dies bedeutet, dass Geschäftsführer/Vorstände ihren Unternehmen stärker vertrauen als Mitarbeiter der operativen Ebene (vgl. Diagramm 11).

Diagramm 11: Vertrauen/Unternehmen – Position im Unternehmen (Mittelwertvergleich)

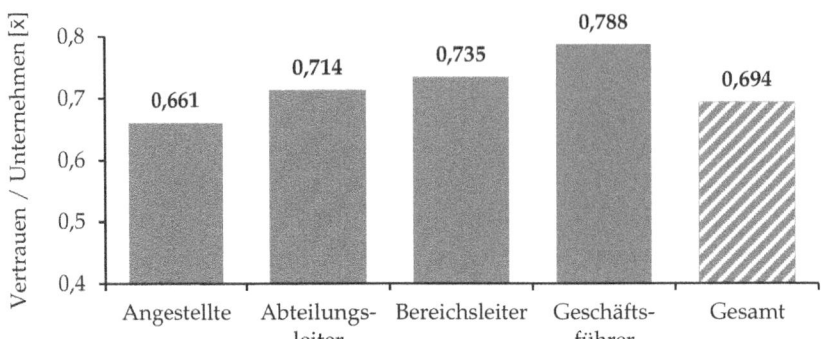

Vertrauen in den Vorgesetzten

Die Untersuchung von „Vertrauen in den Vorgesetzten" stellt den zweiten Teil-bereich des Untersuchungsbereichs „Vertrauen" dar. Zur Überprüfung der Hypo-these 2a wird die Skala zur Erfassung von „Vertrauen in den Vorgesetzten" (VC10) im Zusammenhang mit den Variablen des Vertrauens zum Vorgesetzten betrachtet. Letztgenannte sind „Wissen über den Vorgesetzten" (VC-W04), „Emotionale Er-fahrung im Umgang mit dem Vorgesetzten" (VC-E04) und „Risiko bzw. eigene Verwundbarkeit gegenüber dem Vorgesetzten" (VC-R03). Die Stärke des Zusammenhangs wird mit Spearmans' Korrelationskoeffizienten (r) berechnet.

Hypothese 2a:

> *Es besteht ein Zusammenhang zwischen dem Vertrauen in den Vorgesetzten und den drei Variablen „Wissen über den Vorgesetzten", „Emotionale Er-fahrung" und dem mit Vertrauen verbundenen „Risiko".*

Die Hypothese 2a lässt sich bestätigen. Die Zusammenhänge zwischen „Vertrauen in den Vorgesetzten" und den Variablen des interpersonellen Vertrauens sind höchst signifikant (p < ,001). Die stärkste Beziehung besteht zwischen dem Vertrauen und der „Emotionalen Erfahrung im Umgang mit dem Vorgesetzten" (r = ,843). Ein ebenfalls sehr starker Zusammenhang (r = ,714) existiert zum per-sönlich wahrgenommenen Risiko, das mit der eigenen Verwundbarkeit gegenüber dem Vorgesetzten einhergeht. Das Wissen über den Vorgesetzten steht mit dem Vertrauen in den Vorgesetzten in mittlerem Bezug (r = ,318) (vgl. Tabelle 36).

Tabelle 36: Vertrauen/Vorgesetzter – Wissen, Emotionale Erfahrung, Risiko (Korrelationen)

		VC-W$_{04}$	VC-E$_{04}$	VC-R$_{03}$
Skala VC$_{10}$	Korrelation (Spearman)	,318(**)	,843(**)	,714(**)
	Signifikanz (2-seitig)	< ,001	< ,001	< ,001
	N	234	234	227

** Die Korrelation ist auf dem 0,01 Niveau signifikant (zweiseitig).

Ihrem Vorgesetzten vertrauen 33,8 Prozent der Teilnehmer, weitere 38,9 Prozent vertrauen ihm „eher". Die Überprüfung der Skala „Vertrauen in den Vorgesetzten" nach Bereichen hat darüber hinaus gezeigt, dass 16,7 Prozent der Probanden ihren jeweiligen Chefs eher nicht vertrauen. Gar kein Vertrauen haben 10,7 Prozent. Ob sich das Vertrauen in den Vorgesetzten abhängig von der Dauer der Zusammenarbeit mit dem Vorgesetzten verändert, wird durch die folgende Hypothese hinterfragt und mit Hilfe der einfaktoriellen Varianzanalyse berechnet.

Hypothese 2b:

Die Dauer der Zusammenarbeit mit dem jetzigen Vorgesetzten beeinflusst das Vertrauen von Mitarbeitern in den Vorgesetzten.

Hypothese 2b wird verworfen, da in dieser Untersuchung kein signifikanter Einfluss der Dauer der Zusammenarbeit mit dem Vorgesetzten auf das Vertrauen zum Vorgesetzten nachgewiesen werden kann (p = ,677; Eta = ,058; Eta^2 = ,003). Diagramm 12 illustriert die erhobenen Mittelwerte.

Diagramm 12: Vertrauen/Vorgesetzter – Dauer der Zusammenarbeit (Mittelwertvergleich)

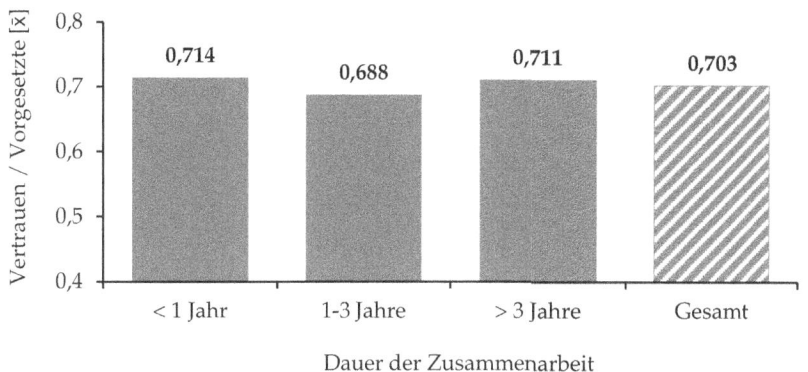

Vertrauen in die Arbeitskollegen

Nach „Vertrauen in das Unternehmen" und „Vertrauen in den Vorgesetzten" schließt sich als dritter Teilbereich des Untersuchungsbereichs „Vertrauen" das „Vertrauen in die Arbeitskollegen" an. Äquivalent zur Messung des Vertrauens in den Vorgesetzten wurden die vorliegenden Skalen transferiert. Basis der Auswertung sind die Skala „Vertrauen in die Arbeitskollegen" (VK10) sowie die Variablen „Wissen über die Arbeitskollegen" (VK-W04), „Emotionale Erfahrung im Umgang mit den Arbeitskollegen" (VK-E04) und „Risiko bzw. eigene Verwundbarkeit gegenüber den Arbeitskollegen" (VK-R03). Die Stärke des Zusammenhangs wird mit Spearmans' Korrelationskoeffizienten (r) berechnet.

Hypothese 3a:

> *Es besteht ein Zusammenhang zwischen dem Vertrauen in die Arbeitskollegen und den drei Variablen „Wissen über die Arbeitskollegen", „Emotionale Erfahrung" und dem mit Vertrauen verbundenen „Risiko".*

Die Hypothese 3a kann bestätigt werden. Die Korrelationen sind höchst signifikant. Den stärksten Zusammenhang weist die Wechselbeziehung zwischen „Vertrauen in die Arbeitskollegen" und „Emotionale Erfahrung im Umgang mit den Arbeitskollegen" auf (r = ,762). Ebenfalls besteht ein starker linearer Zusammenhang zwischen der Vertrauensskala und dem „Risiko" (r = ,647). Den niedrigsten Korrelationskoeffizienten (r = ,461) ergibt die Zusammenhangsberechnung der Skalen „Wissen über die Arbeitskollegen" und „Vertrauen in die Arbeitskollegen" (vgl. Tabelle 37).

Tabelle 37: Vertrauen/Arbeitskollegen – Wissen, Emotionale Erfahrung, Risiko (Korrelationen)

		VK-W04	VK-E04	VK-R03
Skala VK10	Korrelation (Spearman)	,461(**)	,762(**)	,647(**)
	Signifikanz (2-seitig)	< ,001	< ,001	< ,001
	N	252	252	250

** Die Korrelation ist auf dem 0,01 Niveau signifikant (zweiseitig).

Eine Analyse des Scores der Skala „Vertrauen in die Arbeitskollegen" ergibt, dass 29 Prozent der befragten Personen ihren Arbeitskollegen vertrauen. Weitere 48 Prozent geben an, dass sie den direkten Kollegen eher trauen. Lediglich

20 Prozent vertrauen ihren Arbeitskollegen eher nicht und drei Prozent gar nicht. Eine Untersuchung der Mittelwerte (einfaktorielle Varianzanalyse) soll nun aufklären, ob die Teamgröße Einfluss auf das Vertrauen in die Kollegen hat.

Hypothese 3b:

  Die Teamgröße beeinflusst das Vertrauen der Arbeitskollegen untereinander.

Hypothese 3b wird verworfen, da in dieser Untersuchung kein signifikanter Einfluss der Teamgröße auf das Vertrauen zu den Arbeitskollegen nachgewiesen werden kann (p = ,159; Eta = ,144; Eta² = ,021). Diagramm 13 illustriert die erhobenen Mittelwerte.

Diagramm 13: Vertrauen/Arbeitskollegen – Teamgröße (Mittelwertvergleich)

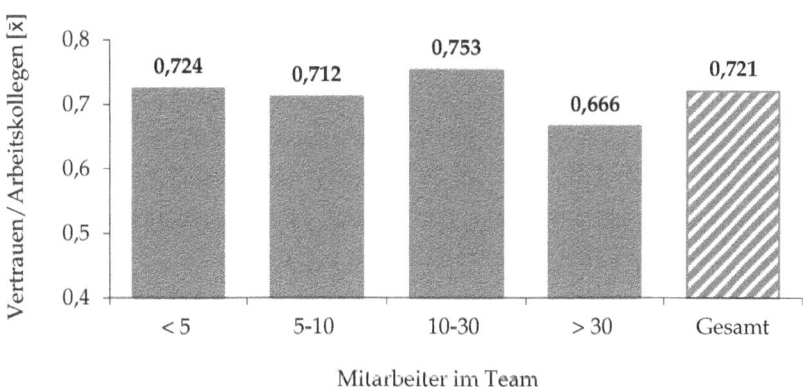

Vertrauensformen in Unternehmen – Integrative Betrachtung

Die Zusammenhänge (Rangkorrelationskoeffizienten r) zwischen den Ausprägungen der Vertrauensformen (Unternehmen, Vorgesetzter, Arbeitskollegen) und den Variablen des Vertrauens weisen ähnliche Tendenzen auf. Die emotionale Erfahrung im Umgang mit dem Vertrauensobjekt hat in allen drei Fällen den höchsten Zusammenhangswert. Während beim Vertrauen in die Arbeitskollegen das „Wissen" deutlich in Beziehung mit dem Vertrauen steht, ist diese Verbindung bei den beiden anderen Vertrauensobjekten weniger stark ausgeprägt (vgl. Diagramm 14).

Diagramm 14: Vertrauensformen – Variablen des Vertrauens (Korrelationskoeffizienten)

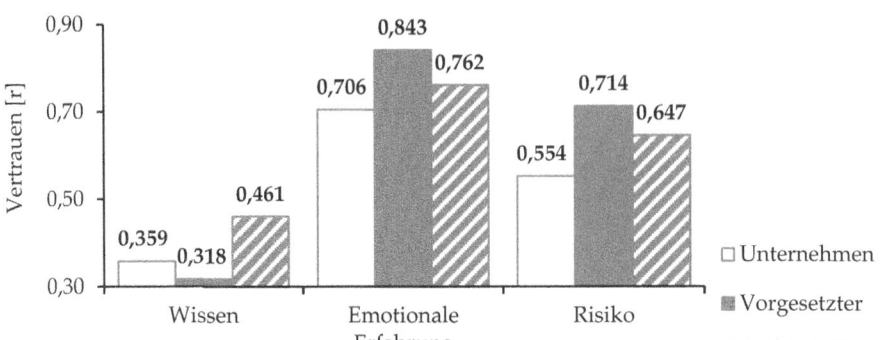

Die Vertrauensformen untereinander korrelieren leicht (Berechnung des Korrelationskoeffizienten nach Pearson). Diese im mittleren Bereich liegenden Zusammenhänge sind höchst signifikant. Die stärkste Beziehung besteht zwischen „Vertrauen in das Unternehmen" und „Vertrauen in den Vorgesetzten" (r = ,498). Die schwächste Verbindung ist zwischen „Vertrauen in den Vorgesetzten" und „Vertrauen in die Arbeitskollegen" zu beobachten (r = ,298). Mit r = ,353 ist ein mittlerer Zusammenhang zwischen „Vertrauen in das Unternehmen" und „Vertrauen in die Arbeitskollegen" erkennbar (vgl. Tabelle 38).

Tabelle 38: Vertrauensformen (Korrelationen)

		VU_{08}	VC_{10}	VK_{10}
Skala VU_{08}	Korrelation nach Pearson	1	,498(**)	,353(**)
	Signifikanz (2-seitig)		< ,001	< ,001
	N	262	229	246
Skala VC_{10}	Korrelation nach Pearson		1	,298(**)
	Signifikanz (2-seitig)			< ,001
	N		234	228
Skala VK_{10}	Korrelation nach Pearson			1
	Signifikanz (2-seitig)			
	N			252

** Die Korrelation ist auf dem Niveau von 0,01 (2-seitig) signifikant.

Vertrauensdisposition

Neben den drei im unternehmerischen Kontext direkt messbaren Vertrauens-formen wurde das generalisierte Vertrauen der Untersuchungspersonen in der Be-fragung erfasst. Zu diesem Zweck ist die „Interpersonal Trust Scale" von Rotter in der Fassung von Amelang et al. (1984) eingesetzt worden (IT$_{27}$). Die Stärke des Zu-sammenhangs zwischen dieser Skala und den Skalen zum Vertrauen in das Unter-nehmen, den Vorgesetzten und die Arbeitskollegen wird mit dem Korrelations-koeffizienten nach Pearson (r) berechnet.

Hypothese 4:

> *Es besteht ein Zusammenhang zwischen dem generalisierten Vertrauen einer*
> *Person und den drei Vertrauensformen (Vertrauen in das Unternehmen,*
> *Vertrauen in den Vorgesetzten und Vertrauen in die Arbeitskollegen).*

Die „Vertrauensdisposition" einer Person (IT$_{27}$) steht in signifikantem Zusammen-hang (p < ,001) zu den drei betrachteten Vertrauensformen. Hypothese 4 ist damit bestätigt. Die im Vergleich stärkste Beziehung besteht zwischen der Vertrauens-disposition und „Vertrauen in die Arbeitskollegen" (r = ,326). Ebenfalls leichte Zu-sammenhänge lassen sich in den Korrelationen zum „Vertrauen in das Unter-nehmen" (r = ,290) und „Vertrauen in den Vorgesetzten" (r = ,295) beobachten (vgl. Tabelle 39).

Tabelle 39: Vertrauensdisposition – Vertrauensformen (Korrelationen)

		VU$_{08}$	VC$_{10}$	VK$_{10}$
Skala IT$_{27}$	Korrelation nach Pearson	,290(**)	,295(**)	,326(**)
	Signifikanz (2-seitig)	< ,001	< ,001	< ,001
	N	218	200	214

** Die Korrelation ist auf dem Niveau von 0,01 (2-seitig) signifikant.

Bei einer Einteilung der Stichprobe in die Kategorien „high-truster" und „low-truster" (vgl. Rotter 1980: 1) ergibt sich, dass 38 Prozent der Teilnehmer der Kate-gorie „high-truster" (Personen mit hoher Vertrauensdisposition) zuzuordnen sind. Die Gruppe der „low-truster" (Personen mit niedriger Vertrauensdisposition) macht 62 Prozent der Stichprobe aus. Karau und Williams (1991: 573) schlagen eine Einteilung in „high-truster", „medium-truster" und „low-truster" vor. Nach dieser

Differenzierung sind 14 Prozent der Teilnehmer „high-truster", 75 Prozent „medium-truster" und lediglich elf Prozent „low-truster".

Die einzelnen in Unternehmen auftretenden Vertrauensformen und die Vertrauensdisposition, die Mitarbeiter in das jeweilige Unternehmen einbringen, stehen in einem leichten Zusammenhang. Wie sich die Ergebnisse dieses ersten Untersuchungsbereichs „Vertrauen" auf den Wissenstransfer im Unternehmen auswirken, wird im weiteren Verlauf dieser Arbeit untersucht. Es folgt die Ergebnisdarstellung des Untersuchungsbereichs „Wissenstransfer".

5.1.3 Ergebnisse des Untersuchungsbereichs 2: Wissenstransfer in Unternehmen

Der Untersuchungsbereich „Wissenstransfer" ist in dieser Untersuchung durch die Transferrichtungen „Vorgesetzter" und „Arbeitskollegen" operationalisiert. Der Einsatz der Wissenstransferskala von Werner (2004) ermöglicht die Erfassung des Wissenstransfers in beide Transferrichtungen. Die Skala bildet die Nutzung und die Weitergabe von implizitem und explizitem Wissen ab. Um mögliche Zusammenhänge zwischen dem Wissenstransfer und der Kommunikation im Unternehmen feststellen zu können, wurden darüber hinaus die Skalen „Kommunikationsqualität", „Informationsüberlastung" und „Informationszurückhaltung" des Fragebogens KomminO (Rózsa/Sperka 1997) in die empirische Befragung integriert (vgl. 4.2.1).

Wissenstransfer zum Vorgesetzten

Die Stärke des Wissenstransfers der Untersuchungspersonen in Transferrichtung „Vorgesetzter" (WTC_{11}) wird zur Überprüfung der Hypothese 5a in Verbindung mit den Skalen „Kommunikationsqualität" ($KC-K_{09}$), „Informationsüberlastung" ($KC-Ü_{03}$) und „Informationszurückhaltung" ($KC-Z_{03}$) gesetzt. Die Berechnung der Stärke des Zusammenhangs erfolgt mit Spearmans' Korrelationskoeffizienten (r).

Hypothese 5a:

> *Es besteht ein Zusammenhang zwischen dem Wissenstransfer zum Vorgesetzten und der Kommunikationsqualität, der Informationsüberlastung und der Informationszurückhaltung gegenüber dem Vorgesetzten.*

Die Auswertung der Ergebnisse zeigt, dass es lediglich geringe Zusammenhänge zwischen dem „Wissenstransfer zum Vorgesetzten" und den KomminO-Skalen gibt. Eine höchst signifikante Beziehung (p < ,001) besteht zwischen dem Wissenstransfer und der Kommunikationsqualität (r = ,324). Darüber hinaus lässt sich ein negativer signifikanter Zusammenhang (p = ,005) zwischen dem Wissenstransfer und der Informationszurückhaltung feststellen, d.h. je besser der Wissenstransfer, desto geringer die Informationszurückhaltung und umgekehrt. Keine signifikanten Ergebnisse liefert die Korrelationsgleichung bei der Beziehung zwischen Wissenstransfer und Informationsüberlastung (vgl. Tabelle 40). Die Hypothese 5a muss partiell verworfen werden.

Tabelle 40: Wissenstransfer/Vorgesetzter – Kommunikationsqualität, Informationsüberlastung, Informationszurückhaltung (Korrelationen)

		KC-K$_{09}$	KC-Ü$_{03}$	KC-Z$_{03}$
Skala WTC$_{11}$	Korrelation (Spearman)	,324(**)	-,068	-,191(**)
	Signifikanz (2-seitig)	< ,001	,317	,005
	N	213	216	218

** Die Korrelation ist auf dem 0,01 Niveau signifikant (zweiseitig).

Der Wissenstransfer in Richtung des Vorgesetzten verläuft bei acht Prozent der befragten Personen sehr gut. In 58 Prozent der untersuchten Fälle sind auf einer vierstufigen Skala (sehr gut – gut – eher schlecht – schlecht) die Transferaktivitäten mit „gut" zu bewerten, bei weiteren 30 Prozent mit „eher schlecht". Lediglich vier Prozent der Befragten lassen sich nach der Auswertung der Skalensumme WTC$_{11}$ in die Kategorie „schlecht" einordnen. Folglich liegen bei 66 Prozent der Untersuchungsteilnehmer positive Transferaktivitäten zum Vorgesetzten vor. Der Mittelwert der Skala WTC$_{11}$ liegt im guten Bereich bei $\bar{x}$ = 3,09.

Wissenstransfer zu Arbeitskollegen

Als weitere Transferrichtung wurde in der Untersuchung der Wissenstransfer zu den Arbeitskollegen abgefragt. Äquivalent zur Auswertung der zuvor dargestellten Hypothese 5a wird nun mit der Hypothese 5b die Stärke des Wissenstransfers in diese weitere Transferrichtung (WTK$_{11}$) getestet. Dabei wird die Skala in Verbindung mit den Skalen „Kommunikationsqualität" (KK-K$_{09}$), „Informationsüberlastung" (KK-Ü$_{03}$) und „Informationszurückhaltung" (KK-Z$_{03}$) überprüft. Das angewandte Messverfahren ist Spearmans' Korrelationskoeffizient (r).

Hypothese 5b:

*Es besteht ein Zusammenhang zwischen dem Wissenstransfer zu Arbeits-
kollegen und der Kommunikationsqualität, der Informationsüberlastung und
der Informationszurückhaltung gegenüber den Arbeitskollegen.*

Die Hypothese 5b muss nach den formulierten Kriterien (vgl. 4.2.5) partiell abge-
lehnt werden. Eine schwach signifikante Beziehung besteht zwischen dem
Wissenstransfer zu Arbeitskollegen und der Kommunikationsqualität (r = ,162).
Zwei Korrelationen weisen keine signifikanten Zusammenhänge auf (vgl. Tabelle
41).

Tabelle 41: Wissenstransfer/Arbeitskollegen – Kommunikationsqualität, Informationsüberlastung, Informationszurückhaltung (Korrelationen)

		KK-K$_{09}$	KK-Ü$_{03}$	KK-Z$_{03}$
Skala WTK$_{11}$	Korrelation (Spearman)	,162(*)	,053	,079
	Signifikanz (2-seitig)	,016	,430	,232
	N	221	227	228

* Die Korrelation ist auf dem 0,05 Niveau signifikant (zweiseitig).

Bei einer Betrachtung der Skalensumme (WTK$_{11}$) wird ersichtlich, dass 15 Prozent
der Teilnehmer einen sehr guten Wissenstransfer zu den Arbeitskollegen leisten. In
62 Prozent ist dieser auf einer vierstufigen Skala (sehr gut – gut – eher schlecht –
schlecht) mit „gut" zu beschreiben. Lediglich ein Prozent der untersuchten Gruppe
betreibt einen schlechten Wissenstransfer zu ihren Kollegen, 22 Prozent einen eher
schlechten. Es gibt folglich bei 77 Prozent der Untersuchungsteilnehmer positive
Transferaktivitäten zu den Arbeitskollegen. Dies sind elf Prozent mehr als in
Richtung des Vorgesetzten. Der Mittelwert der Skala WTK$_{11}$ ist demzufolge mit
$\bar{x}$ = 3,30 höher als der Mittelwert der Skala WTC$_{11}$ ($\bar{x}$ = 3,09).

Wissenstransfer in Unternehmen – Integrative Betrachtung

Es bleibt zu untersuchen, inwieweit die Merkmalsausprägungen der KomminO-
Skalen „Kommunikationsqualität", „Informationsüberlastung" und „Informationszurückhaltung" als jeweils eigene Fallgruppen beim Wissenstransfer unterschiedliche Mittelwerte aufweisen (Hypothesentest mit einfaktorieller Varianzanalyse).
Basis der nachfolgenden Tests ist eine Einteilung der KomminO-Skalensummen in
jeweils fünf Abstufungen von „sehr gut" bis „schlecht".

Hypothese 5c:

> *Der Wissenstransfer zu Vorgesetzten und Arbeitskollegen ist abhängig von der erlebten Kommunikationsqualität, Informationsüberlastung und Informationszurückhaltung.*

Die Kommunikationsqualität wird von den Teilnehmern der Untersuchung unterschiedlich beschrieben. In Richtung des Vorgesetzten geben 37,4 Prozent der Befragten an, die Qualität der Kommunikation sei „sehr gut". Weitere 30,9 Prozent sind aufgrund ihres Antwortverhaltens in die Gruppe „gut" einzuordnen, 18,3 Prozent in „mittel" und lediglich 6,9 Prozent in die Gruppe „eher schlecht". Eine „schlechte" Kommunikationsqualität ist bei wenigen Teilnehmern festzustellen (6,5 Prozent bei N = 246). In Transferrichtung Arbeitskollegen herrscht bei 43,5 Prozent der Probanden eine „sehr gute" Kommunikationsqualität vor, weitere 34,4 Prozent beschreiben sie mit „gut". In 16,2 Prozent der Fälle ist die Qualität „mittel", lediglich 5,1 Prozent der Befragten sprechen von einer „eher schlechten", weitere 0,8 Prozent von einer „schlechten" Kommunikation (N = 262).

Ein Vergleich der Mittelwerte der Untersuchungsteilnehmer von „Wissenstransfer/ Vorgesetzter" hinsichtlich der Qualität der Kommunikation mit dem Vorgesetzten zeigt einen höchst signifikanten Unterschied (p < ,001). Die ermittelte Effektstärke sagt aus, dass die Qualität der Kommunikation einen mittleren Effekt auf den Wissenstransfer zum Vorgesetzten hat (Eta = ,361; Eta² = ,130). Der durchgeführte TamhaneT2-Test (Post-Hoc) zeigt, dass sich die Fälle mit sehr guter Kommunikationsqualität sehr signifikant bzw. höchst signifikant von den Fällen mit mittlerer (p = ,007) und eher schlechter Kommunikationsqualität (p = ,001) unterscheiden. Außerdem weichen die Mittelwerte der Fälle guter und eher schlechter Kommunikationsqualität ebenfalls sehr signifikant voneinander ab (p = ,006). Dies bedeutet, dass der Wissenstransfer zum Vorgesetzten mit zunehmender Qualität der Kommunikation zunimmt (vgl. Diagramm 15).

In dieser Untersuchung kann kein signifikanter Einfluss der Kommunikationsqualität auf den Wissenstransfer in Richtung Arbeitskollegen nachgewiesen werden (p = ,145; Eta = ,176; Eta² = ,031). Der durchgeführte TamhaneT2-Test (Post-Hoc) zeigt, dass sich die Fälle mit schlechter Kommunikationsqualität von allen anderen Fällen signifikant unterscheiden. Diagramm 15 illustriert die erhobenen Mittelwerte.

Diagramm 15: Kommunikationsqualität (Mittelwertvergleich)

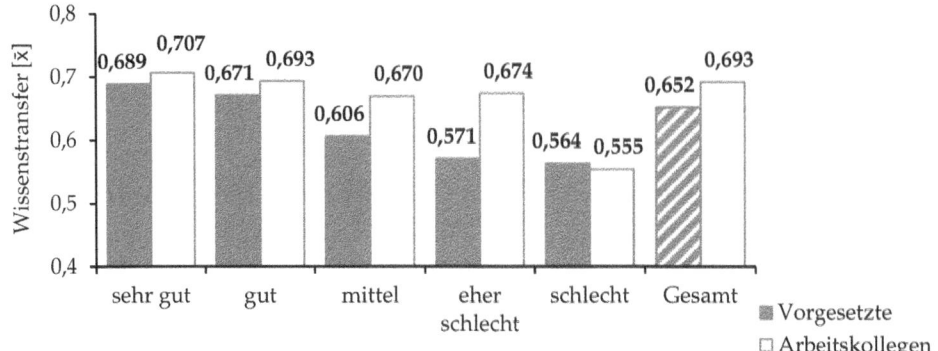

Hinsichtlich einer möglichen Informationsüberlastung durch den Vorgesetzten ergibt die Auswertung der entsprechenden Skala (Bereichseinteilung 5-stufig), dass sich 4,4 Prozent der Befragten von den Informationen „stark überlastet" und 5,2 Prozent „überlastet" fühlen. Eine große Mehrheit von 49 Prozent („keine Überlastung") sind gar nicht und 22,5 Prozent („wenig Überlastung") kaum überlastet. Verbleiben 18,9 Prozent, die aufgrund ihres Antwortverhaltens eine „mittlere" Position einnehmen (N = 249). In Transferrichtung „Arbeitskollegen" zeigen sich ähnliche Proporze: 3,1 Prozent „starke Überlastung", 6,6 Prozent „Überlastung", 24,7 Prozent „mittel", 23,9 Prozent „wenig Überlastung" und 41,7 Prozent „keine Überlastung" (N = 259).

In dieser Untersuchung kann kein signifikanter Einfluss der Informationsüberlastung auf den Wissenstransfer in Richtung der Vorgesetzten nachgewiesen werden (p = ,773; Eta = ,092; Eta² = ,008).

Ein Vergleich der Mittelwerte der Untersuchungsteilnehmer von „Wissenstransfer/Arbeitskollegen" hinsichtlich der Informationsüberlastung zeigt einen signifikanten Unterschied (p = ,012). Die ermittelte Effektstärke sagt aus, dass die Informationsüberlastung einen kleinen Effekt auf den Wissenstransfer zu den Arbeitskollegen hat (Eta = ,237; Eta² = ,056). Der durchgeführte TamhaneT2-Test (Post-Hoc) zeigt, dass sich die Fälle mit „wenig Überlastung" (p = ,006) und mit „mittlerer Überlastung" (p = ,012) signifikant von den Fällen mit „Überlastung" unterscheiden. Dies bedeutet, dass der Wissenstransfer zu den Arbeitskollegen mit zunehmender Informationsüberlastung zunimmt (vgl. Diagramm 16).

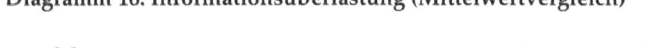

Diagramm 16: Informationsüberlastung (Mittelwertvergleich)

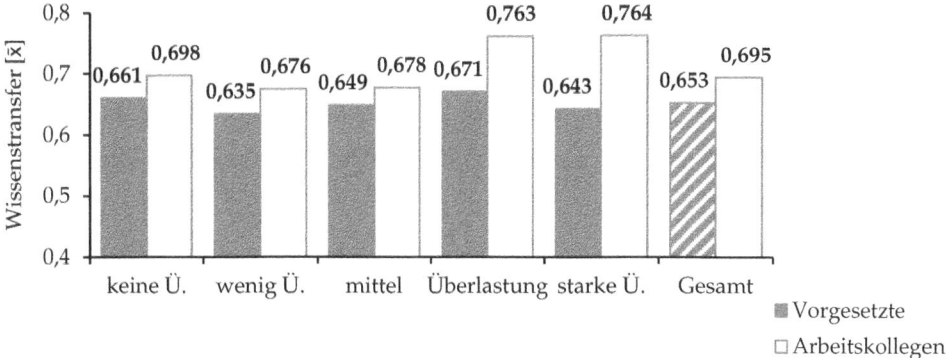

Für Wissensmanagement und erfolgreichen Wissenstransfer in Unternehmen ist die „Informationszurückhaltung" von Bedeutung. Die Untersuchungsteilnehmer halten zu 60,6 Prozent „keine" Informationen und weitere 22,8 Prozent „wenig" Informationen vor ihrem Vorgesetzten zurück. Immerhin 12,6 Prozent lassen sich in die Kategorie „mittel" einordnen. Von 3,1 Prozent werden tatsächlich Informationen zurückgehalten, in „starkem Umfang" geschieht dies bei zwei Teilnehmern (0,8 Prozent bei N = 254). Eine „stark" ausgeprägte Informationszurückhaltung in Richtung der Arbeitskollegen liegt lediglich bei einem Probanden vor (0,4 Prozent bei N = 262). Darüber hinaus geben 3,4 Prozent ihre Informationen eher nicht weiter. Ein Großteil der Teilnehmer halten jedoch „keine" (60,3 Prozent) bzw. „wenig" (22,5 Prozent) Informationen zurück. Weitere 13,4 Prozent fallen in die Kategorie „mittel".

Ein Vergleich der Mittelwerte der Untersuchungsteilnehmer von „Wissenstransfer / Vorgesetzter" hinsichtlich der Informationszurückhaltung zeigt einen sehr signifikanten Unterschied (p = ,008). Die ermittelte Effektstärke sagt aus, dass die Informationszurückhaltung einen mittleren Effekt auf den Wissenstransfer zum Vorgesetzten hat (Eta = ,249; Eta^2 = ,062). Der durchgeführte TamhaneT2-Test (Post-Hoc) zeigt, dass es einen signifikanten Unterschied zwischen der Differenz der Mittelwerte von „keine Zurückhaltung" und „wenig Zurückhaltung" gibt (p = ,016). Dies bedeutet, dass der Wissenstransfer zum Vorgesetzten mit zunehmender Informationszurückhaltung abnimmt (vgl. Diagramm 17).

Zur Berechnung der Mittelwerte der Skala „Wissenstransfer / Arbeitskollegen" in Bezug auf die Informationszurückhaltung in Richtung der Arbeitskollegen wurde der Bereich „starke Zurückhaltung" aus der Untersuchung ausgeschlossen, da dieser Kategorie nur ein Proband zugeordnet werden konnte. Die betreffende Person übt jedoch trotz der Zurückhaltung einen intensiven Wissenstransfer aus ($\bar{x}$ = ,854). In dieser Untersuchung kann kein signifikanter Einfluss der Informationszurückhaltung auf den Wissenstransfer in Richtung Arbeitskollegen nachgewiesen werden (p = ,773; Eta = ,092; Eta² = ,008). Diagramm 17 illustriert die erhobenen Mittelwerte.

Aufgrund der ungleichen Ergebnisse von Kommunikationsqualität, Informations-überlastung und Informationszurückhaltung (bezogen auf Wissenstransfer) muss Hypothese 5c partiell verworfen werden.

Diagramm 17: Informationszurückhaltung (Mittelwertvergleich)

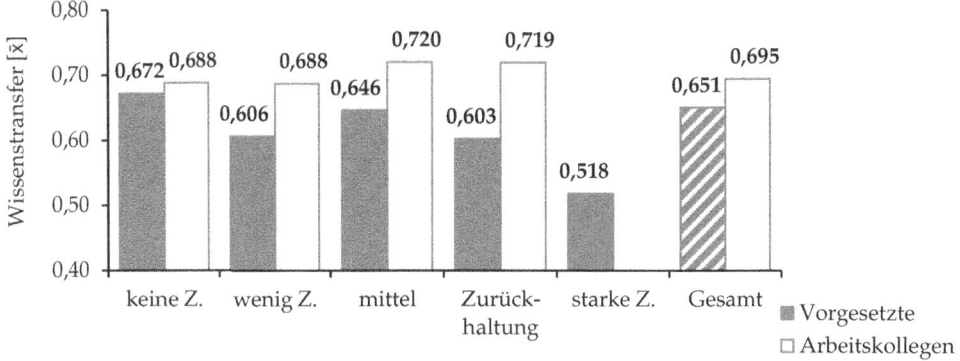

Die Auswertungen des Untersuchungsbereichs „Wissenstransfer" weisen darauf hin, dass viele Untersuchungteilnehmer einen effektiven Wissenstransfer in ihrem Unternehmen leisten. Die Verdichtung der beiden einzelnen Skalen „Wissens-transfer/Vorgesetzter" und „Wissenstransfer/Arbeitskollegen" hin zu einer Gesamtskala, die den Wissenstransfer im Unternehmen misst, erfolgt mit der Skala WT₂₂. Durch diesen Vorgang ist es möglich, Aussagen zum generellen Wissens-transfer in den Unternehmen der Untersuchungteilnehmer zu treffen.

Nach der Definition von vier Bereichen (sehr gut – gut – eher schlecht – schlecht) präsentiert die Häufigkeitsverteilung folgendes Bild: In insgesamt 7,3 Prozent der Unternehmen findet ein „sehr guter" Wissenstransfer statt. In weiteren 65,9 Prozent erleben die Mitarbeiter einen „guten" Wissenstransfer. Als „schlecht" kennzeichnet ein Teilnehmer die Transferaktivitäten (0,4 Prozent bei N = 220), immerhin 26,4 Prozent sehen den Wissensaustausch als „eher schlecht" an. Die Transferaktivitäten nehmen im weiteren Verlauf der Untersuchung einen hohen Stellenwert ein. Inwieweit sich Wissenstransfer und Wissensmanagement gegenseitig bedingen, ist anhand der Ergebnisse des folgenden Teilbereichs zu klären.

5.1.4 Ergebnisse des Untersuchungsbereichs 3: Realisierung von Wissensmanagement in Unternehmen

Der Untersuchungsbereich „Wissensmanagement" ist anfangs durch die Abfrage der pauschalen Aussage zum Stellenwert von „Wissen" im Unternehmen gekennzeichnet. Der Aussage „Wissen ist für die Wertschöpfung und den Erfolg meines Unternehmens sehr wichtig" stimmen 74 Prozent der Teilnehmer zu (N = 268), 21 Prozent nennen sie „eher zutreffend". Bloß vier Prozent der Probanden meinen, dass Wissen einen „mittleren" Stellenwert besitze. Ein Prozent der Befragten urteilt, diese Aussage sei für das eigene Unternehmen „eher unzutreffend". Als ganz und gar „unzutreffend" stuft kein Teilnehmer dieses Item ein (vgl. Diagramm 18).

Diagramm 18: Stellenwert der Ressource Wissen im Unternehmen (pauschale Aussage)

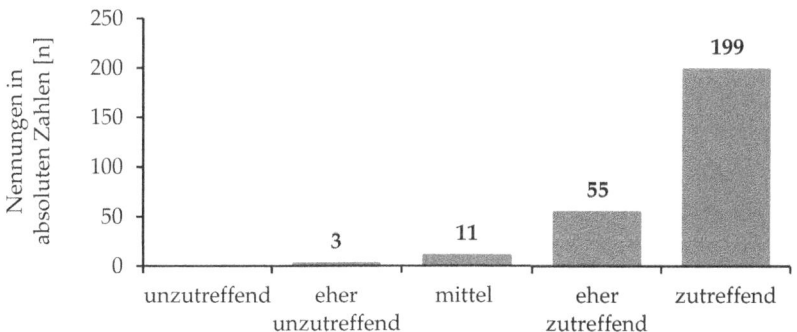

„Wissen ist für den Erfolg meines Unternehmens sehr wichtig"

Über diese pauschale Aussage hinaus wird die Realisierung der Managementaktivitäten um die Ressource „Wissen" durch eine eigens zu diesem Zweck entwickelte Skala (bestehend aus zehn Items) erfasst (vgl. *Kapitel 4.2.1*). Mit Spearmans' Korrelationskoeffizienten wird der Zusammenhang zwischen der pauschalen Aussage WM-Pausch$_{01}$ und der Wissensmanagement-Skala WM$_{10}$ gemessen.

Hypothese 6a:

> *Es besteht ein Zusammenhang zwischen der pauschalen Aussage „Wissen ist*
> *für die Wertschöpfung und den Erfolg meines Unternehmens sehr wichtig"*
> *und der Realisierung von Wissensmanagement in einem Unternehmen.*

Es gibt einen mittleren Zusammenhang zwischen der pauschalen Aussage zum Stellenwert der Ressource „Wissen" („Wissen ist für die Wertschöpfung und den Erfolg meines Unternehmens sehr wichtig") und der Realisierung von Wissensmanagement in einem Unternehmen (r = ,246). Diese Korrelation ist höchst signifikant (vgl. Tabelle 42), so dass Hypothese 6a bestätigt wird.

Tabelle 42: Ressource Wissen – Realisierung Wissensmanagement (Korrelation)

		WM_{10}
Item WM-Pausch$_{01}$	Korrelation (Spearman)	,246(**)
	Signifikanz (2-seitig)	< ,001
	N	255

** Die Korrelation ist auf dem 0,01 Niveau signifikant (zweiseitig).

Die Realisierung von Wissensmanagement in ihren Unternehmen, verstanden als die praktische und effektive Umsetzung von Wissensmanagement-Maßnahmen, stufen die Untersuchungsteilnehmer auf einer 4-stufigen Skala (sehr gut – gut – eher schlecht – schlecht) zu 13,7 Prozent als „sehr gut" ein. Weitere 36,3 Prozent meinen, dass Wissensmanagement in ihrem Unternehmen „gut" umgesetzt sei. Für „eher schlecht" halten 37,5 Prozent die Realisierung von Wissensmanagement. Als „schlecht" wird es von 12,5 Prozent der Teilnehmer eingestuft. Demzufolge denkt die Hälfte der Befragten, dass Wissensmanagement für ihr Unternehmen von großer Bedeutung und gut umgesetzt sei. Es bleibt zu klären, ob die Realisierung von Wissensmanagement im Zusammenhang mit dem Antwortverhalten auf die pauschale Aussage „Wissen ist für die Wertschöpfung und den Erfolg meines Unternehmens sehr wichtig" steht und ob ein Zusammenhang zwischen der Realisierung von Wissensmanagement und der Unternehmensgröße zu erkennen ist. Aufschluss hierüber sollen die Ergebnisse einer einfaktoriellen Varianzanalyse geben.

Hypothese 6b:

> *Die Realisierung von Wissensmanagement in einem Unternehmen ist abhängig vom Stellenwert der Ressource Wissen für das Unternehmen.*

Die Varianzanalyse bestätigt die in Hypothese 6b formulierte Annahme. Ein Vergleich der Mittelwerte der Untersuchungsteilnehmer von der Realisierung von Wissensmanagement hinsichtlich des Stellenwerts der Ressource Wissen zeigt einen höchst signifikanten Unterschied ($p < ,001$). Die ermittelte Effektstärke sagt aus, dass der Stellenwert der Ressource Wissen einen mittleren Effekt auf die Realisierung von Wissensmanagement in einem Unternehmen hat (Eta = ,266; $Eta^2 = ,071$). Der durchgeführte TamhaneT2-Test (Post-Hoc) zeigt, dass es einen signifikanten Unterschied gibt zwischen den Differenzen der Mittelwerte von Untersuchungsteilnehmern, die die pauschale Aussage mit „mittel" ($p = ,013$) oder „eher zutreffend" ($p = ,024$) bewerten, zu denjenigen, die die Aussage als „zutreffend" einschätzen. Dies bedeutet, dass die Realisierung von Wissensmanagement in einem Unternehmen durch den jeweiligen Stellenwert der Ressource Wissen positiv beeinflusst wird (vgl. Diagramm 19).

Diagramm 19: Realisierung Wissensmanagement – pauschale Aussage (Mittelwertvergleich)

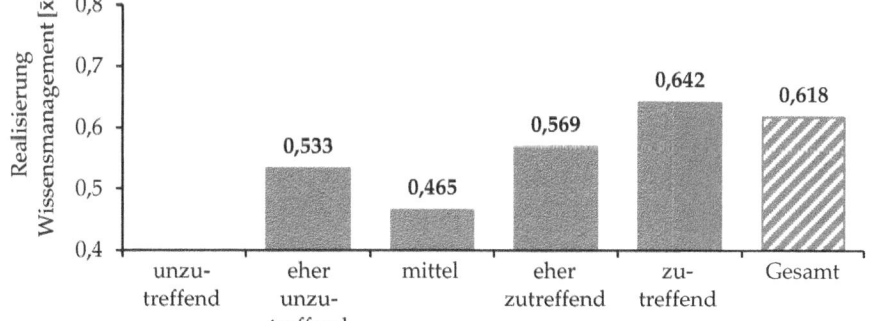

„Wissen ist für den Erfolg meines Unternehmen sehr wichtig."

Hypothese 6c:

> *Die Unternehmensgröße beeinflusst die Realisierung von Wissensmanagement.*

Die Varianzanalyse bestätigt die in Hypothese 6c formulierte Annahme. Ein Vergleich der Mittelwerte der Wissensmanagement-Skala hinsichtlich der Unternehmensgröße zeigt einen sehr signifikanten Unterschied (p = ,007). Die ermittelte Effektstärke sagt aus, dass die Unternehmensgröße einen kleinen Effekt auf das Vertrauen in das Unternehmen hat (Eta = ,218; Eta² = ,047). Der durchgeführte TamhaneT2-Test (Post-Hoc) zeigt, dass es einen signifikanten Unterschied zwischen der Differenz der Mittelwerte von Kleinstbetrieben (≤ 50 Mitarbeiter) und von kleinen Betrieben (50 - 250 Mitarbeiter) gibt (p = ,015). Dies bedeutet, dass die Untersuchungsteilnehmer aus Kleinstbetrieben die Realisierung von Wissensmanagement besser bewerten als die Mitarbeiter aus kleinen Betrieben (vgl. Diagramm 20).

Diagramm 20: Realisierung Wissensmanagement – Unternehmensgröße (Mittelwertvergleich)

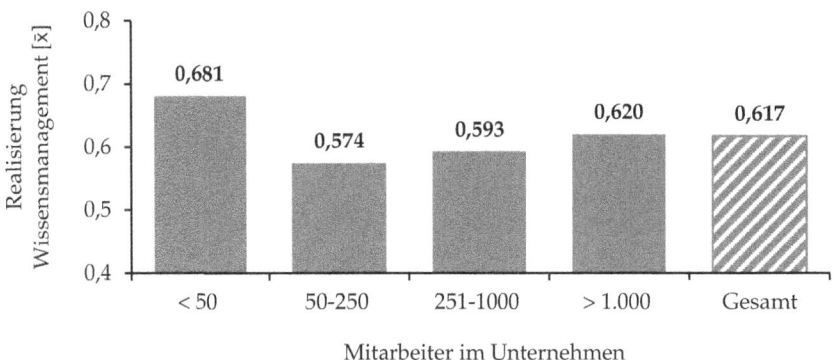

Im Kontext der vorliegenden Untersuchung ist die Betrachtung der möglichen Zusammenhänge zwischen dem Wissenstransfer auf der einen Seite und der Realisierung von Wissensmanagement-Aktivitäten in Unternehmen auf der anderen Seite relevant. Für die Überprüfung der folgenden Hypothese (6d) kommen Korrelationen nach Pearson zum Einsatz, mit deren Hilfe sich die Zusammenhänge zwischen der Realisierung von Wissensmanagement und den Wissenstransfer-Skalen (Untersuchungsbereich 2) aufzeigen lassen.

Hypothese 6d:

> *Es besteht ein Zusammenhang zwischen der Realisierung von Wissens-*
> *management in einem Unternehmen und dem Wissenstransfer zum Vor-*
> *gesetzten, dem Wissenstransfer zu Arbeitskollegen und dem Wissenstransfer*
> *unternehmensweit.*

Zwischen der Realisierung des Wissensmanagements und der Ausprägung des Wissenstransfers im ganzen Unternehmen, zum Vorgesetzten und zu den Arbeitskollegen gibt es keine konstanten signifikanten Zusammenhänge. Die Korrelation der Realisierung von Wissensmanagement und dem Transfer zum Vorgesetzten liegt im mittleren Bereich (r = ,233) und ist signifikant. Ein schwacher Zusammenhang besteht zum Wissenstransfer innerhalb des ganzen Unternehmens (r = ,174). Die weitere Korrelationsberechnung liefert kein signifikantes Ergebnis (vgl. Tabelle 43). Hypothese 6d muss partiell verworfen werden.

Tabelle 43: Realisierung Wissensmanagement – Wissenstransfer (Korrelationen)

		WT_{22}	WTC_{11}	WTK_{11}
Skala WM_{10}	Korrelation nach Pearson	,174(*)	,233(**)	,082
	Signifikanz (2-seitig)	,011	,001	,229
	N	210	211	220

* Die Korrelation ist auf dem Niveau von 0,05 (2-seitig) signifikant.
** Die Korrelation ist auf dem Niveau von 0,01 (2-seitig) signifikant.

Im Folgenden soll kontrolliert werden, inwieweit sich die Einführung von Wissensmanagement-Abteilungen in Unternehmen positiv auf den Wissenstransfer auswirkt. Das eingesetzte Verfahren zur Hypothesenprüfung ist der T-Test bei unabhängigen Stichproben.

Hypothese 6e:

> *Die Existenz einer Wissensmanagement-Abteilung beeinflusst den Wissens-*
> *transfer zu Vorgesetzten, Arbeitskollegen und unternehmensweit.*

Der T-Test bestätigt die in Hypothese 6e formulierte Annahme. Ein Vergleich der Mittelwerte zeigt signifikante Unterschiede beim Wissenstransfer unternehmensweit (p = ,002), zum Vorgesetzten (p = ,006) und zu Arbeitskollegen (p = ,012) hinsichtlich des Vorhandenseins einer Wissensmanagement-Abteilung. Die Ergebnisse lassen für diese Untersuchungsgruppe die Schlussfolgerung zu, dass der Wissenstransfer in Unternehmen mit Wissensmanagement-Abteilung besser umgesetzt wird als in Unternehmen ohne Wissensmanagement-Abteilung (vgl. Diagramm 21).

Diagramm 21: Wissenstransfer – Wissensmanagement-Abteilung (Mittelwertvergleich)

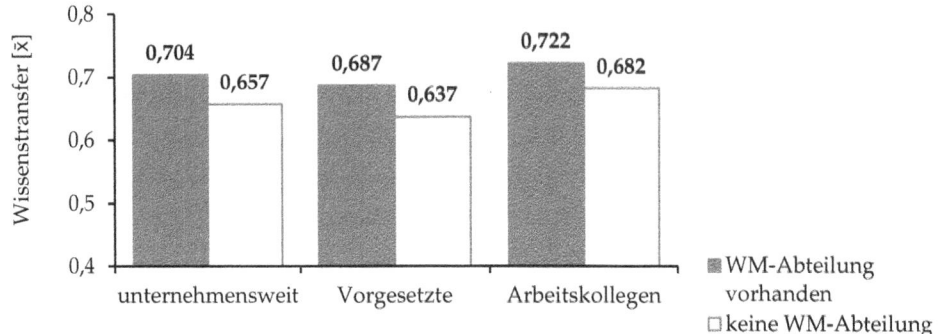

Wissensmanagement ist im Unternehmen mit dem Einsatz unterschiedlicher Instrumente verbunden. Bei einer Abfrage von populären Wissensmanagement-Instrumenten im Rahmen der vorliegenden Untersuchung wurden Dokumentenmanagementsysteme, Intranet, Projektarbeit, informelle Treffpunkte und Kreativitätstechniken als die fünf am häufigsten eingesetzten Instrumente genannt. Diese Angaben lassen sich in prozentualen Bezug zu den Fragestellungen „Welche Instrumente werden tatsächlich regelmäßig genutzt?" und „Welche Instrumente sind für die Arbeit hilfreich?" setzen (für die weitere Berechnung ist die Anzahl der in den Unternehmen eingesetzten Instrumente jeweils 100 Prozent). Auffällig ist, dass sich die tatsächlich regelmäßig genutzten und als hilfreich bewerteten Instrumente nicht mit den oben bereits erwähnten Instrumenten (Top-5 beim Einsatz im Unternehmen) decken. Die Teilnehmer nutzen regelmäßig Story Telling, Communities of Practice, Austausch mit ehemaligen Mitarbeitern, Dokumentenmanagementsysteme und Wissenslandkarten. Als hilfreich für ihre Arbeit stufen sie Story Telling, Wissenslandkarten, Communities of Practice, Kreativitätstechniken und Dokumentenmanagementsysteme ein (vgl. Tabelle 44). Es lässt sich feststellen, dass die Investition in Wissensmanagement-Tools nicht ausreicht. Bei der Planung von Aktivitäten, so eine Schlussfolgerung aus diesen Resultaten, sollten die Verantwortlichen den Mehrwert eines jeden Instruments für die Nutzer einschätzen.

Tabelle 44: Wissensmanagement-Instrumente im Unternehmen

	a) Einsatz im Unternehmen		b) Nutze ich regelmäßig	c) Ist für meine Arbeit hilfreich
Dokumentenmanagementsysteme	**210 (76%)**	►	**185 (88%)**	**187 (89%)**
Intranet	**192 (70%)**	►	159 (83%)	132 (69%)
Projektarbeit	**185 (67%)**	►	160 (86%)	149 (81%)
Informelle Treffpunkte (z.B. Kaffee-Ecken)	**176 (64%)**	►	147 (84%)	127 (72%)
Kreativitätstechniken (z.B. Metapheranalyse)	**139 (51%)**	►	117 (84%)	**125 (90%)**
Gruppenarbeit	130 (47%)	►	111 (85%)	102 (78%)
Communities of Practice; interne Netzwerke	111 (40%)	►	**103 (93%)**	**107 (96%)**
Unternehmensnetzwerke; Kooperationspartner	107 (39%)	►	88 (82%)	89 (83%)
Yellow Pages (Mitarbeiterprofildatenbank)	91 (33%)	►	65 (71%)	62 (68%)
Mentorensysteme	88 (32%)	►	39 (44%)	49 (56%)
Coaching	80 (29%)	►	43 (54%)	58 (73%)
Diskussionsforen	80 (29%)	►	50 (63%)	50 (63%)
Lessons learned	67 (24%)	►	51 (76%)	58 (87%)
Austausch mit ehemaligen Mitarbeitern	67 (24%)	►	**59 (88%)**	55 (82%)
Job Rotation	56 (20%)	►	20 (36%)	20 (36%)
Individuelles Kompetenz-Portfolio	50 (18%)	►	26 (52%)	28 (56%)
Wissenslandkarten	25 (9%)	►	**22 (88%)**	**25 (100%)**
Story Telling	21 (8%)	►	**20 (95%)**	**21 (100%)**
Wissensstafette	8 (3%)	►	5 (63%)	2 (25%)

Gesamt: 275 (100%)   *% bei (b) und (c) bezogen auf (a)*
fett hervorgehoben sind die Top-5

In Freitextfeldern erhielten die Teilnehmer die Möglichkeit, weitere Wissensmanagement-Instrumente aus ihren Unternehmen aufzuführen. Die Antworten lassen sich zu sechs Kategorien zusammenfassen:

1. interne Fort- und Weiterbildung bzw. Trainings
2. informelle Treffen bzw. Netzwerke
3. externe Fort- und Weiterbildung
4. gerichteter Austausch mit anderen Wissensträgern
5. dienstliche Besprechungen
6. Qualitätsmanagement

Alle seitens der Teilnehmer aufgeführten Instrumente mit den jeweiligen Nennungen in absoluten Zahlen (a = Einsatz im Unternehmen; b = Nutzung; c = Instrument ist hilfreich) sind in Tabelle 45 dargestellt.

Tabelle 45: Wissensmanagement-Instrumente (Freitext)

	a) Einsatz	b) Nutzung	c) Hilfreich
fachliche Arbeitsgruppen zur Weiterbildung, interdisziplinäre Führungskräfte-Trainings, interne „Wikipedia", Kolloquium, Supervision, Mitarbeiterversammlung, Gesundheitszirkel, zweimal jährlich dreitägige Klausuren, Einsatz externer Moderatoren, öffentliche Informationsveranstaltungen über einzelne Arbeitsbereiche, betriebliches Vorschlagswesen, externe Know-how-Träger, berufsgruppenübergreifende Fortbildungs-angebote	13	12	13
interne Netzwerke (selbst geschaffen), informelle Diskussion, „Buschfunk", informelles Netzwerk, persönliche Beziehungen, Arbeitsessen	4	3	3
Lern-/Weiterentwicklungszentren, Vorträge/Seminare, Konferenzen, Fortbildungen, wiss. Veröffentlichungen	5	5	5
Austausch mit Kunden, Austausch mit anderen Bundesländern, Austausch auf nationaler und EU-Ebene, Austausch mit anderen Berufsgruppen in der Branche, Austausch mit der Legislative und Exekutive, pädagogische Tage (Gymnasium)	5	5	5
tägliche Besprechungen, Dienstbesprechungen, Instituts-besprechung	3	3	3
Qualitätsmanagement nach ISO 9000, Standards, Checklisten, Einarbeitungspläne, Scientific Management Techniques	3	3	3

$N = 275$

Die Einzelergebnisse der drei Untersuchungsbereiche „Vertrauen", „Wissenstransfer" und „Wissensmanagement" sind in den vorangegangenen Kapiteln dokumentiert. Im weiteren Verlauf dieser Arbeit gilt es nun, Zusammenhänge zwischen den bislang betrachteten Teilbereichen aufzuzeigen.

5.1.5 Ergebnisse des Untersuchungsbereichs 4: Zusammenhänge zwischen Vertrauensformen und Wissenstransfer

Die Zusammenhänge zwischen den beiden Untersuchungsbereichen „Wissenstransfer" und „Vertrauen" werden

a)   anhand der Probanden-Antworten auf die bereits vorgestellten geschlossenen Fragestellungen (Likert-Skalierung) der Untersuchungsbereiche sowie

b)   auf der Grundlage von Anmerkungen auf eine Freitextfrage

betrachtet. Die zur Hypothesenprüfung durchgeführten Korrelationsanalysen überprüfen die Zusammenhänge, die zwischen den Skalen der Untersuchungsbereiche existieren. Daran anschließend ermöglichen die Ergebnisse der Regressionsanalysen, die Ursache-Wirkungs-Beziehungen zwischen Vertrauen und Wissenstransfer nachzuweisen. Abschließend belegen Zitate der Teilnehmer deren persönliche Standpunkte bezüglich des Forschungsgegenstands. Diese werden in den Gesamtkontext der Untersuchung eingeordnet und in die Auswertung der erkenntnisleitenden Fragestellungen einbezogen.

Vertrauen und Wissenstransfer – Korrelationsanalysen

Die Stärke der Zusammenhänge zwischen den Skalen „Wissenstransfer/Vorgesetzter" und „Vertrauen/Vorgesetzter" sowie zwischen „Wissenstransfer/Arbeitskollegen" und „Vertrauen/Arbeitskollegen" werden mit dem Korrelationskoeffizienten nach Pearson (r) berechnet. Dieses Verfahren wird ebenfalls zur Berechnung des Zusammenhangs zwischen „Vertrauen/Unternehmen" und den drei Wissenstransferskalen (Vorgesetzter, Arbeitskollegen, unternehmensweit) eingesetzt.

Hypothese 7a:

> *Es besteht ein Zusammenhang zwischen dem Vertrauen zum Vorgesetzten*
> *und dem Wissenstransfer zum Vorgesetzten sowie zwischen dem Vertrauen*
> *zu Arbeitskollegen und dem Wissenstransfer zu Arbeitskollegen.*

Die Auswertung ergibt einen „mittelstarken" Zusammenhang zwischen „Vertrauen in den Vorgesetzten" und „Wissenstransfer/Vorgesetzter" (r = ,357). Der Zusammenhang ist höchst signifikant (p < ,001). Eine ebenfalls signifikante Beziehung besteht zwischen „Vertrauen in die Arbeitskollegen" und „Wissenstransfer/Arbeitskollegen" (r = ,231; p = ,001). Die Hypothese 7a kann angenommen werden (vgl. Tabelle 46).

Tabelle 46: Wissenstransfer/Vorgesetzter – Vertrauen/Vorgesetzter und Wissenstransfer/Arbeitskollegen – Vertrauen/Arbeitskollegen (Korrelationen)

		VC_{10}
Skala WTC_{11}	Korrelation nach Pearson	,357(**)
	Signifikanz (2-seitig)	< ,001
	N	203

		VK_{10}
Skala WTK_{11}	Korrelation nach Pearson	,231(**)
	Signifikanz (2-seitig)	,001
	N	218

** Die Korrelation ist auf dem Niveau von 0,01 (2-seitig) signifikant.

Die Häufigkeitsverteilungen der Skalen „Wissenstransfer/Vorgesetzter" und „Wissenstransfer/Arbeitskollegen" sowie „Vertrauen/Vorgesetzter" und „Vertrauen/Arbeitskollegen" sind in den *Kapitel 5.1.2 und 5.1.3* dokumentiert. Über die bereits dargestellten Erkenntnisse hinaus lässt sich feststellen, dass drei Prozent der Teilnehmer (von N = 206) sowohl den Wissenstransfer als auch das Vertrauen zum Vorgesetzten als „sehr gut" bewerten. In Richtung der Arbeitskollegen schätzen die Befragten (hier N = 218) zu sechs Prozent diese Verbindung (Auswertung einer Kreuztabelle) als „sehr gut" ein. Die Kreuzung „gut" liegt bei 23 Prozent in Richtung des Vorgesetzten und bei 33 Prozent in Richtung der Arbeitskollegen vor. Neun Prozent (Vorgesetzter) und sieben Prozent (Arbeitskollegen) beurteilen Vertrauen und Wissenstransfer jeweils mit „eher schlecht" bzw. „schlecht".

Hypothese 7b:

Es besteht ein Zusammenhang zwischen dem Vertrauen in das Unternehmen und dem Wissenstransfer zum Vorgesetzten, zu Arbeitskollegen und unternehmensweit.

Ein Zusammenhang zwischen „Vertrauen/Unternehmen" (VU_{08}) lässt sich zu „Wissenstransfer/Vorgesetzter" (WTC_{11}) und „Wissenstransfer/Arbeitskollegen" (WTK_{11}) sowie zu „Wissenstransfer/unternehmensweit" (WT_{22}) messen. Alle Korrelationen sind sehr signifikant. Ein geringer Zusammenhang besteht zwischen „Vertrauen/Unternehmen" und „Wissenstransfer/Arbeitskollegen" ($r = ,188$; $p = ,005$). Korrelationen in mittlerer Stärke treten zwischen der Vertrauens-Skala und „Wissenstransfer/Vorgesetzter" ($r = ,344$; $p < ,001$) und „Wissenstransfer/unternehmensweit" ($r = ,303$; $p < ,001$) auf (vgl. Tabelle 47). Hypothese 7b ist damit bestätigt.

Tabelle 47: Vertrauen/Unternehmen – Wissenstransfer (Korrelationen)

		WTC_{11}	WTK_{11}	WT_{22}
Skala VU_{08}	Korrelation nach Pearson	,344(**)	,188(**)	,303(**)
	Signifikanz (2-seitig)	< ,001	,005	< ,001
	N	216	225	215

** Die Korrelation ist auf dem Niveau von 0,01 (2-seitig) signifikant.

Die größte Anzahl der Teilnehmer lässt sich bei einer Kreuzauswertung von „Vertrauen/Unternehmen" und den drei Wissenstransfer-Skalen jeweils der Merkmalsausprägung „gut" zuordnen. Dies entsprechen 26 Prozent (N = 216) in Transferrichtung Vorgesetzter, 27 Prozent (N = 225) in Richtung der Arbeitskollegen und 30 Prozent (N = 215) unternehmensweit. Wenige Probanden bewerten sowohl Vertrauen als auch Wissenstransfer als schlecht (Vorgesetzter zwei Prozent, Arbeitskollegen 0,4 Prozent, unternehmensweit null Prozent). Als „sehr gut" beschreiben drei Prozent (Vorgesetzter), vier Prozent (Arbeitskollegen) und drei Prozent (unternehmensweit) diese beiden Variablen.

Vertrauen und Wissenstransfer – Regressionsanalysen

Um eine Aussage über Ursache- und Wirkungsmechanismen in Zusammenhang mit Vertrauen und Wissenstransfer treffen zu können, werden nun – unter Einbeziehung aller Untersuchungsbereiche – Regressionsanalysen durchgeführt. Diese Form der statistischen Datenanalyse ermöglicht es, Zusammenhänge zwischen einer abhängigen Variablen und einer oder mehreren erklärenden (unabhängigen) Variablen aufzuzeigen. Die Ergebnisse geben den Schätzwert an, mit dem die erklärenden Variablen die abhängige Variable prognostizieren.

Hypothese 8a:

> *Das generalisierte Vertrauen einer Person beeinflusst das Vertrauen in das Unternehmen, das Vertrauen in den Vorgesetzten und das Vertrauen in die Arbeitskollegen.*

Hypothese 8b:

> *Diese drei Vertrauensformen (Unternehmen, Vorgesetzter, Arbeitskollegen) beeinflussen wiederum den Wissenstransfer in einem Unternehmen.*

Insgesamt werden zur Verifizierung der Hypothesen 8a und 8b sieben Regressionsgleichungen benötigt. Dies sind:

1. „Vertrauen/Unternehmen"
   mit „Vertrauensdisposition" als erklärender Variablen

2. „Vertrauen/Vorgesetzter"
   mit „Vertrauensdisposition" als erklärender Variablen

3. „Vertrauen/Arbeitskollegen"
   mit „Vertrauensdisposition" als erklärender Variablen

4. „Wissenstransfer/Vorgesetzter"
   mit „Vertrauen/Vorgesetzter" als erklärender Variablen

5. „Wissenstransfer/Arbeitskollegen"
   mit „Vertrauen/Arbeitskollegen" als erklärender Variablen

6.   „Wissenstransfer/unternehmensweit"

        mit „Vertrauen/Unternehmen", „Vertrauen/Vorgesetzter"

        und „Vertrauen/Arbeitskollegen" als erklärende Variablen

7.   „Wissenstransfer/unternehmensweit"

        mit „Realisierung Wissensmanagement" als erklärender

        Variablen

Die ersten drei Regressionsanalysen (siehe Gleichungen 1 - 3) mit dem Merkmal „Vertrauensdisposition" und den abhängigen Variablen Vertrauen in Unternehmen, Vorgesetzter und Arbeitskollegen führen zu dem Ergebnis, dass sich die drei in Unternehmen auftretenden Vertrauensformen signifikant durch das Merkmal „Vertrauensdisposition" vorhersagen lassen ($p < ,001$). Der Regressionskoeffizient $R = ,290$ ($R^2 = ,084$) zur Vorhersage von „Vertrauen/Unternehmen" durch die Vertrauensdisposition einer Person zeigt, dass acht Prozent der Varianz von „Vertrauen/Unternehmen" durch diese Persönlichkeitsvariable zu begründen ist. Bei „Vertrauen/Vorgesetzter" ($R = ,295$; $R^2 = ,087$) und „Vertrauen/Arbeitskollegen" ($R = ,326$; $R^2 = ,106$) ist im Zusammenhang mit der unabhängigen Variable „Vertrauensdisposition" eine erklärte Varianz von neun bzw. elf Prozent feststellbar. Hypothese 8a wird durch die Ergebnisauswertung bestätigt.

Die weitere Analyse ergibt bei „Wissenstransfer/Vorgesetzter" mit „Vertrauen/Vorgesetzter" (siehe Gleichung 4) die Koeffizienten $R = ,357$ ($R^2 = ,128$; $p < ,001$) und bei „Wissenstransfer/Arbeitskollegen" mit „Vertrauen/Arbeitskollegen" (siehe Gleichung 5) $R = ,231$ ($R^2 = ,053$; $p = ,001$). Dies bedeutet, dass der Wissenstransfer zum Vorgesetzten zu 12,8 Prozent durch das Vertrauen zum Vorgesetzten zu erklären ist und das Vertrauen zu Arbeitskollegen zu 5,3 Prozent den Wissenstransfer auf horizontaler Ebene beeinflusst.

Die Regressionsanalyse ergibt beim „Wissenstransfer/unternehmensweit" mit den drei eingeschlossenen Variablen „Vertrauen/Unternehmen", „Vertrauen/ Vorgesetzter" und „Vertrauen/Arbeitskollegen" (siehe Gleichung 6) einen Regressionskoeffizienten von $R = ,319$ ($R^2 = ,102$; $p < ,001$). R^2, als Maß zur Beschreibung der Stärke des Zusammenhangs zwischen einer oder mehreren erklärenden Variablen und einer metrischen abhängigen Variablen im Rahmen der Regressionsanalyse, drückt aus, dass zu 10,2 Prozent die Streuung der abhängigen Variable (hier: Wissenstransfer) anhand der einbezogenen Variablen prognostiziert werden kann. Die Durbin-Watson-Statistik bestätigt mit einem $dw = 1,792$, dass keine Autokorrelation vorliegt, die das Ergebnis verfälschen könnte.

Aufgrund der Realisierung von Wissensmanagement in Unternehmen (Wissensmanagement-Skala) lässt sich zu drei Prozent der Wissenstransfer im Unternehmen beschreiben (R = ,174; R² = ,030; p = ,001; siehe Gleichung 7). Demzufolge beeinflusst das Vertrauen in Unternehmen, Vorgesetzten und Arbeitskollegen den Wissenstransfer deutlich stärker als die Umsetzung von Maßnahmenpaketen im Rahmen einer Wissensmanagement-Strategie. Diese Resultate führen zur Annahme von Hypothese 8b. In Diagramm 22 sind die Ergebnisse der sieben Regressionsanalysen und das zugrunde liegende Regressionsmodell visualisiert.

Diagramm 22: Ergebnisse der Regressionsanalysen (Hypothesen 8 a/b)

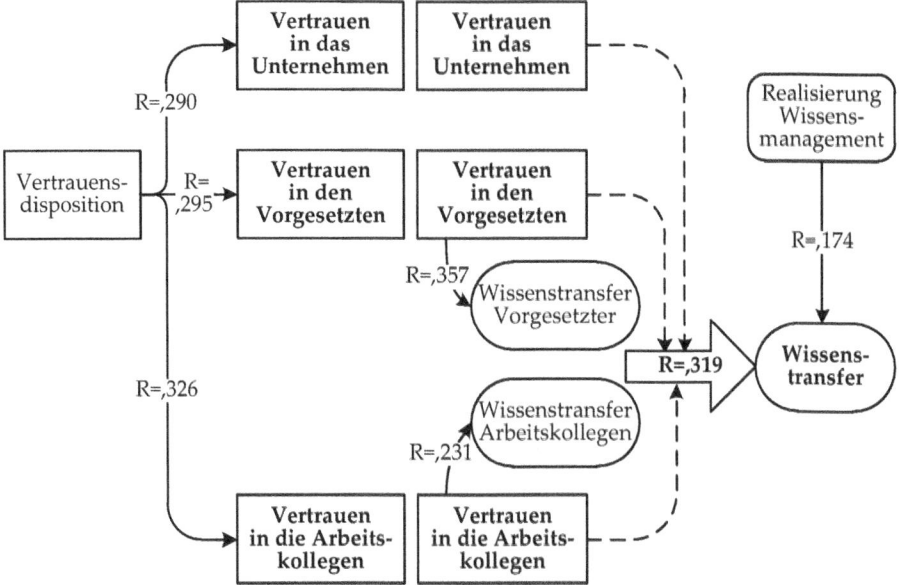

Ein wichtiges Ergebnis dieser Untersuchung ist der zuvor skizzierte Einfluss des Vertrauens von 10,2 Prozent auf die Ausprägung des Wissenstransfers in einem Unternehmen. Bislang ist jedoch noch nicht geklärt, ob dieser Einfluss abhängig von der Hierarchie eines Mitarbeiters in seinem jeweiligen Unternehmen ist. Diesen Gedanken greift die nachfolgende Hypothese auf:

Hypothese 9:

> *Die Verantwortung des Einzelnen im Betrieb (Position im Betrieb) beeinflusst*
> *den Stellenwert von Vertrauen als Einflussfaktor für Wissenstransfer.*

Eine Berechnung der Bestimmtheitsmaße der abhängigen Variable „Wissens-transfer/unternehmensweit" und der erklärenden Variablen „Vertrauen in Unter-nehmen, Vorgesetzten und Arbeitskollegen" in Abhängigkeit der Statusgruppen der befragten Personen führt zur Annahme von Hypothese 9. Die erklärte Varianz der Angestellten liegt bei 8,2 Prozent, der Abteilungs- und Bereichsleiter bei 17,9 Prozent und der Geschäftsführer bei 51,8 Prozent. Die detaillierten Ergebnisse der Regressionsberechnungen sind in Tabelle 48 dokumentiert:

Tabelle 48: Ergebnisse der Regressionsanalysen (Hypothese 9)

	R	R^2	p	dw	N
Angestellte	,286	,082	,020	1,736	119
Abteilungs-/ Bereichsleiter	,423	,179	,011	1,606	60
Geschäftsführer	,720	,518	,020	2,944	17
Gesamt	,319	,102	< ,001	1,792	196

Die Ergebnisse des Durbin-Watson-Tests bei den Regressionsanalysen von An-gestellten, Abteilungs- und Bereichsleitern sowie Geschäftsführern bestätigen mit einer Ausnahme, dass eine Autokorrelation ausgeschlossen werden kann. Der Wert in der Kategorie „Geschäftsführer" deutet an, dass eine leichte Autokorrelation vorliegen könnte. Ein möglicher Grund für die Verschiebung der Werte ist der geringe Stichprobenumfang bei den Geschäftsführern (N = 17). Da die weiteren Er-gebnisse eine Autokorrelation ausschließen, lassen sich Fehler im Regressions-modell ausschließen. Es ist davon auszugehen, dass alle Regressionsanalysen den statistischen Voraussetzungen entsprechen. Ein wesentliches Ergebnis der Unter-suchung kann wie folgt formuliert werden: Mit steigender Position im Unter-nehmen gewinnt Vertrauen an Einfluss auf den Wissenstransfer (vgl. Diagramm 23).

Diagramm 23: Einfluss von Vertrauen auf Wissenstransfer nach Statusgruppen

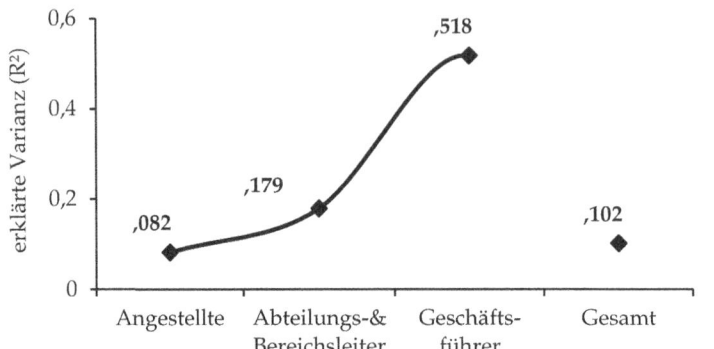

Die Teilnehmer hatten die Möglichkeit, im Anschluss an die Beantwortung der geschlossenen Fragestellungen eine persönliche Stellungnahme zum Forschungsgegenstand der Untersuchung zu verfassen. Tendenzen des Antwortverhaltens und exemplarische Zitate der Probanden sind folgend dokumentiert.

Vertrauen und Wissenstransfer – Stellungnahmen der Untersuchungsteilnehmer
Den Zusammenhang zwischen Wissenstransfer und Vertrauen beschreiben Untersuchungspersonen aufgrund ihrer subjektiven Einschätzung unterschiedlich. In 230 Antworten auf die Freitextfrage „Wie wichtig ist für Sie persönlich Vertrauen, damit Sie bereit sind, Ihr Wissen zu teilen?" gaben 60 Prozent der Teilnehmer an, dass Vertrauen „sehr wichtig" sei. Für „eher wichtig" hielten es 15 Prozent, für „mittel" 17 Prozent. Als „eher unwichtig" bzw. „unwichtig" erachten fünf bzw. acht Prozent Vertrauen im Zusammenhang mit Wissenstransfer. Viele Teilnehmer weisen explizit darauf hin, dass zwischen betrieblichem und persönlichem Wissen zu differenzieren sei. Nachfolgend sind exemplarisch Antworten der Teilnehmer dokumentiert, die Vertrauen im Kontext von Wissenstransfer als „sehr wichtig" erachten:

Abteilungsleiter (20 - 40 Jahre):

> *„Da man Wissen in einem Unternehmen letztlich dazu benutzen kann, um Machtstrukturen, Entscheidungsprozesse, Ressourcenzuteilung etc. zu beeinflussen, ist Vertrauen in die beteiligten Personen und die von ihnen aufgestellten (und hoffentlich eingehaltenen) Organisationsstrukturen äußerst wichtig. Vertrauen bedeutet für mich in diesem Zusammenhang letztlich, dass*

das Wissen zum Wohle des Unternehmens eingesetzt wird, damit alle davon profitieren können (z.B. in Bezug auf das Kriterium Arbeitsplatzsicherheit, Zufriedenheit, Corporate Identity usw.).“

Angestellte (> 60 Jahre):

„Extrem wichtig; ich gebe mein Wissen nur dann weiter, wenn ich einigermaßen sicher sein kann, dass der/die EmpfängerIn dieses Wissen nicht gegen mich verwenden kann. Das gilt vor allem gegenüber Vorgesetzten und MitarbeiterInnen, die Konkurrenten sind.“

Angestellter (20 - 40 Jahre):

„Persönliches Vertrauen ist die wichtigste Grundlage, um nicht nur zwischenmenschlich, sondern auch fachlich effektiv zusammenarbeiten zu können. Wissen und Informationen, die ich von »vertrauenswürdigen« Personen erhalte, kann ich ohne (zum Teil langwierige) Überprüfung auf Richtigkeit oder Vollständigkeit in meiner täglichen Arbeit verwenden.“

Angestellter (20 - 40 Jahre):

„Sehr wichtig, allerdings hat das weniger mit Vertrauen zu tun. Formelles Wissen zu teilen stärkt meine Leistung und das unseres Teams. Ich würde mir schaden, Wissen zurückzuhalten, da meine Leistung anhand der Leistung anderer gemessen wird. Informelles Wissen gebe ich natürlich nur an »meine« informelle Organisation weiter.“

Teilnehmer, deren Aussagen der Kategorie „Vertrauen ist wichtig“ zuzuordnen sind, weisen überwiegend darauf hin, dass Vertrauen eine bedeutsame Rolle für Wissenstransfer spielt. Sie äußern darüber hinaus, dass der Stellenwert von Vertrauen in Abhängigkeit von der Art des Wissens differenziert betrachtet werden müsse. Nachfolgend zwei Zitate als Beispiel:

Abteilungsleiter (20 - 40 Jahre):

„Das ist recht zweischneidig: In einer formalen Informationskette, einer Unternehmenshierarchie muss ich Informationen unabhängig von Vertrauen weitergeben, das sind die Berichtswesen. Daneben gibt es den »Flurfunk«, der diese Hierarchien flankiert, und da ist Vertrauen schon wichtiger, aber nicht ausschlaggebend für die Wissensweitergabe.“

Angestellter (41 - 60 Jahre):

> *„In den 90er Jahren hat sich gezeigt, dass Wissen Kapital ist. Leider hatte dies zur Folge, dass das wirklich relevante Fachwissen in geringerem Umfang geteilt wurde. Ich bin im Prinzip bereit, Fachwissen weiterzugeben, es sei denn, der jeweilige Kollege ist immer nur Empfänger und nie Sender. Aber zunächst hat er bei mir einen Vertrauensvorschuss."*

Eine starke Differenzierung lässt sich bei den Äußerungen der Probanden fest-stellen, die eine eher „neutrale" Position einnehmen. Der Fokus wird stark auf die sachliche Ebene gelegt. Entsprechendes Wissen verlange in geringem Maße Vertrauen, notierten unter anderem folgende Teilnehmer:

Abteilungsleiter (> 60 Jahre):

> *„Bedingt. Bei starkem Vertrauen bin ich sehr großherzig, mein Wissen zu teilen. Bei geringerem Vertrauen verhalte ich mich hinsichtlich der Wissens-teilung taktisch, bleibe auf der funktionalen »versachlichten« und »ent-persönlichten« Ebene, teile nur so viel mit, wie der andere gerade wissen muss, nichts darüber hinaus, was ihm auch persönlich nützen könnte, mit seiner Arbeit besser dazustehen."*

Abteilungsleiterin (20 - 40 Jahre)

> *„Im Arbeitsprozess muss oft auf sachlicher Ebene agiert werden. Pro-fessionelles Arbeiten bedeutet auch, persönliche Befindlichkeiten zurück-zustellen. In vielen Situationen teile ich Wissen aus rein sachlichen Gründen. Vertrauen ist trotz allem eine gute Basis für eine konstruktive, kreative, effiziente Arbeitsatmosphäre!"*

Als „eher unwichtig" beschreiben zwölf Prozent das Vertrauen für Wissens-transferprozesse. Diese Teilnehmer betonen, dass Wissenstransfer eine Aufgabe der Mitarbeiter zu sein habe und persönliche Befindlichkeiten nicht im Vordergrund stehen sollten. Dennoch räumen sie ein, dass Vertrauen nützlich sei für eine konstruktive Zusammenarbeit. Die Inhalte der Kategorie lassen sich anhand dreier Zitate veranschaulichen:

Abteilungsleiterin (20 - 40 Jahre):

> *„Damit Kollegen ihre Rolle in der Arbeit wahrnehmen können, müssen sie von mir mit den relevanten Infos rechtzeitig versorgt werden (Ent-scheidungsfindung). Ob ich diesen Kollegen jetzt persönlich vertraue, ist*

davon unabhängig. Ich würde einen schlechten Job machen, wenn ich es davon abhängig machen würde. Vertrauen spielt dann eine Rolle, wenn man jemanden um einen Rat zur Entscheidungsfindung fragt."

Angestellte (20 - 40 Jahre):

„Eher nicht so. Ich halte es für verkehrt, Wissen als Machtfaktor zu gebrauchen und gebe es an die Kollegen weiter, die es benötigen (glaube aber auch, dass ich mich damit oft dämlich verhalte)."

Geschäftsführerin (41 - 60 Jahre):

„In unserem Arbeitskontext sind externe Kooperationsbeziehungen, in denen Wissen geteilt wird, formal geregelt. Vertrauen spielt deshalb nur eine untergeordnete Rolle. Da wir als Arbeitsgruppe tätig sind, wäre eine suboptimale Teilung von Wissen für uns alle schädlich. Auch intern spielt Vertrauen deshalb keine explizite Rolle. (Trotzdem vertrauen wir uns.)"

Elemente der Teilnehmer-Aussagen, die Vertrauen als „unwichtige" Bedingung für einen erfolgreichen Wissenstransfer ansehen, sind die Versachlichung von Wissen als einem Gut, das nicht dem Individuum, sondern dem Unternehmen „gehört". Sie leiten daraus den Anspruch ab, dass alle Mitarbeiter „ihr" Wissen bereitwillig teilen sollten, unabhängig von persönlichen Animositäten. Hierzu drei beispielhafte Zitate:

Angestellte (41 - 60 Jahre):

„Ich unterscheide zwischen »sachlichem Wissen«, zu dem jeder bei Berechtigung Zugriff haben sollte, und »vertraulichen Informationen« im persönlichen Bereich. Wissen absichtlich vorzuenthalten, das Kollegen benötigen, ist meiner Meinung nach eine Form von Mobbing, das lehne ich ab."

Abteilungsleiter (20 - 40 Jahre):

„Innerhalb des Unternehmens spielt Vertrauen bei der Wissensweitergabe keine Rolle. Das Wissen gehört der Firma und sollte allen Mitarbeitern zur Verfügung stehen. Die Leitung ist dafür verantwortlich, ein Klima zu schaffen, in dem Wissensweitergabe von jedem Mitarbeiter als Teil der Arbeit verstanden wird, und das Verständnis zu schaffen, damit das Unternehmen voranzubringen."

Angestellte (20 - 40 Jahre):

> *„Spielt keine große Rolle, da ich glaube, mein Wissen ist nicht MEIN Wissen, sondern ist nur ein Werkzeug (neben anderen), über das möglichst viele Personen verfügen sollten. Aber vielleicht habe ich bisher nur keine schlechten Erfahrungen mit dem Missbrauch des von mir weitergegebenen Wissens gemacht und es auch noch nicht als strategische Reserve einzusetzen versucht, sondern es immer weitergegeben."*

Abschließend erfolgt eine Dokumentation von beispielhaften Aussagen dreier Probanden, die ihre individuelle Vorgehensweise mit Vertrauen, Vertrauensvorschüssen und die Reaktionen auf Vertrauensbrüche beschreiben:

Angestellte (20 - 40 Jahre):

> *„Ich bin an sich gutgläubig und nicht berechnend und vertraue Menschen schnell. Wenn mein Vertrauen 1x geschändet ist, dann vertraue ich der Person so schnell nicht mehr, vielleicht sogar nie mehr. Ich bin dann auf jeden Fall auf der Hut, besonders mit Informationen persönlicher Art."*

Angestellter (41 - 60 Jahre):

> *„Ich finde Vertrauen sehr wichtig, will es haben und blühe auf dabei und bin auch selber prinzipiell und gerne vertrauensvoll, gebe auch Vertrauensvorschuss, werde aber schnell übervorsichtig, sobald ich den Eindruck habe, dass mein Vertrauen nicht gerechtfertigt ist."*

Abteilungsleiterin (20 - 40 Jahre):

> *„Ich gebe anfangs mein Wissen immer bereitwillig weiter. Dies endet aber dann, wenn mich die betreffende Person in irgendeiner Weise enttäuscht hat, z.B. meine Informationen gleich wieder vergisst und das Gleiche mehrere Male nachfragt oder zu faul ist, selber zu denken, oder ich mich ausgenützt fühle."*

Zusammenfassend lässt sich festhalten, dass die Teilnehmer der Befragung den Stellenwert von Vertrauen für einen effektiven Wissenstransfer differenziert betrachten. Vertrauen spielt bei sensiblen Informationen eine große Rolle, formales Wissen kann vielerorts ohne Vertrauen an Kollegen weitergegeben werden.

Zwischenfazit

Die im Rahmen dieser Arbeit durchgeführte Untersuchung der Ursache-Wirkungs-Zusammenhänge zwischen Vertrauen und Wissenstransfer hat gezeigt, dass signifikante Zusammenhänge zwischen den einzelnen Skalen existieren. Dies gilt für alle drei untersuchten Ebenen, a) zwischen Mitarbeitern und Vorgesetzten, b) zwischen Mitarbeitern untereinander und c) zwischen Mitarbeitern und „ihrem" Unternehmen.

Der Wissenstransfer ist bei einem Großteil der Probanden als positiv zu beschreiben. Interessant ist die Erkenntnis, dass sich kein Zusammenhang zwischen dem Wissenstransfer der Mitarbeiter und der Realisierung von Wissensmanagement im Unternehmen bei dieser Untersuchungsgruppe nachweisen lässt. Dies bestätigt die Vermutung, dass nicht zuletzt andere Faktoren (wie z.B. Unternehmenskultur und Vertrauen) ausschlaggebend sind und die Investitionen in Wissensmanagement-Infrastruktur nachrangig behandelt werden könnten. Letztgenanntes Argument verstärkt sich durch die Analyse der eingesetzten Wissensmanagement-Instrumente, deren Existenz nicht zwangsläufig mit einer hohen Nutzungsfrequenz und/oder einem positiven Effekt für die Arbeit einhergeht.

Wenn die Einführung von Wissensmanagement-Instrumenten alleine noch keine positiven Reaktionen bei den Untersuchungsteilnehmern hervorruft, schließt sich die Frage an, welche Faktoren den Wissenstransfer wirkungsvoll unterstützen können. Eine Antwort auf diese Frage resultiert aus den Ergebnissen der vorliegenden Untersuchung, in der ein Einfluss der Vertrauensskalen auf einen effektiven Wissenstransfer mit über zehn Prozent belegt werden kann. Mit zunehmendem Status der Untersuchungsteilnehmer im Betrieb steigt der Einfluss von Vertrauen im betrachteten Kontext – bei Geschäftsführern liegt er bei über 50 Prozent. Ein hoher Anteil der Teilnehmer bestätigte zudem in Freitextantworten, dass Vertrauen für den Wissenstransfer in Unternehmen eine wichtige Voraussetzung darstellt.

5.2 Diskussion der Ergebnisse

Der explorative Charakter der Arbeit hat dazu geführt, dass zahlreiche Hypothesen und Ansätze zur Operationalisierung und Verbindung der Modelle des Wissensmanagements und des Konstrukts Vertrauen abgeleitet werden konnten. Hauptaugenmerk lag auf der Betrachtung von erfolgsverstärkenden Elementen bei der Realisierung von Wissenstransferprozessen und damit von Wissensmanagement in der betrieblichen Praxis. Im Ergebnis kann die empirische Untersuchung „Vertrauen im Wissensmanagement" viele Zusammenhänge zwischen den betrachteten Variablen aufzeigen. Diese Ergebnisse gilt es zu diskutieren, um damit abschließend die erkenntnisleitenden Fragestellungen dieser Arbeit zu beantworten. Die daraus gewonnenen Erkenntnisse zur praktischen Umsetzung von Wissensmanagement können als Voraussetzungen für eine erfolgreiche Implementierung von Wissensmanagement-Prozessen in Unternehmen identifiziert werden. Die Darstellung und Diskussion erfolgt vor einer abschließenden Zusammenfassung differenziert in den einzelnen vier Untersuchungsbereichen.

5.2.1 Demografie: „Wer sind die Teilnehmer der Befragung?"

Die Diskussion der demografischen Zusammensetzung der Untersuchungsgruppe erfolgt auf Basis der erhobenen Daten zu Persönlichkeits-, Arbeitgeber- und Arbeitnehmermerkmalen. Die Diskussion dieser Eigenschaften gibt Aufschluss über den jeweiligen Erfahrungskontext, aus dem heraus die Probanden ihre Bewertungen zur Fragestellung der Untersuchung abgegeben haben und kann somit mögliche Interpretationsansätze anregen bzw. Antwortverhalten erklären.

Persönlichkeitsmerkmale

Die Beschreibung der Untersuchungsgruppe hat ergeben, dass Männer in der Stichprobe leicht überrepräsentiert sind. Dies entspricht annähernd der Verteilung, wie sie in der Grundgesamtheit wissensintensiver Unternehmen wiederzufinden ist. Pernicka et al. (2010: 251) beziffern für Österreich den Anteil männlicher Beschäftigter an Universitäten und in der außeruniversitären Forschung mit jeweils über zwei Drittel, in Unternehmensberatungen mit über der Hälfte und in der Elektroindustrie mit der überwiegenden Mehrheit. In Deutschland zeichnet sich, gemäß Führungskräfte-Monitor 2010 (vgl. Holst/Busch 2010: 18ff.), ein ähnliches Bild ab. Auf der Ebene der Angestellten sind geringe Geschlechterdifferenzen erkennbar (Frauenanteil 46 Prozent), auf der Ebene der Führungskräfte sind Frauen mit einem Anteil von 27 Prozent unterrepräsentiert. Bezogen auf die jeweiligen Tätigkeiten wird festgestellt, dass 90 Prozent der weiblichen Führungskräfte maßgeblich hoch qualifizierten Tätigkeiten nachgehen, und umfassende Führungsaufgaben von lediglich 10 Prozent der dort Befragten ausgeführt werden. Heintz et al. (1997: 122ff.) führen diese Geschlechterdifferenzierung auf drei zentrale Merkmale zurück. So haben Frauen eine andere Arbeitsweise und einen strukturierteren Zugang zu Computern, gelangen oftmals erst auf Umwegen in Männerberufe (speziell technische Wissensberufe) und haben ein von Männern differierendes Karriereverhalten.

Besonders stark vertreten ist die Altersstufe „20 - 40 Jahre", gefolgt von „41 - 60 Jahre". Es ist davon auszugehen, dass diese Alterskohorte den Stellenwert von Wissen für die Zukunft in Unternehmen erkannt hat und sich deswegen offen und interessiert mit der Fragestellung auseinandersetzt. Perspektivisch wird es aufgrund der sich abzeichnenden Veränderungen der Altersstruktur in Unternehmen und somit bei Wissensarbeitern im Zuge des demografischen Wandels eine Aufgabe der Unternehmen sein, ältere Mitarbeiter (bloß annähernd ein Drittel der Befragten sind älter als 40 Jahre) in Wissensmanagement- und Wissenstransferprojekte verstärkt zu integrieren (vgl. Bullinger/Buck 2007: 70ff.).

Die Alumni verteilen sich heterogen auf die verschiedenen Begabtenförderungswerke, wobei ein Zusammenhang zwischen Größe und Alter der Stiftung und der damit verbundenen Anzahl der ehemaligen Stipendiaten und der Teilnehmerzahl aus diesem Kreise zu erkennen ist. Die Verteilung ist folglich von der jeweiligen Grundgesamtheit ehemaliger Stipendiaten innerhalb eines Förderungswerks beeinflusst, ebenso von den verwendeten Kommunikationskanälen (eine gesonderte E-Mail an alle Alumni erzeugt eine höhere Responsivität als eine Mitteilung auf der Homepage oder ein Verweis in einem Newsletter). Die Zielgruppe von High-Potential-Wissensarbeitern lässt die Vermutung zu, dass diese Probanden aufgrund der spezifischen Förderung während ihrer Qualifizierungsphase Wissenstransferprozessen gegenüber generell positiv eingestellt sind, sich bereits frühzeitig in (Wissens-)Netzwerke integriert haben und damit tendenziell eher zu Promotoren von Wissenstransfer zählen.

Arbeitgebermerkmale

Die Probanden arbeiten hauptsächlich in kleineren Teams mit bis zu 10 Mitarbeitern, so dass der Wissenstransfer teilweise ohne explizite Unterstützung durch Wissensmanagement-Tools erfolgen kann. Je größer ein Team ist, desto formalisierter laufen Wissensprozesse ab (vgl. Lindner 2010: 99), so dass mit zunehmender Teamgröße die Notwendigkeit von implementierten Wissensmanagement-Instrumenten für den Transfer auf horizontaler Ebene zunimmt. Wissenstransfer muss in kleinen Teams nicht zwangsläufig gelingen, da Konkurrenzkämpfe, persönliche Animositäten und eine fehlende Heterogenität bei der Wissensgenerierung kontraproduktiv wirken können (vgl. Werner 2004: 137f.). Kleine Teamgrößen ermöglichen hingegen enge Kontakte auf horizontaler Ebene, so dass bei den Teilnehmern gute Voraussetzungen für eine Vertrauensgenese bestehen.

Die Anteile von Beschäftigten kleiner, mittelständischer und großer Betriebe sind in der Untersuchungsgruppe relativ ausgewogen vertreten. Ähnliche Proporze finden sich in anderen Studien zum Wissensmanagement (vgl. z.B. Fraunhofer Wissensmanagement-Community 2005: 26). Damit sind in der Untersuchungsgruppe Vertreter aller Unternehmensgrößen repräsentiert, so dass sich konstatieren lässt, dass die Ergebnisse der Untersuchung die Bedürfnisse aller Unternehmensgrößen widerspiegeln. Eine differenzierte Betrachtung einzelner Gruppen könnte zu leicht differierenden Ergebnissen führen und ggf. passgenauere Handlungsempfehlungen ermöglichen. Die Zusammensetzung der Untersuchungsgruppe zeigt, dass Wissensmanagement bei Beschäftigten aller Betriebsgrößen ein präsentes Thema ist und auf ein generelles Interesse stößt.

Mit dem Thema Wissensmanagement wurde ein Großteil der Teilnehmenden bereits konfrontiert. Es ist davon auszugehen, dass in mindestens einem Drittel der Unternehmen aufgrund des Vorhandenseins von Wissensmanagement-Abteilungen schon strukturierte Wissensmanagement-Aktivitäten umgesetzt werden. Darüber hinausgehend bleibt zu vermuten, dass in großen Betrieben nicht jeder Mitarbeiter über jede Aktivität informiert ist. Erschwerend kommt in diesem Zusammenhang hinzu, dass nicht jedes Wissensmanagement-Instrument eine Innovation ist, sondern oftmals bereits bekannte Instrumente mit einer neuen Zielsetzung implementiert werden (z.B. Job-Rotation).

Arbeitnehmermerkmale
Mehr als die Hälfte der Befragten sind Angestellte in einer Fachabteilung. Abteilungs- und Bereichsleiter sowie Vorstände sind in geringerer Zahl vertreten. Sveiby (1998: 84ff.) zufolge können Akteure in Wissensunternehmen in vier Kategorien eingeordnet werden: Manager, Führungspersönlichkeiten, Spezialisten und Zuarbeiter. Die Spezialisten verfügen über eine hohe Fachkompetenz und generieren unter geeigneten Rahmenbedingungen neues Wissen. Wissenstransfer findet primär auf der operativen Ebene in den Fachabteilungen statt. Dies bedeutet, dass in der Stichprobe mehrheitlich aktive Wissensarbeiter vertreten sind. Darüber hinaus ist diese Verteilung günstig für die Analyse des vertikalen Wissenstransfers und vertikalen Vertrauens, da diese Ebenen bei einer Mehrheit der Befragten in die Auswertung eingebunden werden konnte.

Die Betriebszugehörigkeit ist tendenziell hoch. Die Probanden verfügen über eine größtenteils lange Erfahrung mit ihrem Unternehmen, so dass ein Überblick über das Engagement im Bereich des Wissensmanagements und eine damit einhergehende differenzierte Bewertung der Wissensmanagement-Aktivitäten vorgenommen werden kann. North und Güldenberg (2008: 155) konstatieren, dass mit dem Alter bzw. mit den Berufsjahren im Allgemeinen die fachliche Kompetenz eines Mitarbeiters ansteigt. Übertragen auf die Untersuchungsgruppe bedeutet dies, dass die Probanden über unternehmensspezifisches (internes) Wissen über Prozesse und Strukturen verfügen dürften, ihr individuelles Wissen aber perspektivisch ausbauen wollen. Die befragten Mitarbeiter haben somit weitestgehend eine gefestigte Position im jeweiligen Unternehmen, wohingegen die Interessen bei neuen Kollegen zuerst auf der Entwicklung einer generellen Orientierung, z.B. in komplexe Beziehungsgeflechte (vgl. Gehle 2006: 172), liegt. Entsprechend dürften bei den Teilnehmern der vorliegenden Untersuchung Aktivitäten im Bereich des Wissensmanagements generell auf Interesse stoßen.

Ein Viertel der Teilnehmenden hat im vergangenen Jahr einen neuen Vorgesetzten bekommen. Folgerichtig sind die Erfahrungswerte mit den beiden Vertrauensobjekten unterschiedlich stark ausgeprägt. Bei vielen Befragten ist die Verbindung zu den jeweiligen Vorgesetzten (vertikale Ebene), bedingt durch einen Führungskräftewechsel, noch im Aufbau befindlich. Aufgrund dieser Tatsache ist davon auszugehen, dass sich die Probanden im Befragungszeitrum intensiv mit der Frage beschäftigten, welches Wissen sie warum mit ihrem neuen Vorgesetzten teilen. Die Vertrauensfrage könnte die Zusammenarbeit und den vertikalen Wissenstransfer aufgrund der kurzen gemeinsamen Erfahrungswerte beeinflussen, so dass ggf. bei einer Befragung zu einem späteren Zeitpunkt ein anderes Vertrauensverhältnis und ein anderes Wissenstransferengagement nachgewiesen werden könnte.

Aufgrund der sehr ausgewogenen Verteilung der demografischen Merkmale lässt sich die Untersuchungsgruppe als heterogen bezeichnen.

5.2.2 Untersuchungsbereich 1: „Wie ausgeprägt sind die Vertrauensformen der Teilnehmer?"

Die Vertrauensformen der Teilnehmer werden gemessen durch die vier Kategorien Vertrauen in das Unternehmen, Vertrauen in den Vorgesetzten, Vertrauen in die Arbeitskollegen und die individuelle Vertrauensdisposition. Um das Vertrauen in Unternehmen näher beschreiben zu können, sind vier Hypothesen (1 - 4) untersucht worden.

Hypothese 1: Vertrauen in das Unternehmen

Aufgrund der teilweise langjährigen Erfahrung in ihren Unternehmen hatten die Probanden ausreichend Zeit für einen möglichen Vertrauensaufbau. Dies spiegelt sich in den Werten des Vertrauens in das Unternehmen wider (vierstufige Skalierung). 28 Prozent der Teilnehmer vertrauen ihrem Unternehmen stark, weitere 43 Prozent vertrauen ihr eher. Mehr als zwei Drittel bewerten diese Vertrauensbeziehung also tendenziell positiv. Einflussgrößen auf das entwickelte Vertrauen bilden die Variablen des Vertrauens in das Unternehmen, sprich das Wissen über das Unternehmen, die emotionale Erfahrung und das mit Vertrauen verbundene subjektiv empfundene Risiko. Besonders stark ist der Zusammenhang zwischen der emotionalen Erfahrung mit dem Vertrauensobjekt und dem Vertrauen. Die emotionale Erfahrung mit dem Unternehmen kann sich auf deren Repräsentanten (z.B. Vorstandmitglieder, Pressesprecher, Betriebsrat) und auf subjektive Empfindungen (fühlt sich ein Mitarbeiter in seinem Unternehmen „wohl") beziehen. Diese „weichen" Faktoren spielen eine wichtige Rolle beim Vertrauensaufbau. Auch das Risiko in Bezug auf das Vertrauensobjekt steht in starkem Zusammenhang mit dem effektiven Vertrauen. Vertrauen ist mit einem Risiko verbunden – Luhmann (1968) beschreibt dies als das Risiko der riskanten Vorleistung. Beim Vertrauen in das eigene Unternehmen kann das wahrgenommene Risiko durch die strukturellen Arbeitsbedingungen gekennzeichnet sein, denn die wirtschaftliche Lage, der Ruf des Unternehmens oder die Mitwirkungsmöglichkeiten können den Risikogedanken entweder verstärken oder reduzieren. Im Sinne der Vertrauensspirale (vgl. *Kapitel 3.4*) muss sich nach einer rückblickenden Endbewertung des Individuums das Vertrauen als gerechtfertigt erweisen, damit wieder ein Risiko eingegangen wird und Vertrauen wächst. Die Verantwortlichen in Unternehmen sollten sich deswegen darüber bewusst sein, wie Vertrauensbrüche bei den Arbeitnehmern wirken. Die dritte Variable, das Wissen über das Unternehmen, ist im Gegensatz zu den bisher betrachteten Variablen eine Randbedingung (vgl. Hypothese 1a). Meifert (2003: 82ff.) weist als Einflussfaktoren auf ein organisationales Vertrauensniveau zudem Unternehmensgeschichte und -zukunft, Unternehmenserfolg, Arbeitsorganisation, Führungsstil, Leistungspolitik und Unternehmenskultur aus. Anhand der vorliegenden empirischen Erkenntnisse lässt sich festhalten, dass Faktoren mit geringeren emotionalen Anteilen, wie Unternehmensgeschichte oder Unternehmenserfolg, weniger präsent bei der Vertrauensentwicklung der Mitarbeiter sind als Faktoren mit hohen emotionalen Aspekten.

Die drei Einflussgrößen auf das Vertrauen in Unternehmen (Wissen, emotionale Erfahrung, Risiko) lassen sich aus Perspektive eines Mitarbeiters leichter einschätzen, wenn klare Strukturen und Verantwortlichkeiten bestehen und/oder der Kontakt zu den Verantwortlichen hergestellt werden kann. Es überrascht nicht, dass das Vertrauen in die Kleinstbetriebe und Konzerne stärker ausgeprägt ist als in Unternehmen mittlerer Größe. Einen signifikanten Unterschied gibt es zwischen den Differenzen der Mittelwerte von Betrieben mit 50 - 250 Mitarbeitern und von Großbetrieben mit über 1.000 Mitarbeitern. Großbetriebe können die Bedürfnisse leichter erfüllen, zumal mit einer Zunahme der Komplexität in Unternehmen die Anzahl an situativen Vertrauensfaktoren zunimmt (vgl. Petermann 1985: 60f.). Lorbeer (2003: 105) konstatiert bezugnehmend auf Doney und Cannon (1997), „dass die Unternehmensgröße […] einen positiven Einfluss auf Vertrauen" hat, wobei nicht zu vernachlässigen ist, dass durch Globalisierung und Wettbewerb hervorgerufene Umstrukturierungs- und Rationalisierungsprozesse auch in diesen Unternehmen den Vertrauensaufbau negativ beeinflussen können (vgl. Hypothese 1b).

In der Untersuchung lässt sich nicht nachweisen, dass die Dauer der Betriebszugehörigkeit in direktem Zusammenhang zum Vertrauen steht (vgl. Hypothese 1c). Metze und Schroeckh (2004: 137) kommen zu ähnlichen Ergebnissen im Kontext von Unternehmenskooperationen. Sie führen an, dass Kooperationen offensichtlich mit einem wechselseitig gewährten Vertrauensvorschuss starten und positive Erfahrungen dieses Vertrauen relativ schnell erweitern. Dieses Ergebnis lässt sich auf die Betriebszugehörigkeit eines Mitarbeiters und dessen Vertrauen in das Unternehmen übertragen. Dieser – trotz der zeitlichen Asymmetrie zwischen dem Zeitpunkt des Vertrauens und der zu erwartenden Gegenleistung (vgl. Endreß 2002: 34ff.) – beschleunigte Prozess wird z.B. begleitet durch das Renommee einer Institution oder durch erworbene Zertifikate (vgl. Luhmann 1968: 44 und Giddens 1995: 107) ebenso wie durch situationale Einflüsse wie z.B. die Art der Abhängigkeit (vgl. Krampen 1997: 22).

Andere Ergebnisse liefert die Analyse der Beziehung zwischen dem Vertrauen in das Unternehmen und der eigenen Position im Unternehmen. Geschäftsführer mit direkter Entscheidungsgewalt, mit Einblick in die Prozesse und Strukturen, vertrauen ihren Unternehmen signifikant mehr als ihre Kollegen aus den Fachabteilungen (vgl. Hypothese 1d). Dieser Zusammenhang lässt sich mit der Rückbettung von abstrakten Systemen in persönliche Systeme erklären (Giddens spricht von Access Points), denn individuelle Erfahrungen in Form von persönlichen

Kontakten zu Repräsentanten bzw. zu Schnittstellen von Unternehmen stehen nach Apelt (1999: 46ff.) in einer Wechselwirkung zwischen abstrakten und persönlichen Systemen. Es ist zu vermuten, dass diese Schnittstellenerfahrung auf Mitarbeiter höherer Statusgruppen zutrifft und somit das Vertrauen in das eigene Unternehmen wächst.

Hypothese 2: Vertrauen in den Vorgesetzten
Ähnliche Ergebnisse wie beim Vertrauen in das Unternehmen finden sich beim Vertrauen in den Vorgesetzten. 34 Prozent der Teilnehmer vertrauen ihrem Vorgesetzten stark, weitere 39 Prozent vertrauen ihm eher. Mehr als zwei Drittel bewerten demzufolge diese Vertrauensbeziehung tendenziell positiv, so dass davon auszugehen ist, dass die Zusammenarbeit konstruktiv und „entspannt" verläuft. Dieser Aspekt ist für die Frage nach vertikalem Wissenstransfer von Bedeutung.

Bei dieser Vertrauensform bestehen zwischen dem wahrgenommenen Vertrauen und der emotionalen Erfahrung sowie dem persönlich wahrgenommenen Risiko besonders starke Zusammenhänge. Das Wissen über den Vorgesetzten hingegen ist weniger ausschlaggebend. Diese Ergebnisse unterstreichen die emotionale Komponente des Vertrauens. Selbst umfassendes Wissen über den Vorgesetzten alleine kann den Vertrauensaufbau nicht fördern (vgl. Hypothese 2a). Lorbeer (2003: 102ff.) weist zwar darauf hin, dass den Charakteristika Kompetenz, Reputation, Konsistenz, Anpassungsbereitschaft, Kommunikation, Sympathie, Integrität und Wohlwollen ein hoher Einfluss auf die Vertrauensbereitschaft eines Vertrauensgebers unterstellt werden kann, seine Zusammenstellung von empirischen Untersuchungen belegen bzw. widerlegen in allen Bereichen jedoch signifikante Einflüsse. Im Kontext der zu diskutierenden These bedeutet dies, dass die Definition einzelner Einflussbereiche schwer nachzuweisen ist, so dass die weitergefasste Beschreibung als „emotionale Erfahrung" leichter zu erfassen, wenngleich natürlich weniger trennscharf ist. Weibler (2001: 192) weist darauf hin, dass Vertrauen von situativen Einflüssen moderiert wird, d.h. dass die Abhängigkeit der beiden Parteien eine Rolle spielt ebenso wie die Beschaffenheit der Kommunikationskanäle oder der Umfang der Informationen über vorheriges Verhalten. Letztgenannter Aspekt lässt sich durch die vorliegende Untersuchung bloß als Randbedingung nachweisen. Entsprechende Ergebnisse liefert der Engagement-Index 2009 von Gallup, aus dem hervorgeht, dass die emotionale Bindung einerseits zum Engagement eines Mitarbeiters führt und damit andererseits zum Unternehmenserfolg beiträgt. Diese emotionale Bindung steht in direktem Verhältnis zum Verhalten der Vorgesetzten (vgl. Gallup Deutschland 2010) und dementsprechend mit der emotionalen Erfahrung mit dem Vorgesetzten.

Die Dauer der Zusammenarbeit mit dem Vorgesetzten beeinflusst nicht wesentlich die Vertrauensbildung. Die entsprechende Hypothese (vgl. Hypothese 2b) musste verworfen werden. Dieses Ergebnis deckt sich mit der Interpretation, dass eine gemeinsame Historie und das damit einhergehende (implizite) Wissen über die Eigenarten und die Handlungsweisen des Vorgesetzten nicht als ein alleiniger Indikator für die Förderung des Vertrauensaufbaus zu betrachten ist. Die nahe liegende Hypothese, dass mit der Dauer der Zusammenarbeit das Wissen wächst und folglich das Vertrauen, lässt sich in dieser Untersuchung nicht bestätigen. Dieses Ergebnis widerspricht den sozialpsychologischen Befunden, nach denen Vertrauen zwischen Unternehmensmitgliedern langsam wächst (vgl. Taylor 1990, zit. nach Schweer 1996: 27). Albach (1980: 6ff.) und Deutsch (1958, zit. nach Meifert 2003: 101) konstatieren ebenfalls, dass die Dauer einer Beziehung innerhalb von Unternehmen eine sehr große Rolle spiele und die Frequenz, also die Häufigkeit des Kontaktes von Personen, das Vertrauensniveau beeinflusse. Diese Erkenntnisse beziehen sich allgemein auf personale Vertrauensfaktoren in Unternehmen. Für die Teilnehmer der Befragung scheinen diese Faktoren nachrangig für den Vertrauensaufbau zu sein. Eine entsprechende Anschlussfragestellung könnte sich damit befassen, ob in wissensintensiven Bereichen die Frequenz der Kontakte zwischen den Akteuren besonders hoch ist, so dass der Vertrauensbildungsprozess entsprechend „beschleunigt" erfolgen kann.

Hypothese 3: Vertrauen in die Arbeitskollegen
Das Vertrauen in die eigenen Arbeitskollegen ist die Vertrauensvariable, die bei den Untersuchungsteilnehmern am stärksten ausgeprägt ist. 29 Prozent vertrauen den Arbeitskollegen stark, 48 Prozent trauen ihnen eher. Das bedeutet, dass mehr als drei Viertel der Probanden einen vertrauensvollen Umgang mit ihren Arbeitskollegen pflegen. Dies könnte, nach den der Untersuchung vorangegangenen theoretischen Grundüberlegungen, eine gute Basis für horizontalen Wissenstransfer sein.

Ebenso wie in den vorangegangenen Abschnitten ist bei dieser Vertrauensform der Zusammenhang zwischen Vertrauen und emotionaler Erfahrung am stärksten. Ein starker Zusammengang besteht ebenfalls zum wahrgenommenen Risiko, so dass davon auszugehen ist, dass Vertrauen nicht gewährt wird, wenn das Risiko in der

Abwägung als zu gewagt erscheint. Meifert (2003: 297) fand in seiner qualitativen Untersuchung heraus, dass „viele GesprächspartnerInnen Vertrauen nicht kalkuliert vergeben, sondern aufgrund von Gefühlen und aus Gewohnheit" und sich nicht oder nur unzureichend des Risikos bewusst seien. Die Befragten kennzeichnen allerdings eine lange Betriebszugehörigkeit bei geringer Fluktuation, so dass in diesem Falle die von Meifert (2003: 101ff.) selbst definierten Vertrauensfaktoren Reputation und Beziehungsart (Intensität, Dauer, Frequenz, Stabilität und Vielschichtigkeit) zuzutreffen scheinen. Dennoch ist das Risiko in Form der riskanten Vorleistung in anderen Konstellationen im betrieblichen Umfeld präsenter Bestandteil der Vertrauensentscheidung, denn einhergehend mit Delegation oder Kontrollverzicht gehen Kollegen Risiken ein, sobald sie auf den Beitrag anderer vertrauen (vgl. Gebert 2002: 174ff.). Wissen ist, wie bei den anderen Variablen, bei der Vertrauensentscheidung als nachrangig einzustufen. Es besteht ein Zusammenhang, dieser liegt jedoch bloß im mittleren Bereich (vgl. Hypothese 3a).

Sader (2008: 62ff.) betont, dass sich mit wachsender Gruppengröße die physische Distanz zwischen den Mitgliedern verändert und demzufolge der erlebte Zusammenhalt der Gruppe, damit explizit das Vertrauen, abnimmt. Die Teamgröße wirkt sich in der vorliegenden Untersuchung nicht signifikant auf das Vertrauen in die Arbeitskollegen aus. Die Mittelwerte sind nicht identisch, das Vertrauen in die Arbeitskollegen ist in großen Teams (über 30 Personen) am geringsten ausgeprägt, die entsprechende Hypothese (vgl. Hypothese 3b) kann nicht bestätigt werden. Coleman (1986: 63ff.) analysiert den Zusammenhang zwischen Gruppengröße, Länge des Gedächtnisses und Bekanntheit der Akteure und gibt mit seinen Erkenntnissen eine Begründung für das vorliegende Ergebnis. Er kommt zum Schluss, dass mit wachsender Gruppenstärke das opportunistische Verhalten zunimmt, sich generell in großen Gruppen durch die „Erweiterung des Gedächtnisses" und die „Steigerung von Fremdenfreundlichkeit" stabiles und kooperatives Verhalten entwickeln kann. Die Gruppengröße ist somit kein hinreichender Indikator für das Vertrauensniveau. Zwischen Arbeitskollegen wirken sich dementsprechend die emotionale Erfahrung und der Risikoaspekt am stärksten aus, während andere – eher rationale – Prozesse (Wissen/Teamgröße) keinen ausgewiesenen Stellenwert haben.

Hypothese 4: Vertrauensdisposition

In der theoretischen Herleitung nimmt die Vertrauensdisposition eines Individuums einen gewichtigen Stellenwert ein. Die psychologischen Vertrauensmodelle (insbesondere Rotter 1981: 23ff., aber auch Erikson 1966: 55ff.) weisen darauf hin, dass nicht nur äußere Reize oder das wahrgenommene Risiko den Vertrauensaufbau beeinflussen, sondern ebenfalls die individuelle Persönlichkeitskategorie der Vertrauensdisposition. Die Probanden der Untersuchung sind zu 14 Prozent so genannte „high-truster", 75 Prozent „medium-truster" und lediglich elf Prozent „low-truster". Die Vertrauensdisposition ist insofern bei einem Großteil der Teilnehmer als positiv einzuschätzen.

Bei einer Analyse der Zusammenhänge zwischen dieser individuellen Disposition und den drei Vertrauensformen, die in Unternehmen vorzufinden sind, fällt auf, dass lediglich leichte Zusammenhänge gemessen werden können. Die Hypothese kann angenommen werden; entgegen der Annahmen von Vertretern der Psychologie (Vertrauensdisposition als stabiles, generalisiertes Persönlichkeitsmerkmal) wirkt sich die Vertrauensdisposition nicht bemerkenswert auf die Vertrauensprozesse in Unternehmen aus (vgl. Hypothese 4). Dies deutet darauf hin, dass im organisationalen Kontext Vertrauen maßgeblich durch die innerhalb des Unternehmens gewonnenen Erfahrungen beeinflusst wird. Diese Schlussfolgerung deckt sich mit den Ergebnissen von Schlenker et al. (1973, zit. nach Lorbeer 2003: 100), die ebenfalls nachgewiesen haben, dass interaktionsspezifische Einflussfaktoren einen deutlich höheren Einfluss auf die tatsächliche Vertrauensbereitschaft eines Individuums haben als deren Persönlichkeitsdisposition. Auch Neubauer (1999: 94) konnte keine Zusammenhänge zwischen dem Persönlichkeitsmerkmal „Vertrauen" und dem interpersonalen Vertrauen feststellen (vgl. Kap 3.3.2).

Zusammenfassung (Untersuchungsbereich 1)

Die Probanden vertrauen ihren Unternehmen, Vorgesetzten und Arbeitskollegen zu großen Teilen. Die von Petermann (1985: 60f.) aufgestellte These, dass Vertrauen wächst, wenn sich die Machtpositionen der Beteiligten annähern, lässt sich in dieser Untersuchung nicht bestätigen. Die Befragten (absolut betrachtet) vertrauen ihren Kollegen mehr als ihren Vorgesetzten, aber die Differenz zwischen 77 Prozent und 73 Prozent scheint nicht entsprechend aussagekräftig zu sein.

Ferner sind die Befragten aufgrund ihrer Vertrauensdispositionen mehrheitlich „high-truster" oder „medium-truster", wenngleich festgestellt werden kann, dass diese Persönlichkeitsdisposition im organisationalen Kontext wenig aufschluss- und einflussreich zu sein scheint. Die drei Variablen des Vertrauens – das Wissen, die emotionale Erfahrung und das Risiko – stehen zu den drei Vertrauensformen jeweils gleichermaßen in Bezug. Die emotionale Erfahrung als psychologische Komponente steht im höchsten Zusammenhang mit dem Vertrauen auf den drei Ebenen, gefolgt vom Risiko. Das Wissen über das Vertrauensobjekt hat hingegen die geringste Verknüpfung. Es bleibt festzuhalten, dass Vertrauen stark mit Emotionen gekoppelt auftritt.

Tabelle 49: Übersicht der Ergebnisse des Untersuchungsbereichs 1

Bereich 1: Vertrauen		Zusammenhangsmaß	p	Fazit
Hypothese 1a:	Vertrauen/Unternehmen – Vertrauensvariablen (Wissen, Emotionale Erfahrung, Risiko)	r = ,359 r = ,706 r = ,554	< ,001 < ,001 < ,001	**H1a wird angenommen**
Hypothese 1b:	Unternehmensgröße > Vertrauen	Eta = ,212	= ,008	**H1b wird angenommen**
Hypothese 1c:	Betriebszugehörigkeit > Vertrauen	Eta = ,006	= ,454	H1c wird verworfen
Hypothese 1d:	Position im Betrieb > Vertrauen	Eta = ,246	= ,001	**H1d wird angenommen**
Hypothese 2a:	Vertrauen/Vorgesetzter – Vertrauensvariablen (Wissen, Emotionale Erfahrung, Risiko)	r = ,318 r = ,843 r = ,714	< ,001 < ,001 < ,001	**H2a wird angenommen**
Hypothese 2b:	Vertrauen > Dauer Zusammenarbeit	Eta = ,058	= ,667	H2b wird verworfen
Hypothese 3a:	Vertrauen/Arbeitskollegen – Vertrauensvariablen (Wissen, Emotionale Erfahrung, Risiko)	r = ,461 r = ,762 r = ,647	< ,001 < ,001 < ,001	**H3a wird angenommen**
Hypothese 3b:	Teamgröße > Vertrauen	Eta = ,144	= ,159	H3b wird verworfen
Hypothese 4:	Vertrauensdisposition – Vertrauensformen (Unternehmen, Vorgesetzter, Arbeitskollegen)	r = ,290 r = ,295 r = ,326	< ,001 < ,001 < ,001	**H4 wird angenommen**

Die Vertrauensformen untereinander korrelieren leicht. Der stärkste Zusammenhang kann zwischen dem Vertrauen in das Unternehmen und dem Vertrauen in den Vorgesetzten aufgezeigt werden. Führungskräfte sind Repräsentanten eines Unternehmens, so dass diese Verbindung nicht überrascht. Außerdem kann nachgewiesen werden, dass das Vertrauen in das Unternehmen mit steigender Hierarchie der Probanden zunimmt. Je intensiver die Personen durch ihre jeweiligen Stellungen eingebunden sind, desto mehr vertrauen sie dem eigenen Unternehmen und damit implizit ihrem eigenen Handeln.

Graeff (1998: 275ff.) hat in seiner Studie herausgefunden, dass sich das Vertrauen zum Vorgesetzten und das Vertrauen in das Unternehmen durch die gleiche Variablenstruktur beschreiben lässt. Dieses Ergebnis deckt sich mit den oben diskutierten Resultaten dieser aktuellen Untersuchung, die um den Bereich des Vertrauens in Arbeitskollegen erweitert werden konnte. Die These von Graeff (1998: 275), „dass Vertrauensprozesse unabhängig vom Vertrauensobjekt ähnlich ablaufen", wird somit durch neue Daten gestützt und ergänzt. Eine Übersicht über die Ergebnisse des Untersuchungsbereichs 1 sind in Tabelle 49 dargestellt.

5.2.3 Untersuchungsbereich 2: „Engagieren sich die Teilnehmer beim Wissenstransfer in ihren Unternehmen?"

Der Wissenstransfer der Untersuchungsteilnehmer wird auf horizontaler und auf vertikaler Transferrichtung gemessen. Es erfolgt eine Differenzierung von Wissenstransferaktivitäten in jene mit Kollegen gleicher Hierarchiestufe (horizontale Ebene) und jene hin zu Führungskräften (vertikale Ebene).

Hypothese 5a und c: Wissenstransfer zum Vorgesetzten

Der Wissenstransfer in Richtung der Vorgesetzten wird bei den Untersuchungsteilnehmern uneinheitlich umgesetzt. Der Wissenstransfer gelingt bei etwa zwei Dritteln. Das verbliebene Drittel gibt an, der Wissenstransfer würde eher schlecht bzw. schlecht verlaufen. In einem großen Teil der Unternehmen, aus denen die Untersuchungsteilnehmer stammen, verläuft demnach der Wissenstransfer auf vertikaler Ebene erfolgreich. Ein Vergleich mit den Ergebnissen von Hypothese 2 (Untersuchungsbereich Vertrauen) zeigt in diesem Fragenkomplex ein ähnliches Antwortverhalten, denn dort haben zwei Drittel ihren Führungskräften vertraut bzw. ein Drittel eher nicht vertraut. Es zeichnet sich somit als Resultat ab, dass Wissenstransfer und Vertrauen auf vertikaler Ebene zu etwa gleichen Anteilen von den Probanden als positiv (Wissenstransfer und Vertrauen „funktionieren") bzw. als negativ (Wissenstransfer und Vertrauen „funktionieren nicht") eingeschätzt werden. Eine Diskussion der Zusammenhänge der beiden Konzepte erfolgt in *Kapitel 0.*

Die Randbedingungen des Wissenstransfers wirken sich unterschiedlich auf dessen Intensität aus (Hypothesen 5a und c). Die Kommunikationsqualität (Vorgesetzter/Mitarbeiter) der Probanden steht in einem mittleren Zusammenhang zum Wissenstransfer. Etwa 70 Prozent schätzen die Qualität der Kommunikation als positiv ein, die weiteren 30 Prozent verteilen sich in etwa gleichen Teilen auf mittlere bzw. negative Wertungen. Darüber hinaus kann festgestellt werden, dass der Wissenstransfer abhängig ist von der Kommunikationsqualität; er nimmt wie erwartet mit zunehmender Qualität der Kommunikation zu. Eine Investition in die Kommunikationskultur fördert entsprechend den Wissenstransfer in Unternehmen.

Die Informationszurückhaltung steht in einem negativen Zusammenhang mit dem Wissenstransfer. Über drei Viertel der Teilnehmer halten ihren Vorgesetzten gegenüber keine oder wenig Informationen zurück, drei Prozent halten Informationen bewusst zurück, bei lediglich zwei Probanden ist dieses Verhalten stark ausgeprägt. Mit zunehmender Informationszurückhaltung nimmt der gemessene Wissenstransfer ab. Signifikante Unterschiede sind zwischen den Kategorien „starke Zurückhaltung" und „Zurückhaltung" messbar. Dieses Ergebnis stützt die Erkenntnis, dass der Wissenstransfer in den untersuchten Unternehmen weitestgehend unproblematisch verläuft.

Eine weitere Randbedingung, die Informationsüberlastung, spielt im Zusammenhang mit dem Wissenstransfer zum Vorgesetzten in dieser Untersuchung keine größere Rolle. Es gilt jedoch zu berücksichtigen, dass weniger als zehn Prozent der Teilnehmer überhaupt eine Überlastung anhand ihres Antwortverhaltens vermuten lassen. Es lässt sich schlussfolgern, dass zwischen Vorgesetzten und Mitarbeitern ein weitestgehend positiver Informationsaustausch stattfindet, da wichtige Informationen nicht zurückgehalten werden und parallel keine (im Arbeitsalltag oftmals hemmende) Informationsüberlastung entsteht.

Davenport und Prusak (1999: 94) beschreiben das Dilemma von Mitarbeitern, die sich ihrer Meinung nach oftmals zwischen „Wissensvöllerei" und „Wissenshungersnöten" befänden. Diese These lässt sich nicht bestätigen, da weder eine Informationsüberlastung noch eine Informationszurückhaltung empirisch nachgewiesen werden konnte. Entsprechend ist davon auszugehen, dass sich andere

Rahmenbedingungen stärker auf den Wissenstransfer auswirken. Bullinger und Prieto (1998: 110) nennen z.B. Zeitknappheit (70 Prozent), fehlendes Bewusstsein (68 Prozent) und die Unkenntnis über den Wissensbedarf (39 Prozent), wohingegen hierarchische Strukturen oder eine Konkurrenz der Organisationseinheiten (jeweils 28 Prozent) eher zu vernachlässigen sind.

Hypothese 5b und c: Wissenstransfer zu Arbeitskollegen
Der Wissenstransfer in Richtung Arbeitskollegen verläuft bei fast drei Viertel der Probanden (sehr) positiv. Dieses Ergebnis ist deutlich besser als die Resultate des Transfers in Richtung Führungskräfte. Es deckt sich mit den Ergebnissen von Hypothese 3 (Untersuchungsbereich Vertrauen), denn es zeigt sich ein ähnliches Antwortverhalten. Etwa drei Viertel der Untersuchungsteilnehmer pflegen neben dem positiven Wissenstransfer einen vertrauensvollen Umgang mit ihren Arbeits- kollegen. Das Ergebnis in dieser Transferrichtung: Wissenstransfer und Vertrauen werden auf horizontaler Ebene zu etwa gleichen Anteilen (3/4 zu 1/4) von den Probanden als positiv bzw. als negativ eingeschätzt.

Die Kommunikationsqualität unter den Kollegen steht in einer schwachen Be- ziehung zum Wissenstransfer. Die Qualität der Interaktion werten drei Viertel der Untersuchungsteilnehmer als gut oder sehr gut. Es lässt sich nachweisen, dass die Probanden mit einer schlechten Bewertung der Kommunikationsqualität auch signifikant schlechtere Ergebnisse beim Wissenstransfer aufweisen als die anderen Teilnehmer. In der vorliegenden Untersuchung lassen sich keine signifikanten Zu- sammenhänge zwischen der Kategorie Wissenstransfer und den Randbedingungen Informationsüberlastung und Informationszurückhaltung nachweisen. Mehr als drei Viertel der Probanden halten keine Informationen vor ihren Arbeitskollegen zurück. Ob die Zurückhaltung einzelner, vielleicht strategischer Informationen den generellen Wissenstransfer beeinträchtigt, konnte ebenfalls nicht geklärt werden. Zwei Drittel der Teilnehmer nehmen keine Informationsüberlastung auf dieser Transferebene wahr. Auffallend ist das Ergebnis, dass der Wissenstransfer zu Arbeitskollegen bei überlasteten Probanden zunimmt (Hypothesen 5b und c).

Zusammenfassung (Untersuchungsbereich 2)
Als ein Ergebnis der Untersuchung kann festgehalten werden, dass in den Unter- nehmen der Untersuchungsteilnehmer der Wissenstransfer weitestgehend effizient stattfindet. 73 Prozent charakterisieren ihn als „sehr gut" oder „gut", als „eher schlecht" oder „schlecht" erleben die verbleibenden 27 Prozent den Wissens-

transfer. Der Wissenstransfer zu Arbeitskollegen verläuft auf dieser horizontalen Ebene generell besser als der Wissenstransfer zu Führungskräften. Dieses Ergebnis deckt sich mit den Erkenntnissen von Werner (2004: 222ff.), der auch höhere Mittelwerte beim Transfer zu Teammitgliedern messen konnte ($\bar{x}$ = 3,2 bei Vorgesetzten; $\bar{x}$ = 3,5 bei Teammitgliedern). Werner begründet diese Differenz mit dem so genannten „Peer-Effekt", d.h. Interaktionsprozesse erreichen zwischen homogenen Individuen eine höhere Effizienz als zwischen inhomogenen Individuen. Übertragen auf die vorliegende Forschungsfrage bedeutet dies, dass Wissenstransfer generell auf horizontaler Ebene effektiver verläuft als auf vertikaler Ebene. Eine Vertrauensbildung, gestützt durch die Effektivität der Interaktion und erlebte Reziprozität beim Wissenstransfer (vgl. *Kapitel 3.4.1*), wird parallel gefördert. Vertrauen und Wissenstransfer können sich also wechselseitig bedingen.

Tabelle 50: Übersicht der Ergebnisse des Untersuchungsbereichs 2

Bereich 2: Wissenstransfer		*Zusammenhangsmaß*	*p*	*Fazit*
Hypothese 5a:	Wissenstransfer Vorgesetzter – KomminO (Kommunikations-qualität, Informations-überlastung, -zurückhaltung)	**r = ,324** r = -.068 **r = -.191**	**< ,001** = ,317 **= ,005**	H5a wird partiell verworfen
Hypothese 5b:	Wissenstransfer Arbeitskollegen – KomminO (Kommunikations-qualität, Informations-überlastung, -zurückhaltung)	**r = ,162** r = ,053 r = ,079	**= ,016** = ,430 = ,232	H5b wird partiell verworfen
Hypothese 5c: (Vorgesetzter)	KomminO (Kommunikations-qualität, Informations-überlastung, -zurückhaltung) > Wissenstransfer Vorgesetzter	**Eta = ,361** Eta = ,092 **Eta = ,249**	**< ,001** = ,773 **= ,008**	H5c wird partiell verworfen
Hypothese 5c: (Kollegen)	KomminO (Kommunikations-qualität, Informations-überlastung, -zurückhaltung) > Wissenstransfer Kollegen	Eta = ,176 **Eta = ,237** Eta = ,111	.145 **.012** .430	

Die Autoren des KomminO-Fragebogens kommen ebenfalls zu höheren Mittelwerten bei der Kommunikationsqualität zwischen Kollegen ($\bar{x}$ = 4,01) als zu Vorgesetzten ($\bar{x}$ = 3,68). Die Mittelwerte der Skala Informationsüberlastung liegen in deren Untersuchung bei den Zielgruppen nah beieinander ($\bar{x}_{\text{Vorgesetzter}}$ = 1,78; $\bar{x}_{\text{Kollegen}}$ = 1,79). Ein ähnliches Bild lässt sich bei der Informationszurückhaltung ($\bar{x}_{\text{Vorgesetzter}}$ = 1,68; $\bar{x}_{\text{Kollegen}}$ = 1,60) feststellen (vgl. Sperka 1997: 190). In der neuen

Anwendung des Erhebungsinstruments in dieser Arbeit zeigt sich darüber hinaus, dass die Qualität der Kommunikation zwischen Arbeitskollegen einer Hierarchiestufe besser ist ($\bar{x} = 4{,}36$) als die Kommunikation zu Führungskräften ($\bar{x} = 4{,}11$). In den beiden anderen Bereichen werden ebenso leicht höhere Ergebnisse bei den Arbeitskollegen nachgewiesen, d.h. die Probanden fühlen sich minimal stärker von den Informationen ihrer Kollegen überlastet ($\bar{x}_{Vorgesetzter} = 2{,}18$; $\bar{x}_{Kollegen} = 2{,}32$), halten aber Informationen in beide Transferrichtungen etwa gleichermaßen wenig zurück ($\bar{x}_{Vorgesetzter} = 2{,}00$; $\bar{x}_{Kollegen} = 2{,}03$). Wie in Tabelle 50 ersichtlich, mussten die Hypothesen dieses Bereichs partiell verworfen werden.

5.2.4 Untersuchungsbereich 3: „Wie wichtig ist Wissensmanagement in den Unternehmen der Teilnehmer?"

Wissen ist für die Wertschöpfung und den Erfolg der untersuchten Unternehmen generell wichtig. Diesen Schluss erlaubt die Interpretation zur ähnlich lautenden pauschalen Aussage: 74 Prozent der Teilnehmer stimmen zu, 21 Prozent stimmen eher zu, weitere vier Prozent räumen dem Wissen einen mittleren Stellenwert ein und ein Prozent beschreibt die Aussage als eher unzutreffend. Gehle (2006: 24) zitiert eine im Manager-Magazin veröffentlichte Studie aus dem Jahr 1997, bei der mehr als die Hälfte aller Befragten dem Produktionsfaktor Wissen einen Anteil von 60 bis 80 Prozent an der Gesamtwertschöpfung zurechneten. Der Studie „Wissen und Information 2005" zufolge ist Wissensmanagement für 93 Prozent der befragten Unternehmen wichtig oder sehr wichtig (vgl. Fraunhofer-Wissensmanagement Community 2005: 28). Die Tendenzen der Studien lassen den Schluss zu, dass Wissen und Wissensmanagement in deutschen Unternehmen einen hohen Stellenwert haben. Daran schließt sich die Frage an, ob sich diese herausgehobene Stellung in der Realisierung von Wissensmanagement widerspiegelt.

Bei der über die pauschale Bewertung von „Wissen" hinausgehenden Analyse der Realisierung von Wissensmanagement anhand einer neu entwickelten Skala lässt das Antwortverhalten der Probanden darauf schließen, dass in genau der Hälfte der Unternehmen der Untersuchungsteilnehmer das Thema Wissensmanagement gut umgesetzt wird (sehr gut = 13,7 Prozent; gut = 36,3 Prozent). In 37,5 Prozent der Unternehmen wird sich eher nicht mit der Thematik beschäftigt, in 12,5 Prozent erscheint es sogar unwichtig zu sein.

Hypothese 6a, b und c: Realisierung des Wissensmanagements in Unternehmen

Zwischen der anfangs bewerteten pauschalen Aussage und der tatsächlichen Umsetzung des Wissensmanagements in Unternehmen kann in der Untersuchung ein mittlerer Zusammenhang festgestellt werden (Hypothese 6a). Wissensmanagement wird, trotz des vorhandenen Bewusstseins über den Stellenwert der Ressource Wissen, in vielen Unternehmen weiterhin vernachlässigt. Problematisch wirken sich gegenwärtig die wirtschaftlichen Rahmenbedingungen aus, denn aufgrund von Nachläufern der Wirtschaftskrise werden Ressourcen für Wissensmanagement-Projekte gekürzt oder auf einen späteren Zeitpunkt verschoben und haben generell nachrangige Priorität (vgl. Hilger et al. 2010: 27 und 52). Es zeigt sich ein generelles Problem des Wissensmanagements, da sich Erfolge von Wissensmanagement-Projekten für Entscheidungsträger oft nicht greifen und mit Daten oder Fakten belegen lassen. Schon 2003 konstatierte Stoi, dass die Bildung von immateriellem Vermögen, von Wissen und die Einführung von Wissensmanagement bisher weitestgehend als Aufwand verbucht und nicht als eine Investition betrachtet werden (vgl. Stoi 2003: 1ff.). Zur Bewertung von intellektuellem Kapital und dem Erreichen der Ziele des Wissensmanagements können verschiedene Methoden Verwendung finden (z.B. Balanced Scorecard, Skandia Navigator, „Wissensbilanz – Made in Germany"). Alle bestehenden Bewertungssysteme haben bedingt Aussagekraft, da immaterielles Vermögen aus Sicht des Controllings nur ungenügend abgebildet werden kann. Roehl und Romhardt (1997: 44) umschreiben die Problematik so: „Um den Erfolg von Wissensmanagement messbar zu machen, ist das Unmögliche nötig: Die kontextgebundene Ressource Wissen muss objektivierbar gemessen werden." Und sie fügen hinzu: „Wissenscontrolling ist ein bisher ungelöstes Problem des Wissensmanagements."

Die These, dass die Realisierung von Wissensmanagement-Maßnahmen in Unternehmen je nach Bewertung der pauschalen Aussage („Wissen ist für die Wertschöpfung und den Erfolg meines Unternehmens sehr wichtig") zu- bzw. abnimmt, lässt sich bestätigen (Hypothese 6b). Es ist davon auszugehen, dass sich Mitarbeiter aus Unternehmen mit wissensintensiven Tätigkeitsfeldern des Stellenwerts der Ressource Wissen bewusst sind. Die Unternehmen reagieren weitestgehend mit der Schaffung der nötigen Infrastruktur, so dass Unternehmen, in denen Wissen wesentlich zur Wertschöpfung beiträgt, bei der Realisierung von Wissensmanagement-Maßnahmen positive Ergebnisse erzielen. Es lässt sich kritisch anmerken, dass Wissen generell in Unternehmen zu einem wichtigen Wertschöpfungsfaktor zählt und dieser Stellenwert im Zuge der Tertiarisierung und der Fortentwicklung der Wissensgesellschaft tendenziell zunimmt. Drucker (1986: 778) verdeutlicht die Verschiebung von der arbeitsintensiven zur wissensintensiven Wertschöpfung anhand von drei Beispielen: In der Halbleiterindustrie entfallen bei der Chip-Produktion ca. 70 Prozent der Wertschöpfung auf den Faktor Wissen, der Anteil des Faktors Arbeit beträgt lediglich weniger als 12 Prozent. Im Bereich der Pharmaindustrie liegt der Wertschöpfungsanteil von Wissen bei durchschnittlich mehr als 50 Prozent, der des Produktionsfaktors Arbeit bei ca. 15 Prozent. Ebenso in der Automobilindustrie, die weiterhin als klassischer Industriezweig der „Old Economy" bezeichnet wird. Dort misst man dem Anteil der Wertschöpfung, der konkret dem Faktor Arbeit zuzurechnen ist, lediglich noch ca. 20 - 25 Prozent zu. Im Ergebnis vertreiben die Unternehmen vielerorts „intelligente Produkte" bzw. „intelligente Dienstleistungen" (vgl. Willke 1998a: 1f.). Somit besteht in allen Unternehmen Handlungsbedarf, also nicht nur in denjenigen, in denen der Einfluss von Wissen bereits heutzutage als selbstverständlich angesehen wird.

Die Unternehmensgröße spielt bei der Realisierung von Wissensmanagement aufgrund unterschiedlicher Rahmenbedingungen ebenfalls eine Rolle. Die höchsten Werte erreichen die kleinen Unternehmen mit weniger als 50 Mitarbeitern. Dort können Veränderungsprozesse schnell umgesetzt werden, es gibt kaum Anonymität zwischen den Mitarbeitern und normalerweise existiert eine höhere Transparenz. Großkonzerne liegen an zweiter Stelle etwas über dem Gesamtmittelwert. Konzerne mit mehr als 1.000 Mitarbeitern können auf eine gute Infrastruktur zurückgreifen, so dass Wissensmanagement trotz Anonymität gezielt unterstützt und gefördert werden kann. Problematisch scheint die Realisierung von Wissensmanagement in Unternehmen mittlerer Größe zu sein (Hypothese 6c). Dies bestätigen Ergebnisse der Studie „Wissen und Information 2005", bei der die Unternehmensgröße ebenfalls eine Analyseebene darstellt. Kleine Unternehmen verfügen über eine offene Unternehmenskultur, mittlere Unternehmen schneiden hinsichtlich der aktiven Förderung des Wissensaustauschs am schlechtesten ab (vgl. Fraunhofer-Wissensmanagement Community 2005: 43) und die Sicherung von Erfahrungswissen hat Priorität bei großen Unternehmen (vgl. Fraunhofer-Wissensmanagement Community 2005: 46). Diese Ergebnisse lassen sich mit den Resultaten einer Untersuchung zu kleinen und mittleren Unternehmen im Auftrag der Europäischen Union vergleichen. Die Autoren kommen zu dem Schluss, dass

„die Effizienz auf dem Dienstleistungssektor mit zunehmender Betriebsgröße ab-
zunehmen" scheint und „die kritische Beschäftigtenzahl bei fünfzig Mitarbeitern
liegt" (Sveiby 1998: 138). Prekär erscheint die Lage von Unternehmen, die in kurzer
Zeit schnell gewachsen sind. Dort fehlen aufgrund dieses schnellen Veränderungs-
prozesses oftmals die nötige Infrastruktur und klare Verantwortlichkeiten. Parallel
verändert sich die Gestaltung der Informationswege: Vormals kurze Informationswege verlängern sich, so dass ein Informationsmanagement nötig wird.

**Hypothese 6d und e: Analyse von Rahmenbedingungen des
Wissensmanagements**

Die Realisierung von Wissensmanagement steht in einem Zusammenhang mit dem
Wissenstransfer innerhalb des Unternehmens und zum Vorgesetzten. Eine Verbindung zum Wissenstransfer auf horizontaler Ebene kann in dieser Untersuchung
nicht nachgewiesen werden (Hypothese 6d). Das deutet darauf hin, dass der
Wissenstransfer zu Arbeitskollegen weitestgehend unstrukturiert verläuft und
keiner gesonderten Maßnahmen bedarf. Interaktionsprozesse finden zwischen den
befragten Mitarbeitern und ihren Kollegen (gleiche Hierarchiestufe) ohne spezielle
Wissensmanagement-Instrumente statt. Piwinger und Porák (2005b: 37) verweisen
auf eine Studie des „Center for Workforce Development" (Massachusetts, USA),
nach der Mitarbeiter bis zu 70 Prozent ihres Wissens im Rahmen von informeller
Kommunikation von ihren Kollegen erfahren, dieser Kommunikationskanal allerdings bloß von 30 Prozent der Unternehmen aktiv gefördert wird (vgl. *Kapitel
2.2.6*). Großbetriebe müssen solche informellen Treffpunkte mit erheblichem Aufwand einrichten, kleine und mittelständische Unternehmen können darauf meist
verzichten, da sie „noch über die Vorzüge realen »Klatsches« in realen Fluren"
(Wuppertaler Kreis e.V. 2000: 27) verfügen.

Durch die Etablierung von Wissensmanagement-Abteilungen ist in Unternehmen
eine strukturierte Einführung und Begleitung der Wissensmanagement-Prozesse
möglich. Diese These lässt sich dahingehend bestätigen, dass Wissenstransfer auf
allen Ebenen in den Unternehmen der Befragten mit Wissensmanagement-
Abteilungen effektiver umgesetzt wird (Hypothese 6e). Jahnke (2006: 89) konstatiert bezugnehmend auf eine Studie von Ruggles (1997), „dass der Wunsch nach
zentralen Rollen und insbesondere nach Verantwortlichkeiten im Wissensmanagement groß ist" und „dass ein aktiver Wissensaustausch kein Selbstläufer"
sei. Aus diesem Grund haben Unternehmen teilweise die Funktion eines Wissens-

managers eingerichtet mit dem Ziel, so die Wissensaufnahme, -weitergabe, -bearbeitung und -verarbeitung kontinuierlich zu verbessern (vgl. *Kapitel 2.3.1*).

Wissensmanagement wird, hauptsächlich in Unternehmen mit einer eigens dafür eingerichteten Abteilung, mit dem Einsatz diverser Managementinstrumente verbunden. Der Einsatz populärer Maßnahmen bedeutet nicht zwangsläufig, dass diese das gewünschte Ziel erreichen. Eine im Kontext der vorliegenden Untersuchung vorgenommene Überprüfung populärer Wissensmanagement-Instrumente hat ergeben, dass Instrumente mit einem geringen Verbreitungsgrad in den Teilnehmerunternehmen von den Mitarbeitern, denen das Instrument zur Verfügung steht, als hilfreich eingestuft bzw. regelmäßig eingesetzt werden. In mehr als 50 Prozent der Unternehmen sind Dokumentenmanagementsysteme, Intranet, Projektarbeit, informelle Treffpunkte und Kreativitätstechniken implementiert. Regelmäßig genutzt werden nicht vorrangig diese weit verbreiteten Instrumente, sondern neben den Dokumentenmanagementsystemen, den Communities of Practice und dem Austausch mit ehemaligen Mitarbeitern „Exoten" wie Wissenslandkarten und Story Telling. Als wirklich hilfreich bei der Arbeit erweisen sich nach Angaben der Nutzer die beiden eben genannten „Exoten" sowie Communities of Practice, Kreativitätstechniken und Dokumentenmanagementsysteme. Überraschend ist, dass gängige und teure Personalentwicklungskonzepte wie die Job Rotation (für 36 Prozent hilfreich) und die Wissensstafette (für 25 Prozent hilfreich) in der Nutzerwertung als nicht sonderlich nützlich beschrieben werden. In den Unternehmen der Untersuchungsteilnehmer werden, neben den vorgegebenen 19 Instrumenten, noch eine Vielzahl weiterer Maßnahmen umgesetzt. Diese lassen sich in sechs Bereiche zusammenfassen: interne Fort- und Weiterbildung (Trainings), informelle Treffen (Netzwerke), externe Fort- und Weiterbildung, gerichteter Austausch mit anderen Wissensträgern, dienstliche Besprechungen und Qualitätsmanagement (vgl. hierzu Hartz/Meisel 2006). Das nachgewiesene Missverhältnis zwischen betrieblicher Praxis und individueller Einschätzung deckt sich mit den Ergebnissen der Studie von Bullinger und Prieto (1998: 108). Schon zu diesem Zeitpunkt „herrscht hierbei zwischen der Wahrnehmung des real notwendigen Handlungsbedarfs und dem wirklichen Handeln [eine] starke Diskrepanz". Dies lässt die Schlussfolgerung zu, dass in vielen Unternehmen trotz teilweise langjähriger Erfahrungen die Auswahl der Instrumente noch immer unreflektiert und „am Nutzer vorbei" erfolgt.

Zusammenfassung (Untersuchungsbereich 3)

Die Untersuchungsgruppe setzt sich weitestgehend, wie bei der Definition der Zielgruppe gefordert, aus Mitarbeitern in einer wissensintensiven Arbeitsumgebung zusammen. Der Stellenwert der Ressource Wissen ist den Unternehmen bewusst und steht in Zusammenhang zur Realisierung von Wissensmanagement-Projekten. Dennoch fokussiert sich das Interesse seitens der Unternehmensmitglieder an Wissensmanagement weiterhin auf Unternehmen, in denen die Bewusstseinsbildung bereits stattgefunden hat. Unternehmen, in denen Wissen (noch nicht) als zentrale Erfolgskategorie eingestuft wird, engagieren sich im Feld Wissensmanagement bislang noch zurückhaltend. Neben dieser grundsätzlichen Einstellung spielen die Unternehmensgröße und das Vorhandensein einer Wissensmanagement-Abteilung eine wichtige Rolle für die praktische Umsetzung. Es bleibt anzumerken, dass populäre und vielfach implementierte Wissensmanagement-Instrumente von der Zielgruppe, also den Nutzern, nicht durchgängig als sinnvoll eingeschätzt werden. Dies bedeutet, dass in einem Unternehmen nicht zwangsläufig ein Mehrwert durch den „Einkauf" von Wissensmanagement-Instrumenten bei externen Firmen oder Beratern entsteht. Um Erfolge zu erzielen sollten die Maßnahmen und Instrumente vielmehr passgenau für das jeweilige Unternehmen konzipiert werden.

Tabelle 51: Übersicht der Ergebnisse des Untersuchungsbereichs 3

Bereich 3: Wissensmanagement		*Zusammenhangsmaß*	*p*	*Fazit*
Hypothese 6a:	Stellenwert WM – Realisierung WM	r = ,246	< ,001	**H6a wird angenommen**
Hypothese 6b:	Stellenwert WM > Realisierung WM	Eta = ,266	< ,001	**H6b wird angenommen**
Hypothese 6c:	Betriebsgröße > Realisierung WM	Eta = ,218	= ,007	**H6c wird angenommen**
Hypothese 6d:	Realisierung WM – Wissenstransfer (unternehmensweit , Vorgesetzter, Arbeitskollegen)	r = ,174 r = ,233 r = ,082	= ,011 = ,001 = ,229	H6d wird partiell verworfen
Hypothese 6e:	Wissensmanagement-Abteilung > Wissenstransfer (unternehmensweit, Vorgesetzter, Arbeitskollegen)	Eta = ,206 Eta = ,183 Eta = ,164	= ,002 = ,006 = ,012	**H6e wird angenommen**

Vor dem Hintergrund der in dieser Untersuchung gewonnenen empirischen Ergebnisse könnte ein Fokus der Konzeption auf Maßnahmen zur Förderung und Unterstützung des Wissenstransfers zu Führungskräften und zu Arbeitskollegen in entfernten Unternehmensbereichen liegen. Der Wissenstransfer auf horizontaler Ebene – verstanden als Transfer zu Arbeitskollegen im Team – verläuft vielfach ohne die explizite Unterstützung durch Wissensmanagement-Maßnahmen positiv, so dass geringer Handlungsbedarf besteht (vgl. Tabelle 51).

5.2.5 Untersuchungsbereich 4: „Besteht ein Erklärungs- und Wirkungszusammenhang zwischen Vertrauen und Wissenstransfer?"

Nach der vorangegangenen Beschreibung der einzelnen Untersuchungsbereiche erfolgt nun die Zusammenführung der Konzepte und damit die Bewertung des Zusammenhangs zwischen Vertrauen und Wissensmanagement.

Hypothese 7: Gibt es einen Zusammenhang zwischen Vertrauen und Wissenstransfer?

Differenziert nach Hierarchieebenen lässt sich feststellen, dass das Vertrauen in die Führungskraft und der Wissenstransfer zu Führungskräften ebenso wie das Vertrauen in Arbeitskollegen und der Wissenstransfer zu Arbeitskollegen miteinander korrelieren (Hypothese 7a). In der Literatur wird auf diesen Zusammenhang oft hingewiesen (vgl. *Kapitel 2.3.3 und 3.5*). Die von Neubauer und Rosemann (2006: 126) formulierte These, dass Vertrauen den Informationsaustausch sowohl innerhalb von Abteilungen als auch abteilungsübergreifend stärkt, ist in der vorliegenden Untersuchung nachgewiesen. Heuwinkel (2004: 105) konstatiert: „Es gibt immer gute Gründe, sich nicht auf das Gegenüber einzulassen. Vertrauen ist hingegen ein guter Grund, es dennoch zu tun und damit Basis jeder Kooperation und somit des Wissensmanagement[s]."

Im Untersuchungsbereich 1 der empirischen Untersuchung ist neben dem personellen Vertrauen das Vertrauen in das Unternehmen (Systemebene) erfasst worden. Das Vertrauen in die Unternehmen steht in mittelstarkem (r < ,50) bzw. schwachem (r < ,20) Zusammenhang zu allen Formen des Wissenstransfers. Der unternehmensweite Wissenstransfer und der Wissenstransfer zum Vorgesetzten sind dabei stärker mit dem Vertrauen in das Unternehmen verknüpft als der Wissenstransfer zu Arbeitskollegen. Dort lässt sich eine schwache Verbindung ermitteln

(Hypothese 7b). Es bestätigt sich die bereits bei der Analyse des Wissenstransfers abgeleitete These, dass die Interaktion zwischen Arbeitskollegen weitestgehend auf individueller Ebene verläuft und es weniger der Impulse von außen bedarf. Vergleichbar ist folgendes Ergebnis zu werten: Das Vertrauen in das Unternehmen wirkt sich nicht grundlegend auf den Wissenstransfer auf horizontaler Ebene aus. Nicht auszuschließen ist allerdings, dass sich in Sondersituationen (z.B. eine wirtschaftlich angeschlagene Lage des Unternehmens) dieses fehlende Vertrauen in das Unternehmen negativ auf den Wissenstransfer in alle Transferrichtungen auswirken könnte (z.B. wieder stärker die Einstellung „Wissen ist Macht" vorherrscht). Das Ergebnis zeigt, dass Wissenstransfer generell ein individueller Prozess ist, der mit der Systemebene in geringem Zusammenhang steht. Generalisierte Aussagen, beispielsweise bei Bullinger und Prieto (1998: 88) nachzulesen („Nur wenn Mitarbeiter Vertrauen in ihr Unternehmen haben, sind sie bereit, ihr Wissen weiterzutragen"), sind kurzschlüssig und bieten Unternehmen wenig konstruktive Anknüpfungspunkte. Ähnliches gilt für die Ansicht von Meifert (2003: 303), der Vertrauen als „sozialen Klebstoff" beschreibt. Für Unternehmen bedeuten die Ergebnisse der vorliegenden Untersuchung, dass Wissenstransfer ebenso wie Vertrauen primär auf der persönlichen Ebene zwischen den Unternehmensmitgliedern gefördert und unterstützt werden sollte. Es reicht nicht, ausschließlich in ein positives Unternehmensimage zu investieren – die Mitarbeiter müssen ein kooperatives Miteinander (er)leben. So kann Wissenstransfer in Unternehmen gelingen.

Drei Prozent der Teilnehmer bewerten das Vertrauen und den Wissenstransfer zum Vorgesetzten als sehr gut. Beide Kategorien mit gut beschreiben weitere 23 Prozent. Nur wenige Probanden fallen beim Vertrauen und beim Wissenstransfer zur Führungskraft in die Kategorie eher schlecht (7 Prozent) oder schlecht (2 Prozent). Die Überschneidungen sind bei der Betrachtungsrichtung Arbeitskollegen deutlich ausgeprägter: sechs Prozent geben bei beiden Kategorien sehr gut an, weitere 33 Prozent gut. Die negativen Ausprägungen sind mit sechs (eher schlecht) und einem Prozent (schlecht) gering vertreten. Ähnliche Ergebnisse liefert die Auswertung der Vertrauensdimension „Vertrauen in das Unternehmen". Es besteht in vielen Fällen kein einfacher Kausalzusammenhang, d.h. nicht jeder Mitarbeiter, der seinem Chef oder seinen Kollegen vertraut, teilt zwangsläufig sein Wissen und umgekehrt. Damit muss die in der Zusammenfassung von *Kapitel 5.2.3* abgeleitete These, dass sich Vertrauen und Wissenstransfer wechselseitig bedingen, um den Nachsatz erweitert werden, dass sich diese beiden Bereiche wechselseitig fördern können, dies jedoch nicht zwangsläufig tun.

Hypothese 8 und 9: Beeinflusst Vertrauen den Wissenstransfer?

Die Untersuchungsteilnehmer bestätigen in einer Freitextantwort zu einem sehr großen Anteil die These dieser Arbeit. 60 Prozent beschreiben die Notwendigkeit von Vertrauen als sehr wichtig, weitere 15 Prozent als wichtig. Im mittleren Bereich finden sich 17 Prozent, fünf bzw. acht Prozent halten Vertrauen für eher unwichtig oder ganz unwichtig. Die zentrale Hypothese der vorliegenden Arbeit kann durch die quantitative Auswertung des Datenmaterials bestätigt werden (Hypothese 8b). Vertrauen besitzt einen zentralen Stellenwert bei der effektiven Ausgestaltung von Wissenstransfer in einem Unternehmen. Die Analyse des Gewichtes der drei abgeleiteten Vertrauensformen, dem Vertrauen in Unternehmen, Führungskraft und Arbeitskollegen, ergibt, dass Vertrauen mit 10,2 Prozent Einfluss auf den Wissenstransfer nimmt. Dieses Ergebnis bedeutet, dass Wissenstransfer selbstverständlich ebenso von vielen anderen Bedingungen beeinflusst wird. Bei den Teilnehmern der Untersuchung liegt der Stellenwert von Vertrauen jedoch deutlich über dem Einfluss von realisierten Wissensmanagement-Projekten (hier konnte lediglich ein Wirkungsgrad von drei Prozent nachgewiesen werden). Um an den theoretischen Bezugsrahmen „Wissensmanagement in Unternehmen" (vgl. *Kapitel 2*) anzuknüpfen bedeutet dies: Im Dreieck Mensch, Organisation und Technik nimmt ein Faktor aus dem Bereich „Mensch", nämlich das Vertrauen, einen gewichtigen Stellenwert ein. Die Organisation von konkreten Maßnahmenpaketen ist demgegenüber von nachrangiger Bedeutung. Die Realisierung technischer Infrastruktur wird in der vorliegenden Untersuchung nicht thematisiert (vgl. ggf. Lehner 2000). Seifert und Pawlowsky (1998: 603) gehen in ihren Analysen sogar so weit, dass „das für die Überlebensfähigkeit und den dauerhaften Erfolg von Unternehmen notwendige innerbetriebliche Vertrauensniveau" aufgrund neuer Produktionsformen und hochspezialisierter Mitarbeiter, die als Experten in ihrem Bereich von Führungskräften nur bedingt zu kontrollieren seien, gestiegen sei. Unternehmen sind demzufolge „in hohem Maße auf das Element freiwilliger, vertrauensvoller Zusammenarbeit zwischen Führungskräften und Mitarbeitern, aber auch innerhalb einer Hierarchieebene angewiesen".

Darüber hinaus bestätigt sich der bereits zuvor abgezeichnete Trend, dass Vertrauen auf vertikaler Ebene deutlich wichtiger für den Wissenstransfer ist als auf horizontaler Ebene. Das Vertrauen in Arbeitskollegen beeinflusst zu 5,3 Prozent den Wissenstransfer in diese Richtung, während bei Führungskräften ein Stellenwert von 12,8 Prozent gemessen werden kann. Bei der Interpretation dieses Ergebnisses ist zu berücksichtigen, dass die Teilnehmer der Untersuchung zu einem großen Anteil wenig Erfahrung mit ihrem derzeitigen Vorgesetzten haben, so dass Vertrauen in dieser Konstellation eine Schutzfunktion übernimmt. Vertrauen verbunden mit dem Risiko der riskanten Vorleistung ist mit einer Erwartung in der Gegenwart und der „Gewissheit" in der Zukunft verbunden (vgl. *Kapitel 3.1*). Da die Mitarbeiter aufgrund einer kurzen Zusammenarbeit mit ihren Vorgesetzten über geringe Endbewertungen dieser „Gewissheit" verfügen, ist der Vertrauenssprung für sie persönlich mit einem größeren Risiko verbunden. Gleichermaßen ist die Hemmschwelle, Wissen zu teilen, höher, so dass Vertrauen in dieser Konstellation einerseits wichtig für erfolgreichen Wissenstransfer ist, positive Erlebnisse beim Wissenstransfer gleichzeitig die Vertrauensbildung begünstigen.

Eine weitere Differenzierung der Probanden nach Statusgruppen führt zur Annahme der Hypothese 9, wonach Vertrauen mit der Position und der damit verbundenen Verantwortung im Unternehmen als Einflussfaktor auf Wissenstransfer zunimmt. Der Einfluss des Vertrauens auf den Wissenstransfer liegt bei Angestellten in Fachabteilungen bei 8,2 Prozent, bei Abteilungs- und Bereichsleitern mit Führungsverantwortung bei 17,9 Prozent und bei Geschäftsführern sogar bei 51,8 Prozent. Je höher eine Person in der Unternehmenshierarchie angesiedelt ist, desto erfolgskritischer und sensibler wird das eigene Wissen. Diese Überlegung lässt sich durch die dargestellten Ergebnisse stützen.

Das psychologische Konstrukt der Vertrauensdisposition kann im Zusammenhang mit Vertrauensprozessen als eine Erklärungsvariable bestätigt werden (Hypothese 8a). Jedoch wirkt sich diese individuelle Persönlichkeitsdisposition nur mit 8 Prozent (Unternehmen), 9 Prozent (Vorgesetzter) bzw. 11 Prozent (Arbeitskollegen) auf die jeweilige Vertrauensform aus. Dies bedeutet, dass viele weitere Prozesse in Unternehmen das Vertrauen der Mitarbeiter fördern oder hemmen können und sich somit ein Engagement in Form von vertrauensbewusstem Management auszahlen kann. Sollte eine Kultur des Misstrauens vorherrschen, liegt dies somit nicht zwangsläufig an einer hohen Anzahl von „low-truster"-Mitarbeitern.

Zusammenfassung (Untersuchungsbereich 4)
Die zentralen Hypothesen der vorliegenden Untersuchung werden bestätigt (vgl. Tabelle 52). Durch die qualitative und quantitative Auswertung der Fragebögen

wird deutlich, dass Vertrauen einen hohen Stellenwert für die Realisierung von effektivem Wissenstransfer in Unternehmen besitzt. Dieser Stellenwert nimmt mit steigender Hierarchieposition des Probanden zu und er unterscheidet sich je nach Transferrichtung. Eine Klassifikation der verschiedenen Einflusswerte ergibt folgende Rangordnung:

Einfluss von Vertrauen auf den Wissenstransfer differenziert nach Status-/Transfermerkmalen (Rangfolge)	
51,8%	Wissenstransfer von Geschäftsführern
17,9%	Wissenstransfer von Abteilungs- und Bereichsleitern
12,8%	Wissenstransfer zur Führungskraft
10,2%	Wissenstransfer (Unternehmensscore)
8,2%	Wissenstransfer von Angestellten einer Fachabteilung
5,3%	Wissenstransfer zu Arbeitskollegen

Vertrauen ist demzufolge in allen betrachteten Transferrichtungen und Hierarchiestufen eine wichtige Einflusskategorie für effektiven Wissenstransfer.

Tabelle 52: Übersicht der Ergebnisse des Untersuchungsbereichs 4

Zusammenhänge Bereich 1 und 2		Zusammenhangsmaß	p	Fazit
Hypothese 7a:	Wissenstransfer (Vorgesetzter/ Arbeitskollegen) – Vertrauen (Vorgesetzter/Arbeitskollegen)	$r = ,357$ $r = ,231$	$< ,001$ $= ,001$	H7a wird angenommen
Hypothese 7b:	Vertrauen/Unternehmen – Wissenstransfer (Vorgesetzter, Arbeitskollegen, unternehmensweit)	$r = ,344$ $r = ,188$ $r = ,303$	$< ,001$ $= ,005$ $< ,001$	H7b wird angenommen
Hypothese 8a:	Vertrauensdisposition > Vertrauensformen (Unternehmen, Vorgesetzter, Arbeitskollegen)	$R = ,290$ $R = ,295$ $R = ,326$	$< ,001$ $< ,001$ $< ,001$	H8a wird angenommen
Hypothese 8b:	Vertrauen > Wissenstransfer	$R = ,319$	$< ,001$	H8b wird angenommen
Hypothese 9:	Position im Betrieb > Stellenwert von Vertrauen im Wissensmanagement	$R = ,286$ $R = ,423$ $R = ,720$ $R = ,319$	$= ,020$ $= ,011$ $= ,020$ $< ,001$	H9 wird angenommen

Es zeigt sich, dass Vertrauen in Unternehmen maßgeblich durch die drei Vertrauensformen „Vertrauen in das Unternehmen", „Vertrauen in den Vorgesetzten" und „Vertrauen in die Arbeitskollegen" bestimmt wird. Die übergeordnete Vertrauensdisposition eines Individuums wirkt sich nachgeordnet auf diese Vertrauensformen aus.

5.3 Zwischenfazit

Eingangs (vgl. *Kapitel 4.1*) wurden vier erkenntnisleitende Fragestellungen für die empirische Untersuchung formuliert, die im Verlauf der empirischen Auswertungen durch die Analyse von neun Leithypothesen beantwortet werden sollten. In diesem Kapitel erfolgt eine abschließende Darstellung der im Wesentlichen gewonnenen Erkenntnisse. Diese Zusammenfassung orientiert sich an den vier anfangs aufgeworfenen Fragestellungen.

„Wie ausgeprägt sind die Vertrauensformen der Teilnehmer?" (Untersuchungsbereich 1) – Die Teilnehmer pflegen größtenteils einen vertrauensvollen Umgang miteinander. Wichtige Erkenntnisse aus diesem Untersuchungsbereich sind:

1. **Vertrauen zu unterschiedlichen Vertrauensobjekten lässt sich durch die gleichen Variablenstrukturen beschreiben:** Die Gewichtung der Variablen des Vertrauens Wissen, Risiko und emotionale Erfahrung sind bei den unterschiedlichen Vertrauensobjekten Unternehmen, Führungskraft und Arbeitskollegen vergleichbar. Die emotionale Erfahrung mit dem Vertrauensobjekt ist wesentlicher Einflussfaktor, denn …

2. **… Vertrauen ist in erster Linie ein zwischenmenschlicher wechselseitiger Prozess:** Die Vertrauensdisposition eines Individuums wirkt sich nicht maßgeblich auf die Vertrauensprozesse in Unternehmen aus. Vertrauen kann nicht ausschließlich durch rationale Entscheidungen oder Anreize gefördert werden. Vertrauensaufbau ist, wie in der Literatur beschrieben, ein stetiger Prozess, den es durch geeignete Rahmenbedingungen (Transparenz, Glaubwürdigkeit, Führungsverhalten), gute Kommunikation und offenen Wissenstransfer zu unterstützen gilt.

„Engagieren sich die Teilnehmer beim Wissenstransfer in ihren Unternehmen?"
(Untersuchungsbereich 2) – In den Unternehmen der Untersuchungsteilnehmer
findet Wissenstransfer weitestgehend effektiv statt, aber:

3. **Wissenstransfer verläuft auf horizontaler Ebene besser als auf
   vertikaler Ebene:** Die Hierarchie stört den natürlichen Wissenstransfer.
   Die Probanden teilen ihr Wissen häufiger mit Arbeitskollegen als mit
   ihren Vorgesetzten. Das oft postulierte „Wissen ist Macht" als ein
   möglicher Grund für dysfunktionalen Wissenstransfer lässt sich nicht
   bestätigen.

„Wie wichtig ist Wissensmanagement in den Unternehmen gemäß der Einschätzungen der Teilnehmer?" (Untersuchungsbereich 3) – Der Stellenwert der
Ressource Wissen ist in den Unternehmen bewusst und steht in einem Zusammenhang mit der Realisierung von Wissensmanagement-Projekten, denn:

4. **Die Sensibilisierung für den Stellenwert von Wissen für ein Unternehmen erhöht die konstruktive Auseinandersetzung mit der
   Problematik:** Je relevanter Wissen für ein Unternehmen ist, desto
   intensiver werden Wissensmanagement-Maßnahmen realisiert. Eine
   große Mehrheit der Befragten sieht Wissen als eine wichtige Ressource
   des eigenen Unternehmens an. Eine entsprechende Bewusstseinsbildung, ebenfalls in vorrangig „nicht wissensintensiven" Branchen,
   wird Wissenslücken verhindern helfen.

„Besteht ein Erklärungs- und Wirkungszusammenhang zwischen Vertrauen und
Wissenstransfer?" (Untersuchungsbereich 4) – Vertrauen besitzt einen hohen
Stellenwert für die Realisierung von effektivem Wissenstransfer in Unternehmen.
Dieser Zusammenhang wird geprägt durch folgende Erkenntnisse:

5. **Das Antwortverhalten von Vertrauen und Wissenstransfer verläuft
   auf horizontaler Ebene (3/4 positiv) und vertikaler Ebene (2/3 positiv)
   äquivalent:** In der Untersuchung zeigt sich, dass jeweils gleiche
   Anteile der Probanden den Wissenstransfer und das Vertrauen auf den
   verschiedenen Ebenen (eher) positiv oder (eher) negativ bewerten. Es
   besteht bei dieser Beobachtung kein Kausalzusammenhang. Diese
   Häufigkeitsverteilungen sind in der Grundgesamtheit beobachtbar,
   jedoch nicht bei jedem Probanden in der individuellen Auswertung

vorzufinden. Wissenstransfer und Vertrauen hängen offenkundig zusammen, eine Analyse auf dieser Ebene alleine reicht nicht aus.

6. **Vertrauen und Wissenstransfer fördern sich gegenseitig, aber nicht zwangsläufig:** Vertrauen ermöglicht durch das Wagnis einer riskanten Vorleistung die Weitergabe von Wissen. Gleichermaßen fördert der Wissenstransfer die wahrgenommene Reziprozität. Vertrauen verstärkt sich bei den Interaktionspartnern, und mit Zunahme des Vertrauens gewinnt parallel die Qualität des Wissenstransfers. Wenngleich dieser Zusammenhang bei vielen Teilnehmern nachgewiesen werden konnte, ergibt sich keine unabwendbare Kausalität. Vertrauen und Wissenstransfer können sich gegenseitig fördern, tun dies jedoch nicht zwangsläufig.

7. **Das System „Unternehmen" wirkt sich nachrangig auf Wissenstransfer und Vertrauen aus:** Vertrauen und Wissenstransfer sind maßgeblich individuelle Prozesse. Die Systemkategorie „Vertrauen in das Unternehmen" wirkt sich auf die Mitarbeiter aus, dies primär bei einer negativen Konnotation (z.B. Hervorgerufen durch Skandale, Arbeitsplatzunsicherheit). Die eher neutralen Wertungen (knapp die Hälfte der Teilnehmer vertrauen ihren Unternehmen eher) lassen in dieser Untersuchung keine großen Einflüsse erkennbar werden.

8. **Vertrauen besitzt einen großen Einfluss auf Wissenstransfer in Unternehmen:** Wissensmanagement findet im Dreieck zwischen Mensch, Organisation und Technik statt. Vertrauen, als individuelles Konstrukt, erklärt zu einem großen Prozentsatz die Praktizierung von Wissenstransfer in Unternehmen. Auf andere zwischenmenschliche, organisationale oder technische Einflussfaktoren verteilen sich viele weitere Prozentpunkte. Die Bedeutsamkeit von Vertrauen im Wissensmanagement ist für den befragten Personenkreis mit diesem Ergebnis nachgewiesen.

9. **Vertrauen ist für vertikalen Wissenstransfer wichtiger als für horizontalen, denn Wissenstransfer zu Arbeitskollegen verläuft weitestgehend ohne eine spezielle Förderung:** Die Interaktionsmuster zwischen Arbeitskollegen entsprechen oftmals bereits den Kriterien des Wissenstransfers. Dieser ungerichtete Austausch findet bei einer

Vielzahl der Probanden statt. Eine gezielte Förderung von Wissenstransfer sollte sich zunächst vorrangig auf Wissenstransferprozesse zu Führungskräften und zu Personen außerhalb des alltäglichen Umfelds eines Mitarbeiters fokussieren.

10. **Je höher ein Beschäftigter in der Unternehmenshierarchie angesiedelt ist, desto wichtiger wird Vertrauen für den Wissenstransfer:** Wissen ist nicht gleich Wissen. Die Sensibilität von Wissensbeständen nimmt je nach Verantwortungsbereich zu. Beschränkt sich das Wissen von Mitarbeitern in Fachabteilungen zuerst auf fachliche Inhalte, so haben Mitarbeiter mit Leitungsfunktion bereits darüber hinausgehendes Wissen über Mitarbeiter, Gehaltsstrukturen, Entscheidungsspielräume etc.; Geschäftsführer verfügen daneben über außerordentlich erfolgskritisches und teilweise geheimes Wissen (z.B. Ziele, Maßnahmen, Strategien). Die empirischen Daten belegen, dass mit steigender Hierarchie und einer damit einhergehenden Zunahme der Sensibilität des Wissens der Stellenwert von Vertrauen für Wissenstransfer exponentiell zunimmt.

Vertrauen im Wissensmanagement: Die empirische Untersuchung zeigt Erklärungs- und Wirkungszusammenhänge im organisationalen Kontext auf. Die Analyse der verschiedenen Untersuchungsbereiche gibt Aufschluss über viele Wirkungsmechanismen in Unternehmen. Ein Großteil der Hypothesen konnten bestätigt werden, so dass sich die in Diagramm 24 dargestellten Zusammenhänge verifizieren ließen. Die verworfenen Hypothesen weisen darauf hin, dass der zeitliche Aspekt beim Vertrauensaufbau zu vernachlässigen ist. Weder die Dauer der Betriebszugehörigkeit noch die Dauer der Zusammenarbeit mit dem Vorgesetzten wirken sich signifikant auf das Vertrauensniveau aus. Die vermuteten Zusammenhänge zwischen einer Informationsüberlastung auf der einen und einer Informationszurückhaltung auf der anderen Seite führen ebenfalls nicht zu signifikanten Ergebnissen beim Wissenstransfer. Das wiederum bedeutet, dass Mitarbeiter nicht generell durch eine (vielleicht temporäre) Informationsflut ihr Engagement im Wissensmanagement reduzieren bzw. Mitarbeiter, die (vielleicht ausgewählte) Informationen zurückhalten, kein Engagement vorweisen. Für die wissenschaftliche Diskussion implizieren diese Erkenntnisse neue Anhaltspunkte für die Erklärung von Wissensprozessen in Unternehmen, da generell davon auszugehen ist, dass Mitarbeiter motiviert sind, sich konstruktiv am Wissensmanagement zu beteiligen. Primär gilt es folglich, von Seiten des Managements geeignete Rahmen-bedingungen zu schaffen. Schlussendlich kann eine solche Untersuchung Facetten des vielschichtigen Themenkomplexes „Wissensmanagement" aufgreifen und analysieren. Auf allen Ebenen wären in vielfältiger Weise ergänzende Forschungen möglich. Die erkenntnisleitende Forschungsfrage dieser Arbeit „Besteht ein Erklärungs- und Wirkungszusammenhang zwischen Vertrauen und Wissens-transfer?" kann aufgrund der vorliegenden Ergebnisse positiv beantwortet werden.

Diagramm 24: Bestätigte Hypothesen

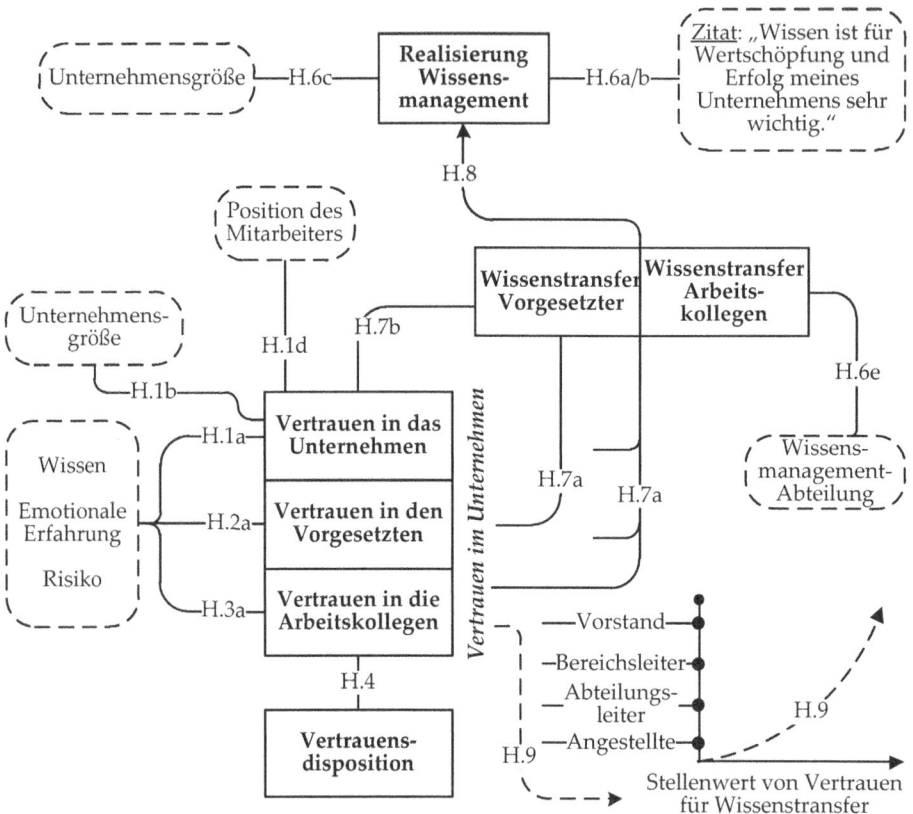

6. Zusammenfassung und Ausblick

Ziel dieser Arbeit und der darin vorgestellten explorativen Studie war es, empirisch verifizierte Erkenntnisse zum Zusammenhang von Wissensmanagement und Vertrauen zu gewinnen. Nach einer wissenschaftlichen Auseinandersetzung mit den Themen Wissensmanagement und Vertrauen folgte die empirische Überprüfung der abgeleiteten Hypothesen, die sich auf die Untersuchungsbereiche „Vertrauensformen in Unternehmen", „Wissenstransfer in Unternehmen", „Realisierung von Wissensmanagement in Unternehmen" und „Zusammenhänge zwischen Vertrauensformen und Wissenstransfer" beziehen.

Als Ergebnis der vorliegenden Studie konnten verschiedene Facetten des Zusammenwirkens von Wissensmanagement und Vertrauen aufgeschlüsselt, er- örtert und verifiziert werden. Es zeigte sich im Forschungsverlauf, dass die Be- ziehungen und Wechselwirkungen umfangreich sind, viele Faktoren das Vertrauen der Individuen beeinflussen und damit die Realisierung von Wissenstransfer in Unternehmen. Abschließend werden nochmals die wesentlichen theoretischen und empirischen Erkenntnisse zusammengetragen, Ansätze für eine vertiefende wissenschaftliche Auseinandersetzung aufgezeigt und ein Ausblick zur künftigen Relevanz des Themas gegeben.

Theoretische und empirische Erkenntnisse

Ansatzpunkte für die Umsetzung von Wissensmanagement in Unternehmen liefern verschiedene theoretische Modelle, wie die exemplarisch vorgestellten Ideen von Probst, Raub und Romhardt (Bausteinmodell aus dem Jahr 1997), Nonaka und Takeuchi (Wissensspirale zur Wissenserzeugung aus dem Jahr 1997) oder Davenport und Prusak (Wissensmarktkonzept aus dem Jahr 1999). Diese Modelle verbindet, dass sie den Unternehmen unterschiedliche Grundlagen für Wissens- management-Aktivitäten liefern wollen, die Transformation in die betriebliche Realität jedoch kritisch erscheint. Dies lässt die Schlussfolgerung zu, dass keines der vielen Wissensmanagement-Modelle unreflektiert in einem Unternehmen Ein- satz finden wird, sondern vielmehr eine Anpassung an die spezifischen Rahmen- bedingungen nötig ist. Grundlage für eine erfolgsversprechende Implementierung von Wissensmanagement scheint die Auseinandersetzung mit den Fragen „Wer" (Zielgruppe: Wissensträger, Wissensarbeiter), „Was" (Zielsetzung: Definition von Wissenszielen) und „Wie" (Erfolgsfaktoren und Hemmnisse: Unternehmenskultur, Fehlerkultur, Anreizsysteme, Vertrauen) zu sein. Die drei genannten Aspekte bzw. Fragestellungen wirken nicht isoliert voneinander, sie bedingen und fördern sich gegenseitig. Entsprechend ist ein ganzheitlicher Ansatz notwendig, um die er-

© Springer Fachmedien Wiesbaden GmbH, ein Teil von Springer Nature 2012
A.-C. Baller, *Zur Bedeutung von Vertrauen für den Wissenstransfer in Unternehmen*, Edition KWV, https://doi.org/10.1007/978-3-658-23883-4_6

wünschten Effekte von Wissensmanagement in Unternehmen erzielen zu können. Abgeleitet von dieser Ausgangssituation konnten in der empirischen Untersuchung Antworten gefunden werden auf folgende Fragen:

1. Welchen Stellenwert hat Wissensmanagement in den einzelnen Unternehmen?

2. Welche einzelnen Maßnahmen werden zur Zielerreichung eingesetzt? („Welche Instrumente werden eingesetzt?")

3. Wie erfolgreich verläuft der Wissenstransfer auf horizontaler und vertikaler Ebene?

Der Stellenwert der Ressource Wissen ist in den Unternehmen der Untersuchungsgruppe, die sich weitestgehend aus Mitarbeitern mit einer wissensintensiven Arbeitsumgebung zusammensetzt, bewusst und steht in direktem Zusammenhang zur Realisierung von Wissensmanagement-Projekten. Auffallend ist die Feststellung, dass sich das Interesse am Thema Wissensmanagement weitestgehend auf Unternehmen fokussiert, in denen die Prozesse der Bewusstseinsbildung und Sensibilisierung bereits stattgefunden haben. Unternehmen, in denen Wissen bislang noch nicht als zentrale Erfolgskategorie erkannt wurde, engagieren sich auf diesem Feld eher zurückhaltend. Als erfolgskritische Momente lassen sich die Unternehmensgröße sowie das Vorhandensein einer Wissensmanagement-Abteilung identifizieren (vgl. Fragestellung 1).

In den Unternehmen sind eine Vielzahl populärer Wissensmanagement-Instrumente implementiert. Es zeichnet sich dessen ungeachtet eine auffällige Tendenz ab: Viele dieser Instrumente werden von den Nutzern in den Betrieben nicht durchgängig als sinnvoll eingeschätzt. Es ergibt sich dementsprechend nicht zwangsläufig ein Mehrwert für ein Unternehmen durch einen „Einkauf" von Wissensmanagement-Instrumenten bei externen Firmen oder Beratern. Um Erfolge zu erzielen sollten die Maßnahmen und Instrumente vielmehr passgenau für das jeweilige Unternehmen konzipiert werden (vgl. Fragestellung 2). Der Fokus einer solchen Konzeption kann, vor dem Hintergrund der in dieser Untersuchung gewonnenen empirischen Ergebnisse, auf der Durchführung von Maßnahmen zur Förderung und Unterstützung des Wissenstransfers zu den jeweiligen Führungskräften und zu Arbeitskollegen in entfernten Unternehmensbereichen liegen. Zwar findet in den Unternehmen der Untersuchungsteilnehmer der Wissenstransfer weitestgehend effizient statt, es fällt aber auf, dass der Wissenstransfer auf horizontaler Ebene (zu Arbeitskollegen) generell besser verläuft als der Wissenstransfer auf vertikaler Ebene (zu Führungskräften). Dieses Ergebnis deckt sich mit Überlegungen zu einem so genannten „Peer-Effekt", der besagt, dass Interaktionsprozesse zwischen homogenen Individuen eine höhere Effizienz vorweisen als zwischen inhomogenen Individuen (vgl. Fragestellung 3). Unternehmen sollten den vertikalen Wissenstransfer durch begleitende Maßnahmen fördern. Eine mögliche Maßnahme wäre die gezielte Unterstützung einer Vertrauensbildung durch geeignete Führungsinstrumente (Anreizsysteme, offene Kommunikation, Fehlerkultur etc.), denn Mitarbeiter teilen ihr Wissen nur auf Basis der stillschweigenden Annahme, dafür im Sinne der Reziprozität „etwas zurückzubekommen". Diese Erkenntnis führt zum Schluss, dass Vertrauen und Wissenstransfer sich wechselseitig bedingende Elemente sind.

In verschiedenen Wissenschaftsdisziplinen herrscht Einigkeit darüber, dass Vertrauen eine komplexe Einstellung mit behavioralen, kognitiven und affektiven Anteilen ist (vgl. Lahno 2005: 93). Vertrauen ist dadurch gekennzeichnet, dass es mit einem gewissen Risiko verbunden und somit am Verhältnis zwischen potenziellem Schaden und Nutzen orientiert ist. Entscheidend für eine Vertrauensbildung als Basis für ein durch besondere Intensität und Qualität geprägtes Handeln ist im privaten und im beruflichen Umfeld die Wechselseitigkeit des Verhaltens. Aufgrund einer interdisziplinären Betrachtungsweise des Konstrukts Vertrauen im Kontext von Wissenstransfer in Unternehmen finden sich in dieser Arbeit Elemente der psychologischen, soziologischen und ökonomischen Vertrauensforschung. Diese unterschiedlichen Perspektiven (Vertrauensdisposition, interpersonales Vertrauen zwischen Unternehmensmitgliedern auf horizontaler und vertikaler Ebene sowie Vertrauen in das Unternehmen auf Systemebene) erforderten ein möglichst weitgefasstes Vertrauensverständnis. Die in dieser Arbeit vorgestellte Definition „Vertrauen ist der Wille, sich verletzlich zu zeigen" (angelehnt an Schoorman et al. 2007: 347) bildet die Basis für alle Überlegungen.

Ausgehend von der Annahme, dass Wissenstransfer und Vertrauen komplementäre Felder in der betrieblichen Praxis darstellen, bedeutet dies auf das Feld des Wissensmanagements übertragen, dass die Bedeutung von Vertrauen kontinuierlich zunimmt, weil nur qualifizierte, motivierte und einander vertrauende Mitarbeiter einen erfolgreichen Wissenstransfer in Unternehmen gestalten können. Wissenstransfer scheitert demnach an gelebten Misstrauenskulturen in Unternehmen, da Mitarbeiter ihr Wissen und ihre Ideen erst dann teilen, wenn für sie kein individueller Nachteil entsteht. Die Notwendigkeit von Vertrauen zeigt sich im Wissensmanagement auf verschiedenen Ebenen: Mitarbeiter müssen erstens darauf vertrauen, dass ihr Unternehmen sie nicht als Wissensquelle benutzt mit dem Ziel, sie anschließend auszutauschen. Sollte es ein System zur Belohnung ihrer Beteiligung geben, sollten sie zweitens auf dieses vertrauen können und eine kontinuierliche Wertschätzung für die geleistete Arbeit erfahren. Notwendig ist drittens das Vertrauen in die Kollegen und damit verbunden der verantwortungsvolle Umgang mit dem bereitgestellten Wissen.

Die Ergebnisse der vorliegenden Untersuchung bestätigen die Ausgangshypothese und bescheinigen damit den hohen Stellenwert von Vertrauen für die Realisierung von effektivem Wissenstransfer in Unternehmen. Dieser Stellenwert nimmt mit steigender Hierarchieposition des Mitarbeiters zu und er differiert je nach Transferrichtung. So beeinflusst das Vertrauen zur Führungskraft stärker den vertikalen Wissenstransfer als das Vertrauen zu den Arbeitskollegen die Transferaktivitäten auf horizontaler Ebene. Vertrauen ist in allen betrachteten Transferrichtungen und Hierarchiestufen eine wichtige Einflusskategorie für effektiven Wissenstransfer. Die ermittelten Einflussgrößen zwischen mindestens 5 und maximal 52 Prozent beantworten die erkenntnisleitende Forschungsfrage dieser Arbeit „Besteht ein Erklärungs- und Wirkungszusammenhang zwischen Vertrauen und Wissenstransfer?". Da Vertrauen nach der empirischen Untersuchung in dieser Arbeit als empirisch bestätigte Voraussetzung für ein gelingendes Wissensmanagement anzusehen ist, sollte Vertrauen als ein unverzichtbarer Bestandteil von Beginn der Überlegungen in alle Wissensmanagement-Aktivitäten eingebunden werden.

Forschungsdesiderate

Die empirische Untersuchung der Wirkungsmechanismen zwischen Vertrauen und Wissenstransfer sind in dieser Untersuchung aus dem individuellen Blickwinkel von Mitarbeitern verschiedener Unternehmen betrachtet worden. Der explorative Charakter der Untersuchung ermöglicht eine vielschichtige und umfassende Analyse diverser Hypothesen und die damit verbundene Aufdeckung vieler Zusammenhänge zwischen den betrachteten Variablen. Das Ziel dieser Arbeit, eine Vielzahl relevanter Ansätze zu verfolgen (Vertrauensformen, Einflussgrößen auf die Vertrauensbildung, Wissenstransfer und dessen Einflussvariablen) und die entsprechenden Bezüge herzustellen, liefert neben einem Überblick über einen in der Literatur oftmals genannten, aber empirisch bislang vernachlässigten Erfolgsfaktor im Bereich des Wissensmanagements viele Ansatzpunkte für eine vertiefende

Forschung. Schließlich ist die Generalisierbarkeit der Ergebnisse dieser Unter-suchung aufgrund ihres explorativen Ansatzes und einer selektiven Unter-suchungsgruppe eingeschränkt. Es ist zu vermuten, dass die Untersuchungsteil-nehmer aufgrund ihrer spezifischen Vorerfahrungen auf Wissenstransfer, Netz-werkbildung und Kooperation vorbereitet sind und aufgrund der Freiwilligkeit an der Teilnahme ein Interesse an der Fragestellung hatten.

Weiterführende Forschungsvorhaben könnten die aufgeführten Ansätze weiter verfolgen. Möglichkeiten bestünden beispielsweise in der Betrachtung einzelner Variablen, einzelner Zielgruppen (Führungskräfte, Geschäftsführer, Fachkräfte) oder einzelner Branchen. In der vorliegenden Untersuchung wurden Vertrauen und Wissenstransfer auf vertikaler Ebene ausschließlich aus Perspektive des Mit-arbeiterstammes betrachtet. Eine gezielte Analyse des mittleren Managements, das aufgrund der vorherrschenden Strukturen sowohl führt als auch geführt wird, könnte aufschlussreiche Erkenntnisse liefern. Denkbar wäre eine Fallstudien-analyse in einzelnen Betrieben, die zu sehr konkreten Ergebnissen und Handlungs-empfehlungen in einem Unternehmen führt. Darüber hinaus könnte der Forschungsgegenstand auf das ganze Feld des Wissensmanagements, auf andere Schwerpunkte (z.B. eine gemeinsame Analyse von Wissens- und Qualitäts-management) bzw. auf eine Analyse des Einflusses bei einzelnen Wissens-management-Instrumenten gelegt werden. Vorstellbar wäre zudem eine Über-tragung auf den Bereich des Nichtwissens, denn Luhmann (2006: 159) und Willke (2007: 27) beschreiben Nichtwissen als die andere Seite des Wissens. Die produk-tive Auseinandersetzung mit der Ressource Nichtwissen in Unternehmen könnte daher ebenfalls im Zusammenhang mit Vertrauen diskutiert werden.

Ausblick

In der Zukunft wird Vertrauen in der theoretischen Diskussion in den Feldern Psychologie, Soziologie und Ökonomie sowie in der betrieblichen Praxis mehr und mehr an Bedeutung gewinnen. Die Ansätze von vertrauensbewusstem Mana-gement werden sich in einer durch Krisen erschütterten Berufswelt in Unter-nehmen wiederfinden. Dennoch ist nicht davon auszugehen, dass sich die Führungskräfte aller Unternehmen für eine Vertrauenskultur und deren aktive Förderung mit ihren Konsequenzen entscheiden. Aus pädagogischer Perspektive darf nicht in Vergessenheit geraten, dass Mitarbeiter nicht zu Vertrauen „ver-pflichtet" werden können. In Zeiten von Massenarbeitslosigkeit und krisenbedingten Arbeitsplatzunsicherheiten kann es vielen Mitarbeitern schwerfallen, in ihr Unternehmen und dessen Hauptakteure zu vertrauen.

Ein vertrauensbewusstes Management stellt Bewährtes grundsätzlich in Frage und verändert damit die betriebliche Praxis nachhaltig. Führungskräfte sind dazu angehalten, Macht abzugeben, auf Kontrollmechanismen zu verzichten und sich damit verwundbar zu machen. Allein diese Aspekte können die Veränderungsbereitschaft der agierenden Personen stark beeinflussen respektive hemmen. Vor einer überstürzten Bekanntgabe, sei es der Wandel hin zu einer Vertrauenskultur oder die Einführung von Wissensmanagement, sollte dementsprechend eine Bewusstseinsbildung, eine Sensibilisierung und ein langsamer Unternehmenskulturwandel realisiert werden. Diese langfristig angelegten Aktivitäten zahlen sich dann aus, wenn Vertrauen in einem Unternehmen die Basis für effektive Arbeit, motivierte Mitarbeiter, erfolgreiches Wissensmanagement und damit für den Unternehmenserfolg darstellen.

Literatur

Adelsberger, Heimo H.; Bick, Markus & Hanke, Thomas (2002): Einführung und Etablierung einer Kultur des Wissenteilens in Organisationen. In: Engelien, Martin & Homann, Jens [Hrsg.]: Virtuelle Organisationen und Neue Medien, Köln: Josef Eul Verlag, S. 529-552.

Albach, Horst (1980): Vertrauen in der ökonomischen Theorie. In: Zeitschrift für die gesamte Staatswissenschaft, Vol. 136, 1/1980, S. 2-11.

Albrecht, Jörg & Gessler, Michael (2008): Vertrauen – ein erfolgsentscheidender Faktor. In: Wissensmanagement, Vol. 10, 3/2008, S. 40-41.

Amelang, Manfred; Gold, Andreas & Külbel, Erika (1984): Über einige Erfahrungen mit einer deutschsprachigen Skala zur Erfassung zwischenmenschlichen Vertrauens. In: Diagnostica, Vol. 30, 3/1984, S. 198-215.

Amelingmeyer, Jenny (2004): Wissensmanagement. Analyse und Gestaltung der Wissensbasis von Unternehmen, 3. Auflage, Wiesbaden: Deutscher Universitäts-Verlag 2004.

Antoni, Conny Herbert & Sommerlatte, Tom [Hrsg.] (1999): Report Wissensmanagement. Wie deutsche Firmen ihr Wissen profitabel machen, 2. Auflage, Düsseldorf: Symposion 1999.

Apelt, Maja (1999): Vertrauen in der zwischenbetrieblichen Kooperation, Wiesbaden: Deutscher Universitäts-Verlag 1999.

Argyris, Chris (1952): The Impact of Budgets on People, New York: Controllership Foundation 1952.

Arrow, Kenneth J. (1974): The Limits of Organization, New York: Norton 1974.

Atteslander, Peter (2006): Methoden der empirischen Sozialforschung, 11. Auflage, Berlin: Erich Schmidt Verlag 2006.

Bachmann, Reinhard & Lane, Christel (1994): Vertrauen und Macht in zwischenbetrieblichen Kooperationen – Zur Rolle von Wirtschaftsrecht und Wirtschaftsverbänden in Deutschland und Großbritannien. In: Sydow, Jörg [Hrsg.]: Management von Netzwerkorganisationen, Wiesbaden: Gabler 2010, S. 75-106.

Baecker, Dirk (1994): Postheroisches Management, Berlin: Merve Verlag 1994.

Baecker, Dirk (2000): Die „andere Seite" des Wissensmanagements. In: Götz, Klaus [Hrsg.]: Wissensmanagement. Zwischen Wissen und Nichtwissen, 3. Auflage, München: Hampp Verlag 2000, S. 99-111.

Baecker, Dirk (2004): Wozu Soziologie? Berlin: Kulturverlag Kadmos 2004.

Bahnmüller, Reinhard [Hrsg.] (1999): Aspekte einer neuen Lernkultur, Münster: Waxmann 1999.

243

© Springer Fachmedien Wiesbaden GmbH, ein Teil von Springer Nature 2012
A.-C. Baller, *Zur Bedeutung von Vertrauen für den Wissenstransfer in Unternehmen*,
Edition KWV, https://doi.org/10.1007/978-3-658-23883-4

Baller, Anne-Christine (2006), damals noch Müller-Löfke: Fragebogen zur Erfassung von Wissenstransfer und Vertrauen, http://ofb.msd-media.de/wissensmanagement/ (online vom 30.11.06 - 14.03.07).

Beckert, Jens (2002): Vertrauen und die performative Konstruktion von Märkten. In: Zeitschrift für Soziologie, Vol. 31, 1/2002, S. 27-43.

Belliger, Andréa & Krieger, David [Hrsg.] (2007a): Wissensmanagement für KMU, Zürich: vdf Hochschulverlag AG an der ETH Zürich 2007.

Belliger, Andréa & Krieger, David (2007b): Wissensmanagement für KMU. In: Belliger, Andréa & Krieger, David [Hrsg.]: Wissensmanagement für KMU, Zürich: vdf Hochschulverlag AG an der ETH Zürich 2007, S. 9-29.

Bennis, Warren & Nanus, Burt (1985): Führungskräfte, Frankfurt/Main: Campus Verlag 1985.

Bergmann, Karin (1999a): Die Bausteine des Wissensmanagements. In: Antoni, Conny Herbert & Sommerlatte, Tom [Hrsg.]: Report Wissensmanagement, 2. Auflage, Düsseldorf: Symposion 1999, S. 34-38.

Bergmann, Karin (1999b): Wissensziele festlegen. In: Antoni, Conny Herbert & Sommerlatte, Tom [Hrsg.]: Report Wissensmanagement, 2. Auflage, Düsseldorf: Symposion 1999, S. 39-41.

Bergmann, Karin (1999c): Wissenslandkarten. In: Antoni, Conny Herbert & Sommerlatte, Tom [Hrsg.]: Report Wissensmanagement, 2. Auflage, Düsseldorf: Symposion 1999, S. 109-110.

Bettoni, Marco; Clases, Christoph & Wehner, Theo (2004): Communities of Practice im Wissensmanagement: Charakteristika, Initiierung und Gestaltung. In: Reinmann, Gabi & Mandl, Heinz [Hrsg.]: Psychologie des Wissensmanagements, Göttingen: Hogrefe 2004, S. 319-326.

Bierhoff, Hans-Werner (1987): Vertrauen in Führungs- und Kooperationsbeziehungen. In: Kieser, Alfred; Reber, Gerhard & Wunderer, Rolf [Hrsg.]: Handwörterbuch der Führung, Stuttgart: Poeschel 1987, S. 2028-2038.

Bleicher, Knut & Berthel, Jürgen [Hrsg.] (2002): Auf dem Weg in die Wissensgesellschaft, Frankfurt/Main: Frankfurter Allgemeine Zeitung 2002.

Böhm, Ingeborg (1999): Checkliste Mitarbeiterprofile. In: Antoni, Conny Herbert & Sommerlatte, Tom [Hrsg.]: Report Wissensmanagement, 2. Auflage, Düsseldorf: Symposion 1999, S. 119-127.

Böhmann, Tilo & Krcmar, Helmut (1999): Werkzeuge für das Wissensmanagement. In: Antoni, Conny Herbert & Sommerlatte, Tom [Hrsg.]: Report Wissensmanagement, 2. Auflage, Düsseldorf: Symposion 1999, S. 82-91.

Böschen, Stefan & Schulz-Schaeffer, Ingo (2003) [Hrsg.]: Wissenschaft in der Wissensgesellschaft, Wiesbaden: Westdeutscher Verlag 2003.

Bortz, Jürgen (1999): Statistik für Sozialwissenschaftlicher, 5. Auflage, Berlin: Springer 1999.

Bortz, Jürgen & Döring, Nicola (1995): Forschungsmethoden und Evaluation für Sozialwissenschaftler, 2. Auflage, Berlin: Springer 1995.

Bräuer, Bernd (2003): Wissensmanagementstrategietypen in temporär intendierten Unternehmensnetzwerken, Lohmar: Eul Verlag 2003.

Brosius, Felix (2006): SPSS 14, Heidelberg: mitp-Verlag 2006.

Buck, Ernst & Bierhoff, Hans Werner (1986): Verlässlichkeit und Vertrauenswürdigkeit. Skalen zur Erfassung des Vertrauens in eine konkrete Person. In: Zeitschrift für Differentielle und Diagnostische Psychologie, Vol. 7, 4/1986, S. 205-223.

Bühl, Achim (2006): SPSS 14 – Einführung in die moderne Datenanalyse, 10. Auflage, München: Pearson Studium 2006.

Bukowitz, Wendi R. & Williams, Ruth L. (2002): Wissensmanagement, München: Financial Times Prentice Hall 2002.

Bullinger, Hans-Jörg & Buck, Hartmut (2007): Demografischer Wandel und die Notwendigkeit, Kompetenzsicherung und -entwicklung in der Unternehmung neu zu betrachten. In: Jochmann, Walter & Gechter, Sascha [Hrsg.]: Strategisches Kompetenzmanagement, Berlin: Springer 2007, S. 71-77.

Bullinger, Hans-Jörg & Prieto, Juan (1998): Wissensmanagement. Paradigma des intelligenten Wachstums – Ergebnisse einer Unternehmensstudie in Deutschland. In: Pawlowsky, Peter [Hrsg.]: Wissensmanagement. Erfahrungen und Perspektiven, Wiesbaden: Gabler 1998, S. 87-118.

Bullinger, Hans-Jörg; Wörner, Kai & Prieto, Juan (1997): Wissensmanagement heute – Daten, Fakten, Trends, Stuttgart: Fraunhofer-Institut für Arbeitswirtschaft und Organisation (IAO) 1997.

Cameron, Kim S.; Dutton, Jane E. & Quinn, Robert E. (2003): Positive Organizational Scholarship, San Francisco: Berrett-Koehler 2003.

Castells, Manuel (2001): Das Informationszeitalter I – Der Aufstieg der Netzwerkgesellschaft, Opladen: Leske + Budrich 2001.

Clauß, Günter & Ebner, Heinz (1985): Statistik für Soziologen, Pädagogen und Mediziner, 5. Auflage, Thun: Verlag Harri Deutsch 1985.

Clauß, Günter; Finze, Falk-Rüdiger & Partzsch, Lothar (2004): Statistik für Soziologen, Pädagogen, Psychologen und Mediziner, Band 1, 5. Auflage, Frankfurt/Main: Verlag Harri Deutsch 2004.

Coleman, James Samuel (1986): Social Structure and the Emergence of Norms among Rational Actors, In: Diekmann, Andreas & Miller, Peter [Hrsg.]: Paradoxial Effects of Social Behavior, Heidelberg: Physica-Verlag 1986, S. 55-83.

Coleman, James Samuel (1991): Grundlagen der Sozialtheorie, Band 1, Handlungen und Handlungssysteme, München: Oldenbourg 1991.

Cranach, Mario von & Bangerter, Adrian (2000): Wissen und Handeln in systemischer Perspektive. In: Mandl, Heinz & Gerstenmaier, Jochen [Hrsg.]: Die Kluft zwischen Wissen und Handeln, Göttingen: Hogrefe 2000, S. 221-252.

Dauskardt, Mike & Oberbeck, Herbert (2009): Das Ende des „guten Hirten"? Anforderungen an Betriebsräte in der global agierenden Automobilindustrie. In: Hummel, Hartwig & Loges, Bastian [Hrsg.]: Gestaltung der Globalisierung, Opladen: Budrich UniPress 2009, S. 239-260.

Davenport, Thomas H. & Prusak, Laurence (1999): Wenn Ihr Unternehmen wüsste, was es alles weiß… Das Praxishandbuch zum Wissensmanagement, 2. Auflage, Landsberg/Lech: mi Verlag Moderne Industrie 1999.

Dernbach, Beatrice & Meyer, Michael [Hrsg.] (2005): Vertrauen und Glaubwürdigkeit, Wiesbaden: VS Verlag für Sozialwissenschaften 2005.

Deutsch, Morton (1958): Trust and suspicion. In: The Journal of Conflict Resolution, Vol. 2, 4/1958, S. 265-279.

Deutsch, Morton (1962): Cooperation and Trust. Some Theoretical Notes. In: Jones, Marshall R. [Hrsg.]: Nebraska Symposium on Motivation, Lincoln/NE: University of Nebraska Press 1962, S. 275-319.

Diekmann, Andreas (1995): Empirische Sozialforschung, Reinbek bei Hamburg: Rowohlt Taschenbuch Verlag 1995.

Diekmann, Andreas & Miller, Peter [Hrsg.] (1995): Paradoxical Effects of Social Behavior, Heidelberg: Physica-Verlag 1986.

Dilk, Anja (1999a): Lernen muss man lernen. In: Antoni, Conny Herbert & Sommerlatte, Tom [Hrsg.]: Report Wissensmanagement, 2. Auflage, Düsseldorf: Symposion 1999, S. 132-138.

Dilk, Anja (1999b): Kooperation mit Forschungseinrichtungen. In: Antoni, Conny Herbert & Sommerlatte, Tom [Hrsg.]: Report Wissensmanagement, 2. Auflage, Düsseldorf: Symposion 1999, S. 155-161.

Dörhöfer, Steffen (2010): Management und Organisation von Wissensarbeit, Wiesbaden: VS Verlag für Sozialwissenschaften 2010.

Doney, Patricia M. & Cannon, Joseph P. (1997): An Examination of the Nature of Trust in Buyer-Seller Relationships. In: Journal of Marketing, Vol. 61, 2/1997, S. 35-51.

Drucker, Peter F. (1969): Die Zukunft bewältigen, Düsseldorf: ECON Verlag 1969.

Drucker, Peter F. (1986): The Changed World Economy. In: Foreign Affairs, Vol. 64, 4/1986, S. 768-791.

Drucker, Peter F. (1992): Die Zukunft managen, Düsseldorf: ECON Verlag 1992.

Drucker, Peter F. (1993): Die postkapitalistische Gesellschaft, Düsseldorf: ECON Verlag 1993.

Dückert, Simon & Seren, Paul (2006): Die Methode Expert Debriefing. In: Gronau, Norbert; Pawlowsky, Peter; Schütt, Peter & Weber, Mathias [Hrsg.]: Mit Wissen besser im Wettbewerb, Tagungsband zur KnowTech 2006, Poing: Franzis' Verlag 2006, S. 247-256.

Eberl, Peter (2003): Vertrauen und Management, Stuttgart: Schäffer-Poeschel 2003.

Eberl, Peter (2010): Vertrauen innerhalb von Organisationen. In: Maring, Matthias [Hrsg.]: Vertrauen - zwischen sozialem Kitt und der Senkung von Transaktionskosten, http://digbib.ubka.uni-karlsruhe.de/volltexte/1000014993, abgerufen am 11.10.2010, S. 239-255.

Edelmann, Walter (2000): Lernpsychologie, 6. Auflage, Weinheim: Beltz 2000.

Endreß, Martin (2002): Vertrauen, Bielefeld: transcript Verlag 2002.

Endreß, Martin (2010): Vertrauen – soziologische Perspektiven. In: Maring, Matthias [Hrsg.]: Vertrauen - zwischen sozialem Kitt und der Senkung von Transaktionskosten, http://digbib.ubka.uni-karlsruhe.de/volltexte/1000014993, abgerufen am 11.10.2010, S. 91-113.

Engelien, Martin & Homann, Jens [Hrsg.] (2002): Virtuelle Organisationen und Neue Medien, Köln: Josef Eul Verlag 2002.

Enkel, Ellen (2007): Wissensnetzwerke zur Integration interner und externer Wissensträger in KMU. In: Belliger, Andréa & Krieger, David [Hrsg.]: Wissensmanagement für KMU, Zürich: vdf Hochschulverlag AG an der ETH Zürich 2007, S. 187-202.

Erikson, Erik H. (1966): Identität und Lebenszyklus, Frankfurt/Main: Suhrkamp 1966.

Eschenbach, Sebastian & Geyer, Barbara (2004): Wissen & Management, Wien: Linde Verlag 2004.

Fabian, Sascha (2005): Wettbewerbsforschung und Conjoint-Analyse, Wiesbaden: Deutscher Universitäts-Verlag 2005.

Fallner, Heinrich & Pohl, Michael (2005): Coaching mit System, 2. Auflage, Wiesbaden: VS Verlag für Sozialwissenschaften 2005.

Felbert, Lutz von (1998): Wissensmanagement in der unternehmerischen Praxis. In: Pawlowsky, Peter [Hrsg.]: Wissensmanagement. Erfahrungen und Perspektiven, Wiesbaden: Gabler 1998, S. 119-141.

Fourastié, Jean (1954): Die große Hoffnung des zwanzigsten Jahrhunderts, Köln: Bund-Verlag 1954.

Fraunhofer-Wissensmanagement Community [Hrsg.] (2005): Wissen und Information 2005, Stuttgart: Fraunhofer IRB Verlag 2005.

Frese, Erich & Simon, Robert (1987): Kontrolle und Führung. In: Kieser, Alfred; Reber, Gerhard & Wunderer, Rolf [Hrsg.]: Handwörterbuch der Führung, Stuttgart: Poeschel 1987, S. 1247-1257.

Frey, Dieter (2000): Kommunikations- und Kooperationskultur aus sozialpsychologischer Sicht. In: Mandl, Heinz & Reinmann-Rothmeier, Gabi [Hrsg.]: Wissensmanagement, München: Oldenbourg 2000, S. 73-92.

Friedrichs, Jürgen & Jagodzinski, Wolfgang [Hrsg.] (1998): Soziale Integration, Sonderheft 39/1999 der „Kölner Zeitschrift für Soziologie und Sozialpsychologie", Opladen: Westdeutscher Verlag 1998.

Fuchs-Heinritz, Werner; Lautmann, Rüdiger; Rammstedt, Otthein & Wienold, Hanns [Hrsg.] (1995): Lexikon zur Soziologie, 3. Auflage, Opladen: Westdeutscher Verlag 1995.

Gabriel, Oscar W. (1999): Integration durch Institutionenvertrauen? In: Friedrichs, Jürgen & Jagodzinski, Wolfgang [Hrsg.]: Soziale Integration, Sonderheft 39/1999 der „Kölner Zeitschrift für Soziologie und Sozialpsychologie", Opladen: Westdeutscher Verlag 1998, S. 199-235.

Gallup Deutschland (2010): Pressemitteilung Engagement Index 2009, http://eu.gallup.com/Berlin/141167/PMEEI2009.aspx, abgerufen am 11.10.2010.

Gambetta, Diego [Hrsg.] (1988a): Trust. Making and Breaking Cooprorative Relations, New York: Brasil Blackwell 1988.

Gambetta, Diego (1988b): Can We Trust Trust? In: Gambetta, Diego [Hrsg]: Trust. Making and Breaking Cooprorative Relations, New York: Brasil Blackwell 1988, S. 213-238.

Gebert, Diether (2002): Führung und Innovation, Stuttgart: Kohlhammer 2002.

Gehle, Michael (2006): Internationales Wissensmanagement, Wiesbaden: Deutscher Universitäts-Verlag 2006.

Geißler, Rainer (2008): Die Sozialstruktur Deutschlands, 5. Auflage, Wiesbaden: VS Verlag für Sozialwissenschaften 2008.

Giddens, Anthony (1995): Konsequenzen der Moderne, Frankfurt/Main: Suhrkamp 1995.

Gilbert, Dirk Ulrich (2010): Entwicklungslinien der ökonomischen Vertrauensforschung. In: Maring, Matthias [Hrsg.]: Vertrauen - zwischen sozialem Kitt
und der Senkung von Transaktionskosten, http://digbib.ubka.uni-
karlsruhe.de /volltexte/1000014993, abgerufen am 11.10.2010, S. 169-197.

Glasersfeld, Ernst von (1997): Wege des Wissens, Heidelberg: Carl-Auer Verlag
1997.

Göbel, Elisabeth (2002): Neue Institutionenökonomik, Stuttgart: Lucius und
Lucius 2002.

Goethe, Johann Wolfgang (2002): Die Wahlverwandtschaften, Frankfurt/Main:
Insel Verlag 2002.

Götz, Klaus [Hrsg.] (2000): Wissensmanagement. Zwischen Wissen und
Nichtwissen, 3. Auflage, München: Hampp Verlag 2000.

Götz, Klaus & Schmid, Michael (2004): Praxis des Wissensmanagements,
München: Verlag Franz Vahlen 2004.

Gondek, Hans-Dieter; Heisig, Ulrich & Littek, Wolfgang (1992): Vertrauen
als Organisationsprinzip. In: Littek, Wolfgang; Heisig, Ulrich & Gondek,
Hans-Dieter [Hrsg.]: Organisation von Dienstleistungsarbeit, Berlin: edition
sigma 1992, S. 33-55.

Graeff, Peter (1998): Vertrauen zum Vorgesetzten und zum Unternehmen,
Berlin: Wissenschaftlicher Verlag Berlin 1998.

Graf, Hans Georg (2002): Szenarien einer Entwicklung zum quartären Sektor.
In: Bleicher, Knut & Berthel, Jürgen [Hrsg.]: Auf dem Weg in die
Wissensgesellschaft, Frankfurt/Main: Frankfurter Allgemeine Zeitung
Verlagsbereich Buch 2002, S. 25-56.

Granovetter, Mark (1973): The Strength of Weak Ties. In: American Journal of
Sociology, Vol. 78, 6/1973, S. 1360-1380.

**Gronau, Norbert; Pawlowsky, Peter; Schütt, Peter & Weber, Mathias
[Hrsg.] (2006):** Mit Wissen besser im Wettbewerb, Tagungsband zur
KnowTech 2006, Poing: Franzis' Verlag 2006.

Habermas, Jürgen (1981): Theorie des kommunikativen Handelns,
Frankfurt/Main: Suhrkamp 1981.

Hall, Anja (2007): Tätigkeiten und berufliche Anforderungen in wissensintensiven
Berufen, Studien zum deutschen Innovationssystem (3/2007),
http://www.bmbf.de/pubRD/sdi-03-07.pdf, abgerufen am 22.11.2010.

Hartmann, Martin & Offe, Claus [Hrsg.] (2001): Vertrauen. Die Grundlage
des sozialen Zusammenhalts, Frankfurt/Main: Campus Verlag 2001.

Hartz, Stefanie & Meisel, Klaus (2006): Qualitätsmanagement, 2. Auflage, Bielefeld: Bertelsmann 2006.

Hasler Roumois, Ursula (2007): Studienbuch Wissensmanagement, Zürich: Orell Füssli Verlag AG 2007.

Haun, Matthias (2002): Handbuch Wissensmanagement, Berlin: Springer 2002.

Haungs, Peter [Hrsg.] (1990): Politik ohne Vertrauen?, Baden-Baden: Nomos 1990.

Heintz, Bettina; Nadai, Eva; Fischer, Regula & Ummel, Hannes (1997): Ungleich unter Gleichen. Studien zur geschlechtsspezifischen Segregation des Arbeitsmarktes, Frankfurt/Main: Campus Verlag 1997.

Heinze, Thomas [Hrsg.] (2003): Kommunikationsmanagement, Wiesbaden: Westdeutscher Verlag 2003.

Heisig, Peter (1999): Die ersten Schritte zum professionellen Wissensmanagement. In: Antoni, Conny Herbert & Sommerlatte, Tom [Hrsg.]: Report Wissensmanagement, 2. Auflage, Düsseldorf: Symposion 1999, S. 42-50.

Heisig, Ulrich (1997): Vertrauensbeziehungen in der Arbeitsorganisation. In: Schweer, Martin [Hrsg.]: Interpersonales Vertrauen. Theorien und empirische Befunde, Opladen: Westdeutscher Verlag, S. 121-153.

Heisig, Ulrich (2005): Professionalismus als Organisationsform und Strategie von Arbeit. In: Pfadenhauer, Michaela [Hrsg.]: Professionelles Handeln, Wiesbaden: VS Verlag für Sozialwissenschaften 2005, S. 27-53.

Herbst, Dieter (2000): Erfolgsfaktor Wissensmanagement, Berlin: Cornelsen 2000.

Herger, Nikodemus (2006): Vertrauen und Organisationskommunikation, Wiesbaden: VS Verlag für Sozialwissenschaften 2006.

Heuwinkel, Kerstin (2004): Die guten Gründe des Vertrauens: Analysen und Strategien. In: Wyssusek, Boris [Hrsg.]: Wissensmanagement komplex, Berlin: Erich Schmidt Verlag 2004, S. 101-118.

Hilger, Annelies; Kohl, Matthias & Krenn , Sylvia (2010): Bedarfe und Erfolgskriterien der nachhaltigen Implementierung von Wissensmanagement im Mittelstand, http://www.qualifizieren-im-betrieb.de/mediadb/ 542/10275/ StudieWIMMS_ komprimierte_ Webfassung.pdf, abgerufen am 14.10.2010.

Hirsch-Kreinsen, Hartmut (2005): Wirtschafts- und Industriesoziologie, Weinheim: Juventa 2005.

Hirsch-Kreinsen, Hartmut & Wannöffel, Manfred [Hrsg.] (2003): Netzwerke kleiner Unternehmen, Berlin: edition sigma 2003.

Holst, Elke & Busch, Anne (2010): Führungskräfte-Monitor 2010, Berlin: DIW Berlin – Deutsches Institut für Wirtschaftsforschung 2010.

Holzer, Boris (2006): Netzwerke, Bielefeld: transcript Verlag 2006.

Homburg, Christian (2000): Kundennähe von Industriegüterunternehmen, 3. Auflage, Wiesbaden: Gabler 2000.

Homburg, Christian & Giering, Annette (1996): Konzeptualisierung und Operationalisierung komplexer Konstrukte – Ein Leitfaden für die Marketingforschung. In: Marketing ZFP, Vol. 18, 1/1996, S. 5-24.

Hug, Theo & Heinze, Thomas (2003): Wissen – Kommunikation – Medien. In: Heinze, Thomas [Hrsg.]: Kommunikationsmanagement, Wiesbaden: Westdeutscher Verlag 2003, S. 35-65.

Hummel, Hartwig & Loges, Bastian [Hrsg.] (2009): Gestaltung der Globalisierung, Opladen: Budrich UniPress 2009.

Humpl, Bernd (2004): Transfer von Erfahrungen, Wiesbaden: Deutscher Universitäts-Verlag 2004.

Jäckel, Hartmut (1990): Über das Vertrauen in der Politik. Nicht an Personen, sondern an Institutionen entscheidet sich das Wohl der Bürger. In: Haungs, Peter [Hrsg.]: Politik ohne Vertrauen?, Baden-Baden: Nomos 1990, S. 31-41.

Jäger, Wieland & Weinzierl, Ulrike (2007): Moderne soziologische Theorien und sozialer Wandel, Wiesbaden: VS Verlag für Sozialwissenschaften 2007.

Jahnke, Isa (2006): Dynamik sozialer Rollen beim Wissensmanagement, Wiesbaden: Deutscher Universitäts-Verlag 2006.

Jammal, Elias [Hrsg.] (2008): Vertrauen im interkulturellen Kontext, Wiesbaden: VS Verlag für Sozialwissenschaften 2008.

Janssen, Jürgen & Laatz, Wilfried (2005): Statistische Datenanalyse mit SPSS, 5. Auflage, Berlin: Springer 2005.

Jochmann, Walter & Gechter, Sascha [Hrsg.] (2007): Strategisches Kompetenzmanagement, Berlin: Springer 2007.

Jones, Marshall R. [Hrsg.] (1962): Nebraska Symposium on Motivation, Lincoln/NE: University of Nebraska Press 1962.

Kähler, Wolf-Michael (2002): Statistische Datenanalyse, 3. Auflage, Wiesbaden: Friedr. Vieweg & Sohn Verlag 2002.

Kampe, Carsten (2008): Nutzungsperspektiven und Durchsetzungsformen wissens- und beratungsintensiver Dienstleistungen – Unternehmensdienstleister als Gestalter von Innovationen, Berlin: Verlag Pro Business 2008.

Karau, Steven J. & Williams, Kipling D. (1991): Social Loafing and Social Compensation. The Effects of Expectation of Co-Worker Performance. In: Journal of Personality and Social Psychology, Vol. 61, 4/1991, S. 570-581.

Kassebaum, Ulf Bernd (2004): Interpersonelles Vertrauen, http://www.sub.uni-hamburg.de/opus/volltexte/2004/2125/pdf/ Dissertation.pdf, abgerufen am 07.08.2008.

Kieser, Alfred; Reber, Gerhard & Wunderer, Rolf [Hrsg.] (1987): Handwörterbuch der Führung, Stuttgart: Poeschel 1987.

Kilian, Dietmar; Krismer, Robert; Loreck, Stefan & Sagmeister, Andreas (2007): Wissensmanagement. Werkzeuge für Praktiker, 3. Auflage, Wien: Linde Verlag 2007.

Kirchgeorg, Manfred & Günther, Elmar (2006): Employer Brands zur Unternehmensprofilierung im Personalmarkt, HHL-Arbeitspapier Nr. 74, Leipzig: Lehrstuhl Marketingmanagement 2006.

Klaus, Erich (2002): Vertrauen in Unternehmensnetzwerken, Wiesbaden: Gabler 2002.

Klimecki, Rüdiger & Thomae, Markus (2002): Wissensmanagement. Neue Herausforderungen für das Personalmanagement. In: Bleicher, Knut & Berthel, Jürgen [Hrsg.]: Auf dem Weg in die Wissensgesellschaft, Frankfurt/Main: Frankfurter Allgemeine Zeitung Verlagsbereich Buch 2002, S. 263-278.

Klinger, Hermann (1999): Der Wissensmanager. In: Antoni, Conny Herbert & Sommerlatte, Tom [Hrsg.]: Report Wissensmanagement, 2. Auflage, Düsseldorf: Symposion 1999, S. 51-54.

Knoblauch, Hubert (2004): Kritik des Wissens. Wissensmanagement, Wissenssoziologie und die Kommunikation. In: Wyssusek, Boris [Hrsg.]: Wissensmanagement komplex, Berlin: Erich Schmidt Verlag 2004, S. 275-289.

Kölling, Marcus (2006): Interkulturelles Wissensmanagement, Frankfurt/Main: Peter Lang 2006.

Kotthoff, Hermann (1981): Betriebsräte und betriebliche Herrschaft, Frankfurt/Main: Campus Verlag 1981.

Kotthoff, Hermann (1995): Betriebsräte und betriebliche Reorganisation. In: Arbeit – Zeitschrift für Arbeitsforschung, Arbeitsgestaltung und Arbeitspolitik, Vol. 4, 4/1995, S. 425-447.

Krämer, Walter (2005): Statistik verstehen, 5. Auflage, München: Pieper 2005.

Krampen, Günter (1997): Zur handlungs-, persönlichkeits- und entwicklungstheoretischen Einordnung des Konstrukts Vertrauen. In: Schweer, Martin [Hrsg.]: Vertrauen und soziales Handeln, Neuwied: Luchterhand 1997, S. 16-61.

Krampen, Günter, Viebig, Johannes & Walter, Wolfgang (1982): Entwicklung einer Skala zur Erfassung dreier Aspekte von sozialem Vertrauen. In: Diagnostica, Vol. 28, Heft 3/1982, S. 242-247.

Kraus, Georg; Becker-Kolle, Christel & Fischer, Thomas (2006): Handbuch Change-Management, 2. Auflage, Berlin: Cornelsen 2006.

Kron, Friedrich W. (2009): Grundwissen Pädagogik, 7. Auflage, München: Ernst Reinhardt Verlag 2009.

Kübler, Hans-Dieter (2005): Mythos Wissensgesellschaft, Wiesbaden: VS Verlag für Sozialwissenschaften 2005.

Kühnel, Steffen-M. & Krebs, Dagmar (2001): Statistik für die Sozialwissenschaften, Reinbek bei Hamburg: Rowohlt Taschenbuch Verlag 2001.

Kurtzke, Christian & Popp, Petra (1998): Wertschöpfung durch Innovation und Capability Management im Lernenden Unternehmen. In: Pawlowsky, Peter [Hrsg.]: Wissensmanagement. Erfahrungen und Perspektiven, Wiesbaden: Gabler 1998, S. 177-198.

Lahno, Bernd (2005): Vertrauen. In: Mummert, Uwe & Sell, Friedrich L. [Hrsg.]: Emotionen, Markt und Moral, Münster: LIT-Verlag 2005, S. 93-120.

Lang, Reinhart [Hrsg.] (1996): Wandel von Unternehmenskulturen in Ostdeutschland und Osteuropa, München: Hampp Verlag 1996.

Lee, John & Moray, Neville (1992): Trust, Control Strategies and Allocation of Function in Human-Machine Systems. In: Ergonomics, Vol. 35, 1/1992, S. 1243-1270.

Lehner, Franz (2000): Organisational Memory, München: Carl Hanser Verlag 2000.

Lehner, Franz (2006): Wissensmanagement, München: Carl Hanser Verlag 2006.

Lindner, Frank (2010): Projektwissensmanagement, Berlin: Lit Verlag 2010.

Littek, Wolfgang; Heisig, Ulrich & Gondek, Hans-Dieter [Hrsg.] (1992): Organisation von Dienstleistungsarbeit, Berlin: edition sigma 1992.

Loose, Achim & Sydow, Jörg (1994): Vertrauen und Ökonomie in Netzwerkbeziehungen. In: Sydow, Jörg & Windeler, Arnold [Hrsg.]: Management interorganisationaler Beziehungen, Opladen: Westdeutscher Verlag 1994, S. 160-193.

Lorbeer, Alexander (2003): Vertrauensbildung in Kundenbeziehungen, Wiesbaden: Deutscher Universitäts-Verlag 2003.

Lücke, Thomas (2005): Wissensmanagement als eine betriebspädagogische Gestaltungsaufgabe unter dem Paradigma veränderter Arbeits- und Organisationsformen, Frankfurt/Main: Peter Lang 2005.

Luhmann, Niklas (1962): Der neue Chef. In: Verwaltungsarchiv, Vol. 53, 1/1962, S. 11-24.

Luhmann, Niklas (1968): Vertrauen. Ein Mechanismus der Reduktion sozialer Komplexität, Stuttgart: Ferdinand Enke Verlag 1968.

Luhmann, Niklas (1984): Soziale Systeme, Frankfurt/Main: Suhrkamp 1984.

Luhmann, Niklas (2001): Vertrautheit, Zuversicht, Vertrauen: Probleme und Alternativen. In: Hartmann, Martin & Offe, Claus [Hrsg.]: Vertrauen, Frankfurt/Main: Campus Verlag 2001, S. 143-160.

Luhmann, Niklas (2006): Beobachtungen der Moderne, 2. Auflage, Wiesbaden: VS Verlag für Sozialwissenschaften 2006.

Mandl, Heinz & Gerstenmaier, Jochen [Hrsg.] (2000): Die Kluft zwischen Wissen und Handeln, Göttingen: Hogrefe 2000.

Mandl, Heinz & Reinmann-Rothmeier, Gabi [Hrsg.] (2000a): Wissensmanagement, München: Oldenbourg 2000.

Mandl, Heinz & Reinmann-Rothmeier, Gabi (2000b): Die Rolle des Wissensmanagements für die Zukunft: Von der Informations- zur Wissensgesellschaft. In: Mandl, Heinz & Reinmann-Rothmeier, Gabi [Hrsg.]: Wissensmanagement, München: Oldenbourg 2000, S. 1-17.

Mangold, Roland (1999): Inter-, Extra- und Intranet. In: Antoni, Conny Herbert & Sommerlatte, Tom [Hrsg.]: Report Wissensmanagement, 2. Auflage, Düsseldorf: Symposion 1999, S. 92-96.

Maring, Matthias [Hrsg.] (2010): Vertrauen - zwischen sozialem Kitt und der Senkung von Transaktionskosten, http://digbib.ubka.uni-karlsruhe.de/volltexte/ 1000014993, abgerufen am 11.10.2010.

Mayer, Roger C.; Davis, James H. & Schoorman, F. David (1995): An Integrative Model of Organizational Trust. In: Academy of Management Report, Vol. 20, 3/1995, S. 709-734.

McKinney, John C. & Tiryakian, Edward A. [Hrsg.] (1970): Theoretical Sociology, New York: Appleton 1970.

Meifert, Matthias (2003): Vertrauensmanagement in Unternehmen, 2. Auflage, München: Hampp Verlag 2003.

Mencke, Marco (2006): 99 Tipps für Kreativitätstechniken, Berlin: Cornelsen 2006.

Metze, Regina & Schroeckh, Jürgen (2004): Identifikation, Loyalität und Kooperation, Wiesbaden: VS Verlag für Sozialwissenschaften 2004.

Möllering, Guido & Sydow, Jörg (2005): Kollektiv, kooperativ, reflexiv: Vertrauen und Glaubwürdigkeit in Unternehmungen und Unternehmensnetzwerken. In: Dernbach, Beatrice & Meyer, Michael [Hrsg.]: Vertrauen und Glaubwürdigkeit, Wiesbaden: VS Verlag für Sozialwissenschaften 2005, S. 64-93.

Morris, James H. & Moberg, Dennis J. (1994): Work organizations as contexts for trust and betrayal. In: Sarbin, Theodore R.; Carney, Ralph M. & Eoyang, Carson [Hrsg.]: Citizen Espionage: Studies in Trust and Betrayal, Westport: Praeger Publishers 1994, S. 163-187.

Moser, Karin Sabrina (2004): Metapheranalyse als Wissensmanagement-Methode. In: Reinmann, Gabi & Mandl, Heinz [Hrsg.]: Psychologie des Wissensmanagements, Göttingen: Hogrefe 2004, S. 329-340.

Müller-Jentsch, Walther (2008): Arbeit und Bürgerstatus, Wiesbaden: VS Verlag für Sozialwissenschaften 2008.

Mummert, Uwe & Sell, Friedrich L. [Hrsg.] (2005): Emotionen, Markt und Moral, Münster: LIT-Verlag 2005.

Nedelmann, Brigitta [Hrsg.] (1995): Politische Institutionen im Wandel, Opladen: Westdeutscher Verlag 1995.

Nerdinger, Friedemann (2000): Erfolgreich führen, Weinheim: Beltz 2000.

Nerdinger, Friedemann (2004): Die Bedeutung der Motivation beim Umgang mit Wissen. In: Reinmann, Gabi & Mandl, Heinz [Hrsg.]: Psychologie des Wissensmanagements, Göttingen: Hogrefe 2004, S. 91-101.

Neubauer, Andrea; Erlach, Christine & Thier, Karin (2004): Story Telling – Erfahrungsdokumente zur Weitergabe impliziten Wissens. In: Reinmann, Gabi & Mandl, Heinz [Hrsg.]: Psychologie des Wissensmanagements, Göttingen: Hogrefe 2004, S. 351-358.

Neubauer, Walter (1997): Interpersonales Vertrauen als Management-Aufgabe in Organisationen. In: Schweer, Martin [Hrsg.]: Interpersonales Vertrauen, Opladen: Westdeutscher Verlag 1997, S. 105-120.

Neubauer, Walter (1999): Zur Entwicklung interpersonalen, interorganisationalen und interkulturellen Vertrauens durch Führung. In: Schreyögg, Georg & Sydow, Jörg [Hrsg.]: Managementforschung 9 – Führung neu gesehen, Berlin: Walter de Gruyter 1999, S. 89-116.

Neubauer, Walter & Rosemann, Bernhard (2006): Führung, Macht und Vertrauen in Organisationen, Stuttgart: Kohlhammer 2006.

Neumann, Robert (2000): Die Organisation als Ordnung des Wissens, Wiesbaden: Deutscher Universitäts-Verlag 2000.

Nieder, Peter (1997): Erfolg durch Vertrauen, Wiesbaden: Gabler 1997.

Nonaka, Ikujiro & Takeuchi, Hirotaka (1997): Die Organisation des Wissens, Frankfurt/Main: Campus Verlag 1997.

North, Klaus (2002): Wissensorientierte Unternehmensführung, 3. Auflage, Wiesbaden: Gabler 2002.

North, Klaus (2005): Wissensorientierte Unternehmensführung, 4. Auflage, Wiesbaden: Gabler 2005.

North, Klaus & Güldenberg, Stefan (2008): Produktive Wissensarbeit(er), Wiesbaden: Gabler 2008.

Osterloh, Margit & Weibel, Antoinette (2006): Investition Vertrauen, Wiesbaden: Gabler 2006.

Osterloh, Margit & Wübker, Sigrid (1999): Wettbewerbsfähiger durch Prozess- und Wissensmanagement, Wiesbaden: Gabler 1999.

Papmehl, André & Siewers, Rainer [Hrsg.] (1999): Wissen im Wandel. Die lernende Organisation im 21. Jahrhundert, Wien: Ueberreuter 1999.

Parsons, Talcott (1970): Some Problems of General Theory in Sociology. In: McKinney, John C. & Tiryakian, Edward A. [Hrsg.]: Theoretical Sociology, New York: Appleton 1970, S. 27-68.

Pawlowsky, Peter [Hrsg.] (1998a): Wissensmanagement. Erfahrungen und Perspektiven, Wiesbaden: Gabler 1998.

Pawlowsky, Peter (1998b): Integratives Wissensmanagement. In: Pawlowsky, Peter [Hrsg.]: Wissensmanagement. Erfahrungen und Perspektiven, Wiesbaden: Gabler 1998, S. 9-45.

Pernicka, Susanne; Lasofsky-Blahut, Anja; Kofranek, Manfred & Reichel, Astrid (2010): Wissensarbeit organisieren, Berlin: edition sigma 2010.

Petermann, Franz (1985): Psychologie des Vertrauens, Salzburg: Otto Müller Verlag 1985.

Peters, Tom (1988): Kreatives Chaos, Hamburg: Hoffmann und Campe 1988.

Pfadenhauer, Michaela [Hrsg.] (2005): Professionelles Handeln, Wiesbaden VS Verlag für Sozialwissenschaften 2005.

Picot, Arnold; Reichwald, Ralf & Wigand, Rolf T. (2003): Die grenzenlose Unternehmung, 5. Auflage, Wiesbaden: Gabler 2003.

Pieler, Dirk (2003): Neue Wege zur lernenden Organisation, 2. Auflage, Wiesbaden: Gabler 2003.

Piwinger, Manfred & Porák, Victor [Hrsg.] (2005a): Kommunikations-Controlling, Wiesbaden: Gabler 2005.

Piwinger, Manfred & Porák, Victor (2005b): Grundlagen und Voraussetzungen des Kommunikations-Controlling. In: Piwinger, Manfred & Porák, Victor [Hrsg.]: Kommunikations-Controlling, Wiesbaden: Gabler 2005, S. 11-55.

Polanyi, Michael (1985): Implizites Wissen, Frankfurt/Main: Suhrkamp 1985.

Prange, Christiane (2002): Organisationales Lernen und Wissensmanagement, Wiesbaden: Gabler 2002.

Probst, Gilbert; Raub, Steffen & Romhardt, Kai (1999): Wissen managen, 3. Auflage, Wiesbaden: Gabler 1999.

Probst, Gilbert & Romhardt, Kai (1997): Bausteine des Wissensmanagements – ein praxisorientierter Ansatz. In: Wieselhuber & Partner (1997): Handbuch Lernende Organisation, Wiesbaden: Gabler 1997, S. 129-143.

Rasch, Björn; Friese, Malte; Hofmann, Wilhelm & Naumann, Ewald (2010): Quantitative Methoden 2, 3. Auflage, Berlin: Springer 2010.

Rau, Johannes (2000): Glaube in der Wissensgesellschaft. Rede von Bundespräsident Johannes Rau auf dem „Paderborner Podium" am 20.10.2000, http://www.bundespraesident.de/dokumente/,2.22357/Rede/dokument.htm, abgerufen am 18.06.2009.

Rehäuser, Jakob & Krcmar, Helmut (1996): Wissensmanagement im Unternehmen. In: Schreyögg, Georg & Conrad, Peter [Hrsg.]: Managementforschung 6 – Wissensmanagement, Berlin: Walter de Gruyter 1996, S. 1-40.

Reinhardt, Rüdiger (1998): Das Management von Wissenskapital. In: Pawlowsky, Peter [Hrsg.]: Wissensmanagement. Erfahrungen und Perspektiven, Wiesbaden: Gabler 1998, S. 145-176.

Reinmann, Gabi & Mandl, Heinz [Hrsg.] (2004): Psychologie des Wissensmanagements, Göttingen: Hogrefe 2004.

Reinmann-Rothmeier, Gabi & Mandl, Heinz (2000): Individuelles Wissensmanagement, Bern: Verlag Hans Huber 2000.

Reinmann-Rothmeier, Gabi; Mandl, Heinz; Erlach, Christine & Neubauer, Andrea (2001): Wissensmanagement lernen, Weinheim: Beltz 2001.

Renzl, Birgit (2004): Zentrale Aspekte des Wissensbegriffs – Kernelemente der Organisation von Wissen. In: Wyssusek, Boris [Hrsg.]: Wissensmanagement komplex, Berlin: Erich Schmidt Verlag 2004, S. 27-42.

Ripperger, Tanja (2003): Ökonomik des Vertrauens, 2. Auflage, Tübingen: Mohr Siebeck 2003.

Roehl, Heiko (2000): Instrumente der Wissensorganisation, Wiesbaden: Deutscher Universitäts-Verlag 2000.

Roehl, Heiko & Romhardt, Kai (1997): Wissen über die Ressource Wissen. Möglichkeiten und Grenzen des Wissensmanagements. In: Gabler's Magazin, Vol. 11, 6-7/1997, S. 42-45.

Rosenstiel, Lutz von (2000): Wissensmanagement in Führungsstil und Unternehmenskultur. In: Mandl, Heinz & Reinmann-Rothmeier, Gabi [Hrsg.]: Wissensmanagement, München: Oldenbourg 2000, S. 139-158.

Rosenstiel, Lutz von (2004): Management und Führung aus psychologischer Sicht. In: Reinmann, Gabi & Mandl, Heinz [Hrsg.]: Psychologie des Wissensmanagements, Göttingen: Hogrefe 2004, S. 24-38.

Rost, Detlef H. (2005): Interpretation und Bewertung pädagogisch-psychologischer Studien, Weinheim: Beltz 2005.

Rotter, Julian B. (1967): A new scale for measurement of interpersonal trust. In: Journal of Personality, Vol. 35, 4/1967, S. 651-665.

Rotter, Julian B. (1980): Interpersonal Trust, Trustworthiness, and Gullibility. In: American Psychologist, Vol. 35, 1/1980, S. 1-7.

Rotter, Julian B. (1981): Vertrauen – Das kleinere Risiko. In: Psychologie heute, Vol. 8, 3/1981, S. 23-29.

Rousseau, Denise; Sitkin, Sim B.; Burt, Ronald S. & Camerer, Colin (1998): Not so different after all : A cross-discipline view of trust. In: Academy of Management Review, Vol. 23, 3/1998, S. 393-404.

Rüegg-Stürm, Johannes (2003): Organisation und organisationaler Wandel, 2. Auflage, Wiesbaden: Westdeutscher Verlag 2003.

Rümler, Rainhard (2001): Wissensbarrieren behindern effektives Wissensmanagement. In: Wissensmanagement, Vol. 3, 5/2001, S. 24-27.

Ruggles, Rudy L. (1997): Knowledge Management Tools, Boston: Butterworth-Heinemann 1997.

Sader, Manfred (2008): Psychologie der Gruppe, 9. Auflage, München: Juventa 2008.

Sarbin, Theodore R.; Carney, Ralph M. & Eoyang, Carson [Hrsg.] (1994): Citizen Espionage: Studies in Trust and Betrayal, Westport: Praeger Publishers 1994.

Schaal, Gary S. (2004): Vertrauen, Verfassung und Demokratie, Wiesbaden: VS Verlag für Sozialwissenschaften 2004.

Schauer, Hanno & Frank, Ulrich (2007): Methoden des Wissensmanagements. In: Belliger, Andréa & Krieger, David [Hrsg.]: Wissensmanagement für KMU, Zürich: vdf Hochschulverlag AG an der ETH Zürich 2007, S. 147-166.

Schierenbeck, Henner (2003): Grundzüge der Betriebswirtschaftslehre, 16. Auflage, München: Oldenbourg 2003.

Schiersmann, Christiane (2007): Berufliche Weiterbildung, Wiesbaden: VS Verlag für Sozialwissenschaften 2007.

Schilling, Oliver (1998): Grundkurs Statistik für Psychologen, München: Fink/UTB 1998.

Schlenker, Barry; Helm, Bob & Tedeschi, James T. (1973): The Effects of Personality and Situational Variables on Behavioral Trust. In: Journal of Personality and Social Psychology, Vol. 25, 3/1973, S. 419-427.

Schmitz, Christof & Zucker, Betty (1999): Wissen managen? Wissen entwickeln! In: Papmehl, André & Siewers, Rainer [Hrsg.]: Wissen im Wandel, Wien: Ueberreuther 1999, S. 178-203.

Schmitz, Heribert (2005): Raus aus der Demotivationsfalle, Wiesbaden: Gabler 2005.

Schnell, Rainer; Hill, Paul B. & Esser, Elke (1999): Methoden der empirischen Sozialforschung, 6. Auflage, München: Oldenbourg 1999.

Schnyder, Alfons Beat (1989): Unternehmenskultur, Frankfurt/Main: Peter Lang 1989.

Schödel, Stephan (2005): Wechselwirkung zwischen Kultur, Vertrauen und Management, Wiesbaden: Deutscher Universitäts-Verlag 2005.

Schoorman, F. David; Mayer, Roger C. & Davis, James H. (2007): An Integrative Model of Organizational Trust: Past, Present and Future. In: Academy of Management Review, Vol. 32, 2/2007, S. 344-354.

Schreyögg, Astrid (2003): Coaching, 6. Auflage, Frankfurt/Main: Campus Verlag 2003.

Schreyögg, Georg (1996): Zum Verhältnis von Landeskultur und Unternehmenskultur. In: Lang, Rainhart [Hrsg.]: Wandel von Unternehmenskulturen in Ostdeutschland und Osteuropa, München: Hampp 1996, S. 65-72.

Schreyögg, Georg [Hrsg.] (2001): Wissen in Unternehmen, Berlin: Erich Schmidt Verlag 2001.

Schreyögg, Georg & Conrad, Peter [Hrsg.] (1996): Managementforschung 6 – Wissensmanagement, Berlin: Walter de Gruyter 1996.

Schreyögg, Georg & Geiger, Daniel (2005): Zur Konvertierbarkeit von Wissen – Wege und Irrwege im Wissensmanagement. In: ZfB Zeitschrift für Betriebswirtschaft, Vol. 75, 5/2005, S. 433-454.

Schreyögg, Georg & Sydow, Jörg [Hrsg.] (1999): Managementforschung 9 – Führung neu gesehen, Berlin: Walter de Gruyter 1999.

Schütt, Peter (2000): Wissensmanagement, Niedernhausen: Falken Verlag 2000.

Schütz, Astrid & Schröder, Michaela (2004): Die Rolle des Selbst im Wissensmanagement. In: Reinmann, Gabi & Mandl, Heinz [Hrsg.]: Psychologie des Wissensmanagements, Göttingen: Hogrefe 2004, S. 133-145.

Schweer, Martin (1996): Vertrauen in der pädagogischen Beziehung, Bern: Verlag Hans Huber 1996.

Schweer, Martin [Hrsg.] (1997a): Interpersonales Vertrauen. Theorien und empirische Befunde, Opladen: Westdeutscher Verlag 1997.

Schweer, Martin [Hrsg.] (1997b): Vertrauen und soziales Handeln, Neuwied: Luchterhand 1997.

Schweer, Martin (2008): Vertrauen und soziales Handeln – Eine differentialpsychologische Perspektive. In: Jammal, Elias [Hrsg.]: Vertrauen im interkulturellen Kontext, Wiesbaden: VS Verlag für Sozialwissenschaften 2008, S. 13-26.

Schweer, Martin & Thies, Barbara (1999): Vertrauen. Die unterschätzte Kraft, Zürich: Walter Verlag 1999.

Schweer, Martin & Thies, Barbara (2003): Vertrauen als Organisationsprinzip, Bern: Verlag Hans Huber 2003.

Seifert, Matthias & Pawlowsky, Peter (1998): Innerbetriebliches Vertrauen als Verbreitungsgrenze atypischer Beschäftigungsformen. In: Mitteilungen aus der Arbeitsmarkt- und Berufsforschung, Vol. 31, 3/1998, S. 599-611.

Seiler, Thomas Bernhard & Reinmann, Gabi (2004): Der Wissensbegriff im Wissensmanagement: Eine strukturgenetische Sicht. In: Reinmann, Gabi & Mandl, Heinz [Hrsg.]: Psychologie des Wissensmanagements, Göttingen: Hogrefe 2004, S. 11-23.

Semlinger, Klaus (2003): Vertrauen als Kooperationshemmnis – Kooperationsprobleme von kleinen und mittleren Unternehmen und Auswege aus der Vertrauensfalle. In: Hirsch-Kreinsen, Hartmut & Wannöffel, Manfred [Hrsg.]: Netzwerke kleiner Unternehmen, Berlin: edition sigma 2003, S. 61-87.

Seufert, Andreas; Back, Andrea & Krough, Georg von (2000): Wissensnetzwerke. In: Götz, Klaus [Hrsg.]: Wissensmanagement. Zwischen Wissen und Nichtwissen, 3. Auflage, München: Hampp Verlag 2000, S. 133-156.

Siewers, Rainer (1999): Über den Schatten springen – vertrauen, wagen und lernen. In: Papmehl, André & Siewers, Rainer [Hrsg.]: Wissen im Wandel, Wien: Ueberreuther 1999, S. 135-176.

Simmel, Georg (1968): Soziologie, 5. Auflage, Berlin: Duncker & Humblot 1968.

Sollberger, Bettina Anne (2006): Wissenskultur, Bern: Haupt Verlag 2006.

Sommerlatte, Tom (1999a): Marktrelevantes Wissen im Zeitalter der Informationsflut. In: Antoni, Conny Herbert & Sommerlatte, Tom [Hrsg.]: Report Wissensmanagement, 2. Auflage, Düsseldorf: Symposion 1999, S. 6-9.

Sommerlatte, Tom (1999b): Wie man für das Unternehmen eine Win-Win-Situation schafft. In: Antoni, Conny Herbert & Sommerlatte, Tom [Hrsg.]: Report Wissensmanagement, 2. Auflage, Düsseldorf: Symposion 1999, S. 64-66.

Specht, Rolf (2007): „Soft Factors" – Die Relevanz von psychologischen Faktoren im Wissensmanagenent. In: Belliger, Andréa & Krieger, David [Hrsg.]: Wissensmanagement für KMU, Zürich: vdf Hochschulverlag AG an der ETH Zürich 2007, S. 31-41.

Sperka, Markus (1997): Zur Entwicklung eines „Fragebogens zur Erfassung der Kommunikation in Organisationen" (KomminO). In: Zeitschrift für Arbeits- und Organisationspsychologie, Vol. 41, 4/1997, S. 182-190.

Sprenger, Reinhard K. (2002): Vertrauen führt, Frankfurt/Main: Campus Verlag 2002.

Staudt, Erich & Kriegesmann, Bernd (1999): Weiterbildung. In: Bahnmüller, Reinhard [Hrsg.]: Aspekte einer neuen Lernkultur, Münster: Waxmann 1999, S. 17-59.

Stehr, Nico (1994): Arbeit, Eigentum und Wissen, Frankfurt/Main: Suhrkamp 1994.

Stehr, Nico (2003): Das Produktivitätsparadox. In: Böschen, Stefan & Schulz-Schaeffer, Ingo [Hrsg.]: Wissenschaft in der Wissensgesellschaft, Wiesbaden: Westdeutscher Verlag 2003, S. 77-93.

Steinmann, Horst & Schreyögg, Georg (2005): Management, 6. Auflage, Wiesbaden: Gabler 2005.

Stewart, Thomas A. (1998): Der vierte Produktionsfaktor, München: Carl Hanser Verlag 1998.

Stoi, Roman (2003): Controlling von Intangibles. Identifikation und Steuerung der immateriellen Werttreiber, http://www.competence-site.de, abgerufen am 22.07.2004.

Sveiby, Karl Erik (1998): Wissenskapital – Das unentdeckt Vermögen, Landsberg/Lech: mi Verlag Moderne Industrie 1998.

Sydow, Jörg (1992): Strategische Netzwerke. Wiesbaden: Gabler 1992.

Sydow, Jörg [Hrsg.] (2010): Management von Netzwerkorganisationen, Wiesbaden: Gabler 2010.

Sydow, Jörg; Duschek, Stephan; Möllring, Guido & Rometsch, Markus (2003): Kompetenzentwicklung in Netzwerken, Wiesbaden: Westdeutscher Verlag 2003.

Sydow, Jörg & van Well, Bennet (2010): Wissensintensiv durch Netzwerkorganisation. In: Sydow, Jörg [Hrsg.]: Management von Netzwerkorganisationen, Wiesbaden: Gabler 2010, S. 143-186.

Sydow, Jörg & Windeler, Arnold [Hrsg.] (1994): Management interorganisationaler Beziehungen, Opladen: Westdeutscher Verlag 1994.

Sztompka, Piotr (1995): Vertrauen: Die fehlende Ressource in der post-kommunistischen Gesellschaft. In: Nedelmann, Brigitta [Hrsg.]: Politische Institutionen im Wandel, Opladen: Westdeutscher Verlag 1995, S. 254-276.

Tarlatt, Alexander (2001): Implementierung von Strategien im Unternehmen, Wiesbaden: Deutscher Universitäts-Verlag 2001.

Taylor, Raymond G. (1990): Trust and Influence in the Workplace. In: Organization Development Journal, Vol. 8, 3/1990, S. 33-36.

Ternes, Dirk (1999): Groupware und Workflowmanagement. In: Antoni, Conny Herbert & Sommerlatte, Tom [Hrsg.]: Report Wissensmanagement, 2. Auflage, Düsseldorf: Symposion 1999, S. 97-102.

Treibel, Annette (2006): Einführung in soziologische Theorien der Gegenwart, 7. Auflage, Wiesbaden: VS Verlag für Sozialwissenschaften 2006.

Trojan, Jörg (2006): Strategien zur Bewahrung von Wissen, Wiesbaden: Deutscher Universitäts-Verlag 2006.

Wagenblass, Sabine (2004): Vertrauen in der sozialen Arbeit, Weinheim: Juventa 2004.

Weber, Erich (1999): Pädagogik. Grundfragen und Grundbegriffe (Band 1, Teil 3), 8. Auflage, Donauwörth: Carl-Auer Verlag 1999.

Weber, Max (1964): Wirtschaft und Gesellschaft, Erster Halbband, Köln: Kiepenheuer & Witsch 1964.

Weede, Erich (1977): Hypothesen, Gleichungen und Daten, Kronberg/Taunus: Athenäum Verlag 1977.

Wehner, Theo & Dick, Michael (2001): Die Umbewertung des Wissens in der betrieblichen Lebenswelt: Positionen der Arbeitspsychologie und betroffener Akteure. In: Schreyögg, Georg [Hrsg.]: Wissen in Unternehmen, Berlin: Erich Schmidt Verlag 2001, S. 89-117.

Wehner, Theo; Dick, Michael & Clases, Christoph (2004): Wissen orientiert Kooperation – Transformationsprozesse im Wissensmanagement. In: Reinmann, Gabi & Mandl, Heinz [Hrsg.]: Psychologie des Wissensmanagements, Göttingen: Hogrefe 2004, S. 161-175.

Weibler, Jürgen (2001): Personalführung, München: Verlag Franz Vahlen 2001.

Weissenberger-Eibl, Marion (2001): Interaktionsorientiertes Agentensystem – Referenzmodell zur Handhabung von Wissen in Unternehmensnetzwerken. In: ZfB Zeitschrift für Betriebswirtschaft, Vol. 71, 2/2001, S. 203-220.

Werner, Matthias (2004): Einflussfaktoren des Wissenstransfers in wissensintensiven Dienstleistungsunternehmen, Wiesbaden: Deutscher Universitäts-Verlag 2004.

Wiater, Werner (2007): Wissensmanagement. Eine Einführung für Pädagogen, Wiesbaden: VS Verlag für Sozialwissenschaften 2007.

Wiegand, Martin (1996): Prozesse Organisationalen Lernens, Wiesbaden: Gabler 1996.

Wieselhuber & Partner (1997): Handbuch Lernende Organisation, Wiesbaden: Gabler 1997.

Wilkesmann, Uwe & Rascher, Ingolf (2005): Wissensmanagement, 2. Auflage, München: Hampp Verlag 2005.

Willemyns, Michael; Gallois, Cynthia & Callan, Victor J. (2003): Trust me, I'm your boss: Trust and power in supervisor-supervisee communication. In: The International Journal of Human Resource Management, Vol. 14, 1/2003, S. 117-127.

Willke, Helmut (1998a): Systemisches Wissensmanagement, Stuttgart: Lucius und Lucius 1998.

Willke, Helmut (1998b): Organisierte Wissensarbeit. In: Zeitschrift für Soziologie, Vol. 27, 3/1998, S. 161-177.

Willke, Helmut (2002): Dystopia, Frankfurt/Main: Suhrkamp 2002.

Willke, Helmut (2007): Einführung in das systemische Wissensmanagement, 2. Auflage, Heidelberg: Carl-Auer Verlag 2007.

Winkler, Katrin & Mandl, Heinz (2004): Mitarbeiterorientierte Implementation von Wissensmanagement in Unternehmen. In: Reinmann, Gabi & Mandl, Heinz [Hrsg.]: Psychologie des Wissensmanagements, Göttingen: Hogrefe 2004, S. 207-219.

Wuppertaler Kreis e.V. (2000): Wissensmanagement in mittelständischen Unternehmen, Köln: Fachverlag Deutscher Wirtschaftsdienst 2000.

Wurche, Sven (1994): Vertrauen und ökonomische Rationalität in kooperativen Interorganisationsbeziehungen, In: Sydow, Jörg & Windeler, Arnold [Hrsg.]: Management interorganisationaler Beziehungen, Opladen: Westdeutscher Verlag 1994, S. 142-159.

Wyssusek, Boris (2004) [Hrsg.]: Wissensmanagement komplex, Berlin: Erich Schmidt Verlag 2004.

Abkürzungsverzeichnis

CoPs	Communities of Practice
IP-Adresse	Adresse in Computernetzen, auf Basis eines Internetprotokolls (IP)
IT-Systeme	Informationstechnisches System
k. A.	keine Angabe
IT$_{27}$ / ITS	Interpersonal-Trust-Scale
KC-K$_{09}$ / KK-K$_{09}$	KomminO-Fragebogen „Kommunikationsqualität" (Chef/Kollegen)
KC-Ü$_{03}$ / KK-Ü$_{03}$	KomminO-Fragebogen „Informationsüberlastung" (Chef/Kollegen)
KC-Z$_{03}$ / KK-Z$_{03}$	KomminO-Fragebogen „Informationszurückhaltung" (Chef/Kollegen)
KMU	kleine und mittlere Unternehmen
KM-Systeme	Knowledge-Management-Systeme
KomminO	Fragebogen zur „Erfassung der Kommunikation in Unternehmen"
KS-Test	Kolmogorov-Smirnov-Test
VC$_{10}$	Vertrauen in den Vorgesetzten
VK$_{10}$	Vertrauen in die Arbeitskollegen
VU$_{08}$	Vertrauen in das Unternehmen
WM$_{10}$	Realisierung von Wissensmanagement
WT$_{22}$	Wissenstransfer-Skala nach Werner

© Springer Fachmedien Wiesbaden GmbH, ein Teil von Springer Nature 2012
A.-C. Baller, *Zur Bedeutung von Vertrauen für den Wissenstransfer in Unternehmen*,
Edition KWV, https://doi.org/10.1007/978-3-658-23883-4

Abbildungs-, Diagramm- und Tabellenverzeichnis

I. Abbildungen

II. Diagramme

© Springer Fachmedien Wiesbaden GmbH, ein Teil von Springer Nature 2012
A.-C. Baller, *Zur Bedeutung von Vertrauen für den Wissenstransfer in Unternehmen*,
Edition KWV, https://doi.org/10.1007/978-3-658-23883-4

III. Tabellen

Anhang

Fragebogen zur Erfassung des Zusammenhangs zwischen Vertrauen und Wissensmanagement (Baller 2006):

Liebe UnternehmensvertreterIn, im Rahmen eines Forschungsprojekts an der TU Braunschweig werden Aspekte von Wissensmanagement in Unternehmen untersucht. Unter Wissensmanagement verstehen wir im Folgenden alle Bemühungen von Unternehmen, Wissensprozesse kontinuierlicher und zielgerichteter zu gestalten. Ziel solcher Aktivitäten kann eine Verdichtung und Vernetzung des im Unternehmen vorhandenen Wissens sein.

Durch die Beantwortung der folgenden Fragen ⊠ aus Ihrer ganz persönlichen Perspektive können Sie sich aktiv an diesem Forschungsvorhaben beteiligen und auf diese Weise interessante Erkenntnisse für Ihr Unternehmen gewinnen. Machen Sie bitte pro zu bewertender Aussage jeweils ein Kreuz auf der Skala von „unzutreffend" bis „zutreffend" – und stören Sie sich bitte nicht daran, dass die Fragen zugunsten der Einfachheit immer männlich formuliert wurden.

Alle erhobenen Daten werden anonym und streng vertraulich behandelt. Rückschlüsse auf einzelne Personen und Unternehmen können anhand des Datenmaterials nicht gezogen werden.

1. **Bitte bewerten Sie zu Beginn einige allgemeine Aussagen zur Situation unserer Gesellschaft.**

	unzu- treffend				zu- treffend
Heuchelei ist in unserer Gesellschaft im Anwachsen begriffen.	□	□	□	□	□
Im Umgang mit Fremden kommt man besser voran, wenn man so lange vorsichtig ist, bis diese den Nachweis erbracht haben, dass man ihnen trauen kann.	□	□	□	□	□
Dieses Land hat eine dunkle Zukunft, solange wir keine besseren Leute in die Politik bringen können.	□	□	□	□	□
Eher Furcht vor sozialer Schande oder Bestrafung als das Gewissen hält die Leute davon ab, das Gesetz zu brechen.	□	□	□	□	□
Die Vereinten Nationen (UNO) werden niemals eine wirksame Kraft zur Wahrung des Weltfriedens sein.	□	□	□	□	□

© Springer Fachmedien Wiesbaden GmbH, ein Teil von Springer Nature 2012
A.-C. Baller, *Zur Bedeutung von Vertrauen für den Wissenstransfer in Unternehmen*, Edition KWV, https://doi.org/10.1007/978-3-658-23883-4

	unzu- treffend				zu- treffend
Von den meisten Menschen kann man annehmen, dass sie das, was sie sagen, auch tun werden.	☐	☐	☐	☐	☐
Das Gericht ist ein Ort, an dem uns allen unvoreingenommene Behandlung zuteil wird.	☐	☐	☐	☐	☐
Es ist sicherer zu glauben, dass im Gegensatz zu dem, was die Leute sagen, diese in erster Linie an ihr eigenes Wohlergehen denken.	☐	☐	☐	☐	☐
Die Zukunft erscheint vielversprechend.	☐	☐	☐	☐	☐
Die meisten Menschen wären erschreckt, wenn sie wüssten, wie viele Nachrichten, die die Öffentlichkeit zu hören und zu sehen bekommt, verfälscht sind.	☐	☐	☐	☐	☐
Die meisten gewählten Volksvertreter sind in ihren Wahlkampfversprechungen wirklich vertrauenswürdig.	☐	☐	☐	☐	☐
Obwohl Zeitungen, Radio und Fernsehen berichten, ist es schwierig, zu objektiven Einschätzungen öffentlicher Angelegenheiten zu gelangen.	☐	☐	☐	☐	☐
Bei vielen Experten kann man sich darauf verlassen, dass sie die Wahrheit über die Begrenztheit ihres Wissens sagen.	☐	☐	☐	☐	☐
In dieser, von Konkurrenzdenken geprägten Zeit muss man wachsam sein, oder irgendjemand nutzt einen wahrscheinlich aus.	☐	☐	☐	☐	☐
Viele bedeutende nationale Sportwettkämpfe sind in der einen oder anderen Weise mehr oder weniger abgekartet.	☐	☐	☐	☐	☐
Die meisten Idealisten sind aufrichtig und gewöhnlich praktizieren sie auch, was sie predigen.	☐	☐	☐	☐	☐
Die meisten Verkäufer sind ehrlich im Beschreiben ihrer Ware.	☐	☐	☐	☐	☐
Die meisten Reparaturarbeiter würden die Rechnung auch dann nicht zu hoch ausstellen, wenn sie wüssten, dass man sich in ihrem Fachgebiet nicht auskennt.	☐	☐	☐	☐	☐
Die meisten Menschen beantworten Meinungsumfragen aufrichtig.	☐	☐	☐	☐	☐
Wenn wir wirklich wüssten, was in der internationalen Politik vor sich geht, so hätte die Öffentlichkeit mehr Grund entsetzt zu sein als es jetzt zu sein scheint.	☐	☐	☐	☐	☐
Bei den meisten Politikern klafft das Verhalten vor und nach der Wahl auseinander.	☐	☐	☐	☐	☐

	unzu- treffend				zu- treffend
Es gibt nur wenige Menschen, auf die man sich verlassen kann.	☐	☐	☐	☐	☐
Bei den Äußerungen unserer Mitmenschen muss man gewöhnlich aufpassen, das herauszuhören, was sie wirklich meinen.	☐	☐	☐	☐	☐
Wort und Tat in unserer Umgebung stimmen selten überein.	☐	☐	☐	☐	☐
Gewöhnlich warten die Berufskollegen nur darauf, dass einem ein Missgeschick passiert, damit sie selbst emporkommen.	☐	☐	☐	☐	☐
Das Zusammenleben von uns allen wird mehr durch Gewalt und Macht als gegenseitiges Vertrauen geregelt.	☐	☐	☐	☐	☐
Jeder, der sich selbst in einem Sachverhalt gut auskennt, ist bestürzt, wenn er liest, wie darüber Zeitungen berichten.	☐	☐	☐	☐	☐

2.   **Die nachfolgenden Aussagen betreffen die Einstellung zu Ihrer Arbeit und zu dem Unternehmen, <u>in dem Sie arbeiten</u>. Bitte bewerten Sie die folgenden Aussagen.**

	unzu- treffend				zu- treffend
Das Unternehmen wird sich auch in wirtschaftlich schwierigen Zeiten bewähren.	☐	☐	☐	☐	☐
Das Unternehmen kümmert sich um seine Mitarbeiter und wird dies auch zukünftig tun.	☐	☐	☐	☐	☐
Das Unternehmen bildet ein schlagkräftiges Team, das sich wirtschaftlichen Herausforderungen stellen kann.	☐	☐	☐	☐	☐
Die Ziele, die sich das Unternehmen setzt, erreicht es auch.	☐	☐	☐	☐	☐
Angekündigte Veränderungen im Unternehmen werden schnell und gewissenhaft umgesetzt.	☐	☐	☐	☐	☐
Die Unternehmenspolitik ist transparent und nachvollziehbar.	☐	☐	☐	☐	☐
Ich habe Vertrauen in das Unternehmen.	☐	☐	☐	☐	☐
Dieses Unternehmen bietet mir eine Zukunft.	☐	☐	☐	☐	☐
Ich fühle mich sehr mit unserem Unternehmen verbunden.	☐	☐	☐	☐	☐
Ich weiß, worauf es in unserem Unternehmen ankommt.	☐	☐	☐	☐	☐

	unzu- *treffend*				*zu-* *treffend*
Für mich ist es ideal, in unserem Unternehmen zu arbeiten.	☐	☐	☐	☐	☐
Ich würde eine Menge aufgeben, wenn ich das Unternehmen verließe.	☐	☐	☐	☐	☐
Ich fühle mich wohl in diesem Unternehmen.	☐	☐	☐	☐	☐
Ich weiß genau, was ich tun muss, um mit der Situation im Unternehmen zurecht zu kommen.	☐	☐	☐	☐	☐
Meine Arbeit in diesem Unternehmen bedeutet mir viel.	☐	☐	☐	☐	☐
Ich könnte eine Menge verlieren, wenn mein Vertrauen in das Unternehmen enttäuscht würde.	☐	☐	☐	☐	☐
Meine Erfahrung in diesem Unternehmen ist groß.	☐	☐	☐	☐	☐

3. **Versetzen Sie sich nun bitte in Alltagssituationen mit Ihrem direkten Vorgesetzten. Bitte bewerten Sie die folgenden Aussagen.**

	unzu- *treffend*				*zu-* *treffend*
Ich kann mich meinem Vorgesetzten anvertrauen.	☐	☐	☐	☐	☐
Ich kann das Verhalten meines Vorgesetzten genau vorhersagen.	☐	☐	☐	☐	☐
Wenn mein Vorgesetzter der Meinung ist, dass ich mit einer Situation nicht angemessen umgegangen bin, würde er mich nicht vor anderen Leuten kritisieren.	☐	☐	☐	☐	☐
Der Umgang mit meinem Vorgesetzten ist oft unfreundlich.	☐	☐	☐	☐	☐
Ich bekomme zuweilen von anderen Tipps für die Arbeit.	☐	☐	☐	☐	☐
Oft setze ich so viel Vertrauen in meinen Vorgesetzten, dass ich viel verlieren würde, wenn er mein Vertrauen enttäuschte.	☐	☐	☐	☐	☐
Ich versuche, wann immer es geht, mich nicht von meinem Vorgesetzten abhängig zu machen.	☐	☐	☐	☐	☐
Mein Vorgesetzter verhält sich mir gegenüber auch dann loyal, wenn er sich dadurch selbst Angriffen aussetzt.	☐	☐	☐	☐	☐
Ich traue den Versprechungen meines Vorgesetzten auch dann, wenn es für mich ein großes Risiko bedeutet.	☐	☐	☐	☐	☐

	unzu- treffend				zu- treffend
Ich kann mich darauf verlassen, dass mein Vorgesetzter ehrlich ist.	☐	☐	☐	☐	☐
Ich ärgere mich häufig über meinen Vorgesetzten.	☐	☐	☐	☐	☐
Ich habe eine große Erfahrung im Umgang mit meinem Vorgesetzten.	☐	☐	☐	☐	☐
Ich arbeite gerne mit meinem Vorgesetzten zusammen.	☐	☐	☐	☐	☐
Ich weiß genau, wie weit ich bei meinem Vorgesetzten gehen darf.	☐	☐	☐	☐	☐
Die Zusammenarbeit mit meinem Vorgesetzten gibt mir ein gutes Gefühl.	☐	☐	☐	☐	☐
Ein Vertrauensbruch meines Vorgesetzten würde mich schwer treffen.	☐	☐	☐	☐	☐
Mein Vorgesetzter nimmt sich Zeit, wenn ich mit Vorschlägen zu ihm komme.	☐	☐	☐	☐	☐
Was mein Vorgesetzter verspricht, hält er auch.	☐	☐	☐	☐	☐
Mein Vorgesetzter achtet auf die Gefühle seiner Mitarbeiter.	☐	☐	☐	☐	☐
Ich kann mich auf meinen Vorgesetzten verlassen.	☐	☐	☐	☐	☐
Mein Vorgesetzter kann sich gut in mich hineinversetzen und versteht meine Situation.	☐	☐	☐	☐	☐
Ich vertraue meinem Vorgesetzten ebenso, wie er mir vertraut.	☐	☐	☐	☐	☐
Ich kenne meinen Vorgesetzten gut.	☐	☐	☐	☐	☐

4. Versetzen Sie sich nun bitte in Alltagssituationen mit direkten Arbeitskollegen innerhalb Ihres Teams. Bitte bewerten Sie die folgenden Aussagen.

	unzu- treffend				zu- treffend
Ich kann mich meinen Kollegen anvertrauen.	☐	☐	☐	☐	☐
Ich kann das Verhalten meiner Kollegen genau vorhersagen.	☐	☐	☐	☐	☐
Wenn meine Kollegen der Meinung sind, dass ich mit einer Situation nicht angemessen umgegangen bin, würden sie mich nicht vor anderen Leuten kritisieren.	☐	☐	☐	☐	☐
Der Umgang mit meinen Kollegen ist oft unfreundlich.	☐	☐	☐	☐	☐

	unzu- treffend				zu- treffend
Ich bekomme zuweilen von anderen Tipps für die Arbeit.	☐	☐	☐	☐	☐
Oft setze ich so viel Vertrauen in meine Kollegen, dass ich viel verlieren würde, wenn sie mein Vertrauen enttäuschten.	☐	☐	☐	☐	☐
Ich versuche, wann immer es geht, mich nicht von meinen Kollegen abhängig zu machen.	☐	☐	☐	☐	☐
Meine Kollegen verhalten sich mir gegenüber auch dann loyal, wenn sie sich dadurch selbst Angriffen aussetzten.	☐	☐	☐	☐	☐
Ich traue den Versprechungen meiner Kollegen auch dann, wenn es für mich ein großes Risiko bedeutet.	☐	☐	☐	☐	☐
Ich kann mich darauf verlassen, dass meine Kollegen ehrlich sind.	☐	☐	☐	☐	☐
Ich ärgere mich häufig über meine Kollegen.	☐	☐	☐	☐	☐
Ich habe eine große Erfahrung im Umgang mit meinen Kollegen.	☐	☐	☐	☐	☐
Ich arbeite gerne mit meinen Kollegen zusammen.	☐	☐	☐	☐	☐
Ich weiß genau, wie weit ich bei meinen Kollegen gehen darf.	☐	☐	☐	☐	☐
Die Zusammenarbeit mit meinen Kollegen gibt mir ein gutes Gefühl.	☐	☐	☐	☐	☐
Ein Vertrauensbruch meiner Kollegen würde mich schwer treffen.	☐	☐	☐	☐	☐
Meine Kollegen nehmen sich Zeit, wenn ich mit Vorschlägen zu ihnen komme.	☐	☐	☐	☐	☐
Was meine Kollegen versprechen, halten sie auch.	☐	☐	☐	☐	☐
Meine Kollegen achten auf die Gefühle der anderen Mitarbeiter.	☐	☐	☐	☐	☐
Ich kann mich auf meine Kollegen verlassen.	☐	☐	☐	☐	☐
Meine Kollegen können sich gut in mich hineinversetzen und verstehen meine Situation.	☐	☐	☐	☐	☐
Ich vertraue meinen Kollegen ebenso, wie sie mir vertrauen.	☐	☐	☐	☐	☐
Ich kenne meine Kollegen gut.	☐	☐	☐	☐	☐

5. **Wie wird in Ihrem Unternehmen mit Wissen umgegangen?**
Bitte bewerten Sie die folgenden Aussagen aus der Sicht Ihres
Unternehmens.

	unzu- *treffend*				*zu-* *treffend*
Wissen ist für die Wertschöpfung und den Erfolg meines Unternehmens sehr wichtig.	☐	☐	☐	☐	☐
Der effiziente Umgang mit Wissen ist in meinem Unternehmen ein Thema.	☐	☐	☐	☐	☐
In meinem Unternehmen wird das Rad des Öfteren zwei Mal erfunden.	☐	☐	☐	☐	☐
Über neue Entwicklungen / Veränderungen in meinem Unternehmen fühle ich mich schlecht informiert.	☐	☐	☐	☐	☐
Meine Informationen beziehe ich hauptsächlich über offizielle Besprechungen.	☐	☐	☐	☐	☐
Ich erhalte (zu) viele Informationen, die ich eigentlich für meine Arbeit nicht benötige.	☐	☐	☐	☐	☐
Ich vergeude zu viel Arbeitszeit in Besprechungen.	☐	☐	☐	☐	☐
Entscheidungsprozesse sind in meinem Unternehmen intransparent und daher überraschend.	☐	☐	☐	☐	☐
Verantwortlichkeiten sind eindeutig und transparent geregelt.	☐	☐	☐	☐	☐
Prozesse, Methoden und Instrumente sind sinnvoll standardisiert.	☐	☐	☐	☐	☐
Neue Mitarbeiter finden sich schnell zurecht und sind rasch, in der Lage produktiv zu arbeiten.	☐	☐	☐	☐	☐
Verbesserungsvorschläge der Mitarbeiter werden wohlwollend geprüft und ggf. umgesetzt.	☐	☐	☐	☐	☐
Über aktuelle Entwicklungen in anderen Abteilungen / Standorten bin ich gar nicht informiert.	☐	☐	☐	☐	☐
Die Erfahrungen und das Wissen meiner Kollegen kann ich für meine eigene Arbeit nutzen.	☐	☐	☐	☐	☐
Das Wissensmanagement in meinem Unternehmen sollte dringend verbessert werden.	☐	☐	☐	☐	☐

6. Die Umsetzung von Wissensmanagement ist in jedem Unternehmen anders.

   a) Welche Instrumente werden in Ihrem Unternehmen bereits eingesetzt? Bitte ordnen Sie diese den vorhandenen Kategorien zu. Ergänzen Sie ggf. die Liste.

   Markieren Sie bitte bei den eingesetzten Instrumenten …
   b) …welche Sie regelmäßig nutzen.
   c) …welche für Ihre Arbeit hilfreich sind.

Wissensmanagement-Instrumente	a) Einsatz	b) Nutzung	c) hilfreich
Dokumentenmanagementsysteme / Datenbanken	☐	☐	☐
Mitarbeiterprofildatenbank (Yellow Pages)	☐	☐	☐
Individuelles Kompetenz-Portfolio	☐	☐	☐
Kreativitätstechniken (z.B. Brainstorming)	☐	☐	☐
Wissenslandkarten	☐	☐	☐
Lessons learned	☐	☐	☐
Communities of Practice / interne Netzwerke	☐	☐	☐
Mentorensysteme	☐	☐	☐
Informelle Treffpunkte (z.B. Kaffee-Ecken)	☐	☐	☐
Coaching	☐	☐	☐
Diskussionsforen	☐	☐	☐
Gruppenarbeit	☐	☐	☐
Projektarbeit	☐	☐	☐
Intranet	☐	☐	☐
Job Rotation	☐	☐	☐
Story Telling	☐	☐	☐
Wissensstafette	☐	☐	☐
Unternehmensnetzwerke / Kooperationspartner	☐	☐	☐
Austausch mit ehemaligen Mitarbeitern	☐	☐	☐

7. **Hauptakteure im Wissensmanagement sind die Mitarbeiter der Unternehmen. Wie gehen Sie persönlich mit Ihrem Wissen um? Bitte bewerten Sie die folgenden Aussagen bezogen auf Ihren direkten Vorgesetzten und Ihre Kollegen.**

	nie				sehr häufig
Wie häufig beobachten Sie die nachfolgend genannten Personen bei einer spezifischen Tätigkeit (z.B. Vortrag, Verhandlung, Ergebnispräsentation), bei der Fähigkeiten ersichtlich werden, die Sie gerne auch beherrschen würden (z.B. rhetorische Fähigkeit, Gestik, Ausdrucksweise)?					
Vorgesetzter	☐	☐	☐	☐	☐
Arbeitskollegen im Team	☐	☐	☐	☐	☐
Wie häufig verwenden Sie Verhaltens- oder Ausdrucksweisen (rhetorische Elemente, Gestik, Ausdruck), die Sie bei nachfolgend genannten Personen beobachtet haben?					
Vorgesetzter	☐	☐	☐	☐	☐
Arbeitskollegen im Team	☐	☐	☐	☐	☐
Wie häufig halten Sie einen Vortrag, präsentieren oder verhandeln Sie in Anwesenheit der anwesenden Personen?					
Vorgesetzter	☐	☐	☐	☐	☐
Arbeitskollegen im Team	☐	☐	☐	☐	☐
Wie häufig erzählen Sie in lockerer Atmosphäre (z.B. beim Essen, in der Kaffeepause, „zwischendurch") in Anwesenheit der nachfolgend genannten Personen von geschäftlichen Dingen (Ideen, Schwierigkeiten), die Sie gerade beschäftigen?					
Vorgesetzter	☐	☐	☐	☐	☐
Arbeitskollegen im Team	☐	☐	☐	☐	☐
Wie häufig umschreiben Sie den nachfolgend genannten Personen einen Gedanken zu einer Idee oder einem Problem aus Ihrem Arbeitsalltag, den Sie nicht mit einer treffenden Formulierung benennen können (und daher mit Hilfe von Analogien, Metaphern, Schaubildern, Modellen, etc. umschreiben müssen)?					
Vorgesetzter	☐	☐	☐	☐	☐
Arbeitskollegen im Team	☐	☐	☐	☐	☐

	nie				sehr häufig

Wie häufig kommunizieren Sie den nachfolgend genannten Personen etwas aus ihrem Wissens- bzw. Fähigkeitsspektrum, von dem Sie ausgehen, dass er es noch nicht weiß / sie es noch nicht wissen?

Vorgesetzter ☐ ☐ ☐ ☐ ☐

Arbeitskollegen im Team ☐ ☐ ☐ ☐ ☐

Wie häufig schreiben Sie berufsbezogene Erfahrungen nieder, die für andere prinzipiell zugänglich sind (z.B. Projektberichte, Kundenerfahrungen; auch in Datenbanken)?

Vorgesetzter ☐ ☐ ☐ ☐ ☐

Arbeitskollegen im Team ☐ ☐ ☐ ☐ ☐

Wie häufig schreiben Sie den nachfolgen genannten Personen eine Mitteilung / Nachricht, von der Sie ausgehen, dass sie für ihn / sie wichtige Informationen enthält?

Vorgesetzter ☐ ☐ ☐ ☐ ☐

Arbeitskollegen im Team ☐ ☐ ☐ ☐ ☐

Wie oft lesen Sie schriftliche Dokumente (E-Mails, Post, etc.) von nachfolgend genannten Personen, die Informationen enthalten, die Sie für die Bewältigung Ihrer Arbeitsaufgaben benötigen?

Vorgesetzter ☐ ☐ ☐ ☐ ☐

Arbeitskollegen im Team ☐ ☐ ☐ ☐ ☐

Wie häufig erhalten Sie in einem Gespräch mit nachfolgend genannten Personen Informationen oder Anregungen, die für die Bewältigung Ihrer Arbeitsaufgaben hilfreich und relevant sind?

Vorgesetzter ☐ ☐ ☐ ☐ ☐

Arbeitskollegen im Team ☐ ☐ ☐ ☐ ☐

Wie häufig nehmen Sie an Seminaren, Workshops, Schulungen oder Vorträgen teil? ☐ ☐ ☐ ☐ ☐

Wie häufig zeigen Sie nachfolgend genannten Personen Tätigkeiten, die Sie nicht mit Worten erklären können, von denen Sie jedoch denken, dass diese für die Ausführung Ihrer Arbeitsaufgaben wichtig sind (z.B. die Art und Weise, wie Sie Vorträge halten, Verhandlungen führen oder Ergebnisse präsentieren)?

Vorgesetzter ☐ ☐ ☐ ☐ ☐

Arbeitskollegen im Team ☐ ☐ ☐ ☐ ☐

	nie				sehr häufig
Wie häufig greifen Sie zur Lösung Ihrer Arbeitsaufgabe auf bestehende Berichte zurück, die von nachfolgend genannten Personen stammen?					
Vorgesetzter	☐	☐	☐	☐	☐
Arbeitskollegen im Team	☐	☐	☐	☐	☐

	unzu-treffend				zu-treffend
Wichtige Informationen kann ich mir bei Bedarf jederzeit von … einholen.					
Vorgesetzter	☐	☐	☐	☐	☐
Arbeitskollegen im Team	☐	☐	☐	☐	☐
… gibt auf Anfragen nur zögernd Informationen an mich weiter.					
Vorgesetzter	☐	☐	☐	☐	☐
Arbeitskollegen im Team	☐	☐	☐	☐	☐
Wenn ich von … wichtige Informationen für meine Arbeit benötige, erhalte ich diese eigentlich immer.					
Vorgesetzter	☐	☐	☐	☐	☐
Arbeitskollegen im Team	☐	☐	☐	☐	☐
Ich erhalte von … zu wenig Informationen für meine Arbeit.					
Vorgesetzter	☐	☐	☐	☐	☐
Arbeitskollegen im Team	☐	☐	☐	☐	☐
Ich könnte besser arbeiten, wenn ich von … mehr Informationen erhalten würde.					
Vorgesetzter	☐	☐	☐	☐	☐
Arbeitskollegen im Team	☐	☐	☐	☐	☐
Ich habe das Gefühl, ich erhalte von … zu wenig Informationen, um meine Arbeit gut erledigen zu können.					
Vorgesetzter	☐	☐	☐	☐	☐
Arbeitskollegen im Team	☐	☐	☐	☐	☐
Die Informationen, die ich von … erhalte, sind in der Regel genau und eindeutig.					
Vorgesetzter	☐	☐	☐	☐	☐
Arbeitskollegen im Team	☐	☐	☐	☐	☐

Die Informationen, die ich von … erhalte, sollten genauer sein.					
Vorgesetzter	☐	☐	☐	☐	☐
Arbeitskollegen im Team	☐	☐	☐	☐	☐
Meiner Meinung nach sind die Informationen, die mir … gibt, manchmal etwas uneindeutig.					
Vorgesetzter	☐	☐	☐	☐	☐
Arbeitskollegen im Team	☐	☐	☐	☐	☐
Ich erhalte von … häufig zu viele Informationen.					
Vorgesetzter	☐	☐	☐	☐	☐
Arbeitskollegen im Team	☐	☐	☐	☐	☐
Es würde mir mehr nützen, wenn ich von … weniger und nur die wichtigsten Informationen erhalten würde.					
Vorgesetzter	☐	☐	☐	☐	☐
Arbeitskollegen im Team	☐	☐	☐	☐	☐
Ich habe das Gefühl, von … mehr Informationen zu erhalten, als ich für meine Arbeit wirklich nutzen kann.					
Vorgesetzter	☐	☐	☐	☐	☐
Arbeitskollegen im Team	☐	☐	☐	☐	☐
Ich gebe normalerweise alle Informationen an … weiter, die für ihn / sie wichtig sind.					
Vorgesetzter	☐	☐	☐	☐	☐
Arbeitskollegen im Team	☐	☐	☐	☐	☐
Manchmal halte ich aus bestimmten Gründen Informationen, die … eigentlich haben müsste, zurück.					
Vorgesetzter	☐	☐	☐	☐	☐
Arbeitskollegen im Team	☐	☐	☐	☐	☐
Ich kann nicht alle Informationen, die … eigentlich wissen müsste, an ihn / sie weitergeben.					
Vorgesetzter	☐	☐	☐	☐	☐
Arbeitskollegen im Team	☐	☐	☐	☐	☐

8. **Wie wichtig ist für Sie persönlich »Vertrauen«, damit Sie bereit sind, Ihr Wissen zu teilen?** *Meine Meinung…*

9. Angaben zu Person und Betrieb:

Geschlecht

männlich	☐
weiblich	☐

Alter

< 20 Jahre	☐
20 bis 40 Jahre	☐
41 bis 60 Jahre	☐
> 60 Jahre	☐

Position im Betrieb

Angestellte(r) / Fachabteilung	☐
Abteilungsleiter(in)	☐
Hauptabteilungs-/ Bereichsleiter(in)	☐
Geschäftsführer(in) / Vorstand	☐

Sonstige, und zwar:

Betriebszugehörigkeit

< 1 Jahr	☐
1-3 Jahre	☐
> 3 Jahre	☐

Betriebsgröße

< 50 Mitarbeiter	☐
50-250 Mitarbeiter	☐
251-1.000 Mitarbeiter	☐
> 1.000 Mitarbeiter	☐

Teamgröße

< 5 Kollegen	☐
5-10 Kollegen	☐
10-30 Kollegen	☐
> 30 Kollegen	☐

Dauer der Zusammenarbeit mit jetzigem Vorgesetzten

< 1 Jahr	☐
1-3 Jahre	☐
> 3 Jahre	☐

Gibt es eine Wissensmanagement-Abteilung in Ihrem Unternehmen?

ja: ☐	nein: ☐

Waren Sie während Ihres Studiums Stipendiat(in) eines Begabtenförderungswerkes?

ja: ☐	nein: ☐

Wenn ja, welcher Stiftung?

Vielen Dank für Ihre Mitarbeit.

The manufacturer's authorised representative in the EU is Springer
Nature Customer Service Centre GmbH, Europaplatz 3, 69115 Heidelberg,
Germany. If you have any concerns regarding our products, please
contact ProductSafety@springernature.com

Printed and bound by CPI Group (UK) Ltd, Croydon, CR0 4YY

28/04/2026

02098479-0017